戦国大名権力構造の研究

村井良介著

思文閣出版

〔略称一覧〕

各章の註や表の中で用いる史料について、出典を次のように略記する。また、史料原本で確認したものもあるが、活字化あるいは、公刊されているものについてはなるべくそれをあげた。

・『萩藩閥閲録』…閥
・同右所収「防長寺社証文」…防長寺社証文
・『萩藩閥閲録遺漏』…閥遺
・『大日本古文書　家わけ第八　毛利家文書』…毛利家文書
・『大日本古文書　家わけ第九　吉川家文書』…吉川家文書
・同右所収「吉川家文書別集」…吉川家文書別集
・同右所収「石見吉川家文書」…石見吉川家文書
・『大日本古文書　家わけ第十一　小早川家文書』…小早川家文書
・同右所収「小早川家証文」…小早川家証文
・『大日本古文書　家わけ第十四　熊谷家文書・三浦家文書・平賀家文書』所収「熊谷家文書」…熊谷家文書
・同右所収「三浦家文書」…三浦家文書
・同右所収「平賀家文書」…平賀家文書
・『大日本古文書　家わけ第十五　山内首藤家文書』…山内首藤家文書
・『大日本古文書　家わけ第二十二　益田家文書』…益田家文書
・『広島県史　古代中世資料編Ⅱ～Ⅴ』…『広島県史Ⅱ～Ⅴ』
・『山口県史　史料編　中世2～4』…『山口県史2～4』
・『島根県史　第七巻・第八巻』…『島根県史7・8』（同書は史料番号がないので頁数と、その頁の何点

目の史料かを示した）
・『新修島根県史　史料編1　古代・中世』…『新修島根県史』（同書は史料番号がないので頁数と、その頁の何点目の史料かを示した）
・『鳥取県史　第二巻』…『鳥取県史2』
・『愛媛県史　資料編　古代・中世』…『愛媛県史』
・『三原市史　第一巻付編二』…『三原市史1』
・『下関市史　資料編Ⅳ・Ⅴ』…『下関市史Ⅳ・Ⅴ』
・『新熊本市史　史料編第二巻　古代中世』…『新熊本市史2』
・『大社町史　資料編（古代・中世）上巻・下巻』…『大社町史』
・『甲山町史　資料編Ⅰ　古代・中世・文化財・考古』…『甲山町史』
・『宍道町史　史料編』…『宍道町史』
・『千代田町史　古代中世資料編』…『千代田町史』
・『岡山県古文書集　第一輯～第四輯』…『岡山県古文書集1～4』
・『新修倉敷市史　第九巻』…『新修倉敷市史9』
・曾根研三編『鰐淵寺文書の研究』（鰐淵寺文書刊行会、一九六三年）所収「鰐淵寺古文書」…『鰐淵寺文書の研究』鰐淵寺古文書
・「石見久利文書の研究」（『立命館大学人文研究所紀要』一六号、一九六七年）…『立命館大学人文研究所紀要』一六号
・『出雲意宇六社文書』（島根県教育委員会、一九七四年）…『出雲意宇六社文書』
・『石見潟』五号（一九七九年）…『石見潟』五号
・秋山伸隆「平賀共昌集録「旧記」について――安芸平賀氏関係史料の紹介――」（『広島県史研究』六号、一九八一年）所収平賀共昌集録「旧記」…平賀共昌集録「旧記」
・井上寛司「島根大学附属図書館架蔵石見小笠原文書について」（『山陰地域研究』二号、一九八六年）所

収「石見小笠原文書」…石見小笠原文書

・滝沢武雄編『早稲田大学蔵資料影印叢書　国書篇　第十六巻　古文書集三』（早稲田大学蔵資料影印叢書刊行委員会、一九八六年）…『早稲田大学蔵資料影印叢書　古文書集三』

・井上寛司・岡崎三郎編『史料集　益田藤兼・元祥とその時代――益田家文書の語る中世の益田（三）――』（益田市教育委員会、一九九九年）…『益田藤兼・元祥とその時代』

・長谷川博史『出雲古志氏の歴史とその性格　古志の歴史Ⅱ』（出雲市古志公民館、一九九九年）…『出雲古志氏の歴史とその性格』

・村井祐樹「東京大学史料編纂所所蔵「佐藤文書」」（『東京大学史料編纂所研究紀要』一三号、二〇〇三年）所収「佐藤文書」…史料編纂所所蔵佐藤文書

・村井祐樹「《史料紹介》史料編纂所所蔵謄写本「山田文書」」（『二〇〇四（平成一六）年度～二〇〇七（平成一九）年度科学研究費補助金基盤研究（A）研究成果報告書　荘園絵図の史料学とデジタル画像解析の発展的研究』、研究代表者・林譲、二〇〇八年）所収「山田文書」…史料編纂所所蔵謄写本「山田文書」（ただし、本書では山口県文書館所蔵三卿伝編纂所収集史料「山田家古文書」を底本としている）

・岩国徴古館所蔵岩国藩中諸家古文書纂…岩国藩中諸家古文書纂（便宜上、各家の文書に通し番号を付けた）

・岩国徴古館所蔵吉川家中幷寺社文書…吉川家中幷寺社文書（便宜上、各家の文書に通し番号を付けた）

・岩国徴古館所蔵御書感状写…御書感状写（便宜上、各家の文書に通し番号を付けた）

戦国大名権力構造の研究

序章　戦国期大名権力研究の視角

第一節　戦国大名の概念規定をめぐって

本書は戦国期の権力諸関係を、主として戦国大名と、戦国大名配下の「戦国領主」（国衆）の権力構造から解明しようとするものである。

主として一六世紀を中心とした戦国期は、いうまでもなく日本列島地域を戦乱が覆った時代であり、軍事的暴力のむき出しの行使が絶えず見られた時代であった[1]。すなわち多様な権力関係の中で暴力の規定性が高まった時期ということができよう。こうした軍事的暴力の行使としての戦争は主として各地に成立した地域権力の間で戦われた。地域権力の中でも、関東の後北条氏や、中国地方の毛利氏のように、特に有力なものは、従来の多くの研究で戦国大名と呼ばれている。戦国大名はそれぞれの地域において諸領主層を編成し、政治的統合を推し進めた[2]。こうした統合は、軍事的暴力を集約化し、地域秩序形成にも影響を与えたはずである。本書は、主として戦国大名の諸領主層編成について検討することで、戦国期社会における権力の作用のあり方を解明することを意図している。

ところで、いわゆる戦国大名をめぐっては、これまでも重厚な研究の蓄積があるにもかかわらず、いまだ戦国大名概念は十全な規定がなされるにいたっていない。これは多くの研究が、後北条氏、毛利氏といった一六世紀の有力な武家領主権力を無前提的に戦国大名と規定した上で、戦国大名とは何かと問いを発してきたからではないだろうか。戦国期の大名権力を研究する前提として、この問題を考えておきたい。

戦国大名の研究史に関しては池享氏の的確な整理がある。(3) 池氏の整理を概括すれば、これまでの戦国大名研究は、戦国大名を近世大名の先駆的形態と見て、戦国期と近世との連続性を主張する「連続説」と、戦国大名を中世の最終段階に位置づけ中世と近世との断絶面を強調する「断絶説」が交互に繰り返されてきたという。池氏は「これらを克服するには、問題を社会構成体の次元に還元して二者択一的に裁断することなく、連続と断絶を多次元的に総合した大名領国制構造論・中近世移行論が必要である」として、こうした二者択一的な視角からの脱却を提唱している。本章の意図も連続か断絶か、換言すれば中世的か近世的かを論じることにはなく、ここでは前述の戦国大名概念の規定の問題と密接に関わって、従来の研究視角が持っている問題点を指摘することに主眼があるが、その問題点として、次のふたつをあげることができる。一点目は、戦国大名が中世的か近世的かという論じ方をすることによって、戦国期に固有な特質をとらえようとする視点が弱かったこと。二点目は、戦国大名と呼ばれている個々の権力の差異を、それぞれの特質として認識しようとする意識が薄かったことである。これらは相互に関連している。

一点目の問題は、すでに以前から指摘されてきたところである。村田修三氏は、池氏の整理にいう「連続説」を批判して、戦国大名の固有の特質を解明するべきだと主張した。村田氏は、戦国大名を中世から近世へ移行する時期の過渡的なものとする評価を、「近世大名の諸属性を戦国大名の中に検出していくという、近世史に寄生した研究方法」と批判し、「戦国大名の歴史的特質こそが明らかにされねばならない」と論じている。(4)

戦国大名が中世的か近世的かという論じ方は、個々の権力の差異を、それぞれの特質として認識できないという第二の問題点を生起しやすい。特にそれは「連続説」に顕著である。「連続説」は戦国大名と織豊政権ないしの大名領と比べて相対的に強固であり、在地領主の政治的・社会的役割を重視する池享氏の大名領国制論はそのような大名研究に基礎づけられたものといえよう。とすれば、どちらを戦国大名の典型とみるかという議論になって、決着はつけがたいということにもなろう。だが、戦国時代を独自の時代とみる立場に立ち、また加地子の増大と地侍層（中間層）の成長、惣村の発展等をふまえて、それに対応する権力として戦国大名が登場するとみるならば、在地領主制が発展過程にあったと考えることはできないであろう。逆に、一般的な状況としては、動揺や衰退過程にあったとみるべきであり、したがって、関東や畿内近国に成立した政権の新しい政策を中心として、大名領国制の歴史的意義を論ずることは不当ではないであろう。

このように、池上氏の議論は織豊政権に近い性格を持つ後北条氏を戦国大名の典型として、毛利氏や越後上杉氏は例外とするものである。しかし、「多くの他の戦国大名から抽んでた特質をも」つ後北条氏を戦国大名の典型とし、毛利氏や上杉氏の事例を、近世につながらなかった例外として捨象してしまうのは、やや乱暴ではないだろうか。戦国大名が織豊政権の先駆形態であり、かつ後北条氏がその典型であるとするがゆえに、後北条氏と異なる性質を持つ権力は例外的とせざるを得ない。しかし、これではほとんどの戦国大名と呼ばれている権力が例外となってしまい、戦国大名概念を措定する有効性そのものが疑われる。

以上のように「連続説」においては、織豊政権や近世大名を基準として、個々の権力の差異を発展の段階差に置き換えるか、典型と例外として処理することで、事実上差異を捨象してしまっている。戦国大名の発展の延長線上に織豊政権を位置づける以上、当然のことではあるが、こうした差異を、織豊政権に必ずしも収斂しない個々の特質としてとらえる視点を欠いているといえよう。

これは何も「連続説」だけの問題ではない。池氏は、近世大名を基準として設定してしまうことで、戦国大名の実態との乖離が生まれ、その実態を政策の不徹底性や限界として評価することで、戦国大名を過渡的権力と見ることを批判したが[11]、これは「連続説」への批判であると同時に「断絶説」への批判でもある。基準に近い権力を戦国大名の典型とすれば「連続説」になり、基準との乖離の大きい権力をとらえて限界面を強調すれば「断絶説」となるからである。すなわち「連続説」にせよ「断絶説」にせよ、戦国大名と呼ばれている権力の個々の差異を事実上捨象した上で、近世大名との関係からその性質を評価するという問題点を抱えている。

つまり、後北条氏、毛利氏といった一六世紀の有力な武家領主権力を、あらかじめ戦国大名と名付けた上で、「戦国大名とは何か」と問えば、それらがすでに所与として戦国大名と規定されているがゆえに、その違いを発展の段階差に置き換えるか、例外として処理せざるを得なくなるのである。

しかし、個々の特質を事実上無視したり、はじめから多くの例外を含み込んでしまう概念規定には問題があるといわざるを得ない。したがって「戦国大名とは何か」ではなく、「何を戦国大名として規定することが、いかなる課題にとって有効であるか」と問いを立て直す。すなわち、個々の権力はそれぞれ異なっていることを前提にした上で、にもかかわらず、その内のあるものを「戦国大名」の名で括ることが、いかなる課題に応えるために有効かと問う必要がある。

無論、この問いには「有効でない」という答えもあり得る。戦国大名と規定するのが有効でなく、守護と規定するのが有効だとしたことになるのが、今岡典和氏・川岡勉氏・矢田俊文氏による「戦国期守護論」といえるだろう[12]。

第二節　「戦国期守護論」について

一九八〇年代以降の戦国期政治史研究における主要な対立点の一つは、「戦国期守護論」とそれに対する批判であった。一般的に戦国大名権力の成立は、応仁・文明の乱による室町幕府―守護体制の解体と対応して論じられてきた。「戦国期守護論」は戦国期も幕府―守護体制が変質しつつ存続すると論じたが[13]、一五世紀中葉以降の変化に対して、それが幕府―守護体制の変質（による存続）であるのか、解体であるのかを論じ合っても、双方が何を幕府―守護体制と考えているかが異なれば、議論は平行線をたどるのみである。したがって、「何を幕府―守護体制とするのがいかなる課題にとって有効か」というレベルでの議論が要請され、それは「何を戦国大名とするのがいかなる課題にとって有効か」という先の問いと表裏をなしている。

この有効性の問題について、今岡・川岡・矢田三氏の議論を比較しながら考えてみたい。三氏は共同で論文を執筆したこともあり[14]、その議論は「戦国期守護論」と一括りにして論じられることが多いが、長谷川博史氏が指摘するように、三氏の間でも異なっている部分があり[15]、これを整理した上でなければ、議論が混乱するからである。

矢田氏は、戦国期を室町幕府―守護体制の一つの段階として位置づけなければならないとして、守護以下の地方権力について次の三点にまとめている[16]。

1　幕府の権限縮小と地方支配の権限の放棄にともなって、守護権限が拡大する。
2　幕府の地方支配の権限放棄にともなって、守護が一国公権を独占する可能性が生まれた。
3　守護が一国公権を独占する可能性はあるが、幕府が地方政治について干渉しなくなったことにより、守護だけが一国公権を独占する必要もなくなる。一国公権の維持のされ方は、地域によって大きく異なっていく。

矢田氏は甲斐武田氏や毛利氏について、彼らが「戦国領主」に対して行使している第二次裁判権や軍事指揮権などを守護公権に基づくものとして「戦国期守護」と規定している[17]。また、越後上杉氏などの政治体制は、「戦国領主」が上杉氏の意を受けた奉書を発給するという点で、室町期と同じ体制であるとしている[18]（「戦国領主」については後述)。つまり、その行使している権限や政治体制が守護と同じであることから、戦国期の武田氏などを守護と規定している。

川岡氏は、幕府―守護体制における地域支配は、将軍の天下成敗権と守護の国成敗権との相互補完関係によって維持されているとした上で、矢田氏と同じく、一五世紀中葉以降、室町幕府権力が後退したことによって、地域権力が自立する条件が整い、そこで国成敗権の帰趨が最大の問題になったとしている。この際、国成敗権の内容は地域の事情によって変化する。また地域権力は国成敗権の自立化によって、自己の地位を正統化するために、将軍を頂点とする身分秩序・権力秩序の体系を踏まえ、幕府諸制度の模倣など、幕府モデルの導入を図った。このため幕府を中核とする武家権力秩序は存続するとしている(19)。

川岡氏が戦国期の地域権力を守護と規定するのは、国成敗権の帰趨や、幕府諸制度の導入という点から見れば、矢田氏と同様、行使する権限が根拠となっているといってもよい。しかし、国成敗権の内容が地域によって変化するという点を考えれば、むしろ地域権力の国成敗権の行使が、幕府を中核とした秩序体系の維持を前提としている点に力点があるといえよう。

今岡氏は、一六世紀前半においても、一国平均役の賦課を介して、守護の地域支配は幕府と相互補完関係にあったと見る(20)。また、「守護権力の守護権力たる独自性は、幕府―守護体制によってその領域支配を保証されている点にあるのであって、幕府との関係がその領域支配に何らの意味を有していないとすれば、その権力はたとえ出自が守護であっても、もはや守護権力と規定することは不適当である」とする(21)。つまり、戦国期の地域権力を守護と規定すべきか否かという問題において決定的なのは、幕府―守護体制によってその領域支配を保証されているかどうかということになる。また、今岡氏は、戦国期の毛利氏の「家中」は、「他家の「家中」〔芸備の「戦国領主」の「家中」――引用者註〕と並立していたのであって、そこに領域支配を拡大する上で毛利氏が守護職を獲得せざるを得ない必然性があった[22]」としている。

さて、地域権力の守護職獲得に関しては、池享氏の「守護職の利用なのか依存なのか[23]」が問われるべきであるという指摘がある。また、長谷川博史氏は、毛利氏や尼子氏の守護職獲得は権力の強大化を前提としたものであり、守護職は「あるに越したことはない」ものと評価している[24]。したがって、地域権力が守護職を得ていることをもって、幕府─守護体制による領域支配の保証を必要としたとは即断できない。

では、戦国期の地域権力は幕府─守護体制による領域支配の保証を必要としていたのだろうか。あるいは川岡氏のいう、将軍の国成敗権と守護の天下成敗権の相互補完によって地域支配が維持される体制が、一五世紀半ば以降においても継続しているのであろうか。ここで、家永遵嗣氏が今岡氏への批判として述べた次の指摘は重要である[25]。

一六世紀半ばの幕府の国役賦課の実態は、一五世紀の賦課基準を踏襲するだけで実質的な収取実績は大きく減退していると評価されるべき内容だと思う。これは、「秩序」としては古いものが残っているが、「権力支配」としては後退している実態だと言える。「権力」とは殴ってでも従わせる強制力であり、「権威」とは下位者をして自発的に自己の意思を留保して上位者の意向に従うようにさせる秩序・関係性の構造である。実質的に国役賦課に応じない大名が過半と思われる実態は、幕府としての「権力支配」が充分に作動していないことを意味する。

矢田氏や川岡氏のいうように、幕府が地方支配の権限を放棄したことによって、地域権力が自立したとすれば、少なくとも幕府ないしは将軍の権力が、地域支配を保証しているとは考えがたいのではないか。

駿河守護家の今川氏が天文二二年（一五五三）に制定した今川仮名目録追加の第二〇条[26]には「自旧規守護使不入と云事ハ、将軍家天下一同御下知を以、諸国守護職被仰付時之事也、守護使不入とありとて、可背御下知哉、只今ハをしなへて、自分の以力量、国の法度を申付、静謐する事なれは、しゆご（守護）の手入間敷事、かつてあるへからす」とあり、戦国大名の幕府からの自立化を示す史料としてよく利用される。この箇条について、矢田氏は内容を整理し、重要な論点を四つあげているが、一点目に「「旧期」と「只今」の違いを、将軍の一定の権限の喪失に置いていること」をあげ、また三点目に「不入の内容を、棟別・段銭という一国平均の課役をはじめとした諸役免許と考えていること」をあげている。そして、今川氏は自身を守護と認識しており、また一六世紀前半の今川氏の棟別・段銭制度について、「十五世紀後半の幕府の権限放棄の後に、棟別・段銭賦課権を持つ守護家が作り上げた制度」としている。(27)

今川氏が自身を守護と認識しているという点は、川岡氏のいうところの幕府を中核とする武家の秩序体系の存続を示すものであろう。また、棟別・段銭賦課権が守護公権に由来するという点は、行使している権限の内容が守護と同じであるという矢田氏の主張に対応する。しかし、今川氏の棟別・段銭制度は、幕府の権限放棄によって、今川氏が「自分の以力量」でおこなっているものであり、少なくとも幕府ないし将軍の権力による保証は必要としていないことも、この箇条は示している。

したがって、幕府―守護体制による保証、あるいは将軍と守護との相互補完関係というとき、それは幕府ないし将軍権力によるものではなく、もし何らかの保証や相互補完があるとすれば、秩序体系の問題となるだろう。(28)では次に、行使している権限の内容から、戦国期の地域権力を守護と規定する考え方についてはどうであろうか。

戦国期の地域権力が行使している権限を守護公権に由来するものとして、それらを守護と評価するのは、「連続説」に対する村田修三氏の批判の裏返しで、守護の諸属性を戦国大名の中に検出していることになりはしないだろうか。

無論、村田氏の指摘は、統一政権ではない「地主連合王国」が出現する可能性もあったということを考慮に入れた上で、はじめから近世大名を予定することを戒めているのであり、先行する権力の諸属性を、後に登場する権力の中に見るという方法に対する批判ではない。したがって、これをまったく単純に「戦国期守護論」に適用するというわけにはいかないが、しかし戦国期の地域権力に守護の諸属性が見出せるからといって、これらを守護と規定することが有効であるのかどうかは問われるべきであろう。

川岡氏は幕府の地方支配の権限放棄によって、守護公権（国成敗権）の実質的な部分の帰趨が問題になるとしているが、果たして一五世紀中頃以降の各地域の動向は、守護公権という出来合いのものを奪い合うという状況なのだろうか。川岡氏は守護公権の帰趨が争われる状況が徹底すれば在地勢力によって公権が担われることになるともしている。一五世紀半ば以前は幕府の権力を背景にしなければ支配を十全におこない得なかった守護が、なぜ幕府の地方支配の権限放棄の後に、その守護公権に実効性を持たせられたのか。さらには守護でさえない在地勢力が、なぜ守護公権の実質的な部分を担うことができるのか。

幕府の支配が退いた後、守護は守護公権を独占したにしても、それだけでは実効性は期待できない。それを実現するための支配体制をみずからが築き上げる必要があったはずである。在地勢力にいたっては、むしろ守護公権の帰趨以前の問題として、そうした権限に実効性を持たせるだけの支配体制を構築できたことにこそ重要性があるのではなかろうか。

池享氏は、矢田氏が武田氏の裁判権を、小山田氏と穴山氏の第一次裁判権を前提にした二次的なもので、守護裁判権の継承であるとする点について[29]、大名裁判権が「社会的実効性をもった積極的理由の説明が得られない」と批判している。池氏は越後上杉領国を例に、近隣領主による第一次裁判権、すなわち「近所の儀」が所領紛争の激化によってその効力を弱め、大名裁判権が、守護裁判権の限界を超えて、その重要性・実効性を増すとしている。[30]

長谷川博史氏は、尼子氏の支配について分析し、守護公権を地域社会に介入していくための手がかり、「回路」とした上で、それが手がかりの一つにすぎず、実際に公役賦課などを実現するためには領主層を一定度統制し得ていることが前提条件であるとする。また戦国期には既存の「回路」がそのままでは機能しない局面が拡大し、「それゆえに大名権力は独自な公的領域的支配の実現を模索せざるを得なかったのであり、尼子氏が流通の結節点の掌握や杵築大社の改編、「御供宿」経営者の統制・掌握に努めた」としている。[31]

すなわち、一五世紀中葉以降における地域権力の自立の過程においては、守護公権という出来合いの権限の奪い合いという状況が本質なのではなく、行使している権限が守護公権に由来しているとしても、その受け皿として、幕府権力によって保証されていた段階とは違った、独自の支配体制を確立していることこそが問題なのである。軍事指揮権や裁判権、寺社興行権など、一見守護公権を継承したように見える権限であっても、その実現のされ方は変質しているのであり、それはもはや守護公権とは呼べないのではないだろうか。前述の今川氏の棟別・段銭制度にしても、矢田氏は、守護の棟別・段銭賦課権とするが、それは今川氏が「自分の以力量」でおこなっているものであり、その実現のされ方の「旧規」との違いに着目すれば、それは単なる守護公権の継承ではない。

さらには、上杉氏の裁判権が守護裁判権の限界を超え、尼子氏が杵築大社の改編等によって、守護公権によらない独自の支配を実現しようとしているように、戦国大名の権限は、かつて守護公権であった権限の枠にも必ずしも収まらないのである。

したがって、行使している権限の内容から、これらの戦国期の地域権力を守護と規定することの有効性は疑問とせざるを得ない。川岡氏は国成敗権の内容は地域によって多様になるとするが、これは権限の内容が守護公権と異なっていても、それが国成敗権として行使されていることを重視するものである。行使している権限からの規定が有効性を持ちうるとすれば、やはり幕府を中核とした秩序体系の問題としてであるといえよう。

では、この秩序体系の存続という問題を検討してみよう。仮に「利用」であるとしても、毛利氏などが守護職を欲したこと。また今川氏が守護という自己認識を示したこと。将軍が大名の「外交カード」となりうるだけの一定の権威を有していたことなどは、戦国期においても幕府ないしは将軍を中核とする秩序体系が存続していたことを示している。問題は、このような秩序体系の存続をもって、幕府―守護体制の存続とすることが有効か否か、言い換えれば幕府―守護体制とは、このような秩序体系のことであるとすることが有効か否かということである。それは当然、課題との関係で問われることになる。(32)

本書の課題は先に述べたように、地域権力による諸領主層の編成が、軍事的暴力のあり方や、地域秩序形成に与えた影響を検討し、権力の作用の仕方を探ることである。これを考えるに際しては、幕府を中核とした秩序体系の存続よりも、幕府の権力の後退の方がより直接的な意味があるのは明らかであろう。無論、秩序体系が、地域権力の政治的判断に影響を及ぼしている側面は否定しないが、幕府権力の後退は、実質的な地域支配の実現のされ方をより直接的に再編させたはずである。

したがって、本書では主として一六世紀の日本列島地域において、軍事的暴力の編成や、地域秩序形成に固有の役割を果たした地域権力として、戦国大名を措定することは有効であるとの見通しの下、論を進めたい。

第三節　戦国大名と「戦国領主」

本書では諸領主層の編成の問題を扱うと述べたが、具体的には「戦国領主」の編成の問題を中心的に扱う。

矢田俊文氏は、従来戦国大名とされてきた権力も、その家臣とされてきた国衆も、独自の「家中」と「領」を持ち、判物を発給して支配をおこなう同格の「戦国領主」であり、前者が後者に及ぼす権限は守護公権に由来した軍事指揮権などにすぎないとした[33]。

すでに、地域権力の行使する権限の問題については、先に批判を述べたが、矢田氏が「戦国期守護論」の根拠とした「戦国領主」の存在は、むしろ戦国大名概念を有効なものとして規定するための鍵となる可能性を有していると思われる。

「戦国領主」は、黒田基樹氏のいう「国衆」とほぼ同じであるが、黒田氏は、戦国大名と国衆の関係は、室町期の守護と国衆の関係とも異なり、近世においては国衆が大名家中に包摂されてしまうことから、戦国期独自の問題であるとしている[34]。矢田氏も「戦国領主」を戦国期の基本的領主としている。「戦国領主」が戦国期に固有の存在であるとすれば、その支配の上に分国支配を成立させている戦国大名を、守護でも近世大名でもなく、戦国期に固有の存在と考えることも可能だろう[35]。

言い換えるならば、これは、戦国大名が「戦国領主」を編成して支配を成立させているという構造によって、戦国期の軍事的暴力のあり方や地域秩序の形成のされ方は固有性を帯びるという想定である。「家中」の成立は軍事的暴力の編成の問題でもあり、「領」の成立は地域秩序形成と関わっているからである。

ところで、従来、この軍事的暴力と地域秩序形成の問題は、特に「戦国領主」と関わる局面では、領主間矛盾の問題として論じられることが多かった。

これまでの戦国大名研究が近世との関係を意識して進められてきたことはすでに述べたが、戦国大名の成立から、その近世への展開の説明として多くの論者に共通するのは、戦国期における領主間矛盾の激化とその止揚という原理である。すなわち、領主間矛盾の止揚のために、領主層は国人一揆という形で結集し、それが「家中」に転化し、さらにそれは戦国大名に結集し、最終的には統一政権に結集するというものである。勝俣鎮夫氏はこの原理から国人一揆の成立、さらには戦国大名の成立を見通している[36]。久留島典子氏は「家中から領国へという、次第に拡大していった統合運動」の先に「天下統一と呼ばれる運動方向があった」とするが、それは裁判や徳政のコントロールといった利害調整の問題、つまり、より広域的に矛盾を止揚する要請から説明されている[37]。朝尾直弘氏は領主間矛盾の止揚による領主層の階級的結集によって、農民階級に対抗する必要性から、「家中」の成立、さらには統一政権の成立を説明している[38]。

藤木久志氏は、豊臣政権は「豊臣平和令」によって軍事的暴力の行使を独占することで、社会を自力の惨禍から解放したとし、このような「豊臣の平和」の前段階として、戦国大名の国分けを位置づけている[39]。さらに藤木氏の議論を継承した黒田基樹氏は、平和実現のために「頼み」関係が重層化・拡大する、つまりより強力な権力を頼んで結集していくという形で、「家中」から戦国大名、戦国大名から統一政権の成立までを見通した[40]。両氏の議論は、いずれも生存維持のために領主と村落の双方が平和の実現を目指したとしている点で、朝尾氏の農民階級との対抗という議論と正反対であるが、領主間矛盾の止揚のために「家中」から戦国大名、戦国大名から統一政権へと結集していくという点では共通している。

しかし朝尾氏が、一向一揆との存立を賭けた戦いを経験しなかった毛利権力の限界という形で、戦国大名の内的発展として近世権力化が起こらなかったことを指摘している点は注意すべきであろう。「家中」の成立や統一政権の成立が領主間矛盾の止揚という側面を持つとしても、問題はその過程を戦国大名権力の発展とその帰結という一貫したものとして描くことができるかどうかという点である。

国衆が戦国大名の家臣と考えられていた段階では、①戦国大名の内的発展としての「家中」の拡大・一元化と、②領主間矛盾の最終的止揚に向けた領主階級の結集は、近世の一元的な大名「家中」と、その大名の結集による幕藩体制という結果から評価して、パラレルな過程と見られてきたといえる。しかし、「戦国領主」も独自の「家中」を持っていることから、矢田氏や黒田氏が「戦国領主」は戦国大名の家臣ではなく、戦国大名が「戦国領主」を「家中」に包摂するのは統一政権への服属後であるとしたことによって、[41]①に対する批判が提起された。とすれば②についても戦国大名の内的な論理の延長線上に説明しうるのかどうか見直す必要があるだろう。

菊池浩幸氏は、「戦国領主」の「家中」は、戦国大名毛利氏の「家中」に比して不安定であり、早くから「家中」支配を確立した毛利氏は、喧嘩・人返・所領といった相論問題、あるいは戦争問題を契機に、「戦国領主」の「家中」を毛利「家中」に包摂したとし、その最終的帰結として近世的な毛利「家中」の成立を見通した。[42]すなわち、「戦国領主」の存在も考慮に入れた上で、改めて前記の①と②をリンクさせたものといえるだろう。

地域秩序と関わる「領」についても、その中世から近世への移行における説明のされ方は「家中」と同様であるが、まずここでいう地域について説明しておく必要があるだろう。

一九九〇年代頃に提起された地域史の重要な特徴の一つは、政治史、経済史といった分野史の枠組みを超えて、地域を「全体史」的に把握することであると考えられる。[43]ただ、地域は所与としてあるわけではないし、真に「全体」であることは不可能である。では、地域の「全体史」的把握とは、どのような意味においてなされるべきであろうか。ある特定の空間を取り出してみれば、そこにはさまざまな広がりを持つ、無数の社会的関係が重層的に展開しているはずである。それらは相互に関連し、規定し合っている。他への規定性が強いものもあれば、弱いものもあるが、それらが規定し合うことで、関係の網の目の密度が高くなる凝集部分ができてくる。[44]それが地域史の対象とするところの「地域」であると考える。したがって地域の「全体史」的把握とは、その凝集を作り出した社会的諸関係の総体の把握ということになろうが、無限に存在する関係のすべてを検討することが不可能である以上、他への規定性が強いものを選択的に取り出し、それらの相互規定のあり方をもって、「地域」を作り出している社会的諸関係の総体に代えることになる。

この、強い規定性を持つ社会的関係としては、流通や信仰、村落間結合などがあるが、領主による支配―被支配の関係も、その一つとしてあげられる。「戦国領主」の「領」の成立や、戦国大名によるその編成が、地域秩序形成に影響を与えるというのは、このような意味においてである。

さて、矢田氏は「戦国領主」の「家中」の成立の要因として、流通の広域化にともない国人領主の個別の利益追求が限界を迎えたことをあげている[45]。すなわち領主間矛盾が「戦国領主」の成立を促したと見るのである。先に見た久留島典子氏や、池享氏は戦国大名領国成立の要因として、流通や経済秩序といった広域的問題を重視しているし[46]、長谷川博史氏も、東アジア規模での流通構造の激変によって、旧来の秩序が維持しがたくなり、それに対応する権力として戦国期の大名権力が登場してくるとしている[47]。ここで論じられている、広域的に調整が必要となる問題というのは、必ずしも領主間の矛盾のみに限られないが、多くは領主間の矛盾として現象することになる。

このように「戦国領主」の「領」の成立や戦国大名によるその編成は、流通の広域化への対応として要請された、領主間矛盾の止揚という形で説明されている。

一方、地域経済は近世には大名城下町を中心とする構造に一元化されることになるが、やはりここでも問題になるのは、これと領主間矛盾の最終的止揚に向けた領主層の結集がパラレルな関係にあるのかどうかということである。

藤木氏は、戦国期においては「領」単位であった領域経済圏は、豊臣期にいたって大名城下町を中心に一元化されたとし、それを戦国期段階の限界の克服と見るが、それは戦国大名の内的発展としてではなく、豊臣政権の影響の下、一元的な領国経済が成立すると見ている[48]。すなわち、戦国期の展開は、領国経済の一元化に向かう一貫した過程ではないということである。

以上から、近世においては大名権力の下に「家中」も「領」も一元化され、領主間矛盾は一応止揚されるのであるが、戦国期における大名権力の動向を、それに向けた一貫した過程としてとらえることができるかどうかは改めて検討する必要があるといえよう。また、それは戦国期における「家中」や「領」の並立状況が、早晩解消されるべき桎梏としてとらえるべきなのかどうかについても再検討を要するということである。むしろこれを戦国期の特質と考えてみる必要があるのではないだろうか。

このような視角からは、戦国大名と、独自の「家中」と「領」を持つという「戦国領主」の関係を解明することが要請される。また、「戦国領主」を戦国期に固有の存在であると述べたが、その前提として、戦国期における「家中」や「領」の成立とはいかなる事態であったのかを論じる必要がある。

したがって本書は、戦国大名による「戦国領主」の編成が、軍事的暴力のあり方や、地域秩序形成に与えた影響を解明することを課題とする。

第四節　本書の論点と構成

以上を踏まえ、改めて本書の論点を整理しておきたい。

水林彪氏は支配関係が存立するための要件として、①物理的な強制力（暴力）、②社会にとって有意義な職務を果たしているという正当性（実質的正当性）、③所与の法秩序に適合的に支配権を獲得しているという正統性（法的正当性）、という三つをあげている[49]。

すでに見たように「戦国期守護論」は、戦国期においても幕府を中心とする秩序体系が存続しているとするが、これは、いわば実力（暴力的支配）に対して、支配の正当性（法的支配）を重視しているといえる。

「戦国期守護論」だけでなく、戦国期権力研究において、こうした支配の正当性、公権性を重視する傾向は、一九八〇年代頃から高まっているように思われる。藤木久志氏らの「自力の村」論、あるいは「豊臣平和令」の議論も、勧農・平和を実現することは領主の責務であるとして、支配の正当性の有無が、領主の支配の存立の可否にとって決定的であると考えている[50]。藤木氏らの議論は、その意味で水林氏のいう実質的正当性を重視しているが、「豊臣平和令」の議論が、秀吉による四国攻め、九州攻めなどを惣無事令の違反に対する国分の強制執行と評価して、合法性・適法性を強調しているように[51]、これもまた法的支配の問題である。

一方、勝俣鎮夫氏の議論が、戦国大名が一揆の法・一揆の絶対性を大名権力の法・大名権力の絶対性に転換し、公権力化していくという筋道で論じられていたように、池享氏の整理にいう「連続説」の多くの研究では、戦国大名は公権力化、法的支配を推し進め、それは近世に最終的に達成されると見ている。そして、それは自立的な在地領主の消滅（自力の否定）、大名家臣団への一元化によって実現するとされる。

これに対し、本章第一節では、近世を基準に戦国大名権力を評価するのではなく、戦国期に固有の特質を明らかにするべきであると主張し、また第二節では秩序体系の存続よりも、守護公権（国成敗権）に実効性を持たせうる実力・実態（家永遵嗣氏のいう権力）レベルを問題とするべきであると論じた。

すなわち、戦国大名の戦国期における固有の特質を考えるというとき、重要なのはこの実力（暴力）の問題である。戦乱の多発によって特徴づけられる戦国期の権力関係においては、暴力が前景化している点に特質があると想定される。

これはしかし、戦国大名の軍事的暴力が強力であった（たとえば近世大名と比べて遜色がない）とか、暴力がすべてを決定するという意味ではない。一般論として、暴力的支配と法的支配を対立する二項として、暴力がより重要であるというのでもない。

近年では、かつて、一部のマルクス主義歴史学に見られたような、単純な経済決定論は影を潜めている。ルイ・アルチュセールはこうした経済決定論を明確に批判し（それはまた本来のマルクス、エンゲルスの意図に適う理解である）、経済的要因を最終審級としながらも、重層的決定という考え方を打ち出している。[52] すなわち、経済にしろ、暴力にしろ、法・制度や秩序意識にしろ、何か単一のものに本質還元できるのではなく、物事は重層的に決定されるということである。経済的要因を最終審級（いわば可能性の限界という意味での外枠）とすることについては、エルネスト・ラクラウとシャンタル・ムフによる批判[53]もあるから、さらに検討が必要であるが、重層的決定という考え方には基本的に賛同できる。

ただし、重層する多様な諸要因といっても、決定に及ぼす規定性の強弱は当然あるし、それを明らかにしなければ、単に歴史は複雑であるというだけに終わってしまいかねない。こうした無数の力関係が形づくる権力（諸）関係[54]は、時代によって、社会によって変化するのであるが、その時代、その社会で、何が権力関係においてより規定性を持っているのか（仮に経済的要因が最終審級として常に特別に重要であるとしても、それは可能性の外枠であって、それが直接決定するのでないのだとすれば、その枠内においてより規定性を持つ諸要因は何か）を明らかにする必要があるだろう。本書が明らかにしようとする権力関係は、こうした多様な力関係のせめぎあいであるが、その中での暴力の位置づけを注視していきたい。[55]

本書ではこのような視角から、戦国期の大名権力の権力構造がどのような権力関係によって成立しているのかを検討する。逆に、その権力関係の戦国期における特有性が、戦国大名概念をあえて設定することの有効性を示すことになる。

ところで先に「戦国領主」を編成し、その上に成り立っている戦国大名権力は、戦国期に固有の特質を持つのではないかと述べたが、すでに論じられているとおり、「戦国領主」は戦国大名の「家中」に包摂されていない。

すなわち「戦国領主」に対する支配は、主従制的支配ではない。ここから「戦国期守護論」では守護公権による支配という形で、統治権的支配権が持ち出された。しかし、守護公権の継承という議論には問題点があることはすでに述べたとおりである。では、大名権力の「戦国領主」に対する支配はどのように説明できるのだろうか。

戦国大名の支配が、前述の権力（諸）関係のなかで実現しているものと考えるならば、その支配は、いわゆる新領主制論において大山喬平氏が提唱した構成的支配概念を用いて考えるのが適切であると思われる。大山氏によれば、構成的支配は、生産諸条件に対する名主層（在地領主の末端に位置づけられる村落上層）と一般農民との格差から生じる支配である[56]。大山氏はこれを「私的な人格的支配を意味する主従制的支配に対置される支配」であるとして、統治権的支配と結びつけている[57]。本書では構成的支配の概念を大山氏の意図を越えて拡大し、権力関係の問題と接続することを試みる。すなわち、権力関係のなかで生じる格差が構成的支配を生み出すのであり、これは主従制的支配にも統治権的支配にも論理的に先行する支配であると考える。本書では、戦国大名と「戦国領主」の関係を分析することで、この力関係の格差の構造を考えたい。

以上のような視角から分析をおこなう上で、本書が主たる検討の対象とするのは毛利氏である。前節までで明らかなように、毛利氏の位置づけは、後北条氏と並んで、戦国大名研究において焦点となってきた。

池上裕子氏は、「小田原衆所領役帳」の分析から、後北条氏の家臣団の一元的な編成を描き出し[58]、これと対照的に、「戦国領主」の存在が顕著な毛利権力は例外的であると見た[59]。矢田俊文氏は毛利氏と「戦国領主」の「家中」の併存から、毛利氏を「戦国期守護」とした[60]。これに対し、菊池浩幸氏は毛利氏が「戦国領主」の「家中」を、みずからの「家中」に包摂していくと論じた[61]。

各論者の立場は異なるが、いずれにせよ、「戦国領主」の存在が、毛利氏の支配貫徹にとって、克服されるべき桎梏と見なされ、「戦国領主」との関係において、その性格をいかに評価するかが主要な問題となっていたといえよう。

しかし、矢田氏が「戦国領主」を戦国期の基本的領主としていることを踏まえるならば、むしろ「戦国領主」の存在がありながら、広大な分国を築き、大規模な軍事行動を繰り返すことを可能とした構造の解明が、戦国大名の固有の性格を明らかにする上で、重要なのではないだろうか。

そう考えれば、毛利氏は「戦国領主」の顕著な存在がありながらも、中国地方に広大な分国を築き、尼子氏、大友氏、織田氏などと大規模な戦争を繰り広げていったという点で、好適な研究対象といえよう。

以下、本書の構成について説明する。

第一章と第二章では毛利氏の山陰・山陽支配と吉川氏・小早川氏の関係を扱う。吉川氏は毛利元就の次男元春が養子として入り、元春は山陰方面の支配を担ったことで知られる。同じく山陽方面の支配は、元就の三男で小早川氏に養子として入った隆景が担当した。このような体制は「毛利両川体制」と呼ばれている。[62]一方、吉川氏・小早川氏は、彼ら自身独自の「家中」と「領」を持つ「戦国領主」でもあった。

ところで先の菊池氏の議論の前提となっているのは、戦国大名と「戦国領主」の関係をめぐっては、大名「家中」と「戦国領主」の「家中」の関係が議論されながら、「戦国領主」の「家中」についての具体的追究が乏しく、両者を無前提に同一視できるのかという疑義である。[63]「戦国領主」が、戦国大名同様に「家中」を持つことから、戦国大名概念を相対化するものとして注目されたことを考えれば、重要な指摘であろう。したがって本書では、「戦国領主」の「家中」の様相を解明し、その上で毛利氏との関係を論じること目指す。

戦国大名権力の特徴の一つは、その支配の広域性にあるといえよう。すでに見たように、戦国大名の支配は、流通や経済秩序などの広域化に対応したものであったと論じられている。特に各地域における政治的統合を進め、「地域国家」を成立させたとされるような権力は、それが国家と言いうるかどうかは別として、一国規模を越えるような広域的支配を実現している。戦国大名の固有の特質はこうした広域的支配の実現のあり方に特徴的に現れる可能性がある。

毛利氏が広域的支配をどのように実現していたかを論じるためには、吉川氏、小早川氏の山陰・山陽支配の評価は不可欠である。

したがって第一章と第二章では、吉川氏、小早川氏の山陰・山陽支配における位置づけと、「戦国領主」としての両氏の毛利氏との関係を、主として発給文書の文書論的分析と、それぞれの「家中」の分析から論じる。なお、第二章補論は、小早川「家中」を知りうる重要な史料である「小早川家座配書立」[64]についての基礎的な検討作業である。

第三章は、吉川氏、小早川氏以外の「戦国領主」を扱う。毛利分国において吉川氏、小早川氏以外の「戦国領主」の「家中」について、その構成員などに触れた研究はいくつかあるが、「家中」を主題とし、あるいはその詳細に立ち入って分析した研究としては、管見の限りでは、これまで松岡久人氏[65]、長谷川博史氏[66]および菊池氏[67]の研究がある程度である。しかも、これらはいずれも基本的には安芸国内の「戦国領主」しか扱っていない。広域的な政治的統合を果たした毛利氏権力の性格を分析する上では、安芸以外の分国の「戦国領主」との関係も考慮に入れる必要があると思われる。また、こうした「戦国領主」の「家中」の様相は、その構成員さえも、これまで十分に明らかにされていない。したがってこの章では、「戦国領主」の「家中」の様相を具体的に追究し、その性質や毛利氏との関係を明らかにする。

なお、第三章は、第一章、第二章も含めた総論的な位置を占める。

第四章は、「戦国領主」の「領」や毛利氏によるその編成と、地域経済圏の関係を分析し、戦国大名権力が地域秩序形成に果たした役割と、その豊臣期における変化を考える。具体的なフィールドとしては備後地域を扱う。

第五章は、「戦国領主」の「領」の特質について論じる。従来、「戦国領主」の「領」は、単なる知行地支配とは異質の公権的支配であると見なされている。こうした「領」は、何らかの公共的な利害調整を目的として成立し、またより広域的な利害調整の必要から、近世に向けて解消されていくものとして捉えられている。しかし、ここでは、「領」の存在も、「家中」と同様、戦国期大名分国の権力構造の特質を示すものではないかという観点から、関東の「領」研究を再検証し、さらに毛利分国においても検討をおこなう。

補論二は、片桐昭彦氏の著書『戦国期発給文書の研究』(68)を一つの素材として、私的／公的、人格的／非人格的、個人的／官僚制的など、従来、戦国大名権力を分析する際に用いられてきた二元論的枠組みの議論のねじれについて論じる。

終章は、大山喬平氏の構成的支配の概念を、哲学・政治学分野などの権力論を踏まえて拡張することで、暴力的支配／法的支配、あるいは主従制的支配／統治権的支配などの二元論を見直し、中世権力論を再検討することで、戦国期の権力構造の特質を論じる。これによって、本書各章の理論的位置づけを明らかにするとともに、戦国期権力論の研究展望を示した。題名のとおりまだ試論の域を出ないが、本書の内容がどのような射程を持ち、いかなる論点と接続しうるのかを示すことに意を用いた。

全体として、主として一六世紀の日本列島地域において、地域権力による諸領主層の編成が、軍事的暴力のあり方や、地域秩序形成に与えた影響を検討し、権力の作用の仕方を探る一つの重要な手がかりとすることを目指す。同時にこのような側面で、戦国期に固有の役割を果たした権力として戦国大名を措定しうるか模索していきたい。

（1）戦国期という名称自体、この時期が現象面では戦争の多発によって特徴づけられることを示している点は注意すべきである。
（2）このような各地域での政治的統合の進行を地域国家の成立と評価する見解もある。たとえば有光友學「群雄の台頭と戦国大名――東国を舞台として――」（同編『日本の時代史12　戦国の地域国家』、吉川弘文館、二〇〇三年）など。
（3）池享「大名領国制研究の視角」（『大名領国制の研究』、校倉書房、一九九五年）。
（4）村田修三「戦国大名研究の問題点」（永原慶二編『戦国大名論集1　戦国大名の研究』、吉川弘文館、一九八三年、初出：『新しい歴史学のために』九四号、一九六四年）。
（5）勝俣鎮夫「戦国法」（『戦国法成立史論』、東京大学出版会、一九七九年、初出：『岩波講座日本歴史　第8巻　中世4』、岩波書店、一九七六年）。
（6）勝俣鎮夫「戦国大名「国家」の成立」（『戦国時代論』、岩波書店、一九九六年、初出：「一五―一六世紀の日本――戦国の争乱」、『岩波講座日本通史　第10巻　中世4』、岩波書店、一九九四年）。
（7）山室恭子『中世のなかに生まれた近世』（吉川弘文館、一九九一年）。
（8）山室氏の議論も、地域間の偏差を認めながら、結局、より織豊政権の性格に近く、強力な「東国型」と、織豊政権からは遠く、弱い「西国型」を措定し、「西国型」の文書形式も、やがて織豊政権に近づくとしているため、地域的な偏差が、単なる発展の差に置き換えられ、「西国型」→「東国型」→織豊政権という、単線的な発展段階論が導かれかねない。
（9）池上裕子「戦国大名領国における所領および家臣団編成の展開」（『戦国時代社会構造の研究』、校倉書房、一九九九年、初出：「戦国大名領国における所領および家臣団編成の展開――後北条領国の場合――」永原慶二編『戦国期の権力と社会』、東京大学出版会、一九七六年）。
（10）池上裕子「戦国時代の位置づけをめぐって」（前掲註9著書）。
（11）池享「大名領国制試論」（前掲註3著書、初出：永原慶二・佐々木潤之介編『日本中世史研究の軌跡』、東京大学出版会、一九八八年）。
（12）今岡典和・川岡勉・矢田俊文「戦国期研究の課題と展望」（『日本史研究』二七八号、一九八五年）など。

(13) 川岡勉「室町幕府―守護体制の変質と地域権力」(『室町幕府と守護権力』、吉川弘文館、二〇〇二年、初出:『日本史研究』四六四号、二〇〇一年)。
(14) 今岡・川岡・矢田前掲註(12)論文。
(15) 長谷川博史「序論」(『戦国大名尼子氏の研究』、吉川弘文館、二〇〇〇年)。
(16) 矢田俊文「戦国期権力の研究史」(『日本中世戦国期権力構造の研究』、塙書房、一九九八年)。
(17) 矢田俊文Ⓐ「戦国期甲斐国の権力構造」(『日本史研究』二〇一号、一九七九年)、同Ⓑ「戦国期毛利権力における家来の成立」(『ヒストリア』九五号、一九八二年)。いずれものち前掲註(16)著書に収録。
(18) 矢田俊文「戦国期越後国政治体制の基本構造」(本多隆成編『戦国・織豊期の権力と社会』、吉川弘文館、一九九九年)。
(19) 今岡・川岡・矢田前掲註(12)論文、川岡勉「守護権力の変質と戦国期社会」(川岡前掲註13著書、初出:本多隆成編『戦国・織豊期の権力と社会』、吉川弘文館、一九九九年)、同前掲註(13)論文。
(20) 今岡典和「幕府―守護体制の変質過程――一六世紀前半の「国役」を中心に――」(『史林』六八巻四号、一九八五年)。
(21) 今岡・川岡・矢田前掲註(12)論文。
(22) 今岡・川岡・矢田前掲註(12)論文。
(23) 池前掲註(11)論文。
(24) 長谷川博史「結論」(前掲註15著書)。
(25) 家永遵嗣「将軍権力と大名との関係を見る視点」(『歴史評論』五七二号、一九九七年)。
(26) 『中世法制史料集　第三巻　武家家法I』。
(27) 矢田俊文「戦国期の社会諸階層と領主権力」(『日本史研究』二四七号、一九八三年、のち前掲註16著書に収録)。
(28) 誤解のないように付言しておけば、ここでいう幕府の権力(家永氏のいう意味での権力)とは、たとえば将軍直属の軍事力を背景とした、将軍独自の強制力というようなことを意味するのではなく、守護や国人の力も含めた体制として(つまり幕府―守護体制として)発揮されうる実効的な力を指して用いている。なお家永氏が権威と区別して定義する権力の概念は、以下本書で権力（諸）関係などとして用いる権力の概念とは異なる。詳しくは終章第三節第二項を参照されたい。

(29) 矢田前掲註(17)Ⓐ論文。
(30) 池前掲註(11)論文。
(31) 長谷川前掲註(24)論文。
(32) 山田康弘「戦国大名間外交と将軍」（『史学雑誌』一一二編一一号、二〇〇三年）。
(33) 矢田前掲註(17)論文。
(34) 黒田基樹「戦国大名北条氏の他国衆統制㈠――「指南」「小指南」を中心として――」（『戦国大名領国の支配構造』、岩田書院、一九九七年、初出：「戦国大名北条氏の他国衆統制――「指南」「小指南」を中心として――」、千葉歴史学会編『中世東国の地域権力と社会』、岩田書院、一九九六年）。
(35) 矢田氏が「戦国領主」とするような存在について、黒田氏は、峰岸純夫氏がいう「地域的領主」（峰岸純夫「戦国時代の「領」と領国――上野国新田領と後北条氏――」、『中世の東国――地域と権力――』、東京大学出版会、一九八九年、初出：『慶應義塾志木高等学校研究紀要』一輯、一九六九年）と同じであるとし、自身は「国衆」を用いている（黒田基樹「矢田俊文『日本中世戦国期権力構造の研究』（塙書房、一九九八年）によせて」、『中近世移行期の大名権力と村落』、校倉書房、二〇〇三年、初出：「書評・矢田俊文『日本中世戦国期権力構造の研究』」、『歴史学研究』七二三号、一九九九年）。「国衆」は史料用語でもあり、史料に現れた場合必ずしも「家中」と「領」を持つような存在を指すとは限らず、逆に「家中」と「領」を持つ存在が史料上で必ず「国衆」と表現されるとも限らないため、混乱を招く恐れがある。本書では、戦国期に固有のあり方を示す大名権力が戦国大名であるならば、それに対応して、戦国期に固有のあり方を示す領主という意味で「戦国領主」が適切な語であると考え、これを用いる。ただし、矢田氏が指摘したように戦国大名も「家中」・「領」といった「戦国領主」的要素を持つ権力であるが、本書で「戦国領主」という場合、戦国大名は含まないものとする。また、光成準治氏は、こうした「家中」や「領」を持つ存在が、近世初期にも存在していることから「戦国」の語を用いず「有力国人領主」としている（光成準治『中・近世移行期大名領国の研究』、校倉書房、二〇〇七年）。こうした存在が近世初期にも存在するのは確かであるが、逆にこの名称だと室町期の国人領主層も包括してしまう。また水林彪氏は「戦国郡大名」の名称を用いている（水林彪『日本通史Ⅱ　近世　封建制の再編と日本的社会の確立』、山川出版社、一九八七年）。

(36)　勝俣前掲註(5)論文。

(37)　久留島典子『日本の歴史13　一揆と戦国大名』（講談社、二〇〇一年）。

(38)　朝尾直弘「「将軍権力」の創出（一）」（『歴史評論』二四一号、一九七一年）、同「「将軍権力」の創出（三）」（『歴史評論』二九三号、一九七四年）。いずれものち『将軍権力の創出』（岩波書店、一九九四年）に収録。

(39)　藤木久志『豊臣平和令と戦国社会』（東京大学出版会、一九八五年）。

(40)　黒田基樹「大名被官土豪層の歴史的性格」（黒田前掲註35著書、初出：『戦国史研究別冊　戦国大名再考』、二〇〇一年）。

(41)　矢田前掲註(17)Ⓑ論文、黒田基樹「戦国期外様国衆論」（『戦国大名と外様国衆』、文献出版、一九九七年）。

(42)　菊池浩幸「戦国期「家中」の歴史的性格――毛利氏を事例に――」（『歴史学研究』七四八号、二〇〇一年）。

(43)　伊藤俊一「中世後期における「地域」の形成と「守護領国」」（『歴史学研究』六七四号、一九九五年、のち『室町期荘園制の研究』（塙書房、二〇一〇年）に収録）。

(44)　無論、この凝集も無前提に客観的なものとして観察されるわけではなく、何を課題にしているかという視座によって変容する。

(45)　矢田前掲註(17)Ⓑ論文。

(46)　久留島前掲註(37)論文、池享「戦国期の地域権力」（『戦国期の地域社会と権力』、吉川弘文館、二〇一〇年、初出：歴史学研究会・日本史研究会編『日本史講座　第5巻　近世の形成』、東京大学出版会、二〇〇四年）。

(47)　長谷川博史「中世都市杵築の発展と大名権力――十六世紀における西日本海水運と地域社会の構造転換――」（前掲註15著書）。

(48)　藤木久志「大名領国の経済構造」（『戦国社会史論』、東京大学出版会、一九七四年、初出：『日本経済史大系2』中世、東京大学出版会、一九六五年）。

(49)　水林彪『天皇制史論――本質・起源・展開』（岩波書店、二〇〇六年）。

(50) 藤木久志『村と領主の戦国世界』（東京大学出版会、一九九七年）、同『戦国史をみる目』（校倉書房、一九九五年）、黒田基樹『百姓から見た戦国大名』（筑摩書房、二〇〇六年）など。

(51) 藤木久志『豊臣平和令と戦国社会』（東京大学出版会、一九八五年）。

(52) ルイ・アルチュセール「矛盾と重層的決定――探究のためのノート」（河野健二・田村俶・西川長夫訳『マルクスのために』、平凡社、一九九四年、原論文：一九六二年）。

(53) エルネスト・ラクラウ／シャンタル・ムフ『ポスト・マルクス主義と政治――根源的民主主義のために――』（山崎カヲル・石澤武訳、大村書店、一九九二年、原書一九八五年）。

(54) なおここでいう権力（諸）関係の考え方は、ミシェル・フーコーの議論に基づいている。詳しくは終章で再論する。ミシェル・フーコー『性の歴史Ⅰ　知への意志』（渡辺守章訳、新潮社、一九八六年、原書：一九七六年）を参照。

(55) このように考えれば、中世から近世への移行の要因についても、単純な経済決定論ではなく、ましてや暴力決定論でもなく、重層的決定として考えられるべきであるが、その場合、さまざまな特質を持つ戦国大名および地域権力が各地に存在したこと自体が、全体としていかなる運動を引き起こしたのかが解明されなければならない。単純な経済決定論では、個々の大名権力が、経済的要因に規定され、必然的に（すなわち単線的に）発展して近世的権力に変容していくという像が描かれがちであった。しかし、中近世の移行は、このようなさまざまな特質を持つ個々の戦国大名および諸々の地域権力の存在が引き起こす運動の過程としても説明されなければならないのである。この点は、本書では追究できていないが、今後の課題としたい。

(56) 大山喬平「荘園制と領主制」（『日本中世農村史の研究』、岩波書店、一九七八年、初出：歴史学研究会・日本史研究会編『講座日本史2　封建社会の成立』、東京大学出版会、一九七〇年）。

(57) 大山喬平「中世社会のイエと百姓」（大山前掲註55著書、初出：『日本史研究』一七六号、一九七七年）。

(58) 池上前掲註(9)論文。

(59) 池上前掲註(10)論文。

(60) 矢田前掲註(17)Ⓑ論文。

(61) 菊池前掲註(42)論文。

(62) 河合正治「元就教訓状と毛利両川体制の形成」(『日本歴史』三三三号、一九七六年)、同「小早川隆景と毛利両川体制」(『芸備地方史研究』一一六・一一七号、一九七八年)。
(63) 菊池前掲註(42)論文。
(64) 小早川家文書四七三・四七五。
(65) 『可部町史』第三章(広島市、一九七六年)。
(66) 長谷川博史「安芸国衆保利氏と毛利氏」(『内海文化研究紀要』二五号、一九九七年)。
(67) 菊池前掲註(42)論文。
(68) 片桐昭彦『戦国期発給文書の研究』(高志書院、二〇〇五年)。

第一章　毛利氏の山陰支配と吉川氏

はじめに

従来戦国大名とされてきた権力の多くに共通してみられるのは、複数の国にまたがるような広域的な領域支配の形成である。

室町期の守護にも複数の分国を持つものがあったが、細川氏や山名氏のように、一族で複数の守護分国を抱えながらも、国ごとの守護はそれぞれ別人であったり、京極氏や斯波氏のように分国が相互に離れていたりする場合が多かった。近世においては、複数の国にまたがるような大藩はごく限られていた。すなわち、広域的な支配領域を持つ地域権力が多数成立するのは、戦国期に特徴的な現象であった可能性が高い。

したがって、このような広域的支配の実現のあり方に、戦国大名の固有の特質が、特徴的に表れていると考えられるのではないだろうか。となれば、戦国大名権力を考える上で、室町幕府の地方支配の権限の放棄以降、織豊政権に服属するまでに、複数の国にまたがる支配領域を築いた権力を、当面検討の対象とすることは妥当性があるだろう。もちろん、複数の国にまたがる支配をおこなっていたからといって、必ずしも戦国大名と規定できるとは限らないし、逆に国の大きさに大小があることを考えても、一国以下の規模しか持たなかった権力を排除するものでもない。あくまで広域的支配の実現のあり方に特徴的に表れるということであって、それを可能にしている権力構造などが、最終的には問題にされるべきである。

毛利氏は中国地方を中心に、戦国期でも有数の広大な分国を築いた権力である。このような毛利氏の広域的支配はどのようにして実現されていたのであろうか。

毛利氏の分国支配は、本領の安芸、毛利本宗家—山口奉行が担う防長、吉川氏が担う山陰、小早川氏が担う山陽・瀬戸内に大きく分かれていたとされる[1]。吉川氏の山陰支配や小早川氏の山陽支配も、複数の国にまたがる広域的な支配であった。本章では吉川氏を扱う。

吉川氏の山陰支配については、池享氏、舘鼻誠氏、長谷川博史氏の研究がある[2]。池氏と舘鼻氏は、吉川元春の主たる役割を山陰の「戦国領主」の統制であったとする。その権限として池氏は、「戦国領主」などの愁訴の毛利氏への吹挙、「戦国領主」の軍事動員をあげる。舘鼻氏は同じく愁訴吹挙を重視するが、軍事動員は毛利氏が直接おこない、元春は軍事指揮権を有するとする。またこのほかに、元春の権限として寺社興行権の分掌をあげる。舘鼻氏は、毛利氏は「戦国領主」の地域支配を承認し、吉川氏に「戦国領主」を統制させたが、軍事動員権や愁訴裁定権を毛利氏が独占することで、吉川氏の支配強化が、毛利本宗家の支配強化につながる構造であったとした。こうした元春の権限は、織田氏との戦争が本格化する中で強化され、因幡・伯耆は吉川氏の所領のような性格を帯び、元春が直接軍事動員や知行宛行をおこなう例が見られるようになる。そして、元春が支配を担った「山陰吉川領」が岩国藩の基礎となるとした。これに対し、長谷川氏は、山陰における吉川氏の所領と、吉川氏の権限が及ぶ範囲とは区別されねばならず、「戦国領主」に対する軍事指揮権などは毛利氏から付与されたものので、毛利氏による領国支配の一環である。すなわち、舘鼻氏のいうような領国化は見られないとした。

元春は毛利元就の次男で、安芸の「戦国領主」である吉川氏を相続しているが、吉川氏の山陰支配を考えるとき、長谷川氏が指摘するように、元春の山陰支配担当者としての立場と、「戦国領主」吉川氏の当主としての立場（さらには毛利一門として、また「御四人」と呼ばれる毛利氏宿老としての立場）の関係性に注意する必要がある。よって、本章では主として文書論的側面から、これらの関係性を分析し、吉川氏を通じての毛利氏の山陰支配のあり方を検討する。

また、「戦国領主」としての吉川氏と毛利氏の関係について考えるには、その「家中」についての分析が不可欠であろう。

矢田俊文氏は「戦国領主」が独自の「家中」と「領」を持ち、判物を発給して支配をおこなっているという点で、毛利氏と同格の領主であるとした(3)。これに対し、菊池浩幸氏は、「戦国領主」の「家中」は毛利「家中」に比して不安定であり、「戦国領主」と毛利氏に両属する家臣の存在を梃子として、毛利氏はみずからの「家中」に「戦国領主」の「家中」を包摂していくとした(4)。

河村昭一氏によれば、元春が吉川家に養子として入った際に、三六人の家臣が毛利氏から付けられたという所伝はほぼ信用できるという(5)。これが吉川「家中」や、その毛利氏との関係に大きな影響を与えたのはいうまでもないだろう。しかしこのような菊池氏のいうところの「両属家臣」の存在にもかかわらず、吉川「家中」は解体されず、岩国藩につながっていくのは間違いない。

吉川氏の「家中」については、これまで河村氏や木村信幸氏の研究(6)によって、奉行人の構成などが明らかになってきているが、本章ではこうした研究も踏まえつつ、吉川「家中」の具体的様相から、毛利氏と吉川氏の関係を改めて考えてみたい。

第一節　吉川氏の発給文書

(1) 吉川氏の宛行状・安堵状・感状

本節では吉川氏の発給文書を分析するが、その前提として、一般的な文書論に触れておきたい。佐藤進一氏は、奉書が、真の発給者が文面に表れず、彼の侍臣が主人の意を奉じて形式上の差出者となる文書様式であるのに対し、直状は書状の真の発給者が差出者として文書に姿を現す様式であり、書状の系統に属するが、書状は書止文言が「……候、恐々謹言」のようになるのに対し、直状は「……也、仍状如件」のようになるとする。戦国期には直状は直書や判物と呼ばれ、おおむね判物は感状、所領給与、安堵、特権の付与・承認など永続的効力を付与すべき文書に用い、奉書は単なる伝達・連絡などに用いられたとする。[7]この佐藤氏の分類は様式による分類である。一方、宛行状、安堵状、感状などの名称も一般的に用いられるが、これは機能による分類である。多くの場合、戦国期の宛行状や感状は判物であるが、書止文言が「恐々謹言」などとなる書状形式の宛行状も存在する。

本節では、こうした書状形式の文書の機能を問う必要があると考え、書状形式の文書であっても、宛行や安堵の機能を果たしているときには、宛行状、安堵状といった文書名を適用するものとする。

ただし機能から文書を分類した場合、何を宛行状とするか、何を安堵状とするかという点について、どうしても曖昧さを免れない。木村信幸氏によれば判物形式の宛行状（「一行」）は正式の宛行であって、書状形式のものは宛行約束であり、「一行」は文書によって主従関係を確認する必要がない場合には発給されず、宛行約束だけでは十分でない場合にのみ「一行」が要求されるという。[8]宛行と宛行約束では、当然宛行が履行される確度にも差があるが、ただ双方とも宛行の証拠文書として機能することを期待されているものであり、本節ではこのような機能を持つと考えられるものは宛行状として扱った。安堵状も同様である。

また、感状については宛行状・安堵状と比べても、曖昧な部分が大きい。一応、本節では原則として、受給者当人か、当人の従者の戦功を認定する機能だけを果たすものを感状とした。なお、感状は偽文書が多く、その扱いには慎重を要する。(9) ここではこれらを勘案して、感状についての分析は、宛行状・安堵状の傍証として用いるにとどめたい。

これを踏まえ、吉川氏が発給した宛行状・安堵状・感状をそれぞれ表1～3（章末参照）にまとめた。(10) 本節では元春以降を分析の対象とし、下限は毛利氏が防長二国に減封となる慶長五年（一六〇〇）までとするが、参考のため、表には一六世紀のものを管見の限りですべてあげた。以下、元春、元長、広家と三人の当主ごとに分けて検討していく。なお、史料を指す場合、表中の番号を用いて「宛行状1」のように表記する。

【元春】　元春の場合、宛行状、安堵状、感状ともに原則的に判物形式である。また年号の記載方式は、原則として宛行状と感状が付け年号、安堵状が書下年号である。

ここで問題としたいのは、書状形式の宛行状・安堵状・感状である。

宛行状30は毛利元就・隆元との連署であり、元春は毛利一門として加わったものといえる。安堵状14・15・16は小早川隆景・口羽通良・福原貞俊と連署しており、「御四人」と呼ばれる毛利氏の老臣の一人として発給したものである。これらは、毛利権力そのものの意志を示す文書であり、吉川氏の意志を表す文書ではない。隆景と連署している感状13も同様であろう。

先述のとおり木村氏によれば、書状形式の宛行状は宛行約束であり、たとえば、吉川氏の一族である石見吉川氏宛の宛行状44は宛行約束で、改めて正式な宛行状として判物形式の宛行状46が出されたという。宛行状44には「内々御自訴之事、吉田（毛利氏）へ度々雖申伺候、依無似相地不被進之候」とあり、毛利氏の宛行が履行されないことによる代替措置であったことがわかる。もう一つ同じ石見吉川氏宛で書状形式の宛行状63も「御愁訴之儀内々雖承候、依無明所之、不進置候」とした上で、「日山雖為公料所之、飯原（石見国）之儀進置候」とわざわざ吉川氏の所領の内であることを断っていることから、本来毛利氏によるべき宛行の代替措置と見られる。宛行状44の場合は結局のちに判物形式の宛行状46が出されるが、いずれも毛利氏による宛行が実行されないことで、吉川氏が宛行約束をしたということであろうか。

書状形式の宛行状・安堵状の大部分を占めているのが、天正八年（一五八〇）～九年にかけて発給されたものである。これらについては、すでに舘鼻氏が、織田氏の侵攻に備え吉川氏の権限が強化された時期のもので、織田方に寝返った伯耆国衆南条氏の旧領処理であったと指摘している。宛行状54・61・64・66～68・89は「羽衣石（伯耆国）一着」の上をもって宛行うとあるから、宛行約束の色合いが濃い。

これらを少し詳しく見てみる。宛行状53・54・56～58・60・64・65はそれぞれ石見・出雲・伯耆・隠岐の「戦国領主」ないしは国人領主宛である。[11] 宛行状59も安芸の「戦国領主」で前出雲富田城主の天野隆重宛であるので、これらに準ずるものと思われる。宛行状83は年代が確定できないが、宛行対象地が南条氏領の伯耆国久米郡で、この時期のものである可能性が高い。受給者の中林氏は出雲の在地領主と考えられる。

一方、宛行状51・69・74はいずれも毛利氏の家臣に宛てられたものである。また、宛行状55・71・73・89は吉川「家中」宛と思われ、宛行状66は石見吉川氏宛である。宛行状55は石見の「戦国領主」福屋氏の旧臣岡本氏宛で、同氏は安堵状12で、吉川氏から所領安堵を受けており、吉川「家中」であったと思われる。同じく宛行状67は三隅氏旧臣の肥塚氏宛であり、同氏も吉川「家中」であった可能性があるが、これ以前には吉川氏からの受給文書がなく不明である。宛行状71には、同日付、同案件の元春・元長の連署宛行状がある（宛行状70）。宛行対象地の「津村給」に差し支えがある場合の代所についての言及があるから、元春が重ねて保証を与えたものであろうか。

「戦国領主」宛の宛行状は多くの場合、吉川家臣が取次をおこなっている。たとえば宛行状53であれば「猶自伊但(伊賀田春法)・桂左馬(春房)所可申候」とあり、吉川氏の奉行人が取り次いでいる。これに対し、毛利「家中」宛のものは、宛行状51の場合、毛利家臣が取り次いでおり、また、舘鼻氏によれば毛利氏が宛行を追認したという。

これらと同時期の天正九年に、宛行状53の受給者である湯原春綱に宛てた元春の別の書状には、「作州祝山数年被遂籠城、御忠儀之段吉田(毛利輝元)ニ茂被感思召候、可被加似合之御褒美之由候、当時依無明所、末次(出雲国)・黒田(美作国)百貫之内五拾貫地之事、従吉田可被成御扶持間之事、拙者令裁判進置候」とあり(12)、このケースでは、本来毛利氏が宛行うべきところを、元春が代行している。ここから推測して、織田氏の侵攻に備えた元春の権限強化による一連の知行宛行も、毛利氏による宛行の代替措置という性格を帯びていた可能性があるのではないだろうか。

なお、宛行状78は天正一一年(一五八三)と推定され、織田氏との和平成立以後であるが、南条氏旧領に関わるので、対織田戦体制がいまだ残存していたものと考えておきたい。また安堵状30は、「戦国領主」天野氏に宛てたもので、安堵対象地が「於伯州・因州之内、隆重江申談候地」とあり、これは前述の宛行状59で与えられた給地を指すと見られ、このため書状形式をとったと考えられる。

以上から、書状形式の宛行状・安堵状の大部分は、基本的に「戦国領主」や毛利「家中」など、吉川「家中」以外に対して出され、しかも対織田戦体制の中での臨時的・代替的措置であったと考えられる。

なお、それ以外では宛行状32・49・62・77が、いずれも吉川「家中」宛で、宛行対象地も安芸国・石見国であるが書状形式である。

補足として感状についてみると、「家中」宛でも書状形式となっているものが見られるが(感状4・18・20・22)、感状14・17・21・23・35・36はいずれも吉川氏の家臣ではない在地領主や毛利氏の家臣宛であり、うち四通を占める伯耆の山田氏（南条氏から離反した在地領主）宛のものはいずれも天正八年～九年にかけてのものであるので、宛行状・安堵状と同じ傾向といえるだろう。

判物形式と書状形式には、もちろん木村氏のいう宛行か宛行約束かという違いがあるが、吉川「家中」以外には書状形式のものしか出されなかった点は重要であろう。彼らは判物によって主従関係を確認される「家中」とは明確に区別されているのである。

また、秋山伸隆氏は、毛利氏が発給する判物形式と書状形式の感状について、前者の方が恩賞の給付にいたる確実性が高く、毛利氏が慢性的な給地不足に悩まされるようになると、書状形式の感状が増え、輝元にいたってはほとんど判物形式の感状を出さなくなるという。[13]「家中」以外に対しては恩賞給付の確実性に劣る書状形式しか用いられなかったことは、「家中」と「家中」以外との明確な差を物語っているだろう。

【元長】　元長の宛行状・安堵状は、元長単署のものと、元春との連署のものがある。宛行状のうち、元長単署では、書状形式が五通、判物形式が三通。連署では、判物形式二通、書状形式五通（元春日下署判・元長奥署判は判物形式一通、書状形式五通、元長日下署判・元春奥署判は一通のみで判物形式）。このように宛行状は、判物形式より書状形式の方が多いが、全体的に事例が少なく、書状形式が原則かどうかは慎重な判断が必要である。しかし、元春の宛行状が圧倒的に判物形式に占められていたのに比べれば、明らかに判物形式の比率は減少している。これは、元長の家督継承後の宛行状発給数が少ない（年未詳のものを除けば宛行状80・81の二通のみで、これはいずれも判物）ことも関係している可能性がある。[14]安堵状は原則的に判物形式で書下年号である。また、元長の感状はすべて書状形式である。ただし天正九年に伯耆の在地領主山田重直に宛てたものがほとんどであり、事例が偏在しすぎていて傾向を見るには適さない。感状38は吉川「家中」宛であるがやはり書状である。

【広家】　元長の死にともなって家督を継いでいるため、宛行状61を除いて宛行状・安堵状ともにすべて単署である（宛行状61は元春が当主の時期に元春と連署したものである）。宛行状は六通で、うち三通が判物形式、一通が書止文言なし、二通が書状形式である。書止文言のないものも判物形式と判断すれば、判物形式の方が多い。安堵状は一一通で、うち判物形式が六通、書止文言なしが三通、書状形式が二通である。ここでも、書止文言なしを判物形式と見なせば、判物形式が原則である（ただし、書止文言のないもののうち二通は年号記載がないので書状形式と判断すべきかもしれない）。感状は、感状41〜44は書止文言がなく、それ以外は書状形式である。ただし、文禄二年（一五九三）の朝鮮国都河口城攻めのときのもの（感状41〜44）と、慶長五年の伊勢安濃津城での戦いにおける戦功に対するもの（感状45〜49）と、この二度の機会にしか出されておらず、あまり参考にならない。元長の場合も合わせて、毛利氏の領土拡大がこれ以上は望めない段階において、恩賞給付の確実性に劣る書状形式が用いられたものであろうか。

以上をまとめると、元春の代までは、宛行状・安堵状・感状とも、吉川「家中」宛は判物形式、「戦国領主」や毛利「家中」など吉川「家中」以外に宛てた場合は書状形式となり、書状形式のものは、織田氏との戦いが緊迫化する中での例外的に出されたものであった。元長以降は、安堵状は原則として判物形式であるが、宛行状には書状形式が目立つようになり、広家になると安堵状にも書状形式が混ざる。

もちろんこれは判物と書状の機能の違いと関わっているが、なぜ現象としてこのような傾向や変化が生じるのかが問題となろう。

先述のように矢田俊文氏は、「戦国領主」は「家中」と「領」を持ち、判物を発給して、独自の支配をおこなうとした。吉川元春の発給文書を見れば、「家中」宛のものは判物形式となっており、まさに「戦国領主」としての独自の支配を示している。他方、「戦国領主」宛のものが書状形式であるのは、彼らには宛行約束しかできないのであり、それさえも臨時的・例外的なものであって、吉川氏の独自の支配は及ばなかったと見るべきであろう。発給文書から見る限り、「戦国領主」は、判物によって主従関係を確認される吉川「家中」と明確に区別されているのであり、権限が強化された時期にあってさえ、独自の支配には展開せず、舘鼻氏のいうような伯耆・因幡の所領化もなされなかったと思われる。吉川氏の山陰支配は、あくまで毛利権力の山陰支配担当者としてのものであった。

天正一五年（一五八七）、広家の家督相続にあたり、山陰の「戦国領主」一五名が吉川氏に提出した連署起請文には「任御下知　上様へ可抽馳走候」とある。[15] 舘鼻氏はこれを、吉川氏と「戦国領主」の関係が、戦国期には兄弟契約を基本とした横のつながりであったものが、「御下知」という上下関係に変化したとして、吉川氏による「戦国領主」統制の完成と評価する。ただ、同じときに、吉川「家中」が提出した三通の起請文が、[16] いずれも広家への奉公だけを誓っているのに対し、この起請文では「属御手任御下知　上様へ可抽馳走候」と最終的に「馳走」を果たす先を毛利本宗家（「上様」）としている。起請文に連署した「戦国領主」に、元春から知行を宛行われた天野氏、福頼氏、湯原氏が含まれていることは注目されるが、天野氏や湯原氏を含むほとんどの「戦国領主」が、のちに毛利氏の家臣となっている。

無論、尼子氏の家臣であった牛尾氏や、福屋氏の家臣であった岡本氏など国人領主層の中には吉川氏の家臣になった者もいたし、伯耆山田氏も後に吉川氏の家臣となった。しかし、基本的には吉川氏の山陰における支配は、毛利氏の領国支配の一環であり、その権限強化は、吉川「家中」、吉川領といった吉川権力そのものの拡大に、直接つながるものではなかったと考えられる。

では、元長・広家以降は、「家中」宛の宛行状であっても書状形式になっていくのはなぜだろうか。元春の宛行状で書状形式のものは確かに宛行約束の性格が色濃いものが多いが、「家中」宛に限ればいずれも所付があり（宛行状62・77には知行高が記載されていないが、いずれも「栗栖三郎左衛門給篠山」「日和内妙見神田」と具体的に対象が指定されている)、文言からしても宛行約束とはいえない。逆に、元長の宛行状のうち、書状形式のものは一点を除いて宛行対象地の所付が未定である(すなわち宛行約束の色合いが強い)が、判物形式でも元長単署のものは一点を除いて所付未定であるので、その点の差異は見受けられない。広家の宛行状は、ほぼすべて伯耆国内で所付未定である(宛行状94は石見国市木五貫と伯耆国内で所付未定一〇貫。宛行状98は対象地不明であるが具体的な土地が問題になっている)。つまり、宛行約束か否かでの使い分けはされていない。

松浦義則氏は、永正期における毛利氏の知行宛行状の成立について、主人による譜代の家人への文書なしの扶持という形式から、文書によって両者の関係を明確化して維持していく形へと変化したとした。こうした変化は、譜代家人の所領が毛利氏の家産から相対的に自立したこと、さらに近隣の国人領主が毛利氏の家臣となり「家中」が成立することと対応しているという(17)。

こうした知行の授受関係の拡大は、毛利氏の勢力拡大にともなって起きていると考えられる。そもそも、早世した元長はともかく、広家の宛行状は、元春に比べ残存数が少ない。これは戦争による所領の拡大がなくなり、新恩給与が減ったこととも関わっているだろう。宛行状の成立が松浦氏のいうような主従制の変容によってもたらされたとすれば、その減少も主従制の変容と関わっている可能性がある。「家中」の成立は、主従関係の拡張であったと同時に、主従関係の自明性を希薄化した。「戦国領主」の「家中」の不安定さは、そもそもその成立のあり方に要因があるのである。逆にいえば、主従関係の自明性が薄らぎ、不安定すなわち非固定的であるからこそ、本来の秩序を逸脱して家中を拡大し、戦国期的な「家中」を成立させることができたのである。それが近世には再び安定化し、すなわち固定化されることで、再び主従関係は自明のものとなり、判物形式の宛行状で主従関係を確認する必要が薄れていくのではないだろうか(18)。

（2）愁訴吹挙と知行宛行

前項で見たように、吉川氏がその「家中」以外に知行を宛行うのは例外的であり、知行宛行の権限は原則として毛利本宗家が独占していた。舘鼻氏によれば、元春は「戦国領主」の愁訴を吹挙することで支配を強化し、毛利氏は愁訴裁定権（知行宛行）を独占することで、元春の支配強化が毛利氏の支配強化につながる構造となっていた。元春の吹挙が重要な意味を持った背景には、毛利氏の慢性的な給地不足があったという。すなわち、毛利氏は宛行を約束して軍事動員をおこなうが、給地不足のため不履行となる。このため「戦国領主」は吉川氏などを通じて再三愁訴をおこなう必要があったが、このとき毛利本宗家と人格的に結びつく元春の愁訴が重視されたという。また、毛利氏はこうした状況を利用し、愁訴者自身に「明所」を探させるなどして、在地掌握を深化させたという。

ここでは、吉川氏の愁訴吹挙の果たした意味を、出雲の「戦国領主」湯原氏の事例から考えたい。表4は湯原氏の戦功や愁訴の吹挙に関わる文書をまとめたものである。以下、史料を表中の番号を用い、「表4-1」のように示す。

表からわかることは、愁訴吹挙のルートが複数あるということである。すなわち、①吉川元春・元長、②小早川隆景、③出雲富田城主の天野隆重・毛利元秋と三つのルートがあり、さらに湯原春綱自身が直接愁訴をおこなっている事例もある（表4-11）。また、少なくとも文書の上では愁訴は、吹挙者から、毛利氏の当主にではなく、毛利氏の奉行人に伝えられ、奉行人から当主に披露されている。表4-5の場合、元春は毛利氏奉行人の桂就宣と児玉元良に対し、「湯原右京進（春綱）加賀御番之儀幷申分等之儀、以御気色そと御披露肝要候」と毛利氏当主への披露を依頼している。

湯原氏の愁訴ルートが複数あるにもかかわらず、ほぼ同時期と推定される隆景の吹挙と元春の吹挙（表4-15・

表4　湯原氏吹挙関係文書

No.	年月日	文書名	受給者比定	分類	戦功・対象地等	出典
1	(元亀元年ヵ)6月5日	毛利元秋書状写	湯原春綱	吹挙報告?	月保の儀	一〇二
2	(元亀元年ヵ)9月11日	小早川隆景書状写	湯原春綱	吹挙約束	御愁訴の儀	一〇四
3	(元亀元年)11月23日	吉川元春・口羽通良連署書状写	湯原春綱	戦功吹挙約束	佐陀江敵舟取	一一
4	(元亀2年)3月3日	毛利元秋書状写	湯原春綱	戦功吹挙報告	気遣馳走の段	一二
5	(元亀2年)3月23日	吉川元春書状写	桂就宣・児玉元良	吹挙	加賀御番	一一四
6	(元亀2年)4月3日	小早川隆景書状写	湯原春綱	吹挙報告	御愁訴・元綱因州相詰	八
7	(元亀2年)5月21日	毛利元秋書状写	湯原春綱	戦功吹挙報告	元綱加賀在番	九
8	(元亀3年)5月18日	天野隆重・毛利元秋連署書状写	湯原春綱	吹挙報告	申分、御四人に披露	一〇九
9	(元亀3年)5月21日	天野隆重書状写	湯原春綱・同元綱	吹挙報告	加賀在番につき愁訴の儀	一二四
10	(天正2年ヵ)3月13日	小早川隆景書状写	湯原春綱	吹挙報告	御愁訴の儀	一四七
11	(天正2年)3月19日	湯原春綱諸浦書立写	桂就宣・児玉元良	愁訴	出雲諸浦帆役	一二八
12	天正7年5月27日	吉川元春書状写	湯原春綱	吹挙報告	明所あらば吉田申整進置く	三八
13	天正8年7月4日	吉川元春書状写	湯原春綱	吹挙報告	祝山在番につき因作千貫	六一
14	(天正8年)7月20日	小早川隆景書状写	湯原春綱	吹挙報告	今度籠城につき一所進置く	六二
15	(天正8年)12月16日	小早川隆景書状写	児玉元貫	吹挙	湯原申分の儀	一六九
16	(天正8年)12月28日	吉川元春書状写	児玉元貫	吹挙	佐陀の内百貫	七八
17	(天正9年)1月21日	吉川元春書状写	児玉元貫	吹挙	約束の地宛行肝要	三四
18	(天正9年)1月21日	吉川元春書状写	湯原春綱	吹挙報告	祝山在番	八〇
19	年未詳3月11日	吉川元長書状写	湯原春綱	吹挙約束	伯州表約束の地	一六三
20	年未詳10月7日	小早川隆景書状写	天野隆重	吹挙	連々馳走	一二六

註1：分類欄の「吹挙」は毛利氏に吹挙したもの、「吹挙約束」は湯原氏に対し、毛利氏への吹挙を約束したもの、「吹挙報告」は湯原氏に対し、毛利氏へ吹挙したことを報告したものである。
2：出典欄の数字は『萩藩閥閲録』巻一一五・湯原文左衛門の文書番号。

16）が、どちらも毛利氏の奉行人児玉元貫に宛てられていることは注目される。元春や隆景が、毛利氏当主と対面したときに、口頭で愁訴を取りなすということもあっただろうが、少なくとも文書による吹挙は、どのようなルートを介したにせよ、必ず毛利氏奉行人に伝えられ、奉行人から毛利氏に披露された。これは、愁訴の裁定にあたって、給所の調整など実務的な処理が不可欠であることとも関わっているだろう。

表5は吉川氏が愁訴を吹挙した文書をまとめたものである。永禄五年（一五六二）の毛利隆元宛の二通を除けば、いずれも毛利氏の奉行人に宛てられているのがわかるが、もう一つ注目したいのは、ほとんどの文書が受益者の下に伝来しているという点である。これは、こうした吹挙文書自体が、一定の証拠文書として機能したことを示しているのではないだろうか。このように愁訴から知行宛行という一連の過程は、人格的なつながりを利用した私的なものというだけではなく、きわめてシステマティックに働く側面があったと考えられる。

愁訴から知行宛行にいたる過程において、吉川氏の毛利氏や「戦国領主」との人格的結合関係が持つ影響力は小さくないが、しかし吉川氏の吹挙も、毛利氏の支配機構の中に一定度システマティックに組み込まれ、山陰支配担当者の権限の一つとして機能しているとするならば、吉川氏の山陰支配は山陰吉川領として展開するのではなく、毛利氏の広域的支配の深化として展開する方向に進むのではないかと思われる。

以上のように、吉川氏による山陰支配は強化されながらも、独自の支配には展開せず、毛利氏の分国支配機構の中で機能していた。ではそれはいかにして可能であったのだろうか。次節では吉川「家中」の問題から検討する。

表5　吉川氏吹挙文書一覧

No.	年月日	文書名	宛所	出典	概要
1	(永禄5年)6月19日	吉川元春書状	毛利隆元	毛利家文書七八一	宮内殿御愁訴の儀、何も引き合わされ、やがて仰せ付けらるべきの由候
2	(永禄5年)・―・―	吉川元春書状	毛利隆元	毛利家文書七八〇	大通院申さる事、元就と談合候て、御調えしかるべし、宮内殿愁訴の儀、仰せ聞かされ候
3	(永禄12年)閏5月5日	吉川元春書状写	国司元武・児玉元良	閥一二三・野村作兵衛―一五	野村士悦申し分につき、御披露頼み申し候
4	(永禄12年)7月2日	吉川元春・小早川隆景連署書状	平佐就之・粟屋元種	閥三九・桂善左衛門―一四	桂元将九州立花取詰の砌の戦功、ご褒美肝要
5	(永禄12年)9月5日	小早川隆景・吉川元春連署書状写	粟屋元種・国司元信	閥一三二・飯田七郎右衛門―五一	飯田義武申し分の儀、御分別なされ、差し下さること肝心に存じ候
6	(元亀元年)8月25日	吉川元春・小早川隆景連署書状	国司元武・児玉元良	『鰐淵寺文書の研究』鰐淵寺古文書二五七	和多坊愁訴の儀、御書歴々持参候、その辻をもって御披露状進らさるべし
7	(元亀2年)3月23日	吉川元春書状写	桂就宣・児玉元良	閥一一五・湯原文左衛門―一一四	湯原春綱、出雲加賀御番ならびに申し分等の儀、御披露肝要
8	(元亀3年)1月28日	吉川元春書状写	内藤元栄	閥七六・中嶋神兵衛―八	中嶋善左衛門尉申し分の儀、御分別なさるよう御取り成し頼み申し候
9	(元亀3年)閏1月17日	吉川元春書状写	内藤元栄・養拙	石見吉川家文書九〇	経安愁訴の儀、隆景最前より存知の儀に候条、その辻をもって申し入らる、我等よりも一書企つ、御披露あるべし

No.	年月日	文書名	宛所	出典	概要
10	(元亀4年)1月29日	吉川元春書状	国司元武	『山口県史2』国分寺蔵周防国分寺文書四九	防府国分寺本堂造営領の儀、言上の子細あるの由に候、しかるべきよう申し調え肝要
11	(元亀4年)5月9日	吉川元春書状	粟屋元種・児玉元良	『山口県史3』山口県文書館蔵旧長州藩士内藤家文書一	内藤宗兵衛に一所思し召し分けられ候よう御取り成し肝要
12	(天正元年)12月8日	吉川元春書状	児玉元良・粟屋元種	『山口県史3』山口県文書館蔵旧長州藩士内藤家文書二	内藤弥七進退の儀、いよいよ御分別候よう御申し肝要
13	(天正6年)7月2日	小早川隆景・吉川元春連署書状	粟屋元種・児玉元貫	『山口県史2』毛利博物館蔵毛利家旧蔵文書(児玉家文書)四二	羽柴陣麓合戦において児玉元兼比類なし、盛重・隆重よりも褒美加えらるべきように候、御感なさるべきこと肝要、御披露に預かるべし
14	(天正9年)1月21日	吉川元春書状写	児玉元貫	閥一一五・湯原文左衛門―三四	湯原春綱・小川元政・塩屋元真、美作祝山籠城長々窮困比類なし、相違なく約束の地宛遣わさる事肝要
15	(天正10年)9月14日	吉川元春書状写	山県就政	閥五二・兼重五郎兵衛―四二	兼重元続、少所申談ずべく候
16	(天正11年)閏1月12日	吉川元春書状写	児玉元兼	『広島県史Ⅴ』岩国藩中諸家古文書纂・小林五郎橘―一	小林正次月俸の儀、彼方死去により、源三郎へ遣わされ候よう、御披露あるべし
17	(天正12年)12月18日	吉川元春書状	国司元武・児玉元兼	『大社町史』二一〇四「千家家文書」	千家方申し分の儀、披露肝要

18	天正13年3月日	吉川元春書状	児玉元良・井上就重	『新修島根県史』真名井神社文書四七三頁(一一)(宛所は島根県立図書館所蔵真名井神社蔵文書影写本により補う)	雲州伊弉諾社大破に付き神主参上候、日御碕社造営につき雲伯石へ棟別仰せ付けられ候、大篇の儀候間、雲州二、三郡引退け候て、伊弉諾社造営に仰せ付けらるべきよう、御調え肝要
19	年未詳1月11日	吉川広家書状写	渡辺長・佐世元嘉	閥一二三・野村作兵衛—二三	野村弥七郎手前の事、調えらるべき事肝要
20	年未詳1月26日	吉川元春書状	児玉就方	毛利家文書七九八	井上次郎左衛門尉の儀いかが候や、野村宮松領地、両四人談合候て一行遣わさる、高瀬の番、二百貫、三百貫にては務まらず
21	年未詳3月9日	吉川元春書状	桂就宣・児玉元良	『山口県史2』毛利博物館蔵毛利家旧蔵文書(児玉家文書)二八	宇多田七郎右衛門尉の事、受領の儀、御気色を窺われ、取りなししかるべし
22	年未詳4月7日	吉川元春書状写	国司元武	閥四六・小寺忠右衛門—四七	小寺元武因州に知行遣わすも、同地を大坪に遣わし候ゆえ、替地遣わさるよう、取り成し肝要
23	年未詳7月23日	吉川元春書状写	粟屋元通	閥七四・粟屋縫殿—七六	佐波方より申さるの趣、披露あるべし
24	年未詳8月8日	吉川元春書状	児玉元貫	毛利家文書七九七	小笠原領佐間村の儀、仰せ出さるの趣、承知、替地を遣わさるべし
25	年未詳11月6日	吉川元春書状写	平佐就之・国司元武	閥三三・粟屋勘兵衛—四	粟屋木工允の戦功、御披露あるべし、ご褒美肝要
26	年未詳11月17日	吉川元春書状写	粟屋元通	閥七四・粟屋縫殿—七三	福屋家来衆人質暇の事、この節給うべきの由宝珠寺申さる、御披露頼み申し候

註：No.欄の太字は受益者の下に伝来した文書。

第二節　吉川氏の「家中」と毛利氏

(1)　吉川氏奉行人

吉川「家中」の発給文書には、典型的な奉書文言で終わる奉書形式の文書は見られないが、書状形式でも上位者の意を奉じている、事実上の「奉書」は存在し、木村信幸氏によればその「奉者」となっている人物は二五名確認できる。[19]このうち、粟屋元俊、同春綱、同就光、井上春佳、井助十（井上助十郎か）春知、桂春房、同春忠、同長俊、児玉春種、山県就慶、同就次、同春次の一二名は、毛利氏から送り込まれた家臣と考えられる。[20]

こうした「奉者」は、しばしば二名以上の連署で文書を発給しており、吉川氏の奉行人組織を構成していた。また、その発給先は吉川「家中」にとどまらず、出雲の寺社にも文書を発給しており、[21]吉川「家中」や吉川氏の所領という意味での吉川領の支配だけに機能していたわけではなかった。

たとえば、元春が市川春俊・井上春佳・児玉春種の三名に、「杵築大工神門次郎左衛門尉給地」に対する児玉内蔵助の押妨をやめさせるよう命じている事例や、杵築大社国造千家氏に対し、毛利氏が検使を派遣するのに合わせて、吉川氏からも検使を派遣すると述べている事例もあり、[22]吉川「家中」はこうした寺社支配に関わっていた。

また、対織田戦体制下で吉川氏が発給した「戦国領主」宛の宛行状は、多くの場合、吉川「家中」が取り次いでいた。彼らはいずれも二五名の「奉者」のうちに名がみえる。さらに、毛利氏が湯原春綱を豊前守に任じたことを伝える元春宛の輝元書状には「尚粟彦（粟屋就光）可申候」とあり、[23]「戦国領主」の官途獲得にも吉川「家中」が関与していた。

以上から、吉川「家中」には、奉行人組織が形成され、吉川「家中」・吉川領だけではなく、山陰の寺社に対する支配にも携わった。また山陰の「戦国領主」に対する知行宛行などにも関与した。

吉川氏奉行人のおよそ半数が毛利氏から送り込まれた家臣であると述べたが、ほかにも、吉川「家中」にはこうした毛利氏から送り込まれた家臣が多く存在する。吉川「家中」と毛利氏はどのような関係にあったのであろうか。

（2）吉川「家中」と毛利氏

元春が吉川家を相続した直後を中心に、吉川「家中」宛に、元春と元就の連署宛行状・安堵状が出されている（宛行状8・9・34、安堵状1〜3・10）。これは元就が署判することで、元春の支配を補強したものであり、受給者の側からいえば、毛利氏の保証力に期待したものといえるだろう。

宛行状は宛行状9を除き、いずれも元就が日下に署判し、安堵状は一通を除いて、元春が日下に署判している。元春が日下に署判する安堵状（安堵状1〜3）はすべて元春以前からの吉川氏家臣宛である。元就が日下に署判する安堵状（安堵状10）は福原藤鶴宛で、[24]これは毛利氏から送り込まれた家臣である。木村氏によれば、吉川氏が連署で宛行状・安堵状を出す場合、日下に署判するのは、現当主ないしは、受給者との関わりが深いものであるという。[25]すなわち、より主体となる方が日下に署判するということになろう。この場合、吉川氏から与えられていた知行に対する安堵では、吉川氏当主の元春が主体となり、毛利氏から送り込まれた福原氏に対しては、元就が主体となったのである。これに対し宛行状の方は、いずれも受給者は元春以前からの吉川氏家臣であるが、元就が日下に署判している。これは新規の宛行に関しては、毛利氏の保証力に対する期待がより大きかったことを示しているのではないだろうか。

さらに毛利氏単独でも吉川「家中」に知行を宛行っている。永禄一三年（一五七〇）、森脇次郎左衛門は元就から、安芸国佐東郡中須・楠村と周防国矢地に知行を与えられ、元就が没した元亀二年（一五七一）には、森脇亀太郎が、輝元から同所を安堵されている[26]。森脇氏は元春以前からの吉川氏家臣であるが、毛利氏から知行を与えられ、その知行は毛利氏から安堵されるのである。さらに宛行われている給地が散在的であることに注目したい。池享氏は、給人の所領の分散化と支配の間接化が、毛利氏の代官―散使機構に依存せざるを得ない状況をもたらすとしているが[27]、この場合も、散在的な知行を宛行われることで、毛利氏の支配機構への依存が強まると考えられる。

このほか末永弥六左衛門は毛利氏、吉川氏の双方から知行を宛行われている[28]。また、毛利氏から送り込まれた粟屋就光は、家督相続の際、相続安堵を吉川氏から、知行安堵を毛利氏から受けている[29]。

以上のように、毛利氏は吉川「家中」に家臣を送り込んだだけではなく、知行の宛行や安堵を通じ、吉川「家中」に強い影響力を有していたことがわかる。

ところで、秋山伸隆氏は、毛利氏の奉行人が、天正一六年（一五八八）以降、譜代家臣以外から登用されることについて、「家中」内部に所属集団を持たない個人を登用することで、大名に対する忠誠を第一義とする新しい官僚群を創出したものと評価した[30]。これを援用するならば、毛利氏から送り込まれた家臣が多数奉行人を務める吉川氏でも「家中」に所属集団を持たない新たな奉行人層が形成されたと見ることができるのではないだろうか。

ただし秋山氏は、戦国大名が公権力であることの条件として、非人格的な法規範と官僚制の発達をあげている石母田正氏の説を引き[31]、毛利氏においては豊臣期にいたって、ようやくこのような官僚制が整備されたと見ている[32]。吉川氏においても、戦国期に、石母田氏が想定したような非人格的な官僚制が整備されたとは考えがたいが、そのような基準から毛利氏や「戦国領主」の官僚制の整備が「遅れている」と論じることは本章の意図ではない。ここで重視したいのは、「戦国領主」の当主の権力を一定度掣肘していたと考えられる「家中」の内部集団の影響力が、内部に所属集団を持たない奉行人の起用によって抑制されると考えられる点であり、しかもそれが毛利氏の影響下になされたということである。

すなわち、毛利氏は吉川「家中」に影響力を持つことで吉川氏を統制すると同時に、吉川氏も毛利氏の力を背景に「家中」支配を維持・強化していたのである。

先にも紹介したように菊池浩幸氏は、「戦国領主」の「家中」に属しながら、毛利氏との関係も保ち続けているような者を「両属家臣」とし、「戦国領主」は「両属家臣」を媒介にして、毛利氏の梃子入れによる「家中」の安定を図るが、逆に「両属家臣」の存在は、毛利「家中」の拡大につながるとし、また毛利氏は相論問題や戦争問題を契機に「戦国領主」の「家中」を毛利「家中」に包摂するとしている。

しかし、前述のような吉川氏と毛利氏の関係を考えれば、吉川「家中」は毛利「家中」に包摂されず、その結果、岩国藩として近世に残るのである。

毛利氏は吉川「家中」に対する強い影響力を保持することで、吉川氏を統制し得た。そして、吉川氏に山陰支配を担当させ、吉川「家中」がその実務に当たったのである。

おわりに

毛利氏の広域的な支配は、「戦国領主」の支配を前提とし、それを編成することで成り立っていた。「戦国領主」でもある吉川氏が担った山陰支配は、吉川「家中」や吉川「領」の拡張という形ではなく、吉川氏の所領支配とは明確に区別されており、それは文書発給のあり方にも表れている。吉川氏が山陰地域において大規模な所領を持っていたことや、愁訴吹挙などを通して影響力が大きかったのは確かである。しかし、すでに長谷川博史氏も指摘しているように、天正一九年（一五九一）に成立する出雲・伯耆・隠岐にまたがる一円的な吉川広家領や、近世の岩国藩は、吉川氏の山陰支配における権限強化の延長線上にあるのではなく、毛利氏が豊臣政権に服属した後の変化によって成立したと見るべきであろう。[33] 知行替えをともなわざるを得ないこのような一円領の創出は、「戦国領主」の支配を前提としてその編成の上に成り立つ戦国期の支配構造とは大きく異なるものである。

長谷川氏は、天正一九年以降、吉川氏の山陰の「戦国領主」に対する軍事指揮権が消失したことを指摘し、毛利氏から独立性の強い一円的支配領域の創出は、一方で戦国期に吉川氏が有した権限の及ぶ範囲の縮小であったともしている。[34] すなわち、複数の国にまたがるような広域的支配はやはり戦国期に特徴的なものであったと考えられる（吉川広家領はいまだ複数の国にまたがってはいるが）。

それは「戦国領主」を主従関係に編成して、一元的な「家中」や「領」を形成するのではなく、その支配を前提とした上に成立するという戦国期の大名権力の権力構造上の特質の、現象面での表れであったのではないだろうか。

また、戦国期に毛利氏が、吉川氏の領主的拡大を抑制し得たのは、毛利氏が吉川「家中」に強い影響力を持つことによる吉川氏統制と、それと表裏をなす吉川氏の「家中」支配の強化・安定化によるものであったと考えられる。先に戦国期においては主従関係の自明性が相対的に希薄になると述べた。主従関係の自明性が希薄化することで、本来のそれを逸脱して拡大し、「家中」が成立する一方、それは不安定で非固定的であった。吉川氏の「家中」支配は毛利氏の影響力で安定する一方、逸脱も抑制され、「家中」の拡大があったとしても、それは毛利氏の承認の下でのことあって、逸脱は無制限ではなかった。

川岡勉氏は一五世紀後半以降成立してくる「大内氏御家人制」は室町幕府の地方支配放棄にともなう、大内氏の主従制の再編であったとした。[35] 幕府が地方支配を放棄することによって、国人・守護被官・奉公衆といった区分が実質的に消失し、主従関係の逸脱が可能となったことが、再編の前提条件と考えられる。一方、川岡氏は、大内氏において守護代層の「家中」形成が進み、それが「大内氏御家人制」と衝突したところに陶隆房のクーデターが起きたとした。主従関係の拡大で、広大な大内氏分国を覆うことには限界があったのである。

戦国期の毛利氏の支配は「戦国領主」を主従関係に包摂しなかったことで広域的となり得たが、同時に毛利「家中」と「戦国領主」の「家中」が深刻な衝突を引き起こさない程度には、毛利氏は「戦国領主」を統制し得ており、それもまた「戦国領主」の「家中」の本来的な不安定さによって実現していたと考えられる。

ところで、吉川氏の担った広域的支配は、「戦国領主」の編成という点では、黒田基樹氏が論じた後北条分国における「指南」の役割に近い部分がある。黒田氏は、後北条氏と他国衆（本書でいう「戦国領主」）との関係について、後北条氏一門や、それに準ずる者が務める「指南」が、後北条氏と「他国衆」の取次役となって、「他国衆」統制がおこなわれており、それは主従制の原理とは異質なものとしている(36)。

後北条氏の分国の中心部と、他国衆の存在するような周縁部ではその支配の質的差異が指摘されており、その点では本領安芸でも「戦国領主」の存在が顕著な毛利権力とは異なり、毛利権力を特徴づけていると思われる。しかし、これまではどちらかといえば、後北条分国の中心部における性質を捉えて毛利氏との差異が強調される場合が多く、それが毛利氏を「遅れた」権力である、あるいは例外的であるとする見方(37)につながってきたことを考えれば、「戦国領主」の編成についての議論を共有化していくことは今後の課題であろう。

（1）舘鼻誠「戦国期山陰吉川領の成立と構造」（『史苑』四六巻一・二号、一九八七年）。以下本章において引用した、舘鼻氏の議論はすべて同論文による。よって本文中に舘鼻氏の説であることを明記した場合には特に註は付さない。
（2）池享「戦国大名領国支配の地域構造」（『戦国期の地域社会と権力』、吉川弘文館、二〇一〇年、初出：歴史学研究別

冊特集『世界史における地域と民衆（続）』、一九八〇年）、長谷川博史『二〇〇〇～二〇〇二年度科研費研究成果報告集　戦国期大名毛利氏の地域支配に関する研究』（研究代表者・長谷川博史、二〇〇三年）。

（3）矢田俊文「戦国期毛利権力における家来の成立」（『ヒストリア』九五号、一九八二年、のち『日本中世戦国期権力構造の研究』（塙書房、一九九八年）に収録）。

（4）菊池浩幸「戦国期「家中」の歴史的性格――毛利氏を事例に――」（『歴史学研究』七四八号、二〇〇一年）。

（5）河村昭一「吉川・毛利氏の町域支配」（『千代田町史　通史編（上）』、千代田町、二〇〇二年）。

（6）河村前掲註（5）論文、木村信幸「文献調査の経緯と中世文書目録の作成」（『史跡吉川氏城館跡に係る中世文書目録』、広島県教育委員会、二〇〇二年）。

（7）佐藤進一『古文書学入門』（法政大学出版局、一九七一年）。

（8）直接のご教示による。木村信幸「戦国大名毛利氏の知行宛行とその実態」（『史学研究』一七四号、一九八七年）も参照。

（9）秋山伸隆「天文二十三年安芸折敷畑合戦と感状」（『戦国大名毛利氏の研究』、吉川弘文館、一九九八年、初出：『芸備地方史研究』一六三・一六四号、一九八八年）。

（10）なお、預ヶ状は実態としては宛行状とほぼ同様のものと考えられるが、ここでは一応省いた。ただし預け地が安堵されている場合は安堵状に含めた。同じく寄進状も宛行状と区別しがたいが、文言に「寄進」「寄附」などとあるものは宛行状から省いた。ただし寄進安堵は安堵状に含めた。

（11）「受給者の性格」欄で、「戦国領主」としたのは、「家中」形成や判物発給が見られ、かつ自立的な（他の「戦国領主」の配下ではない）領主、またはそうした領主と同格に扱われている領主である。「在地領主」としたのは、毛利氏の征服地において本領を維持しているような在地領主で、前記の「戦国領主」の条件を満たしている徴証がないものである。宛行状53の受給者である湯原春綱を本章では「戦国領主」とした。長谷川博史氏は湯原氏について、毛利氏は春綱に「古曾志三百貫」を与えることで、湯原氏を小規模ながらも国衆としてとらえなおしたものの、本来的な湯原氏の性格は尼子氏家臣「富田衆」であって「出雲州衆」ではなく、出雲国衆の事例として用いるのは不適当であるとしている（「毛利氏の出雲国支配と富田城主」、前掲註2報告書）。しかし、川岡勉氏は、赤穴氏は被官並奉公を務める守護被官であったが、国並奉公を務める「出雲州衆」に転身したとしており（「中世出雲における守護支配と国人一揆」、『平成二・三年度科研費研究成果報告書　尼子氏の総合的研究　その一』、研究代表者・藤岡大拙、一九九二年）、そのような転身が可能であるということは「出雲州衆」「富田衆」という序列は尼子氏との関係を示すもので、必ずしも領主としての規模や権力構造の差を表しているわけではないことを示しているだろう。また天正一五年（一五八七）に「出雲州衆」に出自を持つ赤穴氏らを含む山陰国衆が連署して、吉川氏に提出した起請文（吉川家文書二〇二）にも湯原氏は名を連ねている。また、湯原春綱宛の小早川隆景書状（閥一一五・湯原文左衛門―六二）に「家中衆被相揃、御堅固之段可然候」とあり、湯原氏は「家中」を持っていた可能性が高い。本章では、尼子氏の滅亡後、毛利氏が湯原氏を国衆としてとらえなおしたという点を重視し、湯原氏を「戦国領主」として扱う。また、宛行状57の大谷玄蕃允については詳細不明であるが、この文書が「山田文書」に残されていることから、伯耆の国人領主山田氏に関係する人物であろうか。

(12)　閥一一五・湯原文左衛門―五三。
(13)　秋山伸隆「毛利氏発給の感状の成立と展開」（前掲註9著書）。
(14)　木村信幸氏によれば、元長の家督継承は、天正一一年九月以降、同一三年二月までの間におこなわれたという（木村信幸「判物から見た吉川元春の家督譲り」、『芸備地方史研究』二一四号、一九九九年）。
(15)　吉川家文書二〇二。
(16)　吉川家文書六八三、六八四、六八五。
(17)　松浦義則「戦国期毛利「家中」の成立」（『史学研究五十周年記念論叢　日本編』、一九八〇年）、同「国人領主毛利氏の給所宛行状の成立について」（『芸備地方史研究』一二九号、一九八一年）。
(18)　これは、高木昭作氏が、戦国期の武士には、その存在を主人に依存した非自律的存在である「太郎冠者型」と、大名から独立した軍団の長であり、自律的存在である「家老型」の二類型が存在したとし、近世には後者は前者に収斂していくとした議論（「「秀吉の平和」と武士の変質――中世的自律性の解体過程――」、『日本近世国家史の研究』、岩波書店、一九九〇年、初出：『思想』七二一号、一九八四年）と関連があるだろう。しかし、高木氏が前者を近世の側用人に、後者を近世の家老に対応させたのは、やや単純化しすぎているように思われる。初期御家騒動の原因となるような城持の家老は、戦国期には「戦国領主」であったような存在であり、彼らが自立した武士であったことはもちろんだが、戦国大名や「戦国領主」の「家中」を構成している者も、自立した武士でないというわけではない。高木氏の二類型を、武士の階層に適用するならば、主人に人格的に従属しているという「太郎冠者型」の武士とは、主人の家産から自立し得ないようなより下層の武士に対して用いられるべきである。ただし、高木氏が自立した武士の系譜に位置づけた「かぶき者」的気風が奉公人や足軽など下層の武士に見られることは（「寛永期における統制と反抗——寛永軍役令への一視点——」、高木前掲著書）、この武士の二類型が必ずしも階層と一致しないことを示していると思われる。

(19) 木村前掲註(6)論文。

(20) たとえば児玉春種は毛利氏の奉行人児玉就忠の三男である（閥一二五・児玉吉兵衛）。

(21) 『新修島根県史』雲樹寺文書四二〇頁（四）（同書は差出人を「春清」と翻刻しているが、島根県立図書館所蔵雲樹寺蔵文書影写本により「春法（伊賀田）」であることを確認した）、『大社町史』一八〇九（日御碕神社文書）、一八二九（千家古文書写丙）、一八六二（鰐淵寺文書）、一九六八（日御碕神社文書）、二二四〇（千家家文書）、二一九〇（坪内家文書）。

(22) 『大社町史』二〇〇二（北島家文書）、二一三八（千家家文書）。

(23) 閥一一五・湯原文左衛門—三二、八九。

(24) この文書は文言の欠損が多く、安堵状と確証できない。新恩給与の可能性もある。

(25) 木村前掲註(14)論文。

(26) 『広島県史Ⅴ』岩国藩中諸家古文書纂・森脇繁生—三、四。

(27) 池前掲註(2)論文、同「戦国大名の領有編成」（『大名領国制の研究』、校倉書房、一九九五年、初出：「戦国大名領国における重層的領有構造——毛利領国を例として——」、『歴史学研究』四五六号、一九七八年）。

(28) 『広島県史Ⅴ』岩国藩中諸家古文書纂・末永兵八—一、二。

(29) 『広島県史Ⅴ』吉川家中幷寺社文書・粟屋氏御書—四、三。

(30) 秋山伸隆「戦国大名毛利氏領国の支配構造」（前掲註9著書、一九九八年、初出：『史学研究』一六七号、一九八五年）。

(31) 石母田正「解説」（『中世政治社会思想　上』、岩波書店、一九七二年）。

(32) 天正一六年以降の新たな奉行人層登用を、官僚制的・非人格的支配と評価できるかどうかについては、いまだ検討の余地がある。本書補論二を参照。
(33) 長谷川博史「豊臣期山陰吉川領の形成と展開」(前掲註2報告書)。
(34) 長谷川前掲註(33)論文。
(35) 川岡勉「大内氏の知行制と御家人制」(『室町幕府と守護権力』、吉川弘文館、二〇〇二年、初出:『日本史研究』二五四号、一九八三年)。
(36) 黒田基樹「戦国大名北条氏の他国衆統制(一)——「指南」「小指南」を中心として——」(『戦国大名領国の支配構造』、岩田書院、一九九七年、初出:「戦国大名北条氏の他国衆統制——「指南」「小指南」を中心として——」、千葉歴史学会編『中世東国の地域権力と社会』、岩田書院、一九九六年)。
(37) たとえば、池上裕子「戦国時代の位置づけをめぐって」(『戦国時代社会構造の研究』、校倉書房、一九九九年)など。本書序章参照。

〔付記〕 本章は「戦国期毛利氏の山陰支配——吉川氏発給文書の検討から——」(矢田俊文編『戦国期の権力と文書』、高志書院、二〇〇四年)を改稿したものである。全体的な論旨は大きく変更していないが、その後、吉川氏発給の宛行状・安堵状の事例を追補した結果、吉川元長・同広家段階の文書発給については評価を変更した。初出時には、元長段階では宛行状が原則として書状形式になり、広家段階では安堵状も原則として書状形式になるとしていたが、事例を追加した結果、広家段階でも安堵状は判物形式が基本であることが明らかになった。また、元長以降、宛行状も書状形式が増加するものの、それが原則的とまではいえないため、評価を変更した。このほか、木村信幸氏から、書状形式の宛行状は正式な宛行ではなく宛行約束ではないかとのご指摘をいただいたので、その点も反映させた。木村氏には感謝申し上げげたい。また表1~3の史料の年次比定については、前掲註(2)報告書、前掲註(6)報告書を参照した。

取次	書止文言	年号書式	敬称	概要
	仍如件	付け年号	とのへ	甲田次郎兵衛一跡、給所として知行すべし
	仍如件	付け年号	殿	北方内河戸御給分として進らす
	仍如件	付け年号	とのへ	石七郎兵衛尉跡の事、七郎三郎方へ申し付く、河戸村林三町の事は給分として知行あるべし
	なし	付け年号	とのへ	たけの下名の内3段、給分として遣わす
	仍如件	付け年号	との	北方村の内、給分として遣わす
	仍一筆如件	付け年号	とのへ	仲原内福田給1町段銭、扶持す
	仍而如件	書下年号	とのへ	中原の内重宗1町6段の内8段山共に、三重の上様存命の間、進らせ置く
	仍状如件	付け年号	殿	田2町新庄横路おろさまきのもと等、知行あるべきの由、その心得る
	可有知行之状如件	付け年号	殿	先給ならびに南名、給地として遣わす
	仍一行如件	付け年号	とのへ	藤左衛門尉給朝枝5反、屋敷2か所、新給として遣わす
	可知行状如件	付け年号	殿	寺原内頼国名1町4反小等給地として遣わす
	可知行状如件	付け年号	殿	寺原内とき田9反等、生田の替えとして遣わし置く
	可知行状如件	付け年号	殿	寺原内とちの木拘そとさかり1町等、給地として遣わす
	可知行状如件	付け年号	殿	寺原内たい□名田1町1反、給地として遣わす
	可知行状如件	付け年号	殿	和泉守給4町5反等、給地として遣わす
	可知行状如件	付け年号	殿	河戸の内六呂原内いちふ田1町、給地として遣わす
	可知行状如件	付け年号	殿	河戸の内実正田1町、給地として遣わす

表1　吉川氏宛行状一覧

No.	年月日	文書名	出典	受給者	受給者の性格
1	永正6．1．26	吉川元経宛行状	吉川家文書別集324	二宮弥六	吉川家中
2	大永4．3．5	吉川氏奉行人連署宛行状写	『広島県史Ⅴ』岩国藩中諸家古文書纂・石七郎兵衛3	石経守	吉川家中
3	享禄4．4．28	吉川興経宛行状写	『広島県史Ⅴ』岩国藩中諸家古文書纂・石七郎兵衛4	石経有	吉川家中
4	天文5．7．1	吉川興経宛行状写	『広島県史Ⅴ』岩国藩中諸家古文書纂・江田孫介1	江田亀次郎	吉川家中
5	天文5．12.13	吉川興経宛行状写	『広島県史Ⅴ』岩国藩中諸家古文書纂・境孫七1	境孫七郎	吉川家中
6	天文7．2．21	吉川興経宛行状	吉川家文書別集325	二宮木工助	吉川家中
7	天文13．5．5	吉川興経宛行状	吉川家文書別集365	二宮木工助	吉川家中
8	天文16．(6ヵ)．27	毛利元就・吉川元春連署宛行状写	『広島県史Ⅴ』岩国藩中諸家古文書纂・森脇純安3	森脇弥八郎	吉川家中
9	天文17．11．6	吉川元春・毛利元就連署宛行状写	『広島県史Ⅴ』岩国藩中諸家古文書纂・森脇純安5	森脇弥八郎	吉川家中
10	天文18．12.18	吉川元春宛行状写	『広島県史Ⅴ』岩国藩中諸家古文書纂・境孫七3	境孫七郎	吉川家中
11	天文19．2．16	吉川元春宛行状写	『広島県史Ⅴ』岩国藩中諸家古文書纂・井上佐太夫2	井上次郎右衛門尉	吉川家中
12	天文19．2．16	吉川元春宛行状写	『広島県史Ⅴ』岩国藩中諸家古文書纂・井上佐太夫3	井上次郎右衛門尉	吉川家中
13	天文19．2．16	吉川元春宛行状写	『広島県史Ⅴ』岩国藩中諸家古文書纂・黒杭惣左衛門1	黒杭与次郎	吉川家中
14	天文19．2．16	吉川元春宛行状写	『広島県史Ⅴ』岩国藩中諸家古文書纂・長和伊三郎1	長和七郎右衛門尉	吉川家中
15	天文19．2．16	吉川元春宛行状写	『広島県史Ⅴ』吉川家中幷寺社文書・粟屋氏御書1	粟屋元俊	吉川家中
16	天文19．2．16	吉川元春宛行状写	吉川家文書別集734(2)	柏村四郎兵衛尉	吉川家中
17	天文19．3．13	吉川元春宛行状写	吉川家文書別集734(3)	柏村四郎兵衛尉	吉川家中

取次	書止文言	年号書式	敬称	概要
	可知行状如件	付け年号	殿	寺原の内外曲田1町、給地として遣わす
	仍一行如件	付け年号	殿	蔵廻つくねを、下品地の内太郎右衛門給、給地として遣わす
	可知行状如件	付け年号	とのへ	北方の内重延名、給地として遣わす
	仍一行如件	付け年号	殿	河戸の内田1町、実正名田1町八段、石丸名、給地として遣わす
	仍状如件	付け年号	殿	吉木下村の内山田半名1町3段半、遣わす
	依而状如件	書下年号	殿	蔵迫の内つくねを1町1段半、給地として遣わす
	仍状如件	付け年号	殿	都志見の内風呂迫名8段遣わす
	仍状如件	付け年号	殿	都志見の内風呂迫名8段遣わす
	全可知行状如件	付け年号	殿	都志見の内1町4反等、給地として遣わす
	全可知行状如件	付け年号	殿	吉木下村の内赤尾名1町、給地として遣わす
	仍状如件	付け年号	殿	吉木本郷松本名の内1町1段、つくねを替えとして遣わす
	全可知行状如件	付け年号	殿	西条槌山高名により、吉木本郷松本の内1町1段給地として遣わす
角井伊賀守	恐々謹言	付け年号	殿	井村半分、御知行あるべし
	依如件	付け年号	殿	戸谷内前かいち名田、給地として遣わす
	謹言	付け年号	殿	戸谷内溝口田1町8段等、給地として宛遣わす
	なし	付け年号	とのへ	銀山において屋敷1所遣わすべし

No.	年月日	文書名	出典	受給者	受給者の性格
18	天文19.12.13	吉川元春宛行状写	『広島県史Ｖ』岩国藩中諸家古文書纂・石七郎兵衛11	石彦九郎	吉川家中
19	天文19.12.13	吉川元春宛行状	吉川家文書別集368	二宮経実	吉川家中
20	天文19.12.27	吉川元春宛行状写	『広島県史Ｖ』岩国藩中諸家古文書纂・江田孫介２	江田小太郎	吉川家中
21	天文20.３.３	吉川元春宛行状写	吉川家文書別集734(４)	武永四郎兵衛尉	吉川家中
22	天文20.３.３	吉川元春宛行状写	吉川家文書別集734(５)	武永四郎兵衛尉	吉川家中
23	天文22.３.３	吉川元春宛行状写	『広島県史Ｖ』岩国藩中諸家古文書纂・井上又六１	井上神兵衛	吉川家中
24	天文22.３.３	吉川元春宛行状写	『広島県史Ｖ』岩国藩中諸家古文書纂・横道恕介１	横道藤兵衛尉	吉川家中
25	天文22.３.３	吉川元春宛行状写	『広島県史Ｖ』岩国藩中諸家古文書纂・佐々木九兵衛２	佐々木弥十郎	吉川家中
26	天文22.３.３	吉川元春宛行状写	『広島県史Ｖ』吉川家中幷寺社文書・市河家御書４	市川対馬守	吉川家中
27	天文22.３.３	吉川元春宛行状写	『広島県史Ｖ』吉川家中幷寺社文書・朝枝七兵衛家御書御感状御下字等写２	朝枝周防守	吉川家中
28	天文22.３.３	吉川元春宛行状	吉川家文書別集339	二宮俊実	吉川家中
29	天文22.３.３	吉川元春宛行状	吉川家文書別集367	二宮俊実	吉川家中
30	天文24.９.21	毛利元就・同隆元・吉川元春連署宛行状写	閥121・周布吉兵衛175	周布元兼	戦国領主
31	弘治２.８.８	吉川元春宛行状写	『広島県史Ｖ』岩国藩中諸家古文書纂・森脇繁生２	森脇春秀	吉川家中
32	永禄元.８.25	吉川元春宛行状写	『広島県史Ｖ』岩国藩中諸家古文書纂・井上佐太夫４	井上次郎右衛門尉	吉川家中
33	永禄２.７.13	吉川元春屋敷宛行状写	岩国藩中諸家古文書纂・伊藤由蔵１	井藤又次郎	吉川家中

取次	書止文言	年号書式	敬称	概要
	仍一行如件	付け年号	殿	望みの11貫の事、同心すべく候、知行肝要
吉川元春	仍一行如件	年号なし	殿	三隅方一跡御望の儀、同心せしめ進らせ置く
	仍一行如件	書下年号	宛所なし	久佐の内200貫進らせ置く
	仍一行如件	付け年号	殿	石州邇摩郡福光の内本分20貫、湊25貫等、吉浦代所として進らせ置く
	仍而一行如件	付け年号	殿	奥郷の内100貫の地遣わし置く
	仍一行如件	書下年号	殿	目負（日貫ヵ）の内３町２段、市木の内３町８段、給地として宛遣わす
	依而一行如件	書下年号	殿	石州府中上分の内宇津井古曾名五町、同所ふつとう名田１町の事、給地として遣わす
伊賀田春法	なし	付け年号	殿	中村田１町５段遣わすべし
	仍一行如件	書下年号	殿	石州小石見の内小篠７町５段、七条４町５段、幷に山河共に宛遣わす
	～之状如件	書下年号	殿	石州中村の内田地４町５段分米20石７斗５升
井上春佳	恐々謹言	年号なし	殿	御自訴の事、吉田へ申し伺うも、似相の地なきにより、我等志の印に、温泉三方の内20貫進らせ置く
二宮春次	謹言	付け年号	敬称なし	弓矢本意に任すべく候条、１寺遣わし置く
	仍一行如件	書下年号	殿	御方吉田へ御愁訴の儀、明所なきにより調わず、然れば、我等として50貫の地、申し談ず
	仍一行如件	書下年号	とのへ	吉浦の内田２町60歩他、給地として宛遣わす
	仍一行如件	付け年号	殿	石州市木村の内、麦尾給分山県越前守裁判の地、進らせ置く
	謹言	書下年号	殿	石州府中の内、田２町５段の事、給地として宛遣わす
	謹言	書下年号	宛所なし	府中荒谷名の内田□反小、遣わし置く
粟屋就信	謹言	年号なし	殿	羽衣石一着の上、当国において20石の地宛行うべし

No.	年月日	文書名	出典	受給者	受給者の性格
34	永禄４.12.７	毛利元就・吉川元春連署宛行状写	『広島県史Ⅴ』岩国藩中諸家古文書纂・森脇策介１	森脇助六	吉川家中
35	(永禄５ヵ).１.４	毛利隆元・同元就・吉川元春連署宛行状	益田家文書302	益田藤兼	戦国領主
36	永禄５.２.26	毛利隆元・同元就・吉川元春連署宛行状写	閥71・佐波庄三郎14	宛所なし	戦国領主
37	永禄５.３.26	毛利隆元・同元就・吉川元春連署宛行状	石見吉川家文書５	吉川経安	吉川一族
38	永禄７.６.27	吉川元春宛行状写	岩国藩中諸家古文書纂・境孫七(市川家)４	市川又七郎	吉川家中
39	永禄11.６.22	吉川元春宛行状写	岩国藩中諸家古文書纂・井上佐太夫４	井上次郎右衛門尉	吉川家中
40	元亀２.４.４	吉川元春宛行状写	岩国藩中諸家古文書纂・森脇繁生63	森脇市郎右衛門	吉川家中
41	元亀２.６.22	吉川元春宛行状	『山口県史４』下家文書３	下右衛門尉	吉川家中
42	天正２.８.22	吉川元春宛行状	吉川家文書別集343	二宮俊実	吉川家中
43	天正４.６.26	吉川元春宛行状	『山口県史４』下家文書４	下右衛門尉	吉川家中
44	(天正４).12.11	吉川元春宛行状	石見吉川家文書13	吉川経安	吉川一族
45	天正５.１.24	吉川元春宛行状写	島根県立図書館所蔵諸文書記録類（大雄寺蔵文書）	大雄寺	寺院
46	天正５.２.28	吉川元春宛行状	石見吉川家文書14	吉川経安	吉川一族
47	天正５.６.24	吉川元春宛行状写	『広島県史Ⅴ』岩国藩中諸家古文書纂・末永兵八２	末永弥六左衛門	吉川家中
48	天正７.２.13	吉川元春宛行状	吉川家文書693	宮庄経言(吉川広家)	吉川一族
49	天正７.４.14	吉川元春宛行状写	岩国藩中諸家古文書纂・森脇繁生55	森脇飛騨守	吉川家中
50	天正７.５.９	吉川元長宛行状写	岩国藩中諸家古文書纂・田中源兵衛16	宛所なし	吉川家中ヵ
51	(天正８).１.21	吉川元春宛行状写	閥110・小川喜右衛門２	小川信秀	毛利家中

取次	書止文言	年号書式	敬称	概要
	仍状如件	付け年号	殿	吉木・都志見の内堤名田１町、給地として宛遣わす
伊賀田春法・桂春房	恐々謹言	付け年号	殿	伯州東北条の内西分200石進らせ置く
児玉春種	恐々謹言	年号なし	殿	羽衣石一着の上、伯州100石の地進らせ置くべし
桂春房・二宮春次	謹言	付け年号	殿	羽衣石一着の上、八橋郡の内において100石前宛て遣わす
桂春房	恐々謹言	付け年号	殿	伯州において御愁訴の地、粂郡の内下津和分300石等進らせ置く
	恐々謹言	年号なし	殿	河村郡羽合田の内50石、宛行う
二宮春澄	恐々謹言	年号なし	殿	八幡領500石等元就一行の前、幷に新地共、2000石の地進らせ置く
市川春俊	恐々謹言	年号なし	敬称なし	伯州河村郡羽合田の内鳥羽分230石等、因州勝見の内において500石の地進らせ置く
桂春房	恐々謹言	年号なし	殿	伯耆久米郡北条の内東分200石等進らせ置く
	恐々謹言	年号なし	書記	彼の題目について両三人申す趣、同心せしめ祝着。羽衣石一着の上をもって１寺進らせ置く
井上春佳	謹言	付け年号	とのへ	市木の内、栗栖三郎左衛門給篠山の事、給地として宛遣わす
井上春佳	恐々謹言	付け年号	殿	御愁訴の儀、明所なきにより進らせ置かず。今においては日山公料所といえども、飯原進らせ置く
	恐々謹言	付け年号	敬称なし	伯州において500石、最前申し談じ候地の儀は申すに能わず、重ねて300石の地、これを進らせ置き候、この坪付の儀は羽衣石一着の上をもって調えこれを進らす
伊賀田源四郎・武安就安	恐々謹言	付け年号	殿	隠岐国の内賀茂100貫の地進らせ置く、都万の儀、(隠岐)清家へ引き渡す、賀茂の儀も同前に御裁判あるべし
井上春佳	恐々謹言	年号なし	敬称なし	羽衣石一着の上をもって、当表において200石の地進らせ置く
	謹言	年号なし	とのへ	今度宇津吹在番申し付け候、羽衣石一着の上をもって20石の地宛遣わす

No.	年月日	文書名	出典	受給者	受給者の性格
52	天正８.３.13	吉川元長宛行状写	『広島県史Ｖ』岩国藩中諸家古文書纂・佐々木九兵衛３	佐々木弥七郎	吉川家中
53	天正８.４.10	吉川元春宛行状写	閥115・湯原文左衛門51	湯原春綱	戦国領主
54	（天正８）.４.13	吉川元春宛行状写	閥88・井原十郎左衛門９	宇山久信	戦国領主
55	天正８.５.19	吉川元春宛行状	『島根県史８』681頁（１）（岡本康人氏所蔵文書）	岡本春識	吉川家中
56	天正８.６.12	吉川元春宛行状写	閥158・木原平蔵９	福頼左衛門尉	戦国領主
57	（天正８）.７.８	吉川元春宛行状写	史料編纂所所蔵謄写本「山田文書」巻１－11	大谷玄蕃允	在地領主
58	（天正８）.７.８	吉川元春宛行状写	史料編纂所所蔵謄写本「山田文書」巻２－11	山田重直	在地領主
59	（天正８）.７.８	吉川元春宛行状写	閥73・天野求馬４	天野隆重	戦国領主
60	（天正８）.７.10	吉川元春宛行状写	閥158・木原平蔵10	福頼左衛門尉	戦国領主
61	（天正８）.７.13	吉川元春・同経言連署宛行状	島根県立図書館所蔵全長寺蔵文書影写本	玄麟	僧侶
62	天正８.９.23	吉川元春宛行状写	岩国藩中諸家古文書纂・山県十介３	山県善右衛門	吉川家中
63	天正８.10.５	吉川元春宛行状	石見吉川家文書16	吉川経安	吉川一族
64	天正８.10.８	吉川元春宛行状	益田家文書386	益田元祥	戦国領主
65	天正８.10.20	吉川元春宛行状写	岩国藩中諸家古文書纂・隠岐半右衛門２	隠岐大和守	戦国領主
66	天正８.10.27	吉川元春宛行状	石見吉川家文書17	吉川経安	吉川一族
67	（天正８）.12.８	吉川元春宛行状	『島根県史８』682頁（２）（肥塚忠樹氏所蔵文書）	肥塚与四郎	在地領主

取次	書止文言	年号書式	敬称	概要
吉川経言・森脇若狭守カ	恐々謹言	付け年号	殿	伯州において200石の地約諾も明所なく遅々、竹田谷において南条彦九郎左衛門給・小鴨弾正給合わせて100石の地、まず宛遣わす、残り100石、羽衣石一着の上、引き合い宛遣わすべし
	恐々謹言	年号なし	殿	連々愁訴の儀いささかも忘却なく候、東三郡の儀明所少しもこれなく候、少所といえども、伯州久米郡の内鹿野分18石等知行あるべし
	謹言	付け年号	殿	今度益方在番の儀につき、伯州において津村給245貫の事遣わし置く
	謹言	年号なし	殿	津村給の事遣わし置く、相支えの儀候えば、別所相当の地遣わすべし
	全可知行之状如件	書下年号	殿	周防国道前美和村の内弘中彦六給田８町２段半30歩分米43石の地等の事、充遣わす
森脇春親・山中家信	謹言	年号なし	とのへ	湯所口において、敵一人射伏せ、比類なし、当表において15石の地遣わし置くべし
	恐々謹言	年号なし	敬称なし	久米郡東郷の内200石等進らせ置く、羽衣石一着の上進止あるべし
	～之状如件	書下年号	殿	伯州久米郡おわらの内200石の地の事、給地として宛遣わす
	仍一行如件	書下年号	殿	大朝の内鳴滝名３町２段の儀、由緒の地たるにより進らせ置く
桂	謹言	年号なし	とのへ	日和の内妙見神田の儀、その方扶持を加うべし
	謹言	年号なし	殿	羽衣石在番の儀、相勤むにつき、130俵の地宛行うべし
	～之状如件	書下年号	殿	伯耆久米郡の内、西倉吉500石の事、進らせ置く
	仍一行如件	書下年号	殿	伯州において30石の地、遣わし置く
	仍而一行如件	書下年号	殿	伯州において10石の地遣わし置く
	恐々謹言	年号なし	宛所なし	御愁訴の儀、100石の地進らせ置く。その内まず50石の事、伯州久米郡江北斎藤恒笑軒分の内進らす

No.	年月日	文書名	出典	受給者	受給者の性格
68	天正９．２．26	吉川元春・同元長連署宛行状写	吉川家中幷寺社文書・粟屋氏御書35	粟屋就光	吉川家中
69	（天正９）．２．27	吉川元春宛行状	『山口県史３』山口県文書館蔵寄組山田家文書92	山田出雲守	毛利家中
70	天正９．３．10	吉川元春・同元長連署宛行状写	岩国藩中諸家古文書纂・森脇繁生32	森脇飛騨守・森脇盛若丸	吉川家中
71	（天正９）．３．10	吉川元春宛行状写	岩国藩中諸家古文書纂・森脇繁生34	森脇飛騨守	吉川家中
72	天正９．６．13	吉川元春宛行状写	吉川家中幷寺社文書・野上家ノ御書幷樋口家御書16	野上右衛門尉	吉川家中
73	（天正９）．７．20	吉川元長宛行状写	『立命館大学人文研究所紀要』16号所収御家中御書感状等写35	小野太郎右衛門	吉川家中
74	（天正９）．11．14	吉川元春・同元長連署宛行状写	閥16・志道太郎右衛門49	志道元保	毛利家中
75	天正９．12．10	吉川元春宛行状写	吉川家中幷寺社文書・今田帯刀什書８	今田春知	吉川家中
76	天正10．９．３	吉川元長・同元春連署宛行状写	石見吉川家文書19	吉川経安・吉川経実	吉川一族
77	（天正10）．10．８	吉川元春宛行状写	吉川家中幷寺社文書・野上家ノ御書幷樋口家御書17	野上右衛門尉	吉川家中
78	（天正11）．５．21	吉川元春・同元長連署宛行状	『山口県史２』棟安氏旧蔵文書２	熊谷伊賀守	戦国領主一族
79	天正11．７．２	吉川元春・同元長連署宛行状	益田家文書389	益田元祥	戦国領主
80	天正14．12．19	吉川元長宛行状写	岩国藩中諸家古文書纂・桂平八２	桂助十郎	吉川家中
81	天正14．12．19	吉川元長宛行状写	岩国藩中諸家古文書纂・中村善右衛門１	中村善右衛門尉	吉川家中
82	－．（２ヵ）．21	吉川元春宛行状	『新修島根県史』中林文書465頁（２）	中林右馬亮	在地領主

取次	書止文言	年号書式	敬称	概要
	全可知行状如件	年号なし	殿	田３町２段都志見の内大田原、給地として遣わす
	謹言	年号なし	殿	舞綱町田の内田５段他、給地として遣わし置く
山県就次	恐々謹言	年号なし	殿	御志ばかりに三宅の内12貫の地進らせ置く
	又々かしく	年号なし	宛所なし	この表にて100石の地、まいらす
山県就次	恐々謹言	年号なし	殿	神領15貫前進らせ候、いよいよ然るべきよう御両殿へ毎事御心得頼み申し候
	恐々謹言	年号なし	宛所なし	寺原観音寺、進らせ置く
井平左	謹言	年号なし	殿	高宮に検使として差し籠め候。羽衣石一着の上、100石地宛て遣わすべし
	かしく	年号なし	殿	20貫の辻遣わし置くべし
	謹言	年号なし	敬称なし	300貫の地遣わすべし
与三右・次左	謹言	年号なし	殿	石州大□中において５貫前の地遣わし置く
	なし	書下年号	御房	万徳院常住芸州有田の内泉福寺・極楽寺、石州の内川本の浄土院、伯州において一所先ず付け置く
	～之状如件	書下年号	殿	石州市木村の内５貫前、伯州10貫前の地、宛遣わす
	～之状如件	書下年号	とのへ	伯州10貫前并□15貫の地の事、宛遣わす
	～之状如件	書下年号	殿	伯州において10貫の地遣わす
宇津宮春依	謹言	付け年号	殿	伯州において10石の地遣わす
	恐々謹言	年号なし	殿	貴所堪忍領の事、讒の地に候といえども、100石進らせ遣わす

No.	年月日	文書名	出典	受給者	受給者の性格
83	－．3．14	吉川元春宛行状写	吉川家文書別集734（6）	武永四郎兵衛尉	吉川家中
84	－．6．13	吉川元春宛行状写	『広島県史Ⅴ』岩国藩中諸家古文書纂・井上佐太夫5	井上春勝	吉川家中
85	－．9．16	吉川元春宛行状写	閥100・児玉惣兵衛26	児玉就方・児玉就英	毛利家中
86	－．11．18	吉川元春宛行状	『広島県史Ⅴ』国立国会図書館所蔵文書・井上文書1	宛所なし	（毛利家中）
87	－．11．23	吉川元春宛行状写	閥84・児玉弥七郎69	児玉就秋	毛利家中
88	－．3．13	吉川元春・同元長連署宛行状	『新修島根県史』全長寺文書498頁（3）	玄麟	僧侶
89	－．10．16	吉川元春・同元長連署宛行状写	譜録・山県平右衛門鎮辰	朝枝平兵衛	吉川家中
90	－．2．13	吉川元長宛行状写	『広島県史Ⅴ』岩国藩中諸家古文書纂・綿貫権内1	綿貫新六	吉川家中
91	－．2．20	吉川元長宛行状写	『広島県史Ⅴ』岩国藩中諸家古文書纂・横道恕介5	横道春重	吉川家中
92	－．8．9	吉川元長宛行状写	岩国藩中諸家古文書纂・桑原太淳1	桑原伊賀守	吉川家中
93	天正15．9．晦日	吉川広家宛行状写	『千代田町史』386（万徳院由来記）	禅応	僧侶
94	天正17．2．15	吉川広家宛行状写	岩国藩中諸家古文書纂・松浦三介4	矢上三介	吉川家中
95	天正17．2．15	吉川広家宛行状写	岩国藩中諸家古文書纂・長和平兵衛4	長和平兵衛	吉川家中
96	天正17．2．15	吉川広家宛行状写	岩国藩中諸家古文書纂・二宮護八3	栗栖源允	吉川家中
97	天正19．2．7	吉川広家宛行状写	岩国藩中諸家古文書纂・東蕃蔵1	東新右衛門	吉川家中
98	－．9．17	吉川広家宛行状写	『広島県史Ⅴ』岩国藩中諸家古文書纂・池八郎右衛門1	池俊政	吉川家中

取次	書止文言	年号書式	敬称	概要
	仍一行如件	付け年号	殿	当給地の事、前々手前の如く知行肝要
	仍一行如件	付け年号	殿	当知行の事、全く領知あるべし
	～之状如件	付け年号	とのへ	寺原の内光正５段、中原の内福田給１町等、興経一行の旨に任せ相違あるべからず
	仍一行如件	付け年号	とのへ	先給北方の内、柳坪の事、相違あるべからず
	仍状如件	付け年号	敬称なし	新庄田中給柿木田の内500田１段の事、永代買い付けらるの由その心を得る
	謹言	年号なし	とのへ	祝之城において神兵衛尉、用に立つ、神兵衛尉手次のごとく安堵すべし
	仍状如件	書下年号	殿	父修理進一跡の事、手続の如く相続すべし
	仍状如件	書下年号	殿	邇摩郡西郷の内御本地津淵、同郷福光等、元就・隆元判形の旨に任せ、御進止あるべし
	～之状如件	書下年号	禅師	洞泉寺住持職、祖玄東堂与奪の旨に任せ、執務領掌相違あるべからず
	仍一行如件	書下年号	殿	30貫の事同心せしめ候、知行肝要
	仍一行如件	付け年号	殿	この方一味あり、馳走あるべきの由祝着、山根名の事同心せしむ。知行肝要
	仍一行如件	書下年号	殿	小石見内先給分６町三宮御神田地等事、前々の如く神職を調え、幷に馳走を遂げ、相違なく全知肝要
	仍一行如件	書下年号	殿	三郎兵衛跡職の儀、土佐守裁判を以て相続の上は、三郎兵衛手次の如く、堅固に相勤めらるべき事肝要
	恐々謹言	付け年号	殿	熊野伊勢社領分、前々の如く進らせ置く
	恐々謹言	年号なし	殿	出雲古曾石300貫の事、先年元就判形に任せ知行あるべし

表２　吉川氏安堵状一覧

No.	年月日	文書名	出典	受給者	受給者の性格
1	天文16.閏７.28	吉川元春・毛利元就連署安堵状写	『広島県史Ⅴ』吉川家中幷寺社文書・朝枝七兵衛家御書御感状御下字等写１	朝枝残六	吉川家中
2	天文16.８.20	吉川元春・毛利元就連署安堵状写	『広島県史Ⅴ』岩国藩中諸家古文書纂・石七郎兵衛９	石経有	毛利家中
3	天文16.８.25	吉川元春・毛利元就連署安堵状	吉川家文書別集329	二宮俊実	吉川家中
4	天文18.12.18	吉川元春安堵状写	『広島県史Ⅴ』岩国藩中諸家古文書纂・境孫七２	境孫七郎	吉川家中
5	天文20.３.10	吉川元春安堵状	吉川家文書別集21	西禅寺	寺院
6	（天文22）.８.６	吉川元春安堵状写	『山口県史２』平生町立図書館蔵長家文書１	弟法師	吉川家中
7	弘治４.３.16	吉川元春安堵状写	『広島県史Ⅴ』岩国藩中諸家古文書纂・木部祐八２	木部源十郎	吉川家中
8	永禄２.９.６	吉川元春安堵状	石見吉川家文書12	吉川経安	吉川一族
9	永禄３.11.24	吉川元春安堵状	『山口県史２』洞泉寺文書２	潤室守芸	僧侶
10	永禄４.12.５	毛利元就・吉川元春連署安堵状写	『広島県史Ⅴ』岩国藩中諸家古文書纂・福原団右衛門１	福原藤鶴	吉川家中
11	永禄４.12.５	毛利元就・吉川元春連署知行安堵状写	御書感状写・山根二郎右衛門１	山根次郎右衛門尉	在地領主
12	永禄５.２.24	吉川元春安堵状	『島根県史８』679頁（１）（岡本康人蔵文書）	岡本兼祐	吉川家中
13	元亀２.１.24	吉川元春安堵状写	『広島県史Ⅴ』岩国藩中諸家古文書纂・井下孫左衛門１	井下弥次郎	吉川家中
14	元亀２.５.23	毛利氏老臣連署安堵状	『出雲意宇六社文書』熊野神社文書１	熊野別火	社家
15	（元亀２）.８.28	毛利氏老臣連署安堵状写	閥115・湯原文左衛門23	湯原春綱	戦国領主

取次	書止文言	年号書式	敬称	概要
南条宗勝	恐々謹言	年号なし	殿	吉岡一谷日置の内岩本分共1000石足幷長瀬南北360石足、戸嶋70石足、御本地の由承知
	仍如件	書下年号	敬称なし	山県郡新庄の内極楽院の事、玄麟与達の旨に任せ預け進らす
	仍一行如件	書下年号	殿	山県小七郎跡目の儀、その方に申し付く
	仍状如件	書下年号	殿	15貫前の事、経有相続の上は、異儀なく知行あるべし
	仍一行如件	書下年号	殿	当知行所々14町６段の地、経有譲状の旨に任せ、領知を全うすべし
	～之状如件	書下年号	殿	寺原の内外曲１町彦九郎給の事、相違なく知行あるべし
	仍如件	書下年号	殿	兄源十郎譲状の旨に任せ、先知行幷下作職進退せしむべし
	仍一行如件	書下年号	殿	父備前守所帯の事、譲りの旨に任せ進止肝要
桂春忠	なし	付け年号	殿	小野三郎右衛門一跡、相違なく相続し、奉公肝要
	仍如件	書下年号	敬称なし	有福の内福泉寺の事、老僧譲渡せらるの旨相違なし
	全可進止状如件	書下年号	殿	父三河守幷に粟屋藤右衛門尉手次相違なし。その方相続申し付く
	～之状如件	書下年号	西堂	西禅寺住持職、和仲和尚与奪の旨に任せ、全く執務あるべし
	～之状如件	書下年号	敬称なし	洞泉寺住持職の事、養室和尚の譲りに任せ、執務せらるべし
	仍一行如件	書下年号	殿	出雲守方へ進らせ置かる地等の事、相違なく知行あるべし
	恐々謹言	付け年号	殿	伯州・因州の内、隆重へ申し談じ候地、相違なく御方に進らせ置く
	仍状如件	書下年号	殿	経家当知行分の事、吉田に申し達し進らせ置く、もちろん我等申し談ず地の儀も御知行あるべし
	仍状如件	書下年号	殿	大朝庄の内桑原の事、経家手続をもって、全く知行あるべし

No.	年月日	文書名	出典	受給者	受給者の性格
16	(天正元).11.10	毛利氏老臣連署安堵状写	岩国藩中諸家古文書纂・善岡甚平2	吉岡左近将監	在地領主
17	天正3.1.5	吉川元春安堵状	島根県立図書館所蔵全長寺蔵文書影写本	玄芳	僧侶
18	天正4.3.15	吉川元春・同元長連署安堵状写	『広島県史V』岩国藩中諸家古文書纂・山県又兵衛2	山県熊法丸	吉川家中
19	天正4.12.4	吉川元春・同元長連署安堵状写	『広島県史V』岩国藩中諸家古文書纂・石七郎兵衛15	石春成	吉川家中
20	天正4.12.4	吉川元春・同元長連署安堵状写	『広島県史V』岩国藩中諸家古文書纂・石七郎兵衛16	石春成	吉川家中
21	天正4.12.4	吉川元春・同元長連署安堵状写	『広島県史V』岩国藩中諸家古文書纂・石七郎兵衛17	石春成	吉川家中
22	天正5.2.18	吉川元春安堵状写	吉川家中幷寺社文書・木部左門6	木部源三郎	吉川家中
23	天正6.1.3	吉川元春・同元長連署安堵状写	『広島県史V』岩国藩中諸家古文書纂・井上佐太夫6	井上春勝	吉川家中
24	天正8.9.26	吉川元春安堵状写	『広島県史V』岩国藩中諸家古文書纂・小野半太夫1	小野助之進	吉川家中
25	天正8.11.17	吉川元春安堵状	『石見潟』5号所収「福泉寺文書」1	福泉寺周清	僧侶
26	天正9.6.1	吉川元長・同元春連署安堵状写	『広島県史V』吉川家中幷寺社文書・粟屋氏御書4	粟屋就光	吉川家中
27	天正10.2.16	吉川元春・同元長連署安堵状	吉川家文書別集24	周伯恵雍	僧侶
28	天正11.4.26	吉川元春・同元長連署安堵状	『山口県史2』洞泉寺文書4	雪岑周存	僧侶
29	天正11.6.4	吉川元春・同元長連署安堵状写	史料編纂所所蔵謄写本「山田文書」巻1－10	山田次郎五郎	在地領主
30	天正11.6.5	吉川元春・同元長連署安堵状写	閥73・天野求馬9	天野元嘉	戦国領主
31	天正11.9.6	吉川元春・同元長連署安堵状	石見吉川家文書20	吉川経実	吉川一族
32	天正11.9.6	吉川元長安堵状	石見吉川家文書21	吉川経実	吉川一族

取次	書止文言	年号書式	敬称	概要
	恐々謹言	付け年号	敬称なし	浄音寺并末寺等その外抱え置く地、先判の旨に任せ、裁判肝要
	～之状如件	書下年号	殿	兄木工助跡職の儀、手続として遣わし置く
	仍為堅一行如件	書下年号	殿	二宮佐渡守手続として、石州小篠名、七条名、本領に加え、遣わし置く
	仍一行如件	書下年号	殿	伊弉諾・伊弉冊・六所神主別火職の事、当知行分田畠、宮司社徳等、前々のごとく裁判あるべし
	仍一行如件	書下年号	敬称なし	有福福泉寺の事、元春証判の旨相違あるべからず
	なし	付け年号	殿	鷺浦神主職の事、前々の如く相違あるべからず
井上春佳ヵ	謹言	年号なし	敬称なし	与十郎跡目の儀、与三郎に申し付け候てしかるべし
両四五人	仍如件	書下年号	殿	海士郡3か村公文職の儀、先年の如く預け遣わす
	可有御知行状如件	書下年号	殿	経家跡目の事、芸州大朝の内桑原名、成滝名、石州邇摩郡の内飯原村等、元春・元長正判の旨に任せ、進らせ置く
	～之状如件	書下年号	殿	芸州大朝の内鳴滝田3町1段代所として、石州邇摩郡温泉分の内、田3町半の事、元春・元長進らせ置かる辻、御知行あるべし
	仍而一行如件	書下年号	殿	寺原の内外曲名田2町他、元春証判の旨に任せ遣わし置く
	恐々謹言	年号なし	殿	伯耆相見郡内中馬場分25石、吉川元春・杉原盛重裁判の節に従い別儀なし
	～之状如件	書下年号	殿	周防国玖珂郡の内7石、熊毛郡のうち20石、元春正判の旨に任せこれを遣わす
両人	なし	付け年号	殿	家督の事、土佐守相譲あるべきの由、尤も目出候
	～之状如件	書下年号	殿	父彦右衛門尉給地、相違なく遣わし置く

No.	年月日	文書名	出典	受給者	受給者の性格
33	天正12．9．11	吉川元春安堵状写	『山口県史２』毛利博物館富家文書24	浄音寺	寺院
34	天正13．2．20	吉川元長・同元春連署安堵状	吉川家文書別集342	二宮長正	吉川家中
35	天正13．2．21	吉川元春安堵状	吉川家文書別集331	二宮長正	吉川家中
36	天正13．2．26	吉川元春安堵状案	『大社町史』2111（秋上家文書）	秋上左衛門尉	社家
37	天正13．10．6	吉川元長安堵状	『石見潟』５号所収「福泉寺文書」４	福泉寺周清	僧侶
38	天正14．5．2	吉川元春安堵状写	『大社町史』2202（国造千家所持古書類写）	神太夫	社家
39	－．7．23	吉川元春安堵状写	『広島県史Ｖ』岩国藩中諸家古文書纂・笠井澄右衛門１	笠井宗作	吉川家中
40	天正14．8．7	吉川経言安堵状	『新修島根県史』村上文書527頁（５）	村上肥前守	在地領主
41	天正15．9．20	吉川経言安堵状	石見吉川家文書22	吉川経実	吉川一族
42	天正15．9．28	吉川経言安堵状	石見吉川家文書24	吉川経実	吉川一族
43	天正15．10．1	吉川経言安堵状写	『広島県史Ｖ』岩国藩中諸家古文書纂・田中源兵衛２	田中金次郎	吉川家中
44	（天正16）．2．25	吉川広家安堵状	『山口県史３』山口県文書館蔵寄組山田家文書90	山田出雲守	毛利家中
45	天正17．2．23	吉川広家安堵状写	吉川家中幷寺社文書・木部左門10	木部源兵衛尉	吉川家中
46	文禄4．12．13	吉川広家安堵状写	『広島県史Ｖ』吉川家中幷寺社文書・本宗今田氏什書２	今田孫四郎	吉川家中
47	慶長4．8．26	吉川広家安堵状写	『広島県史Ｖ』吉川家中幷寺社文書・粟屋氏御書６	粟屋家成ヵ	吉川家中

取次	書止文言	年号書式	敬称	概要
山県春往	なし	年号なし	敬称なし	二兵衛先給50石の地遣わし置く
	なし	年号なし	殿	父平左衛門尉一跡200石の地、相違なく遣わし置く
	謹言	年号なし	殿	祖父周防守一跡の事、相違なくその方に対し置かる

取次	書止文言	年号書式	敬称	概要
	仍執達如件	書下年号	とのへ	宮庄において武田衆と合戦に及び、戦功比類なし。速かに扶持を加うべし
	なし	付け年号	とのへ	宮庄において武田衆と合戦に及び、忠節比類なし
	下状如件	書下年号	とのへ	赤穴要害水手において、陶方人数と共に働き比類なし
孫六	恐々謹言	年号なし	殿	固屋口懸けられ自身砕手の由、比類なし
	仍状如件	付け年号	殿	神辺固屋懸けの時、戦功神妙
	仍状如件	付け年号	殿	神辺表固屋懸けの時、戦功比類なし
	仍状如件	付け年号	殿	神辺固屋懸の時、戦功神妙
	仍如件	書下年号	殿	祝城責めのとき、城主甲斐守討ち捕り、高名比類なし
	仍感状如件	付け年号	とのへ	西条槌山切岸において合戦の時戦功神妙
	仍感状如件	付け年号	殿	安芸西条槌山切岸において合戦のとき、高名比類なし
	仍感状如件	付け年号	殿	西条槌山切岸において合戦の時、比類なき動き神妙

No.	年月日	文書名	出典	受給者	受給者の性格
48	－．7．23	吉川広家安堵状写	『広島県史Ｖ』岩国藩中諸家古文書纂・中村佑1	等庵	吉川家中
49	－．10．2	吉川広家安堵状写	『広島県史Ｖ』岩国藩中諸家古文書纂・内藤権兵衛7	内藤弥十郎	吉川家中
50	－．10．12	吉川広家安堵状写	『広島県史Ｖ』吉川家中幷寺社文書・朝枝七兵衛家御書御感状御下字等写6	朝枝孫太郎	吉川家中

註：安堵状29の宛所は山口県文書館所蔵山田家古文書によって改めた。

表3　吉川氏感状一覧

No.	年月日	文書名	出典	受給者	受給者の性格
1	永正14．2．13	吉川元次感状写	『広島県史Ｖ』御書感状写・江田七兵衛1	江田弟法師	吉川家中
2	永正14．2．16	吉川元経感状写	『広島県史Ｖ』岩国藩中諸家古文書纂・森脇純安2	森脇祐有	吉川家中
3	天文11．7．28	吉川興経感状	吉川家文書別集326	二宮俊実	吉川家中
4	（天文17）．6．19	吉川元春感状写	御書感状写・吉川九郎兵衛1	今田経高	吉川家中
5	天文17．6．23	吉川元春感状写	『広島県史Ｖ』岩国藩中諸家古文書纂・森脇純安4	森脇弥八郎	吉川家中
6	天文17．6．23	吉川元春感状写	『広島県史Ｖ』岩国藩中諸家古文書纂・石七郎兵衛10	石経有	吉川家中
7	天文17．6．23	吉川元春感状写	『広島県史Ｖ』御書感状写・森脇七郎左衛門2	森脇内蔵大夫	吉川家中
8	天文20．8．3	吉川元春感状写	『山口県史2』吉川史料館蔵二宮家文書15	二宮俊実	吉川家中
9	天文20．10．5	吉川元春感状写	『広島県史Ｖ』岩国藩中諸家古文書纂・佐々木九兵衛1	佐々木弥十郎	吉川家中
10	天文20．10．5	吉川元春感状	吉川家文書別集334	二宮俊実	吉川家中
11	天文20．10．5	吉川元春感状写	吉川家文書別集734（1）	柏村四郎兵衛尉	吉川家中

取次	書止文言	年号書式	敬称	概要
	仍如件	付け年号	殿	厳島青海苔浦において、高名比類なし
	恐々謹言	年号なし	敬称なし	豊前宮山表において、豊後衆と合戦の時、比類なき動き、経好相見るの一通候
	恐々謹言	年号なし	殿	立花表御忠儀比類なし
	仍感状如件	年号なし	とのへ	牛尾切り崩しの時、甲丸に切り入り心懸け比類なし
	仍状如件	書下年号	殿	筑前立花陣において比類なきの合力、帰陣をもって褒美を加う
	恐々謹言	年号なし	殿	荒神山落去の時、戦功比類なし。吉田に注進を遂ぐ
井上春佳	謹言	付け年号	殿	今度上月羽柴陣において、その方・都野弥四郎・堺孫二郎一戦に及び、その方の事、鑓下において、頸1つ打ち取り候
堺左馬助・内藤平左衛門尉	謹言	付け年号	殿	四畝要害乗り移り、外聞を施すの段、軍功比類なし
渡辺飛驒正	謹言	付け年号	殿	羽衣石付城山見として差し遣わすの処、一戦に及び、横鑓打ち崩し、鑓2本打ち落とす
朝枝与三太郎	恐々謹言	年号なし	殿	私部に至り、防戦に及び勝利を得られ、本望このことに候
	謹言	付け年号	とのへ	夜前羽衣石小屋へ相動き、敵1人討取りの頸到来
二宮春次	恐々謹言	年号なし	殿	水越尾頸において、泉養軒中間1人討ち捕り、比類なし
吉川経家	恐々謹言	付け年号	殿	今度大萱において伏勢の儀、御方別して御調儀候由、誠に御忠儀の段浅からず
	恐々謹言	年号なし	殿	羽衣石谷決叟寺において、北垣五郎次郎方敵討ち捕り、比類なし
渡辺長	恐々謹言	年号なし	殿	南条治部被官河津屋弥五郎等討ち捕り、比類なし
	恐々謹言	年号なし	殿	羽衣石へ罷通る者、討ち捕り、比類なし
	恐々謹言	年号なし	殿	羽衣石において、敵2人、同名外記介・同市丞、討ち捕られ、心懸け比類なし

No.	年月日	文書名	出典	受給者	受給者の性格
12	弘治元.10.13	吉川元春感状写	『山口県史２』吉川史料館蔵二宮家文書16	二宮俊実	吉川家中
13	（永禄11）.７.９	吉川元春・小早川隆景連署感状写	『山口県史２』勝間田家文書９	真如院	戦国領主家中ヵ
14	（永禄11）.９.21	吉川元春感状写	閥132・飯田七郎右衛門14	飯田義武	毛利家中
15	（元亀元）.６.６	吉川元春感状写	『立命館大学人文研究所紀要』16号所収御家中御書感状等写37	塩屋孫次郎	吉川家中
16	元亀３.５.18	吉川元春・同元資・小早川隆景連署感状写	岩国藩中諸家古文書纂・石七郎兵衛２	石春成	吉川家中
17	（天正３）.５.16	吉川元春感状	『山口県史３』山口県文書館蔵寄組山田家文書11	山田出雲守	毛利家中
18	天正６.７.18	吉川元春感状写	『出雲尼子史料』1846（譜録・山県平右衛門鎮辰）	朝枝平兵衛	吉川家中
19	天正７.12.25	吉川経言感状	『山口県史４』下家文書５	下右衛門尉	吉川家中
20	天正８.10.21	吉川元春感状写	譜録・山県平右衛門鎮辰	朝枝平兵衛	吉川家中
21	（天正８）.11.１	吉川元春感状写	史料編纂所所蔵謄写本「山田文書」巻２－15	山田蔵人	在地領主
22	天正８.11.19	吉川元春感状写	譜録・山県平右衛門鎮辰	朝枝平兵衛	吉川家中
23	（天正８）.12.29	吉川元春感状写	史料編纂所所蔵謄写本「山田文書」巻６－18	山田蔵人	在地領主
24	天正９.４.20	吉川元長感状	『鳥取県史２』47（大谷村百姓作左衛門所蔵文書）	姫地弥五郎	在地領主
25	（天正９）.５.５	吉川元長感状写	史料編纂所所蔵謄写本「山田文書」巻６－７	山田重直	在地領主
26	（天正９）.６.４	吉川元長感状写	史料編纂所所蔵謄写本「山田文書」巻２－18	山田重直	在地領主
27	（天正９）.６.９	吉川元長感状写	史料編纂所所蔵謄写本「山田文書」巻２－17	山田重直	在地領主
28	（天正９）.６.13	吉川元長感状写	史料編纂所所蔵謄写本「山田文書」巻６－12	山田重直	在地領主

取次	書止文言	年号書式	敬称	概要
	恐々謹言	年号なし	殿	待ち伏せ申し付けられ、印2つ持たされ、御忠儀比類なし
	恐々謹言	年号なし	殿	長和田表、待ち伏せ申し付けられ、頸4つ到来、御方内衆比類なし
	恐々謹言	年号なし	殿	長和田表、御方手の衆、北垣五郎次郎方神木次郎左衛門討ち取り、比類なし
	恐々謹言	年号なし	殿	長和田表において、南条治部丞家人山崎吉六討ち捕り、比類なし
	恐々謹言	年号なし	殿	水越山下に待ち伏せ、一戦に及び、勝利の由、もっとももしかるべし
森脇春親	恐々謹言	年号なし	殿	羽衣石において数輩討ち果たされ、あまつさえ同名理兵衛尉高名比類なし
	恐々謹言	年号なし	敬称なし	十万寺山に至り、敵1人射ち伏せ、あまつさえ鳥羽被官1人討ち捕り、心懸けの至り
二宮春次	恐々謹言	年号なし	殿	水越より羽衣石に至り、田中彦四郎討ち捕り、比類なし
	恐々謹言	年号なし	殿	去10月28日、私部表相動き、山下館悉く焼き崩し、則ち合戦に及び、心地よき動き比類なし
	恐々謹言	付け年号	殿	宇龍津落城の刻、自身砕手高名無類
	恐々謹言	年号なし	殿	宇龍津落城の刻、高名比類なし
	恐々謹言	年号なし	殿	宇龍津落城の刻、御高名比類なし
両三人	なし	付け年号	殿	朝鮮国都河口城責めのとき、頸1つ討ち捕り、粉骨の至り
両三人	なし	付け年号	殿	朝鮮国都の河口城責めのとき、頸1討ち捕り、神妙
両三人	なし	付け年号	殿	朝鮮国□□□河口城責の刻、粉骨神妙
両三人	なし	付け年号	とのへ	朝鮮国都の河口城責め刻、粉骨の至り
両三人	恐々謹言	年号なし	殿	安濃津城において、働き比類なし

No.	年月日	文書名	出典	受給者	受給者の性格
29	(天正９).６.26	吉川元長感状写	史料編纂所所蔵謄写本「山田文書」巻６－16	山田重直	在地領主
30	(天正９).７.６	吉川元長感状写	史料編纂所所蔵謄写本「山田文書」巻２－16	山田重直	在地領主
31	(天正９).７.８	吉川元長感状写	史料編纂所所蔵謄写本「山田文書」巻６－２	山田重直	在地領主
32	(天正９).７.13	吉川元長感状写	史料編纂所所蔵謄写本「山田文書」巻６－20	山田重直	在地領主
33	(天正９).８.３	吉川元長感状写	史料編纂所所蔵謄写本「山田文書」巻６－８	山田重直	在地領主
34	(天正９).11.19	吉川元長感状写	史料編纂所所蔵謄写本「山田文書」巻６－１	山田重直	在地領主
35	(天正９).11.28	吉川元春感状写	史料編纂所所蔵謄写本「山田文書」巻２－14	山田重直	在地領主
36	(天正９).12.28	吉川元春感状写	史料編纂所所蔵謄写本「山田文書」巻６－４	山田蔵人	在地領主
37	－.11.11	吉川元春感状写	『出雲尼子史料』1782(集古文書)	牛尾春信	吉川家中
38	天正14.11.９	吉川元長感状写	『立命館大学人文研究所紀要』16号所収御家中御書感状等写１	今田春倍	吉川家中
39	(天正14).11.９	吉川元長感状	『山口県史３』波多野家蔵都野家文書10	都野家頼	戦国領主
40	(天正14).11.９	吉川元長感状写	『出雲古志氏の歴史とその性格』50(『松永市本郷町誌』所引文書)	古志重信	戦国領主
41	文禄２.６.22	吉川広家感状	吉川家文書別集404	二宮長実	吉川家中
42	文禄２.６.22	吉川広家感状	吉川家文書別集638	祖式長好	吉川家中
43	文禄２.６.22	吉川広家感状写	岩国藩中諸家古文書纂・森脇繁生110	森脇一郎右衛門	吉川家中
44	文禄２.６.22	吉川広家感状写	吉川家中幷寺社文書・境弁之允５	堺左馬允	吉川家中
45	(慶長５).８.26	吉川広家感状	『山口県史２』香川家文書25	香川春継	吉川家中

取次	書止文言	年号書式	敬称	概要
両三人	恐々謹言	年号なし	殿	安濃津城において、高名比類なし
両三人	恐々謹言	年号なし	殿	安濃津城にて鉄砲疵を蒙る働き比類なし
両三人	恐々謹言	年号なし	殿	安濃津城において、先駆けこれあり、働き比類なし
	恐々謹言	年号なし	殿	安濃津城において、一入肝煎りせらるの段、忘却あるべからず

№.	年月日	文書名	出典	受給者	受給者の性格
46	（慶長５）．８．26	吉川広家感状写	『立命館大学人文研究所紀要』16号所収御家中御書感状等写７	粟屋家成ヵ	吉川家中
47	（慶長５）．８．26	吉川広家感状	吉川家文書別集315	宮庄家勝	吉川一族
48	（慶長５）．８．26	吉川広家感状	石見吉川家文書158	吉川経実	吉川一族
49	（慶長５）．８．29	吉川広家感状	『山口県史２』香川家文書26	香川助二	吉川家中

註：感状15の宛所は岩国徴古館所蔵岩国藩中諸家古文書纂・塩屋仁左衛門３によって改めた。

第二章　毛利氏の山陽支配と小早川氏

はじめに

本章では、前章の吉川氏に続き、毛利氏の山陽支配を担った小早川氏について扱う。

小早川氏には毛利元就の三男隆景が養子として入っている。隆景が有力庶家である竹原小早川家に養子に入るのは天文一三年（一五四四）であり、その後、宗家の沼田小早川家の家督を相続して、両小早川家を統合するのが天文一九年（一五五〇）である。こうして小早川氏は、吉川氏とともにいわゆる「毛利両川体制[1]」の一翼を担っていくことになるが、隆景相続後も小早川氏は独自の「家中」と「領」を持ち、判物を発給して支配をおこなう「戦国領主」であり、弘治三年（一五五七）の「毛利元就外十一名傘連判契状[2]」に署判し、みずから正月儀礼を主催している[3]。

「戦国領主」としての小早川氏の「家中」の様相や、山陽支配の実態については、全面的に扱ったものとしては、これまで河合正治氏[4]と舘鼻誠氏[5]の研究がある程度で、吉川氏の山陰支配に比べても研究は進んでいない。

本章では、小早川氏の担った山陽支配を、特に「戦国領主」との関係で論じる。また、小早川「家中」の具体的様相を解明し、毛利氏の広域的支配における小早川氏の位置づけを考える。

ところで、戦国期に備後国尾道浄土寺の鐘の鋳造をめぐって、鋳物師の相論があり、彼らの後ろ盾となっている「戦国領主」も巻き込んでの問題に発展している。以下、これを浄土寺鐘相論と呼ぶことにするが、この相論には毛利氏の「戦国領主」との関係、山陽支配における小早川氏の位置などを考える上で興味深い要素が数多く見られる。この相論に関してはこれまでの研究でもたびたび論及されているが、その対立の構図も含めて諸説あり、いまだ相論の経過が十分に明らかにされていない。

そこで、この相論の経過を解明するところからはじめ、毛利氏の山陽支配と、小早川氏の位置づけを検討していきたい。

第一節　尾道浄土寺鐘相論

(1)　関係史料と先行研究

まず、浄土寺鐘相論に関係していると考えられる史料を掲げる。

〔史料A〕　毛利隆元袖判毛利氏奉行人連署奉書（『中世鋳物師史料』真継文書一四二）

（端裏書）「元就様御判（ママ）」

（毛利隆元）（花押影）

備後国鋳師惣大工職事、任前々手続不可有相違旨、所被　仰出候也、仍状如件、

永禄四年　八月十七日

粟屋右京亮　元親（花押影）
赤川左京亮　元保（花押影）
桂左衛門大夫　元忠（花押影）

丹下四郎兵衛殿

〔史料B〕　児玉就忠・乃美宗勝連署書状（『広島県史Ⅳ』「浄土寺文書」五四）

尾道浄土寺鐘被鋳之由候、尤珍重候、於様躰者如前々可被仰付事可然候、為御分別候、恐々謹言、

十二月廿五日　宗勝（乃美）（花押）

就忠（児玉）（花押）

木梨殿

進覧之候

〔史料C〕　策雲玄龍書状（『広島県史Ⅳ』「木下文郎氏所蔵文書」四）

円首座留守ニ可罷居候間、可申置候、赤左へも愚状ニて豊将被仰趣、隆景存分次第可申遣候、返々拙者をハ被相待ましく候ま丶丶、御取沙汰ハ専一候〳〵、

就丹四（丹下助昌）尾道之鋳師被申然々趣、従豊将（上原）被仰越候、隆景（小早川）折節来寺候条、令直談候、少も無別儀候、彼存分之通、建首座も聞及候間、可被相尋候、何篇急度対赤左（赤川元保）従豊将被仰談可然候哉、幸於陣中も被仰懸御目由候間、赤左も不可有別儀候与存候、拙者事為父子（毛利元就・同隆元）名代聖護（道増）江来十日参候、帰寺候ハす共御方丹四御同道候而、以赤左礼儀をも被遂、大事之一着被相談候者肝要存候、尚建申含候、恐々謹言、

三月七日　玄龍（策雲）（花押）

岡余三（就栄）右（左）衛門尉殿

御報

〔史料D〕　策雲玄龍書状（『甲山町史』一三九〈木下文郎家文書〉）

（端裏）「（墨引）」

□□事来□□□□被渡海間、可仕時分□□迚於□□□赤左(赤川元保)被仰出候、早々被仰出候、可然存候、不可有御油断候、
得仁不可有余儀候、

此旨以書状申入候処、□□遂仰候、目出候、仍就丹下方鋳師大工職相論之事、委細預承候、隆景(小早川)折節来寺候条、物語仕候、得分別之趣建首座承及、随不被□候、両方証文披見候間、任筋目一着候者可然之由候、御存分同前候由、以其趣対赤川左京亮(元保)可被仰談候而存候、隆元(毛利)既被出判形候上者、於隆景も非分ニ批判有間敷候、□□被申置、先以可然候、尚建首座可申入候、恐々謹言、

三月十四日　(策雲玄龍)（花押）

上原殿御返報

〔史料E〕　岡就栄書状（『中世鋳物師史料』真継文書一四五）

就隆景(小早川)帰城之儀、早々被仰越候、則申聞候、委曲御報被申候、仍尾道鐘之儀、重畳蒙仰候、爰元之儀聊不被存別儀候、菟角吉田(毛利氏)奉行衆被仰候歟、可被任御批判事干要候、何も有道之可為落着之条、目出候、猶期来喜候、恐惶謹言、

三月廿日　就栄(岡)（花押影）

上原殿(元将カ)　参尊報

〔史料F〕　策雲玄龍書状（『甲山町史』一四一〈木下文郎家文書〉）

「(端裏)(墨引)」

御状執宛候、為判形□儀、丹下方如何候、可被□□之別御使者等候間、赤左(赤川元保)申談、対面之儀申調候、雖□□

拝見候旨明白之由、□別而可然候、隆景(小早川)ニ候間、不可有別儀候旨存候、早々被仰理心得、裁判一着候者肝要為候間、両所申渡候、恐々謹言、

三月廿一日　(策雲玄龍)(花押)

岡余三(就栄)右衛門(左)殿

御報

〔史料G〕　某元経書状（『甲山町史』一四二〈木下文郎家文書〉）

「(端裏)(墨引)」

又折紙二束被下候、過当之条、難申尽候間、御使者へ申候、

御札拝見仕候、先以去年当春先所□御辛労無勿躰候、雖然方々被任存分候之条、先以大慶候、仍当国鋳物儀ニ付而、於石州被仰聞候、然者隆元(毛利)判形被遣候ニ付而、為其礼被差下候、対面被申候、随而尾道鐘之出入、是又興禅寺可被申候、恐々謹言、

三月廿二日　元経（花押）

上原殿参

御返報

〔史料H〕　小早川隆景書状（『中世鋳物師史料』真継文書一四六）

就尾道鋳師儀、先日蒙仰候、前々旨有躰御裁許之由候、先以可然候、於我等茂無異儀申渡候之条、不可過御賢察候、恐惶謹言、

「(後筆)永禄」

四月朔日　(小早川)隆景（花押影）

策雲（玄龍）
　参　尊報

〔史料Ｉ〕　小早川氏奉行人連署書状（『甲山町史』一四五〈木下文郎家文書〉）

就彼鋳師之儀、於吉田（毛利氏）前々有体之趣□仰理之由示□（顕ヵ）候、先以可被存候、両度条々承仰候、中聞候、何等
不（ママ）之存無沙汰候、委細御使者江令申候之条、可有御演説候、恐惶謹言、

四月朔日　　就栄（岡）（花押）
　　　　　　春忠（井上）（花押）

上原殿参
　貴報

〔史料Ｊ〕　上原元将書状（『中世鋳物師史料』真継文書一四七）

御状祝着候、丹四（丹下助昌）事儀、可然被任存分候、珍重候、隆景（小早川）返礼無異儀候条、弥肝要候、隆元（毛利）被下候て、取乱候
条、不能詳候、可預御心得候、恐々謹言、

卯月七日　　元将（上原）（花押影）

岡与三右衛門尉（就栄）（左）
　御報

〔史料Ｋ〕　策雲玄龍書状（『甲山町史』一四六〈木下文郎家文書〉）

（端裏）
「（墨引）」

如仰先日丹下方被指下、得存分、無別儀被申達珍重候間、□限□被仰遣候而、隆景（小早川）□猶是又無異義相見候、
肝要候、畏候に□丹四（丹下助昌）可被遣候、隆元（毛利）被罷下従□□申候条、御報不為下候、□□□□候、恐々謹言、
卯月七日　（花押）（策雲玄龍）
上原殿
御報

〔史料L〕　小早川隆景書状（『中世鋳物師史料』真継文書一四八）

就尾道鋳師之儀、重畳於石州蒙仰候、今度被対興禅寺東堂、御内存之通、策雲（玄龍）物語候、何篇有躰御裁許可然
之由、於吉田（毛利氏）茂申候、然者丹下事被差下、父子（毛利元就・同隆元）対面之由候、先以可然候、猶御使申候、恐々謹言、
卯月八日　隆景（小早川）（花押影）
上原右衛門大夫殿
御返報

〔史料M〕　某書状（『甲山町史』一四三〈木下文郎家文書〉）

（端裏）「（墨引）」
御札令披見候、就鐘鋳之儀、先日蒙仰候、□□吉田（毛利氏）以御下知旨、前々有体之趣、被仰付之由、尤肝要存候、
重畳之趣被仰越候、申聞候、被得其心候之条々、可有御分別候、恐々謹言、
（後欠）

〔史料N〕　小早川隆景書状（『広島県史Ⅳ』「浄土寺文書」三七）

「（切封上書）（墨引）　　　　　　　小早川

浄土寺　侍者論師　　　　　　　　隆景」

当寺鐘之儀、於廿日市雖被鋳立候、宇津戸大工（丹下氏）依申分于今不被取上之由候、就夫安国寺（恵瓊）差出候、有御相談、可然之様御調専一候、自然元恒（木梨）・元将（上原）雖有存分、善事興隆之儀候之条、可令異見候、万々任西堂（安国寺恵瓊）演説候、恐々敬白、

十二月十七日　　　　　　隆景（花押）

浄土寺

侍者論師

〔史料〇〕　小早川隆景・穂田元清連署書状（『中世鋳物師史料』「真継文書」一四九）

就浄土寺撞鐘之儀、御親父豊将（上原）以来、以鋳物師大工往昔之筋目被押置、元就（毛利）・隆元（毛利）雖被申操候、歴代之証文候之条、強而不被申入、于今無落着候、雖然当時弓箭中、殊更善根之儀候条、被遂御分別者、於我等可畏入候、不可有被失御外聞儀候、御納得之趣、対木梨（元恒）方可申渡候間、向後無御等閑可被仰談事専一候、恐々謹言、

「（後筆）永禄」十二月廿三日　　隆景（小早川）（花押影）

元清（穂田）（花押影）

「（奥書）　　　　　　　左衛門佐

治部大輔

上原右衛門大夫殿（元将）　　　隆景」

御宿所

〔史料P〕小早川氏奉行人連署書状案（『広島県史Ⅳ』「木下文郎氏所蔵文書」五）

態申候、当時其元之鋳物師かりと申者、八幡尾道之鐘歴々請取相調候哉、就其自上原殿爰元へ被仰越之儀候、其故者先年尾道之いもし（鋳物師）、彼表浄土寺之鐘調候之切（節）、備後国中之鋳物師大工丹下周防守と申者、吉田（毛利氏）此者へ自上原殿被仰扱候、右之大工式（職）ニ落着候之間、其元二郎三郎と申いもしの儀、先々御支干要候、無左候ハヽ、大公事ニ可成候条、為御心得候、縦有子細等、於調儀者、　上様御帰城之時、被相窺候而可然候、猶此方可被申候条、不能多筆候、恐々、

六月十六日　　岡与二郎　景忠

桂右衛門尉　景信

八幡千代寿殿

同孫六殿　御宿所

「案文」（異筆）

史料Pの記述などから、相論は備後国宇津戸の鋳物師で備後国鋳物師惣大工職（以下、惣大工職とする）を安堵されてきた丹下氏が、他の鋳物師が同国尾道浄土寺の鐘を鋳造したことに対し反発したことに端を発していることがわかるが、まず、これらの史料が同一の相論に言及したものであるかどうかが問題となる。史料によって鐘に言及したものと惣大工職に言及したものがあることや、後に述べるように年代がかなり離れたものがあるからである。以下で順を追って明らかにしていくが、鐘の鋳造をめぐる相論の過程で、惣大工職の権利の正当性が問題にされたものと考え、史料A～Oは浄土寺鐘相論に直接関連するもので、Pは類似の別件に際して、浄土寺鐘相論の事例が参照されているものとしておく(6)。

史料中に登場する上原氏は備後国甲山を拠点とする「戦国領主」で、元将は毛利元就の娘を妻としていた。丹

下氏は代々守護から惣大工職を安堵されてきたが、[7] 上原氏からも安堵を受けている。[8] 木梨氏は備後国尾道を本拠地とする「戦国領主」であると考えられる。[9]

では、この相論について先行研究ではどのように説明されてきたのであろうか。

片山清氏は、毛利元就が浄土寺鐘寄進について安芸国廿日市の鋳物師を起用したところ、木梨氏と丹下氏を庇護する上原氏の反対に遭い、小早川隆景は安国寺恵瓊を遣わし調停した（史料N）が成功しなかった。毛利氏が木梨氏・上原氏に対して折れ、その後毛利氏は丹下氏の惣大工職を認定した（史料A）とする。[10]

青木茂氏は、隆景が浄土寺の鐘を廿日市の鋳物師に鋳造させたが、惣大工職を持つ丹下氏がこれに反発した（史料N）としている。[11]

網野善彦氏は、廿日市の鋳物師が浄土寺の鐘を鋳造したことに対し、丹下氏が抗議した（史料N）。丹下氏の抗議が通り、毛利氏がその備後国内における権利を安堵した（史料A）とする。[12]

秋山伸隆氏は、木梨元恒が浄土寺の鐘を廿日市で鋳造したところ（史料N）、丹下氏がこの鐘を押置いたため（史料O）、木梨氏と上原氏との対立に発展し、毛利氏が取り扱いに苦慮したとする。[13]

藤井昭氏は、秋山氏の説と同じで、その後、小早川隆景を中心に調停工作が続けられ、天正年間にいたって、上原氏の譲歩を求め、宙に浮いたままの鐘を、浄土寺に取り付ける方向で解決（史料O）したとしている。[14]

この相論を最も詳しく取り扱った松井輝昭氏は、浄土寺の長老が、地元の尾道の鋳物師の期待に応え、浄土寺の鐘を鋳造させようとして、小早川隆景に申請した。隆景は毛利氏に指示を仰いだ上で、これを承認し、尾道の鋳物師に鋳造させた（史料B・P）。しかし、丹下氏と上原氏が反発。尾道に勢力をもつ木梨氏も、同じ備後国衆である上原氏に同調（史料N・O）。毛利氏は尾道の鋳物師を支持したが、浄土寺に鐘を吊すには、木梨氏の同意がなくては実現できなかったとする。[15]

妹尾周三氏は、浄土寺の鐘の鋳造を請け負った廿日市鋳物師に対し、丹下氏が抗議した。そのことが拡大して梵鐘の鋳造を依頼した木梨元恒と上原元将の争いとなったため、小早川隆景が安国寺恵瓊を差し向け、調停をおこなった（史料N）としている。(16)

新出文書の発見を踏まえた最新の見解としては、前原茂雄氏が、丹下氏を保護する上原氏と、毛利氏の家臣赤川元保の対立であり、相論は必ずしも丹下氏側にとって有利に展開しなかったとしている。(17)

以上が、これまでこの相論について言及した研究であるが、関係史料のほとんどが年欠であることもあり、論者によって見解がまちまちである。

簡単に整理すれば、相論の一方の当事者が丹下氏であるのは間違いないが、その相手を廿日市の鋳物師とする説（片山・青木・網野・妹尾）と尾道の鋳物師とする説（松井）がある。(18) 前者は史料Nに「当寺鐘之儀、於廿日市雖被鋳立候」とあることに依拠しており、後者は史料Pに「先年尾道之いもし（鋳物師）、彼表浄土寺之鐘調候之切（節）」とあるほか、史料Cと史料Hに「尾道之鋳師」「尾道鋳師」が見えることを根拠にしていると考えられる。史料C・Hとも鐘について言及されていないので、前者の見解は鐘の相論と惣大工職をめぐる相論を分けて考えていると見られる。(19)

次に鐘を発注した主体を、木梨元恒とする説（秋山・藤井・妹尾）と、それ以外とする説（片山…元就、青木…隆景、松井…浄土寺）とに意見が分かれ、さらに木梨氏と上原氏の関係について、対立と見る見解（秋山・藤井・妹尾）と同調と見る見解（片山・松井）に分かれる。鐘を発注したのが木梨氏であれば、当然丹下氏を庇護する上原氏と対立する構図となるため、上原氏と木梨氏の関係を同調と見なす見解では、発注の主体を木梨氏以外としている。後者の見解の根拠は史料Nで隆景が「自然元恒（木梨）・元将（上原）雖有存分、善事興隆之儀候之条、可令異見候」と述べている点にある。すなわち、ここでは上原氏・木梨氏両方の主張を退けるとしていることから、木梨氏と上原氏は同じ立場と見ているのである。また松井氏は、史料Oで隆景が、上原氏から木梨氏に伝達するように求めていることからも、上原氏と木梨氏が同調していると見ている。

さらに毛利氏の裁定と、相論の結果についても説が分かれている。相論の結果、毛利氏が丹下氏の惣大工職の権利を認めたとする説（片山・青木・網野）と、毛利氏は丹下氏に譲歩を求めたとする説（藤井・松井・前原）があり、後者の見解でも松井氏は、毛利氏は丹下氏の相手方（この場合尾道鋳物師）を支持したが、木梨氏の抵抗が強く容易に実現できなかったとしている。なお、前者の見解は新出の史料Dによって否定される。詳しくは後述するが、相論の結果として丹下氏の惣大工職の権利が認められたのではなく、丹下氏の権利が認められた後も相論は続いているからである。しかし史料Pでは、浄土寺の鐘の鋳造に関して、上原氏の取りなしにより「右之大工式（職）ニ落着」、すなわち丹下氏の主張が認められたとある。

以上のように、先行研究が見解の一致を見ないのは、一見したところ関係史料が相互に矛盾する内容を語っているからであり、それはこの相論の経過の複雑さを暗示しているように思われる。これらを整合的に理解するためには、より精密な史料の分析によって、事件の経過を丁寧に跡づける作業が必要となるであろう。

（2）年代の考証

まず、関係史料の年代考証をおこないたい。史料Bは児玉就忠が永禄五年（一五六二）四月に没していること[20]から永禄四年以前である。また、史料C・D・G・J・K・Lには毛利隆元が登場しているが、隆元は永禄六年八月に没するので、これらは永禄六年以前ということになる。

史料Cで、毛利氏の使僧である策雲玄龍は「為父子名代聖護（道増）江来十日参候」と述べている。父子とは毛利元就・隆元父子を指す。聖護院道増は足利義輝の叔父で、毛利氏と尼子氏、大友氏との和睦を斡旋するため、義輝の使者としてたびたび中国地方に下向しているが、この書状が出されている三月に、道増が中国地方に滞在していたのは永禄三年、五年、六年であり、史料Cはこのいずれかの年のものということになる。

史料Dには「隆元既被出判形候」とあるが、この隆元の判形とは、永禄四年八月に発給された史料Aを指すと考えられることから、史料Dは永禄五年以降となる。また、丹下氏の問題に関して「隆景折節来寺」したので直談したという内容が史料Cと一致することと日付の近接から考えて、史料Cと同年のものであると見て間違いない。したがって、史料C・Dの年代は永禄五年か六年に絞られる。

史料Cで玄龍は、上原豊将が、毛利氏の奉行人である赤川元保に相談することが肝心であるとした上で、「幸於陣中も被仰懸御目由候間、赤左(赤川元保)も不可有別儀候与存候」と述べている。これは「毛利氏が陣中でも、丹下氏に目通りを許す意向を示しているので、元保も特に異論はないだろう」という意味に解釈できる。すなわち、玄龍は豊将に対し、丹下氏の毛利氏への面会を実現するために、元保の仲介を得るよう指示しているのである。

そうであるとすれば、史料Fで玄龍が「赤左申談、対面之儀申調候」と述べているのは、この働きかけの結果と見ることができるだろう。さらに史料Gでは隆元の「判形」に対する礼として(丹下氏が)差し下され、毛利氏に「対面」したとある。また、史料Lでも隆景が「丹下事被差下、父子(毛利元就・同隆元)対面之由候」と述べている。これらの点から、史料F・G・Lは史料C・Dと同年であり、永禄五年か六年ということになる。

ところで永禄六年三月の時点で元就は尼子攻めのため出雲に在陣している。一方、隆元は北九州方面の支援のため同年一月以降防府に在陣しており、その後八月に出雲に向かう途上で急死するため、元就とは合流していない。したがって、永禄六年の三月に「父子」への「対面」が実現される可能性はなく、その点から史料C・D・F・G・Lは永禄五年のものと見られる。史料Gには「当国鋳物儀」について、毛利氏が石州において仰せ聞かされたとあり、史料Lでは隆景が「尾道鋳師之儀」について石州で毛利氏の仰せを蒙ったと述べている。永禄五年二月まで元就・隆元父子は福屋氏を攻めるため石見に出陣しており、隆景も同じく石見に出陣していた。この点からもこれらの史料が永禄五年のものである可能性は高いといえるだろう。[21]

史料Jと史料Kは日付が合致し、「隆元被下候て」と「隆元被罷下」という文言の一致から同年のものと考えられる。史料Kの「先日丹下方被指下、得存分」たというのが、史料G・Lにある、丹下氏が差し下されて「対面」が実現したことを指しているとすれば、史料J・Kも永禄五年のものといえよう。

史料Hと史料Iは、同日付けで、前者は隆景の書状、後者は小早川氏奉行人の書状であり、「前々旨有躰御裁許」（史料H）、「於吉田前々有体之趣」（史料I）といった文言の一致も見られるため同年のものであろう。さらに史料Mも「吉田以御下知旨、前々有体之趣、被仰付之由」と同じ内容を伝えており、同年のものと見てよいだろう。毛利氏が丹下氏に有利な裁定を下したと見られることや、日付の近接から、これらも永禄五年のものである可能性が高いと思われる。

史料Eは年代を確定しがたい。日付が他の史料と近いことや、上原氏に対し「有道」の落着を祝っている、すなわち上原氏の意向に叶う裁定がなされたことが記されているので、ひとまず永禄五年としておきたい。したがって史料C〜Mは永禄五年のものと推定される。これに対し、史料N・Oはもっと後のものと考えられる。

史料Nと史料Oは、日付が接近しており、「善事興隆之儀」「善根之儀」と類似の文言が見え、双方とも木梨氏・上原氏に対して説得をおこなう姿勢が見えていることから、同年のものと考えていいだろう。また上原氏は天正一〇年（一五八二）五月に織田方に寝返っているので、これらは天正九年が下限である。

史料Oに登場する穂田元清は天文二〇年（一五五一）に生まれており、永禄五年ではまだ一一歳である。表1は天正一〇年までの元清の呼称の変遷まとめたものである。自称・他称とも、当初は仮名の四郎が用いられ、基

表1　穂田元清の仮名と官途名

No.	年月日	文書名	出典	表記	備考
1	（永禄９）.12.14	毛利元就書状	『山口県史４』下関市立長府博物館蔵長府毛利家文書64	四郎	
2	（永禄11）．－．－	益田藤兼・同元祥安芸吉田出頭之礼儀次第	益田家文書343	四郎	
3	（永禄12）．３．12	毛利輝元・同元就連署書状	『広島県史Ｖ』長府毛利文書・元就公御手書２	四郎	
4	永禄12.12.18	毛利輝元・同元就連署知行宛行状	『広島県史Ｖ』長府毛利文書・元就公輝元卿ヨリ元清江之証文１	四郎	
5	（元亀元）．２．16	毛利元就書状	『山口県史３』山口県文書館宍戸家文書16	四郎	
6	（元亀元）．５．29	毛利元就書状	『山口県史４』下関市立長府博物館蔵長府毛利家文書63	四郎	
7	（元亀２）．６．14	多門坊宗秀書状	『広島県史Ⅱ』厳島野坂文書1265	四郎	
8	（天正２）.12．３	穂田元清書状	『広島県史Ⅱ』厳島野坂文書1323	四郎元清	異筆付け年号
9	（天正２）.12．９	穂田元清書状	『広島県史Ⅱ』厳島野坂文書1324	四郎元清	異筆付け年号
10	（天正３）．１．24	穂田元清書状	『広島県史Ⅱ』厳島野坂文書1326	四郎元清	
11	（天正３ヵ）．７．26	穂田元清書状写	『黄薇古簡集』中嶋三季之助所蔵13	治部大輔元清	年代比定は『広島県史Ｖ』による
12	天正３.12.18	毛利氏奉行人連署穂田元清領在所注文	『新修倉敷市史９』421（長府毛利家文書）	四郎	
13	天正５．２．25	穂田元清書状写	閥78・井上七郎左衛門９	四郎元清	付け年号
14	（天正５）．５．19	穂田元清書状	『広島県史Ⅱ』厳島野坂文書1367	四郎元清	

No.	年月日	文書名	出典	表記	備考
15	（天正５）．５．22	穂田元清書状	『広島県史Ⅱ』厳島野坂文書1368	四郎元清	
16	（天正６）．９．13	穂田元清書状	『山口県史３』山口県文書館蔵今川家文書51	四元清	
17	（天正７ヵ）．10．８	穂田元清書状	毛利家文書847	四元清	
18	（天正７）．10．11	穂田元清書状	『広島県史Ⅱ』厳島野坂文書1327	治部太輔元清	
19	（天正７）．10．22	穂田元清書状	『広島県史Ⅱ』厳島野坂文書1328	治太元清	
20	（天正９）．２．15	穂田元清書状	『山口県史３』萩市郷土博物館蔵湯浅家文書76	治部太輔元清	
21	（天正９）．２．24	穂田元清書状	『山口県史３』岡家文書23	治太元清	
22	（天正９）．３．５	穂田元清書状写	閥157・石部善右衛門２	治部大輔元清	
23	天正９．８．19	毛利氏老臣連署起請文写	閥29・井原孫左衛門１	穂田治部大輔元清	
24	（天正９）．８．19	毛利氏老臣連署伊賀氏知行書立写	閥29・井原孫左衛門２	穂田治部少輔元清	
25	（天正９）．８．19	毛利氏老臣連署書状写	閥50・飯田与一左衛門（伊賀）４	穂田治部少輔元清	
26	天正９．12．12	天正九年村山檀那帳	『広島県史Ⅴ』山口県文書館蔵村山家檀那帳１	毛利治部大輔元清	
27	（天正10）．４．19	穂田元清書状	『山口県史３』山口県文書館寄組村上家文書62	穂治太元清	
28	（天正10）．５．20	穂田元清書状	『広島県史Ⅱ』厳島野坂文書1329	治太元清	
29	（天正10）．５．20	穂田元清書状写	『山口県史３』長府桂家文書18	治太元清	
30	（天正10）．６．16	穂田元清書状	『広島県史Ⅱ』厳島野坂文書1330	治部太輔元清	

表2　浄土寺鐘相論関係史料年代考証

	文書名	出典	日付	内容摘記	年代考証	考証結果
A	毛利隆元袖判毛利氏奉行人連署奉書	真継文書	8月17日	惣大工職	永禄4年	永禄4年
B	児玉就忠・乃美宗勝連署書状	浄土寺文書	12月25日	児玉就忠・如前々可被仰付	永禄4年以前	永禄4年以前
C	策雲玄龍書状	木下文郎家文書	3月7日	聖護院道増・隆景折節来寺・赤川元保・尾道鋳物師	永禄3・5・6年	永禄5年
D	策雲玄龍書状	木下文郎家文書	3月14日	隆景折節来寺・隆元判形・赤川元保・惣大工職相論	永禄5年以降、Cと同年	永禄5年
E	岡就栄書状	真継文書	3月20日	有道之可為落着之条、目出候・尾道鐘	H・I・Mと同年か	永禄5年
F	策雲玄龍書状	木下文郎家文書	3月21日	赤川元保・対面	C・Dと同年か	永禄5年
G	某元経書状	木下文郎家文書	3月22日	隆元判形・(丹下氏)被差下・対面・尾道鐘出入・石州	Fと同年、永禄6年ではない	永禄5年
H	小早川隆景書状	真継文書	4月1日	尾道鋳物師・前々旨有躰御裁許	Lと同年か	永禄5年
I	小早川氏奉行人連署書状	木下文郎家文書	4月1日	前々有体之趣	Lと同年か	永禄5年
J	上原元将書状	真継文書	4月7日	隆元被下候	Kと同年	永禄5年
K	策雲玄龍書状	木下文郎家文書	4月7日	丹下方被指下・隆元被罷下	G・Lと同年か	永禄5年
L	小早川隆景書状	真継文書	4月8日	尾道鋳物師・有躰御裁許・丹下事被差下・対面・石州	Fと同年、永禄6年ではない	永禄5年
M	某書状	木下文郎家文書	不明	鐘鋳・前々有体之趣	Lと同年か	永禄5年
N	小早川隆景書状	浄土寺文書	12月17日	当寺鐘・廿日市・善事興隆之儀	Oと同年	天正7年～9年
O	小早川隆景・穂田元清連署書状	真継文書	12月23日	浄土寺撞鐘・善根之儀・治部大輔元清	天正7年以降か	天正7年～9年
P	小早川氏奉行人連署書状案	木下文郎家文書	6月16日	尾道鋳物師・岡景忠・桂景信	永禄10年～天正5年	永禄10年～天正5年

本的に天正七年以降は官途名の治部大輔が用いられている。[22]したがって治部大輔を用いている史料Oは天正七年～九年のものである可能性が高く、史料Nも同様ということになる。

なお、史料C・D・G・Lが一連のものであるとすれば、丹下氏と争っているのは尾道の鋳物師であり（史料C・L）、そこでは惣大工職が問題となっており（史料D）、さらにこれは「尾道鐘之出入」（史料G）と関わっていることがわかるので、鐘相論と惣大工職をめぐる相論はリンクしているといえる。さらに史料Oでは浄土寺鐘相論について、元就・隆元が「申操」られたが、今にいたっても落着していないとされていることから、史料Nと史料Oも、永禄五年の相論と別件ではなく、同じ相論に関する史料である。したがって、史料A～Oは同じ浄土寺鐘相論の関連史料であるといえる。

史料Pは、岡景忠が、隆景から「景」の偏諱を受けるのが永禄一〇年四月であるから、[23]永禄一〇年以降である。また桂景信は、天正五年の小早川氏の正月儀礼に参加しているが、翌六年には子の孫七郎（景種カ）が参加しており、天正五年中に家督を譲ったものと見られる。[24]天正五年九月が奉行人としての活動の終見であるので、[25]史料Pは天正五年以前と考えてよいだろう。先述のようにこれは、別件に際して、浄土寺鐘相論の事例を参照したものである。

したがって史料Aは永禄四年、史料Bは永禄四年以前、史料C～Mは永禄五年、史料N・Oは天正七年～九年、史料Pは永禄一〇年～天正五年と推定される。以上の年代考証を表2にまとめた。

（3）　相論の内容と経過

ここまでの検討結果を踏まえて、相論の内容と経過について考察する。

まず丹下氏が争っている相手についてであるが、史料Pに「先年尾道之いもし（鋳物師）、彼表浄土寺之鐘調候之切（節）」

とあり、史料C・Hにも尾道の鋳物師とあることから、少なくとも永禄五年の時点で、尾道の鋳物師が鐘を鋳造したことに対し、丹下氏が反発していたということは間違いない。一方、天正段階の史料Nで問題になっているのは廿日市で鋳造された鐘である。これは誰が鋳造したものであろうか。戦国期、廿日市には鋳物師が存在していた。[26]したがって尾道の鋳物師がわざわざ安芸廿日市まで出かけて鐘を鋳造したとは考えにくい。さらに隆景が、誰が鋳造したか（丹下氏かそれ以外の鋳物師か）ということよりも、どこで鋳造されたかということを問題にしていることは考えづらいことから、やはりこれは廿日市の鋳物師が鋳造したと考えるのが自然である。

したがってこれらは一連の相論であるが、永禄段階で問題になっていたのは尾道の鋳物師が鋳造した鐘であり、天正段階で問題になっていたのは廿日市の鋳物師の手になる鐘である。一見奇妙なようだが、そう考えれば、史料Nにおいて、隆景が木梨氏・上原氏双方の主張を退けるとしている点も納得できるのではないだろうか。尾道に拠点を持つ木梨氏が、尾道の鋳物師の側に立っていると考えるのは自然である。[27]とすれば、尾道の鋳物師が鋳造した鐘をめぐっては、木梨氏は丹下氏を庇護する上原氏と対立関係にある。しかし、廿日市の鋳物師が鋳造した鐘を吊すということになれば、尾道の鋳物師を推す木梨氏も、丹下氏を推す上原氏も、双方とも主張が退けられることになる。片山氏や松井氏のように無理に両者を同じ側に立っていると解釈する必要もなくなる。では、なぜこのようなことが起こるのであろうか。

ここで廿日市の鋳物師に鐘を鋳造させたのは誰かということを考えてみる。すでに丹下氏と尾道の鋳物師の間で、備後国の鋳物師惣大工職をめぐって相論が起こっている中、浄土寺なり木梨氏なり、相論の当事者が、あえて安芸国の廿日市の鋳物師に鐘を鋳造させるようなことをするだろうか。これをあえておこなうとすれば、調停役の第三者である毛利氏しかないのではないだろうか。その点で史料Oの差出人の一人に、元就の四男穂田元清が見えることは注目される。元清は永禄一二年頃から安芸桜尾城主であったが、[28]その城下町が廿日市である。したがって毛利氏は、木梨氏と上原氏の対立で抜き差しならなくなった相論を、廿日市の鋳物師の鐘を採用するという、双方痛み分けともいえる調停案によって打開しようとしたのではないかと考えられる。

では、最終的に丹下氏側の主張が退けられることと、毛利氏が丹下氏の権利を認め、史料Pでこの相論が丹下氏に有利な裁定が下った判例として用いられていることとは整合的に理解できるのだろうか。

まず、永禄五年の一連の経過から、一旦丹下氏に有利な裁定（「前々旨有躰御裁許」）が下ったのは確かである。史料Pは、この裁定に反して丹下氏の主張が退けられる天正七年～九年段階よりも前に出されているので、丹下氏に「落着」したとしているのは、永禄五年の裁定を指していることになる。史料Oには、「元就・隆元雖被申操候、歴代之証文候之条、強而不被申入」とあり、毛利氏は調停案を提示したが、歴代の証文によって、丹下氏の惣大工職の権利を認定していたため、強いては調停案を推進しなかったことがわかる。この「申操」の内容は丹下氏に譲歩を迫るものであることがわかるので、おそらく先に示した廿日市の鐘を用いるという調停案であろう。元就は元亀二年（一五七一）に没するので、調停案はそれ以前に提案されたものと思われるが、天正段階にいたってようやく毛利氏はこれを推し進めることにしたようである。その理由は史料Oに見える「当時弓箭中」だろう。天正七年～九年といえば織田氏との戦争が激化している時期である。毛利氏は、丹下氏の権利そのものは認めながら、戦争を理由に浄土寺の鐘についてはその主張を退けたと考えられるのである。

ここまで検討してきた相論の経過をまとめておこう。

永禄四年、丹下氏は毛利氏から惣大工職を安堵された（史料A）。永禄四年以前、毛利氏と小早川氏は浄土寺の鐘の鋳造について、以前の通りおこなうよう木梨氏に命じた（史料B）。しかし、惣大工職を持つ丹下氏ではなく、尾道の鋳物師が鐘を鋳造した（史料P）ため、丹下氏はこの鐘を差し押さえ（史料O）、相論となったが、そこで改めて惣大工職の正当性が争われた（史料D）。永禄五年、丹下氏を保護する上原豊将は、策雲玄龍を通じて隆景に働きかけ（史料C）、毛利氏の奉行人赤川元保の仲介を得て（史料F）、丹下氏を元就・隆元父子と「対面」させることができた（史料G・L）。この結果、毛利氏は「前々有体」を承認して丹下氏の権利を認める裁定を下したが（史料H・I・M）、この相論は上原氏と木梨氏の対立に発展し、解決を見なかった。史料Pで「大公事」になると警告しているのは、このことが小早川氏奉行人の念頭にあるのであろう。毛利氏は事態を打開するため、廿日市の鋳物師に鐘を鋳造させる（史料N）という調停案を示したが、丹下氏の権利を承認していたため、あえてこれを推し進めようとはしなかった（史料O）。小早川氏の奉行人も、丹下氏の権利は一旦認められているため、類似の問題が起こった際に、それを判例とした（史料P）。しかし、天正年間にいたって毛利氏が戦争状態に入ったのを理由に、木梨氏・上原氏双方の主張を退け、調停案を強く推進することにした（史料N・O）。

以上が、長期にわたった浄土寺鐘相論の経過と内容である。これを一つの材料として、次節以下では、毛利氏の山陽支配と小早川氏の位置づけを考えていきたい。

第二節　小早川氏と山陽の「戦国領主」

毛利氏の山陰支配を担った吉川氏の権限について、舘鼻誠氏は「戦国領主」に対する軍事指揮権、愁訴の吹挙、寺社興行権の分掌をあげた[29]。山陽支配における小早川氏の権限も同様のものと考えられる。たとえば、小早川氏の家臣乃美宗勝が、毛利氏の奉行人児玉就忠とともに、浄土寺の鐘の鋳造について以前の通りおこなうように、木梨氏に指示している（史料B）のは、浄土寺鐘相論が上原氏と木梨氏の対立に発展する以前であることから考えて寺社興行権の分掌を示していると考えられる。

小早川氏の山陽支配における主要な課題はやはり「戦国領主」の統制であった。浄土寺鐘相論でも、上原氏・木梨氏に毛利氏の調停案の受諾を迫る際、毛利氏が直接交渉するのではなく、隆景が前面に出ており、山陽の

「戦国領主」編成においては小早川氏の役割が大きかった。

河合正治氏は、小早川氏が山陽の「戦国領主」と兄弟契約や起請文の交換をおこなって結びつきを深めたほか、海賊衆とも親密な関係を築いていたとした。これは小早川氏が室町期以来築いてきた関係が基礎となっているという。そして河合氏は、備後の木梨氏、高須氏、古志氏、湯浅氏、因島村上氏、備中の清水氏、伊賀氏などの「戦国領主」を、小早川氏の外様の家臣と位置づけ、彼らは毛利氏から直接命令を受けることもあり両属的であるとした[30]。

舘鼻氏は、隆景は「戦国領主」との兄弟契約や起請文の交換が、山陰の元春に比して少ないとしつつも、毛利氏は、小早川氏が歴史的に築いてきた備後の国人領主や海賊衆との関係を通して、「戦国領主」との絆を深めたとしている。また、吉川氏の場合と同じく、隆景は山陽・瀬戸内地域の諸領主層の愁訴を毛利氏に取り次ぐ役割を果たした。特に慢性的な給地不足という状況の中、知行に関する愁訴が多発し、これを取り次ぐ立場にあった隆景の山陽・瀬戸内地域における軍事的・政治的地位が向上したとする。そして、こうして山陽・瀬戸内地域には隆景を中心とする一つのまとまり、「瀬戸内小早川領」が形成されるとしている[31]。

池享氏は毛利氏の上意の貫徹にとって「戦国領主」との人格的結合関係が重要であったとしているが[32]、河合氏、舘鼻氏とともに小早川氏と「戦国領主」の人格的結合関係を介して、毛利氏が「戦国領主」を編成していると見る点については共通している。一方、河合氏が、「戦国領主」を小早川氏の外様の家臣とし、舘鼻氏が「瀬戸内小早川領」の成立としている点は、ここでいうところの人格的結合関係の範疇を越えているだろう。無論、河合氏は両属的としているし、舘鼻氏も小早川氏の支配の強化が、毛利氏の支配の強化につながる構造があったとしていることは間違いないが、長谷川博史氏が、舘鼻氏が提示した「山陰吉川領」[33]に対して、権限の及ぶ範囲と所領とは区別されなければならないとして、領国化の実態はないと批判しているように[34]、小早川氏の支配についても、それが毛利氏の地域支配担当者としてのものにとどまるのか、「小早川領」と言いうるような一定のまとまりが形成されるのかは慎重に検討されなければならないだろう。

この点を考えるために、小早川氏の発給文書のうち、宛行状・安堵状・感状について検討してみたい。

小早川氏の発給した宛行状・安堵状・感状を表3～5（章末）にまとめた。時期は一六世紀に限った。なお、史料を指す場合、表中の番号を用いて「宛行状1」のように表記する。(35)

まず宛行状であるが、小早川秀秋のものは別として、原則として、書止文言が「仍一行如件」などとなる判物形式で出されており、書止文言が「恐々謹言」などとなる書状形式のものがいくつか含まれている。

判物形式以外のものについて見てみる。宛行状21は能島村上氏の当主武吉の次男景親宛。宛行状26は因島村上氏の当主吉充宛。宛行状29・34は能島村上氏宛である。村上景親は隆景から「景」の偏諱を受けているので、小早川氏の家臣化していた可能性もあるが、とりあえず海賊衆である両村上氏宛の宛行状は書状形式であり、判物形式のものはない。

宛行状27と28は、備中の在地領主赤木氏宛で、備中高松城への籠城の恩賞として与えられたものである。(36)宛行状20は書止文言がないので、判物の系統に含めるべきか、書状の系統に含めるべきか疑問が残るが、少なくともイレギュラーであることは間違いない。山根氏は元亀四年（一五七三）に毛利輝元から判物形式で、石見国温泉津町内の居屋敷についての安堵状を与えられており、小早川氏の家臣ではなかった。

すなわち、以上の判物形式でない宛行状はいずれも小早川「家中」宛ではないのである。

前章でも述べたとおり、木村信幸氏は、判物形式の宛行状（「一行」）は正式の宛行であり、書状形式は宛行約束であって、文書による主従関係の確認が必要な場合には「一行」が発給されるが、宛行約束だけで十分な場合には「一行」は出されないとしている。(37)

これを踏まえれば、海賊衆など小早川氏と主従関係にない領主に対しては判物形式の宛行状を出さないと見ていいだろう。

また、両村上氏に宛てられた宛行状26と29、赤木氏宛の宛行状27がいずれも、織田氏との戦争が激化している天正一〇年（一五八二）のものであることに注意しておきたい。舘鼻誠氏は、天正八年、九年に吉川元春が「戦国領主」に宛てた宛行状が見られることを指摘したが[38]、すでに第一章で述べたように、これらは書状形式であり、織田氏との戦争が激化する中での臨時的で例外的なものであった。したがって隆景は、原則としてみずからの「家中」以外に対して宛行状を出すことはなく、出したとしても例外的なものであり、それによって主従関係は形成されなかった。

これら以外の書状形式の宛行状はいずれも小早川氏の家臣宛である。宛行状6・7は隆景の沼田小早川家相続に相前後して出され、いずれも隆景がすでに相続していた竹原小早川氏の家臣に対してのものである。こうした時期のものであるので、何らかの特殊な事情があり、宛行約束となった可能性も考えられる。

宛行状30は重臣乃美宗勝の筑前の所領のうちから五〇〇〇石を、宗勝の子と見られる乃美新四郎[39]に与えたもので、隆景が筑前に転封となる天正一五年（一五八七）から、宗勝が死去する文禄元年（一五九二）頃のものであろうか。新四郎は嫡子ではないが、宗勝の死去にともなうものであるとすれば安堵という側面もあるかもしれない。史料の残存状況の問題もあるが、隆景の「家中」宛の宛行状・安堵状は天正九年を最後に姿を消しており、宛行状30も特殊な事情によるものである可能性もある。あるいは乃美宗勝宛の感状10が、家中宛のものとしては例外的に書状形式であることも考え合わせれば、乃美氏の自立性の高さが影響しているとも考えられる[40]。

なお、宛行状33は小早川氏の家臣であった鵜飼家に伝来したものであるが宛所を欠く。

次に安堵状について見ると、こちらも隆景のものは基本的には判物形式である。

書状形式のものを見ると、安堵状12と13は、いずれも「御四人」と呼ばれる毛利氏の老臣の一人として連署に加わったもので、小早川氏の意志を示す文書とはいえない。安堵状16の宛所となっている児玉就英は、毛利氏の家臣で水軍の将である。小早川氏は、配下の水軍や海賊衆との密接な関係によって実質的に毛利氏水軍の主力を担っていたので、就英とも関わりが深かったが、やはり小早川氏の家臣ではないため、書状形式の安堵状となっている。また安堵状17の賀木氏は出雲の在地領主であった。毛利氏から判物形式の宛行状を与えられており、(41) 小早川氏の家臣ではない。安堵状14は興禅寺宛で、判物形式の宛行状19で宛行われている「雲蓋寺住持職」と同前に、「妙観寺」(住持職)を安堵しているにもかかわらず、こちらは書状形式となっている。安堵状15の受給者についての詳細不明である。

判物形式の安堵状はすべて、小早川氏の家臣か、小早川領内の寺院に宛てたものである。

続いて感状について検討する。感状も原則として判物形式である。

隆景の感状で、書状形式が用いられているものを見ると、感状18・19はそれぞれ吉川元春、毛利輝元との連署であり、隆景が主導的役割を果たしたものではない。判物形式の感状でも感状20は、吉川氏の家臣に対して、吉川元春・元資と連署しているので、隆景の役割は副次的なものであろう。感状27は因島村上氏宛で、小早川氏の家臣ではない。

小早川「家中」宛で書状形式の感状のうち、井上春忠宛の感状25・26は、判物形式である感状21～24とともに元亀四年(天正元年・一五七三)一〇月二日付けで、永禄年間にさかのぼる過去の戦功に対してまとめて感状が出された際のもので、写であることもあり、偽作の可能性も含めて検討を要する。

感状28も井上春忠宛で、木津川口の合戦の戦功に対するものである。感状21～26が疑わしいとすれば、この文書も検討を要するが、「芸州之覚、此事候」とあり、小早川氏に対してよりも、毛利氏に対する貢献という意識が働いたためであろうか。小早川氏が正式に戦功を確認する必要がなかったため書状形式が用いられた可能性もある。

以上、例外もあるが、小早川氏は基本的に「家中」以外に対しては感状を発給せず、「家中」宛は判物形式を用いる。(42)

このように宛行状・安堵状・感状のいずれも、多少の例外はあるものの、判物形式を用いる場合と、書状形式を用いる場合は分けられている。小早川氏は「家中」以外には判物を発給することはなく、すわなち正式の宛行や安堵はおこなわないのである。宛行約束として書状を出す場合も、それは臨時的・例外的なものにすぎなかったと考えられる。

河合氏は因島村上氏などの「戦国領主」を外様の家臣として、小早川「家中」の外縁部に位置づけたが、文書発給から見れば、彼らは「家中」とは完全に区別されていた。(43)次の史料は感状発給について、小早川氏と「戦国領主」木梨氏の関係を示している。

〔史料1〕

御方御事、於諸所被抽忠儀候、然間感状等頓而可遣置之処、御心安存于今延引候、乍勿論数年御粉骨、輝元(毛利)江相達候、於我等少茂無忘却候、仍刀一腰進之候、志計候、恐々謹言、

七月八日　　隆景(小早川)　御判

椙原又五郎(元恒)殿

これによると、隆景は、木梨（椙原）元恒への感状の発給が遅れているが、輝元には確かに元恒の戦功を伝えていることを断り、隆景としても戦功を忘却していないという印に、刀を贈っている。すなわち、正式な感状はあくまで毛利氏から出されるのであり、小早川氏がそれを代替することはできないのである。木梨氏は、毛利氏

と小早川氏に両属的なのではなく、毛利氏が感状発給（それを根拠とする知行宛行）を独占しており、隆景は指揮官として、戦功を毛利氏に伝達する立場にあるのである。

次の史料は、備後衆と隆景の関係についての、毛利隆元の覚書[44]である。

〔史料2〕

（前略）

一備後衆知音之趣ニ付而之事

此段ハ、隆景(小早川)知音たて候とて人ニよりいか程も知音之儀候共、隆元(毛利)其段を少も気ニさへ、腹立仕候てハ、太不可然候間、此儀定肝要たるへく候、隆景も又さのミ知音たて候共、隆元へ被相尋、たんかう(談合)候て、可被成其心得儀、可為肝要との事、

（以下略）

隆元は、備後衆と隆景が親しくすることについて、腹を立ててはならないと自戒しているが、これは、隆景が備後の「戦国領主」と親密な関係を築くことが、毛利氏の利益にもなると考えているからであると思われる。隆景と備後衆の親密な関係は、隆景の発言力を増大させ、隆元がそれを腹立たしく感じていたことは間違いないが、それが毛利氏にとって脅威となるようなことはなかったのである。

浄土寺鐘相論において、上原氏は策雲玄龍を通じて隆景に働きかけ、隆景もこれに応じていた。策雲玄龍は備後の有力な「戦国領主」であった宮氏の庶流小奴可宮氏の出身であり、上原氏の活動は国人領主層が室町期以来築いてきた関係を利用したものであったのではないかと推測される。ところが前節で述べたように、天正段階に毛利氏が調停案を推進することになると、隆景は上原氏に対し異見するとしており、毛利氏の山陽支配担当者としての立場が前面に出ている。

このように、小早川氏は山陽の「戦国領主」に対して軍事指揮権を持ち、関係を深めていたが、それらが強化されたとしても、小早川氏と「戦国領主」の関係は、主従関係にある「家中」との関係とは異質だったのであり、小早川氏の領主的拡大には直接つながらなかった。小早川氏はあくまで毛利氏の山陽支配の担当者としての位置にあったのであり、山陽地域を覆う「小早川領」と言いうる実態はなかったと考えられる。

第三節　小早川「家中」と毛利氏

小早川氏は毛利氏の山陽支配担当者であると同時に、独自の「家中」と「領」を持ち、判物を発給して支配をおこなう「戦国領主」でもある。矢田俊文氏は、小早川氏が独自の「家中」を持ち、元日には毛利氏の正月儀礼に出席せず、みずからが主人として「家中」に対する正月儀礼を主催していることから、小早川氏を毛利氏と同格の「戦国領主」と位置づけた(45)。

しかし、戦国期の小早川「家中」の様相はこれまで十分に解明されているとはいえず、単に同格といえるかどうかは検討を要する。河合正治氏は、小早川「家中」に毛利氏から送り込まれた家臣が多数いることを指摘しているが(46)、これは小早川氏の「家中」支配や、小早川氏と毛利氏の関係にいかなる影響を与えたのであろうか。以下では、小早川「家中」の具体的様相について分析する。

まず、小早川氏奉行人の発給文書を表6にまとめた。隆景の時期に限り、隆景の意向を伝える奉者の役割をしているもの、打渡の執行や請取状を出すなど奉行人としての職務を遂行していることが明確にわかるものを集めた。また単署のものでは小早川氏の奉行人としての活動かどうか判断しがたい場合もあるので連署状に限った。連署状でも奉行人としての職務かどうか曖昧なものは省いた。

これらの差出人として複数回登場としているのは、粟屋景雄・飯田尊継・礒兼（末長）景道・井上春忠・井上

表6　小早川氏奉行人

年月日	文書名	奉行人	出典
天文20．3．28	小早川氏奉行人連署打渡坪付	(中屋)右京進・余三左衛門尉(岡就栄)	『広島県史Ⅴ』田坂文書6
天文20．3．28	小早川氏奉行人連署打渡坪付写	(中屋)右京進・余三左衛門尉(岡就栄)	『広島県史Ⅴ』譜録・礒兼求馬景秋3
天文23．4．27	小早川氏奉行人連署打渡坪付写	桂源右衛門尉就延・河本源右衛門尉元盛・桂源七郎景信	『広島県史Ⅴ』山口県文書館所蔵贈村山家証文3
天文23．10．9	小早川氏奉行人連署打渡坪付写	桂孫七郎景信・河本源右衛門元盛・手嶋東市助景治	『広島県史Ⅴ』岩国藩中諸家古文書纂・真田小左衛門10
天文23．10．19	小早川氏奉行人連署打渡坪付写	末長又三郎景道・裳懸河内守盛聡・乃美兵部少宗勝	閥95・金山清兵衛9
弘治3．7．18	小早川氏奉行人連署書状写	井上又右衛門春忠・真田大和守景久	『防長風土注進案6』佐賀村
弘治3．8．16	小早川氏奉行人連署坪付	岡与三左衛門尉就栄・裳懸三郎左衛門尉(宗秀)	『広島県史Ⅳ』広島大学所蔵蒲刈島文書1
弘治4．4．9	小早川氏奉行人連署打渡坪付写	礒左近大夫(礒兼景道)・桂右衛門大夫(景信)	『広島県史Ⅴ』『芸備郡中士筋者書出』所収文書20
(永禄5)．4．1	小早川氏奉行人連署書状	(岡)就栄・(井上)春忠	『甲山町史』(木下文郎家文書)145
永禄5．5．5	小早川氏奉行人連署書状	(真田)景久・(桂)景信・(礒兼)景道・(日名内)慶岳	『広島県史Ⅳ』仏通寺文書40
永禄8．3．12	小早川氏奉行人連署勘合状	楊井刑部丞元勢・粟(粟屋)小盛忠	『広島県史Ⅳ』三原城城壁文書(楢崎寛一郎氏旧蔵)9
天正5．5．20	小早川氏奉行人連署打渡坪付	井上右衛門尉盛貞・岡和泉守就栄・井上又右衛門尉春忠・礒兼左近大夫景道・桂右衛門大夫景信	『広島県史Ⅳ』荒谷文書5
天正5．5．22	小早川氏奉行人連署打渡坪付写	河内備後守凞資・礒兼左近大夫景道・岡和泉守就栄・井上又右衛門尉春忠・桂右衛門大夫景信	閥遺2の2・国貞平左衛門35
天正5．9．2	小早川氏奉行人連署打渡坪付写	河内備後守凞資・礒兼左近大夫(景道)・井上又右衛門尉(春忠)・岡和泉守(就栄)・桂右衛門大夫(景信)	『広島県史Ⅳ』豊町歴史民俗資料館所蔵多田文書4

年月日	文書名	奉行人	出典
(天正９).６.４	小早川氏奉行人連署請取状	横見助右衛門(政綱)・河本源右衛門(元盛)・飯田讃岐守(尊継)	『広島県史Ⅳ』三原城城壁文書(楢崎寛一郎氏旧蔵)８
天正10.１.17	小早川氏奉行人連署年貢残米書立状	飯田讃岐守(尊継)・横見和泉守(景俊)	『広島県史Ⅳ』三原城城壁文書(三原高等学校所蔵)10
天正10.７.４	小早川氏奉行人連署書状	鵜飼新右衛門尉元辰・横見和泉守景俊	『広島県史Ⅳ』三原城城壁文書(楢崎寛一郎氏旧蔵)７
天正11.８.12	小早川氏奉行人連署打渡坪付写	河内備後守(煕資)・行友東市允	『山口県史２』光市文化センター蔵難波家文書４
天正11.９.14	小早川氏奉行人連署打渡坪付写	河内備後守(煕資)・行友東市允	『山口県史２』光市文化センター蔵難波家文書５
(天正16).４.11	小早川氏奉行人連署書状写	井上又右衛門尉春忠・鵜飼新右衛門尉元辰	閥150・臼杵平左衛門４
(天正16).８.23	小早川氏奉行人連署書状	井上又右衛門尉春忠・鵜飼新右衛門尉元辰	『山口県史３』山口県文書館蔵寄組村上家文書178
(天正16).８.23	小早川氏奉行人連署書状	井(井上)又右春忠・鵜(鵜飼)新右元辰	『山口県史３』山口県文書館蔵寄組村上家文書179
天正19.10.10	小早川氏奉行人連署打渡坪付	南木工助・井上春阿弥・裳懸釆女佑(景利)	小早川家文書158
天正19.12.20	小早川氏奉行人連署打渡坪付写	井上又右衛門(春忠)・手嶋東市助(景繁)・桂宮内少輔(景種)・鵜飼新右衛門尉(元辰)	閥遺２の２・国貞平左衛門36
文禄２.11.17	小早川氏奉行人連署書状	井上又右衛門尉春忠・包久内蔵丞景□(真)・鵜飼新右衛門尉元辰	『広島県史Ⅳ』法常寺文書２
(慶長元ヵ).６.18	小早川氏奉行人連署制札	井上伯耆守(春忠)・鵜飼新右衛門尉(元辰)・粟屋河内守(元利)	『広島県史Ⅳ』糸碕神社文書１
慶長２.８.12	小早川氏奉行人連署打渡坪付写	井上伯耆守(春忠)・包久次郎兵衛尉(景相)・鵜飼新右衛門(元辰)・末守七郎左衛門・井上五郎兵衛尉(景貞)・粟屋四郎兵衛尉(景雄)・桂宮内少輔(景種)	『広島県史Ⅳ』米山寺文書８
(慶長４ヵ).１.25	小早川氏奉行人連署書状写	井伯入紹忍(井上春忠)・粟(粟屋)四兵景雄・包(包久)蔵景真	閥遺１の１・重見孫右衛門25

年月日	文書名	奉行人	出典
－.１.12	小早川氏奉行人連署書状写	桂宮(景種)・裳弥左(裳懸盛聡)・粟四兵(粟屋景雄)・手市(手嶋景繁)・井五兵(井上景貞)	閥168・嶋末与三10
－.２.10	小早川氏奉行人連署書状	井上又右衛門尉春忠・礒兼左近大夫景道	『広島県史Ⅳ』千葉文書４
－.４.17	小早川氏奉行人連署書状	井上又右衛門尉春忠・横見和泉守景俊・鵜飼新右衛門尉元辰	『広島県史Ⅳ』三原城城壁文書(楢崎寛一郎氏旧蔵)18
－.５.晦日	小早川氏奉行人連署書状	井上又右衛門尉春忠・包久次郎兵衛景相・粟屋四郎兵衛尉景雄・桂三郎兵衛景綱・鵜飼新右衛門尉元辰	『広島県史Ⅴ』山口県文書館所蔵贈村山家返章10
－.６.16	小早川氏奉行人連署書状	岡与二郎景忠・桂右衛門尉景信	『広島県史Ⅳ』木下文郎氏所蔵文書５
－.８.３	小早川氏奉行人連署書状	井(井上)又右春忠・鵜(鵜飼)新右元辰	『山口県史３』端坊文書９
－.８.22	小早川氏奉行人連署書状写	井上又右衛門尉春忠・横見和泉守景俊	『防長風土注進案６』佐賀村
－.９.１	小早川氏奉行人連署書状案	井(井上)又右春忠・粟(粟屋)四景雄・う(鵜飼)新元辰	『山口県史３』山口県文書館蔵寄組村上家文書209
－.９.22	小早川氏奉行人連署書状	井上又右衛門尉春忠・礒兼左近大夫景道	『広島県史Ⅳ』千葉文書５
－.９.27	小早川氏奉行人連署書状	裳(裳懸)釆景利・井(井上)右衛盛貞	『岡山県古文書集２』備中吉備津神社文書185
－.10.22	小早川氏奉行人連署奉書写	井上又右衛門尉春忠・手嶋東市助景繁	『広島県史Ⅴ』譜録・白井友之進胤延８
－.10.22	小早川氏奉行人連署奉書写	井(井上)又右春忠・手(手嶋)市景繁	『広島県史Ⅴ』譜録・白井友之進胤延９
－.12.２	小早川氏奉行人連署書状写	井上又右衛門尉春忠・鵜飼新右衛門尉元辰	閥150・臼杵平左衛門３
－.12.21	小早川氏奉行人連署書状	(井上)春忠・(粟屋)盛忠	『広島県史Ⅴ』山口県文書館所蔵贈村山家返章11
－.－.－	小早川氏奉行人連署往生講式装束目録写	包久次郎兵衛(景相)・正岡休意・河井惣右衛門	『広島県史Ⅳ』米山寺文書９

景貞・鵜飼元辰・岡就栄・桂景信・桂景種・包久景相・包久景真・河内漲資・河本元盛・真田景久・手嶋景繁・中屋右京進・裳懸盛聡・裳懸景利・行友東市允・横見景俊で、このほか岡就栄の子景忠や裳懸宗秀、粟屋盛忠・同元利などが奉行人層と見ていいだろう。隆景が養子に入る以前の小早川氏では、一族の椋梨や乃美、あるいは真田、土屋、田坂といった奉行人層が政務を取り仕切っていたとされるが[47]、表6にあげた史料では乃美宗勝が一度、真田景久が二度それぞれ顔を出すにすぎない。しかも乃美宗勝は乃美惣領家ではなく庶流にあたり、浦氏を継いでいる。

こうした奉行人のうち、粟屋・井上・岡・桂は毛利氏から送り込まれた家臣である。たとえば岡就栄は、享禄五年（天文元年・一五三二）に、元就から「就」の偏諱を受け[48]、天文九年（一五四〇）に尼子氏が郡山城を攻めた際の、毛利「家中」の戦功を記した「郡山城諸口合戦注文」にも名前が見え[49]、さらには天文一一年（一五四二）に元就から知行を宛行われている[50]。就栄は、隆景が竹原小早川家の養子に入ったとき、毛利から隆景に付けられて、小早川「家中」に入ったものと思われる[51]。また、毛利氏の奉行人である桂元澄の四男に桂右衛門大夫という人物が見え[52]、これが桂景信にあたると思われる。井上春忠は、いわゆる井上衆誅伐事件で毛利氏に粛清された井上一族の生き残りであり[53]、粟屋景雄らも毛利氏の奉行人粟屋氏の一族と考えられる。

このほかの奉行人でも鵜飼元辰と飯田尊継は、隆景の代に新たに小早川氏の家臣となった人物である。鵜飼元辰は元は近江の猿楽者であったものを、輝元の遊び相手として留めおいていたのだが、「物をもかき候、こさかしく候」ということで元就に仕えるようになったという[54]。元辰は「嶋根陣」すなわち毛利氏が尼子氏を攻めて、出雲に出陣したときに元就の目に止まったということから、小早川「家中」に属するのは、永禄年間であり、隆景が沼田を継いでから、かなり後のことになる。毛利氏は隆景の入嗣に際して家臣を送り込んだだけでなく、その後も小早川「家中」に家臣を送り込むことがあったのである。

飯田尊継は、『萩藩閥閲録』巻五七の飯田平右衛門の家譜によれば、元は公家であったが、「武士ニ相成度、或時与風公家を欠落浪人と罷成」り、諸国をめぐった後、「小早川御家頼に罷成」ったという。天文二三年（一五五四）に隆景から知行を宛行われているのが初見である。(55) 家譜の信憑性はともかく、隆景段階での新参であることは間違いないだろう。

奉行人を務めている者以外でも、毛利氏から送り込まれた家臣は多数見られる。小早川氏の正月儀礼の座配を記した「小早川家座配書立」(56)に名前の見える児玉平左衛門尉（景栄）や門田又五郎・同木工允も、毛利氏から送り込まれた家臣であると考えられる。児玉景栄が討ち死にしたとき、隆景は毛利氏の家臣児玉就方に「今度平左衛門尉（景栄）事立御用候、無是非次第朦気此事候」などと伝えていることから(57)、景栄は児玉就方の一族であったと見られる。門田氏は毛利氏の庶家の一族であろう。

また、八幡原元直も毛利氏から小早川「家中」に送り込まれたと考えられる。天文二二年の毛利隆元書状には「六郎右衛門尉（八幡原元直）事、対隆景遣置」とある(58)。この文書自体は検討を要するものであるが、永禄四年（一五六一）の「座配書立」に見える八幡六郎右衛門は元直のことを指しているだろう。また、元直の一族と見られる人物が小早川氏の居城のある三原に住んでおり(59)、元直が小早川氏に送り込まれたこと自体は間違いないと思われる。元直は天文一九年の「毛利家臣二三八名連署起請文」(60)に名を連ねているので、小早川氏の家臣となったのは、これ以後であろう。

こうした毛利氏から送り込まれた家臣は、小早川「家中」に入ってからも、毛利氏との関係を維持していた。

〔史料3〕

連々愁訴之条、為加恩呉保五名之内五拾貫之地宛行候、全可領地（知）之状如件、

天正貳年二月九日　　隆景（小早川）　御判

〔史料4〕

岡和泉守（就栄）殿(61)

北内下兼国名田壹町壹反半・吉宗名田六段、坂内真重名田三段、横田之内宝善名田五段・同所井手原名田五段、以上参町半、幷吉田之内屋敷壹ヶ所等之事、洞春・常栄（毛利元就・同隆元）任御判之旨遣置候、長久知行肝要候、仍一行如件、

元亀三年潤正月四日　輝元（毛利）御判

岡和泉守（就栄）殿(62)

史料3では、就栄は隆景から知行を宛行われている。一方、史料4を見ると、就栄は輝元から知行を安堵されている。これはこの前年に元就が死去したことにともなうものと思われる。下兼国名と吉宗名は天文一一年に元就によって宛行われ(63)、真重名以下は、永禄四年に元就と隆元によって、親正吉からの相続を安堵されている(64)。すなわち、ここで輝元から安堵されているのは、岡就栄が小早川氏に移る以前からの知行であったことがわかる。

岡就栄は、小早川「家中」に属することになっても、それ以前からの知行を保持していたが、小早川氏にはその知行を保証することができない。それを保証できるのは毛利氏の当主だけであり、小早川「家中」に入って以後も、就栄は安堵を受けることを通して、毛利氏との関係を維持していた。結果として、就栄は小早川氏、毛利氏双方から知行を与えられることになったのである。史料4では「吉田之内屋敷壹ヶ所」が安堵されているが、就栄が小早川「家中」に入った後も、毛利氏の本拠である吉田に屋敷を保持し続けていたことは、毛利氏との関係が断ち切られたわけではないことを表している。

さらに毛利氏から送り込まれた家臣だけでなく、旧来からの小早川氏家臣の中にも毛利氏から知行を与えられ

る者が存在した。

　乃美宗勝は、その戦功に対して元就から知行を約束されていたし、(65)宗勝の弟元信は、毛利氏に愁訴した結果、知行を与えられた。(66)元信は元就から判物形式の宛行状を受け取っている。(67)また、末長（磯兼）景道は元就から書状形式の感状を与えられている。(68)このほか、忠海・梨子羽・小田らの家臣や、「とねり小身之衆」と呼ばれる下級の家臣まで毛利氏から知行を与えられていたと考えられる。(69)

　小早川氏の有力庶家で、「座配書立」でも筆頭に現れる椋梨氏は、隆景や穂田元清を通じて毛利氏に愁訴をおこなっていた。(70)次の史料は椋梨氏が穂田元清を介しておこなった愁訴に対する毛利輝元の返事である。(71)

〔史料5〕

　椋梨被申分之儀、少茂不存忘却候、さりなから隆景（小早川）申談儀候間、よく〳〵可被仰理候〳〵、恐々謹言、
　　十二月十四日　　　　　　　　　　　　輝元（毛利）（花押）
　「（捻封上書）
　（墨引）　元清（穂田）まいる　　　　　　　少太
　　　　　　　　申給へ　　　　　　　　　輝元」

　輝元は、椋梨氏の「申分」について「少茂不存忘却候」としているが、「隆景申談儀」があるので、隆景によく断るようにと述べている。椋梨氏は主人の隆景ではなく元清を介して愁訴をおこない、毛利氏の方が隆景に断るようにと指示している。

　このように毛利氏は小早川「家中」に対して強い影響力を有し、小早川氏の家臣の側でも、愁訴をおこなうなど、知行の獲得・保全について、毛利氏に対する期待が大きかったといえる。

　その一方で、椋梨氏の愁訴の取り扱いについても、隆景の意向を重視しているように、毛利氏は小早川「家中」が安定的に維持されることを望んでいたと見られる。菊池浩幸氏は、こうした毛利氏から影響を受けた家臣

を「両属家臣」とし、これを梃子として毛利氏は、「戦国領主」の「家中」を毛利「家中」に包摂していくとしたが[72]、毛利氏が小早川氏に家臣を送り込むことはあっても、逆に小早川氏の家臣を毛利「家中」に包摂して、小早川「家中」を解体していくような動向は見受けられない。むしろ、毛利氏の力を背景に、小早川氏の「家中」支配は強化されたのではないだろうか。毛利元就は、隆元・元春・隆景に宛てた「三子教訓状」として知られる史料の中で、「隆景・元春事者、当家たに堅固に候ハヽ、以其力、家中〳〵者如存分可被申付候〳〵、唯今いかに〳〵我〳〵か家中〳〵如存分申付候と被存候共、当家よハく成行候者、人の心持可相替候」と述べ、毛利家が堅固であれば、その力を背景に、小早川氏・吉川氏それぞれの「家中」支配がうまくいくという考え方を示している[73]。

秋山伸隆氏は天正一六年（一五八八）以降、毛利氏において、譜代以外の奉行人が活躍するようになることについて、家臣団内部の所属集団をもたない個人を登用することによって大名への忠誠を第一義とする新しい官僚群を創出しようとしたとする[74]。これを小早川氏について見ると、近江の猿楽者だった鵜飼元辰や、公家の出身と伝える飯田尊継はもちろん、毛利「家中」から入ってきた者なども、小早川「家中」において所属集団を持たない家臣である。表6を見ると、ほぼすべての事例で、最低でも一人は、こうした新しく「家中」に加わった奉行人が差出人となっている。これに対し、椋梨氏や土屋氏といった小早川の庶家出身の家臣が、奉行人としてまったく活動していないことも合わせて考えれば、毛利氏の影響下に、小早川「家中」では新しい奉行人層が起用され、「家中」の内部集団の力が抑制されて、小早川氏の「家中」支配は強化されたものと考えられる。

すなわち毛利氏の小早川氏統制と、小早川氏の「家中」支配の強化は表裏の関係にあったのである。したがって、毛利氏と小早川氏はともに「家中」を持っているといっても決して同格ではなく、毛利氏優位の関係が結ばれていたといえよう。

ところで、小早川氏は毛利氏の山陽支配担当者であったから、小早川「家中」は結果的に毛利氏の広域的支配に携わることになった。先の浄土寺鐘相論でも、乃美宗勝が木梨氏に毛利氏の指示を伝え（史料B）、毛利氏の裁定を岡就栄と井上春忠が上原氏に伝えていた（史料I）。次の史料は元就の五男元秋が、毛利氏によって兄を誅殺された木原元定に送った書状である。(75)

〔史料6〕

倦茂〳〵其以後ハ不申通、兵部丞（木原元次）事不慮之儀候て御朦気候段ハ不及申、御気つかひ（遣）のいたり（至）可申様無之候、雖然御方之御事内々御奉公可然之故、従上様御懇に被仰出之由候間、尤以目出候、兵部事ハ緩怠茂候へハこそ如此候間、御方之儀少茂上様へ御述懐なともなき事、既井上又右衛門尉（春忠）事ハ親兄弟悉被打果候ても、如此唯今はしり（走）まひ候まゝ、御方之御事も兄と弟ハ一所之儀候ニ、何事候ハぬこそうへさま（上様）之御かけ（陰）にて候へ、いよ〳〵御傍輩衆へ御物語共、前々より猶以御奉公仕候する由、被仰候て可然候、内々申談半之儀候処、早々可申入候を、去月中ちとさし様儀ニて無其儀候、無曲候、此儀頓に申度つれ共如此候〳〵、恐々謹言、

（元亀二年）五月廿二日　　元秋（毛利）　御判

「少輔十郎
　元秋」

「木原喜二郎（元定）殿まいる
　申給へ」

ここで小早川氏の奉行人井上春忠は、親兄弟を討ち果たされながらも、毛利氏に貢献している模範としてあげられている。

毛利氏は小早川「家中」に影響力を持ち、特に毛利氏から送り込まれた家臣が多く奉行人を務めることで、小早川氏の担う山陽支配を円滑に進めることができたと考えられる。

おわりに

毛利氏の山陽支配における小早川氏の主要な役割は「戦国領主」の編成であった。小早川氏は海賊衆を含む「戦国領主」と密接な関係を築いていたし、愁訴の吹挙などを通じて隆景の「戦国領主」への影響は強まっていったと考えられるが、小早川氏と「戦国領主」の関係は、小早川氏と小早川「家中」の関係とは異質であった。小早川「家中」には小早川氏自身が判物を発給して知行の宛行や安堵をおこない、主従関係が確認されていたのに対して、「戦国領主」に対する感状発給や知行宛行は毛利氏が独占していた。さらに小早川氏は山陽地域の寺社興行権を分掌していたと考えられるが、安堵状を発給するのは小早川「領」内の寺院に限られ、ここでも小早川氏の所領支配と、山陽地域の広域的支配は峻別されていた。小早川氏は、毛利氏の山陽支配担当者としての立場を堅持し、山陽支配を管轄することが小早川氏の領主的な拡大に直接にはつながらなかったのである。

天正一〇年代の「小早川家座配書立」には、備後の「戦国領主」もしくはその一族と見られる楢崎氏、高須氏などの名前が見え、能島村上武吉の子の景親や従兄弟の景広など海賊衆に「景」の偏諱を与え、備中高松城の講和で切腹した清水宗治の子景治も、小早川氏の家臣化しているなど、主従関係を拡大していく動きがなかったわけではないが、それは限られたものであったし、ほとんどが毛利氏が豊臣政権に服属して、その権力構造が変化を開始した後であり、また隆景が秀吉から伊予を拝領した時期の動向であった。

小早川氏の立場を山陽支配担当者に留まらせることができたのは、毛利氏が「戦国領主」小早川氏の統制を実現し得ていたからであると考えられる。毛利氏は小早川「家中」に家臣を送り込むなど、小早川「家中」に強い影響力を持っていた。一方、小早川氏も毛利氏の力を背景に、「家中」内部に所属集団を持たない新たな奉行人層を創出し、有力庶家などの力を抑制して、「家中」支配を強化した。毛利氏の小早川氏統制と、小早川氏の

「家中」支配の強化は表裏の関係にあった。毛利氏から送り込まれた家臣が、小早川氏の奉行人に多く加わっていることは、小早川氏を介した毛利氏の山陽支配を円滑に進める効果をもたらしたと考えられる。

ところで、史料の残存状況の問題や、隆景が伊予、ついで筑前へと転封になることも関係しているとは思われるが、毛利氏が織豊政権に服属した天正一〇年（一五八二）以降、小早川氏の宛行状・安堵状・感状はいずれも激減している。第一章で吉川氏について述べたように、これは主従関係の安定化、すなわち「家中」の固定化と関わっているのではないだろうか。「家中」の固定化と、先程述べた海賊衆などを家臣化する動きは矛盾しているようであるが、「家中」の外枠が決まったからこそ、拡大も起こったのではないか。小早川「家中」が無限定に拡大される可能性があれば、毛利氏もそれを警戒せざるを得ない。「家中」の拡大といってもそれはもはや自律的なものではなく、毛利氏あるいは豊臣政権によって外枠を決められた範囲内でのものであり、自力による領主的支配の拡大の可能性を失っていったことを示しているのではないかと思われる。

最後に毛利氏の広域的支配の性格について触れておきたい。小早川隆景は寺社興行権を分掌していると述べたが、矢田俊文氏は、寺社興行権は守護公権に由来するとしている[76]。また、備後国鋳物師惣大工職の安堵は、国を単位としており、室町期にも守護の安堵があったように、一国公権（守護公権）に関わるものであったと考えられる。だとすれば、毛利氏は守護公権を掌握して、統治権的支配をおこなっていたのであろうか。

まず、惣大工職の安堵（史料A）は、毛利隆元が備後守護に補任される以前になされており、守護職を得たことによって発生した権限でないことは、一応確認しておきたい。しかし、これは副次的問題である。

ここまで、小早川氏や吉川氏の山陽・山陰支配について、先行研究にならって寺社興行権の分掌といった「権限」という形で述べてきたが、そもそも、こうした小早川氏や吉川氏が果たしている機能は、明示的に内容や範囲が画定された権限なのであろうか。

舘鼻誠氏は、出雲富田城主は地域的な諸役賦課権や郡使統括権の権限を有していたとしたが、その管轄範囲は能義郡と宍道湖周辺に限られ、出雲全体の一国公権は吉川元春が分掌したとした。(77) 長谷川博史氏は、こうした舘鼻誠氏の議論を批判し、富田城主の権限は軍事的役割に関わるものであって、制度的恒常的な権限は成立していなかったとした。(78) 同様に、元春の権限も一国公権の分掌だったのかどうか慎重な検討を要するだろう。

池享氏は本来、富田城主（富田奉行）が果たすべき諸役徴収がうまく機能しないため、吉川元春と山陰国衆の人格的結合関係に依存したと評価する。(79) 舘鼻氏も吉川氏と山陰国衆の起請関係の推進を重視する。(80) 長谷川氏も、富田城主の権限ということについては批判しているが、吉川氏に依存しなければ山陰支配が成り立たないと考えている点は共通する。(81) つまり、吉川氏の山陰支配は権限分掌によって実現されたというよりも、制度外的な権力関係によって支えられているというべきである。

たとえば、第一章で見たように湯原氏の愁訴が、吉川元春だけでなく、小早川隆景や富田城主を介してもおこなわれているように、愁訴する側にとっては、手づるとなりうる有力者であれば、仲介者は誰でもよかった。ただし、より有効な仲介者がいれば、そこに仲介依頼が集中するのは自然な流れであろう。元春や隆景に仲介依頼が集中すれば、それはあたかも元春や隆景が愁訴吹挙権を有しているかのように映るのではないか。寺社興行権に関しても、元春への依存が続けば、あたかもそれがあらかじめ明示的に付与された権限であったかのように見える。軍事的な指揮命令系統に関わる軍事指揮権はある程度体系化されていたと考えられるが、寺社興行権のような一国公権とされるものについては、あらかじめ外形が定まった明示的な権限付与があったのではなく、実際には曖昧で非固定的なものであった可能性を考えておく必要がある。

吉川氏や小早川氏の「家中」宛の文書は、原則として、書状に比べ相対的に様式が画一化された判物形式が用いられる。これは、対外的にも明示され、一定度制度化された「家中」支配権（家父長の持つ主人権の擬制として成立した「家中」支配権）に対応した文書発給のあり方ではないか。一方、「家中」以外に対しては書状形式の文書が用いられるが、これは有力者としての影響力の行使であって、無論、臨時的あるいは限定的な権限としてあるとしても、それはその都度の必要に応じて生じたような曖昧で、非制度的（あるいは未制度的）なものであったのではないだろうか。

そもそも権限分掌というからには、毛利氏が分与すべき原権限を有しているということになるが、はたして毛利氏もそうした明示的権限（たとえば守護公権）を有していたと考えられるだろうか。

毛利氏は浄土寺鐘相論に際して、当初調停案を強くは推進せず、永禄年間に起こった相論を天正年間まで、いわば放置していたといってもいい。しかし、天正の段階にいたってこれを強力に推し進めた理由は、「当時弓箭中」であり「殊更善根之儀」が必要であったからである。もちろん「善根之儀」とはしているが、これは上原氏と木梨氏の対立を解消し、戦争に動員するという、より即物的な要請によるだろう。毛利氏が「戦国領主」を軍事動員するために、「戦国領主」間の紛争を調停するというのは、しばしば見られる事態であった[82]。毛利氏の寺社興行（「善事興隆」）は、現実の戦争の存在と関わっているのであり、統治権という平時の論理ではなく、戦時体制として支配を実現しているのである。「弓箭中」という戦時の論理は、毛利氏もその正当性を認めた丹下氏に与えられた歴代の証文の効力と毛利氏自身の裁定、すなわち平時の法的秩序を、一旦棚上げしてしまえる高次の論理であった。もちろんこれは毛利氏の支配が、前代の法秩序を破壊したアナーキーなものだったということではない。必要に応じて法を宙吊りにできたという点が重要である[83]。

矢田氏は、毛利元就が平時と戦時を分けて考え、平時の支配がうまくいかないと悩んでいたことをとりあげ、その原因は自立的な「戦国領主」の存在にあるとしているが[84]、元就の主観はともかくとして、むしろ現実の戦争の存在が常態であった戦国期において、戦時体制としての支配は軽視されるべきではない。こうした「例外状態」が恒常化すれば、それは制度化する可能性もある。

毛利氏の広域的支配は、「戦国領主」の支配の存在を前提にして、一種の戦時体制として、制度外的に（未制度的に）それを編成する形で実現されていた。これは安芸の「戦国領主」阿曽沼広秀に対し、「元就一大事之弓矢」を理由に、「公事」について分別を迫っている例があるように[85]、戦争が毛利氏の戦争として戦われていたことを前提としている。守護が幕府との相互補完によって国人領主を動員していた時期とも、豊臣政権服属後とも異なり、より上位の権力の不在がその条件であった。また、新たに成立した「戦国領主」の編成によって成り立っている構造は、室町期とはもちろん異なるし、「戦国領主」が大名「家中」に包摂されてしまう近世段階とも異なっていたといえよう。

（1）　河合正治「元就教訓状と毛利両川体制の形成」（『日本歴史』三三三号、一九七六年）、同「小早川隆景と毛利両川体制」（『芸備地方史研究』一一六・一一七号、一九七八年）。
（2）　毛利家文書二二六。
（3）　矢田俊文「戦国期毛利権力における家来の成立」（『ヒストリア』九五号、一九八二年、のち『日本中世戦国期権力構造の研究』、塙書房、一九九八年に収録）。
（4）　河合正治「小早川隆景と織豊時代」（『三原市史　第一巻　通史編一』、三原市、一九七七年）。
（5）　舘鼻誠「小早川隆景の領国経営」（『小早川隆景のすべて』、新人物往来社、一九九七年）、同「小早川隆景関係人物事典」（同書）。
（6）　ここに掲げた関係史料のうち「真継文書」を典拠としているものは、近世に諸国鋳物師を統轄していた真継家が、丹下氏の文書を影写したものである。また、「木下文郎家文書」は、丹下氏に伝来した文書を、近代に後継者の木下氏が継承したものである。したがって、ここに掲げた史料は、「浄土寺文書」を除き、本来丹下氏に伝来した文書である。「木下文郎家文書」は一九七八年刊行の『広島県史　古代中世資料編Ⅳ』で紹介されたが、二〇〇三年刊行の『甲山町

史　資料編Ⅰ　古代・中世・文化財・考古』で新出文書が紹介されている。史料D・F・G・I・K・Mがこれにあたるが、以下で掲げる浄土寺鐘相論の先行研究は『甲山町史』を除いて、いずれもこの新出文書が紹介される以前のものである。

（7）『中世鋳物師史料』真継文書二一など。

（8）『中世鋳物師史料』真継文書三三、『広島県史Ⅳ』木下文郎氏所蔵文書一八。

（9）木梨氏は杉原氏の分流であり、杉原を名乗ることもあるが、本章では木梨氏に統一する。なお、杉原（木梨）隆盛と上原豊将は、弘治三年（一五五七）頃と推定される「毛利元就外十七名傘連判契状案」（毛利家文書二二五）に名を連ねる国衆であり、「戦国領主」であったと考えられる。

（10）片山清『芸備両国鋳物師の研究』（一九六一年）。

（11）青木茂『新修尾道市史　第一巻』（尾道市、一九七一年）、同『新修尾道市史　第六巻』（尾道市、一九七七年）。

（12）網野善彦「解説」（名古屋大学文学部国史研究室編『中世鋳物師史料』、法政大学出版局、一九八二年）。

（13）秋山伸隆「戦国大名毛利氏の流通支配の性格」（『戦国大名毛利氏の研究』、吉川弘文館、一九九八年、初出：渡辺則文編『産業の発達と地域社会』、渓水社、一九八二年）。

（14）藤井昭「鋳物師と刀鍛冶」（『広島県史　通史Ⅱ　中世』、広島県、一九八四年）。

（15）松井輝昭「戦国大名毛利氏の尾道支配と渋谷氏」（『広島県立文書館紀要』四号、一九九七年）。

（16）妹尾周三「安芸、備後の鋳物師（二）――廿日市の久枝氏について――」（『芸備地方史研究』二二九号、二〇〇二年）。

（17）前原茂雄「解説」（前掲註6『甲山町史　資料編Ⅰ　古代・中世・文化財・考古』）。

（18）ただし松井氏は、丹下氏と尾道の鋳物師の対立を基軸に置きながらも、廿日市の鋳物師が鐘を鋳造したともしており、その関係は明示されていない。

（19）『広島県史　古代中世資料編Ⅳ』で「木下文郎家文書」が紹介される以前に書かれた片山氏と青木氏の論考では、これらが参照されていない可能性もあり、それも両氏の見解に影響しているかもしれない。

（20）閥一七・児玉三郎右衛門。末尾の家譜の就忠の箇所で、「元亀貳年五月廿九日死」と書いた上から、「元亀貳年五月」

を消し、朱で「永禄五年壬戌四月」と訂正している。児玉就忠は毛利氏のいわゆる五奉行を構成した一人であるが、五奉行としての活動は永禄四年一二月が終見であり、永禄五年八月からは息子の元良が五奉行として活動を開始している（加藤益幹「戦国大名毛利氏の奉行人制について」、『年報中世史研究』三号、一九八七年）。したがって『萩藩閥閲録』の就忠の没年の記載は信用してよいだろう。なお、加藤氏は五奉行は元就系と隆元系に分かれていたことを指摘している。就忠は元就系であり、史料Cなどに登場する赤川元保は隆元系である。

(21)『広島県史Ⅱ』厳島野坂文書二八〇。

(22) 原則から外れるのは、表中の番号で11の「穂田元清書状写」である。ここでは治部大輔を用いているが、『広島県史古代中世資料編Ⅴ』は、これを「天正三年ヵ」と比定している。しかし、これが天正三年とすれば、治部大輔の使用はこれだけが突出して早く、またこれ以降にも四郎の使用が見られることから、年次比定の再考が必要かもしれない。書下年号で最も年代が確実な天正三年一二月一八日付の12は四郎である。また『大日本古文書』が「天正七年ヵ」とする17は「四（郎）」を用いているが、天正七年だとすれば、わずか三日後の18で治部大輔を用いている点が不審である。これも年次比定の再考を要するかもしれない。11と17を除けば、年代が判明する四郎の終見は天正六年九月であり、同じく治部大輔の初見は天正七年一〇月である。

(23) 閥一四五・岡与左衛門―一六。

(24) 小早川家文書四七五。本書補論一で詳しく検討するが、小早川氏の正月儀礼の座配を記した「座配書立」を年代順に並べれば、桂右衛門大夫景信と桂孫七郎が代替わりしていることが確認できる。

(25)『広島県史Ⅳ』「豊町歴史民俗資料館所蔵多田文書」四。

(26)『中世鋳物師史料』真継文書一二三・一二四。

(27)『甲山町史』は史料Gの差出人の元経を、杉原（木梨）元恒に比定している。もしこれが木梨元恒であるとすれば、相論についての毛利氏の対応を、上原氏に淡々と伝えているだけで、両者が対立関係にあるようには見えない。しかし、木梨氏の通字は「恒」であり、他に一次史料で木梨元恒を「元経」と表記した史料が見あたらないので、この元経を木梨元恒とは比定しがたい。なお、管見の限り、木梨元恒の花押が据えられた史料は残っておらず、史料Gの花押と比較してみることはできない。

(28) 秋山前掲註(13)論文。
(29) 舘鼻誠「戦国期山陰吉川領の成立と構造」(『史苑』四六巻一・二号、一九八七年)。
(30) 河合前掲註(4)論文。
(31) 舘鼻前掲註(5)論文。
(32) 池享「戦国大名権力構造論の問題点」(『大名領国制の研究』、校倉書房、一九九五年、初出:『大月短大論集』一四号、一九八三年)。
(33) 舘鼻前掲註(29)論文。
(34) 『二〇〇〇~二〇〇二年度科研費研究成果報告集 戦国期大名毛利氏の地域支配に関する研究』(研究代表者・長谷川博史、二〇〇三年)。
(35) 第一章の表1と同じく、預ヶ状・寄進状は宛行状に含めなかった。また「受給者の性格」欄の戦国領主・在地領主の区分の基準も第一章表1~3と同じである。第一章註(10)(11)を参照。
(36) 『岡山県古文書集』によれば宛行状27と28は両方とも隆景の花押があり、日付と宛行高も異なるが、受給者が同じで、宛行高を除いて同文である。原文書を見る機会が得られないので確かなことはいえないが、宛行状27には切り封も存在し、宛行状28の宛行高五〇〇〇貫は多すぎること、宛行状27が受給者の赤木家に伝わっているのに対し、宛行状28は近代以降に蒐集されたものであることなどから、宛行状28は近世の影写か偽作の可能性があると思われる。
(37) 直接のご教示による。木村信幸「戦国大名毛利氏の知行宛行とその実態」(『史学研究』一七四号、一九八七年)も参照。
(38) 舘鼻前掲註(29)論文。
(39) 乃美宗勝も初め新四郎を名乗っている。宗勝の弟元信も初め新四郎であるが、ある時期に四郎兵衛と改めているため、この史料の新四郎は宗勝の子と考えておきたい。ただし宗勝の跡を継いだのは新十郎(のち孫兵衛尉)景継である。
(40) 乃美氏は天正一〇年(一五八二)に、羽柴秀吉から寝返りを勧誘されているが(『新熊本市史2』乃美文書一〇六)、これは乃美氏の小早川氏に対する自立性の高さを示すものである。

(41) 閥一六〇・賀儀忠兵衛―五。
(42) 判物形式の感状のうち、感状17・29・30はいずれも宇野氏に宛てたものである。宇野氏が毛利氏の家臣児玉就英に提出した軍忠状に隆景が証判を据えているので（『愛媛県史』二四六五〈小松邑志宇野文書〉）、隆景の指揮下にあったことは確かだが、主従関係にあったかどうかはわからない。感状31の中嶋治右衛門尉も主従関係にあったかどうか確認できない。
(43) 閥五三・木梨右衛門八―七。
(44) 毛利家文書六五一。
(45) 矢田前掲註(3)論文。
(46) 河合前掲註(4)論文。
(47) 河合前掲註(4)論文。
(48) 閥一四五・岡与左衛門―一五。
(49) 毛利家文書二八七。
(50) 閥九六・岡与三左衛門―七。
(51) 河合前掲註(4)論文。
(52) 閥一二・桂能登。
(53) 閥遺三の一・重見孫右衛門―八一。
(54) 『広島県史V』「長府毛利文書・輝元公ヨリ秀元公ヘノ御手簡」一。
(55) 閥五七・飯田平右衛門―一四。
(56) 小早川家文書四七三、四七五。
(57) 閥一〇〇・児玉惣兵衛―二八。
(58) 閥四一・志賀茂右衛門―九。
(59) 『三原市史1』「村山文書」八四一頁。
(60) 毛利家文書四〇一。

(61) 閥九六・岡与三左衛門―九。
(62) 閥九六・岡与三左衛門―一〇。
(63) 閥九六・岡与三左衛門―七。
(64) 閥九六・岡与三左衛門―八。
(65) 小早川家文書五三七。
(66) 閥一三四・浦四郎兵衛―一八。
(67) 閥一三四・浦四郎兵衛―五。
(68) 閥一三六・礒兼求馬―一。なお、秋山伸隆氏によれば、書状形式の感状は、判物形式のものに比べ恩賞給付の確実性が劣るとされている（「毛利氏発給の感状の成立と展開」、前掲註13著書）。
(69) 『新熊本市史2』乃美文書七三。
(70) 小早川家文書一二六、一三二。
(71) 小早川家文書一二七。
(72) 菊池浩幸「戦国期「家中」の歴史的性格――毛利氏を事例に――」（『歴史学研究』七四八号、二〇〇一年）。
(73) 毛利家文書四〇五。
(74) 秋山伸隆「戦国大名毛利氏領国の支配構造」（前掲註13著書、初出：『史学研究』一六七号、一九八五年）。
(75) 閥遺三の一・重見孫右衛門―八一。
(76) 矢田俊文「戦国期甲斐国の権力構造」（『日本史研究』二〇一号、一九七九年、のち前掲註3著書に収録）。
(77) 舘鼻前掲註(29)論文。
(78) 長谷川博史「毛利氏の出雲国支配と富田城主」（前掲註34報告書）。
(79) 池享「戦国大名領国支配の地域構造」（『戦国期の地域社会と権力』、吉川弘文館、二〇一〇年、初出：歴史学研究別冊特集『世界史における地域と民衆（続）』、一九八〇年）。
(80) 舘鼻前掲註(29)論文。
(81) 長谷川前掲註(78)論文。

(82) たとえば毛利家文書七八九など。
(83) ジョルジュ・アガンベンの「例外状態」の議論（『ホモ・サケル――主権権力と剝き出しの生――』、高桑和巳訳、以文社、二〇〇三年、原書：一九九五年）、およびミシェル・フーコーの「クーデター」の議論（『コレージュ・ド・フランス講義　一九七七―一九七八年度　安全・領土・人口』、高桑和巳訳、筑摩書房、二〇〇七年、原書：二〇〇四年）も参照。
(84) 矢田前掲註(3)論文。
(85) 『山口県史3』「山口県文書館蔵今川家文書」三〇。

〔付記〕本章は、「安芸国衆小早川氏「家中」の構成とその特質」（『古文書研究』五二号、二〇〇〇年）の第二章に大幅な加筆・修正を施したものである。初出時には「小早川氏座配書立」に見える「友閑」を佐世正勝と比定していたが、秋山伸隆氏から誤りである旨、ご指摘いただいたので、その部分は削除した。秋山氏にはお礼申し上げたい。

取次	書止文言	年号書式	敬称	概要
	～之状如件	書下年号	殿	東村延安名の内水口2貫500文の地の事、柚木弘房売状の旨に任せ、給地として宛行う
	～之状如件	書下年号	殿	今度沼田爰許取り合いにつき、所々において高名神妙の至り、梨子羽村南方守重名の内1貫文の地、これを遣わす
	～之状如件	付け年号	殿	大崎之嶋、有田膳左衛門給の事、所帯として金山与三左衛門尉に宛行う
	謹言	付け年号	殿	所帯の儀について内々愁訴、今度雲州表において別して辛労候条、大崎中庄中居給の事、所帯として宛行う
乃美宗勝	仍執達如件	付け年号	殿	今度神辺取り詰めの間、両度動き辛労神妙、最前約束候五ヶにおいて10貫文の地、扶助を加う
乃美宗勝	恐々謹言	付け年号	殿	今度手城山北村尾以来辛労粉骨の条、防州地方250石の内3貫文の辻宛行う
乃美宗勝	謹言	付け年号	殿	慶俊已来愁訴候、毎々防州辺へ差し下し候、辛労究め候の条、その賞として3石宛行う
	～之状如件	付け年号	殿	連々奉公神妙、今度吉田より合力候、久地村弘末名の内6反前宛行う
	如件	付け年号	殿	連々奉公油断なきの条、久地村弘末名の内3反前を以て扶持す
	仍一行如件	付け年号	殿	和木の内神足給田1町5段等、御給地として宛行う
	可知行状如件	付け年号	殿	大崎中居給5貫前、検地の上を以て宛行う
	仍如件	書下年号	殿	大崎東之庄の内、たる見田1町、畠3反、宛行う
	全可知行之状如件	付け年号	とのへ	方嶋の内7反田の事、給地として宛行う
	全可令知行之状如件	付け年号	殿	大崎嶋において3貫文、木谷反銭の内2貫文、備後五ヶ村5貫文の地宛行う
	仍為後日一行如件	付け年号	殿	本郷代官職の事、望みに任せ宛行う
	仍如件	付け年号	殿	本郷の内小力分田畠7段60歩の事、加給として相計らう
	全可有領掌之状如件	付け年号	敬称なし	新庄上山郷の内千光寺領5貫等の地合力す

表３　小早川氏宛行状一覧

No.	年月日	文書名	出典	受給者	受給者の性格
1	天文４.６.14	小早川興景宛行状写	閥136・礒兼求馬40	礒兼景道	小早川家中
2	天文８.６.１	小早川興景宛行状	『広島県史Ｖ』田坂文書３	田坂小三郎	小早川家中
3	天文８.12.24	小早川詮平宛行状写	閥95・金山清兵衛８	金山与三左衛門尉	小早川家中
4	天文12.５.６	小早川正平宛行状写	『広島県史Ｖ』岩国藩中諸家古文書纂・真田小左衛門２	真田兵衛尉	小早川家中
5	天文18.11.15	小早川隆景宛行状	『広島県史Ｖ』田坂文書４	田坂与一兵衛尉	小早川家中
6	天文19.閏５.６	小早川隆景宛行状写	閥136・礒兼求馬９	礒兼景道	小早川家中
7	天文19.10.24	小早川隆景宛行状写	閥168・嶋末与三４	嶋末蔵人丞	小早川家中
8	天文20.３.28	小早川隆景宛行状写	閥136・礒兼求馬10	礒兼景道	小早川家中
9	天文20.３.28	小早川隆景宛行状	『広島県史Ｖ』田坂文書５	田坂与一兵衛尉	小早川家中
10	天文21.３.21	小早川隆景宛行状	小早川家文書139	椋梨盛平・椋梨弘平	小早川家中
11	天文21.５.20	小早川隆景宛行状写	『広島県史Ｖ』岩国藩中諸家古文書纂・真田小左衛門４	真田大和守	小早川家中
12	天文21.12.５	小早川隆景宛行状写	閥95・金山清兵衛１	金山右京進	小早川家中
13	天文22.３.28	小早川隆景宛行状写	閥164・山中伊右衛門２	伊藤長久	小早川家中
14	天文22.６.12	小早川隆景宛行状	『広島県史Ｖ』田坂文書７	田坂与一兵衛尉	小早川家中
15	天文22.６.13	小早川隆景宛行状写	『広島県史Ｖ』岩国藩中諸家古文書纂・真田小左衛門７	真田大和守	小早川家中
16	天文23.10.９	小早川隆景宛行状写	『広島県史Ｖ』岩国藩中諸家古文書纂・真田小左衛門９	真田大和守	小早川家中
17	天文23.10.14	小早川隆景宛行状写	閥57・飯田平右衛門14	飯田尊継	小早川家中

取次	書止文言	年号書式	敬称	概要
	全可領知之状如件	書下年号	とのへ	三永村において吉長作職抱え分地頭納所の内、夫銭2貫文ならびに石立宿の事、給地として宛行う
	～之状如件	書下年号	衣鉢閣下	防州玖珂郡由宇郷雲蓋寺住持職の事、懇望の旨に任せ申し談ず
	なし	付け年号	殿	今度籠城、日夜辛労祝着の至り、最前赤城へ馳せ籠め、相動くの条神妙、先給に相加え、2貫500の地扶助すべし
	恐々謹言	年号なし	殿	御進退の儀につき湯月より重畳仰せ渡さる通り、その心を得候、備中東庄の内100貫の地、進らせ置く
	全可領地之状如件	書下年号	殿	連々愁訴の条、加恩として呉保五名の内50貫の地宛行う
	仍一行如件	書下年号	殿	父兵庫允方の事、数年別して辛労の段忘却なし、内々約諾の辻に任せ、芸州西条の内25貫の地、備中庭妹・撫川の内30貫の地宛行う
	全可知行之状如件	書下年号	とのへ	本郷常弘の内池田次郎左衛門尉給5貫100目等、度々宛行う、全く知行あるべし
	全可領知之状如件	書下年号	殿	小坂郷の内畠5貫700余の事、三吉七郎右衛門尉手次に任せ、宛行う
乃美宗勝	恐々謹言	年号なし	殿	今度御一門中を抽んぜられ別して入魂の段、当家に対し謝しがたく本望、伊保庄300石の地進らせ置く
	恐々謹言	年号なし	殿	高松人数の儀申し候処、成太左仰せ合され、則ち差し遣わされ候、御入魂祝着、しかる間100貫の地進らせ置くべく候、差し遣わさる衆中御褒美肝要
	恐々謹言	年号なし	殿	高松人数の儀申し候処、成太左仰せ合され、則ち差し遣わされ候、御入魂祝着、しかる間5000貫の地進らせ置くべく候、差し遣わさる衆中御褒美肝要
乃美宗勝	恐々謹言	年号なし	殿	今度来島逆意につき、御入魂に預かり本望、防州賀川・伊保庄両所の内500石の地進らせ置く
	謹言	年号なし	殿	備前守筑前知行分の内5000石、その方に宛行う
	仍状如件	書下年号	とのへ	連々愁訴いたし候条、防州5ヶ所の内1貫文をもって宛行う
	謹言	年号なし	殿	豊後への儀、両度罷下り候事、辛労比類なし、西条三永の内5貫文をもって宛行う
	謹言	年号なし	宛所欠損	賞として広浦の内坂井源兵衛尉給宛行う

No.	年月日	文書名	出典	受給者	受給者の性格
18	天文23.12.13	小早川隆景宛行状	『広島県史Ⅳ』荒谷文書３	荒谷吉長	小早川家中
19	弘治２.７.28	小早川隆景宛行状	『山口県史４』下関市立長府博物館蔵長府毛利家文書24	興禅寺	僧侶
20	永禄２.６.24	小早川隆景宛行状写	閥98・山根半左衛門３	山根恒雄	在地領主
21	（永禄11ヵ）.９.20	小早川隆景宛行状	『愛媛県史』2432（宮窪町村上文書）	村上景親	戦国領主
22	天正２.２.９	小早川隆景宛行状写	閥96・岡与三左衛門９	岡就栄	小早川家中
23	天正８.７.20	小早川隆景宛行状写	『山口県史２』臼井家文書24	神保弥太郎	小早川家中ヵ
24	天正９.６.１	小早川隆景宛行状写	閥57・飯田平右衛門12	飯田尊継	小早川家中
25	天正９.６.１	小早川隆景宛行状写	閥57・飯田平右衛門13	飯田尊継	小早川家中
26	（天正10）.４.26	小早川隆景宛行状	『広島県史Ⅳ』因島村上文書25	村上吉充	戦国領主
27	（天正10）.５.５	小早川隆景宛行状	『岡山県古文書集４』赤木家文書６	赤木忠直	在地領主
28	（天正10）.６.５	小早川隆景宛行状	『岡山県古文書集３』水原岩太郎氏所蔵文書４	赤木忠直	在地領主
29	（天正10）.10.20	小早川隆景宛行状	『山口県史３』山口県文書館蔵寄組村上家文書54	村上武吉、村上元吉	戦国領主
30	－.３.14	小早川隆景宛行状	『新熊本市史２』乃美文書119	乃美新四郎	小早川家中
31	－.４.16	小早川隆景宛行状写	『広島県史Ⅳ』豊町歴史民俗資料館所蔵多田文書２	多田三郎左衛門	小早川家中ヵ
32	－.６.26	小早川隆景宛行状	『広島県史Ⅴ』田坂文書８	田坂与一兵衛尉	小早川家中
33	－.７.４	小早川隆景宛行状写	譜録・鵜飼新左衛門辰長		小早川家中ヵ

取次	書止文言	年号書式	敬称	概要
	恐々謹言	年号なし	殿	陶山領内1000貫の辻進らせ置く
	なし	付け年号	とのへ	筑後竹野郡石垣村内350石の事、検地の上をもって扶助せしむ
	なし	付け年号	とのへ	筑前国穂波郡土師・土居・弥山村の内500石、鉄炮者20人扶助せしむ
	なし	付け年号	とのへ	筑前国御牧郡岡津村の内において、350石８斗３升扶助せしむ

取次	書止文言	年号書式	敬称	概要
瀬戸	謹言	付け年号	殿	先の知行所の事、存ずるままに候わば、知行たるべし
	恐々謹言	付け年号	殿	小早川弘平御一筆に任せ、吉行の内うわと屋敷等、末代進らせ置く
	～之状如件	書下年号	敬称なし	楽音寺法持院拘え分東村の内教市名納所の事、前々の頼義手次の如く、知行あるべし
	～之状如件	書下年号	敬称なし	当院領の事、自今以後、或いは下作職と号し、或いは自然の由緒の地と号し、押妨の輩あらば、注進の旨に任せ、下知を加うべし
	仍如件	付け年号	殿	当知行分田中給の事、前々の手次の如く知行せしむべし
	仍而状如件	付け年号	敬称なし	若宮経免の儀について仰せを蒙る、先判に任せ御知行あるべし
	可領知之状如件	付け年号	殿	その方給地、先判の旨に任せ宛行う
	仍如件	書下年号	敬称なし	若宮朝日田の事、先判の旨をもって寄附せしむ
	～之状如件	書下年号	殿	前々の手次をもって、当嶋地頭方の内９貫600文宛行う
	仍如件	書下年号	とのへ	先給の事相違なく遣わすべし
	可被相拘候条如件	付け年号	敬称なし	防州熊毛郡伊保庄無動寺の事、手続をもって相違なく相拘えらるべし
	恐々謹言	付け年号	殿	熊野伊勢社領分、前々の如く進らせ置く

No.	年月日	文書名	出典	受給者	受給者の性格
34	－.11.23	小早川隆景宛行状	『山口県史３』山口県文書館蔵寄組村上家文書47	村上元吉	戦国領主
35	文禄４.12.１	豊臣秀吉袖判小早川秀俊宛行状写	閥66・林三郎右衛門６	林宗重	小早川家中
36	慶長２.４.１	小早川秀俊宛行状写	閥66・林三郎右衛門７	林宗重	小早川家中
37	慶長４.３.３	小早川秀秋宛行状	『黄薇古簡集』河口三右衛門所蔵１	川口源七	不詳

表４　小早川氏安堵状一覧

No.	年月日	文書名	出典	受給者	受給者の性格
1	大永３.12.17	小早川弘平安堵状写	閥168・嶋末与三５	嶋末七郎左衛門尉	小早川家中
2	享禄５.８.13	小早川興景安堵状写	閥136・礒兼求馬43	末長景盛	小早川家中
3	天文４.11.12	小早川興景安堵状写	『広島県史Ⅳ』楽音寺文書33	法持院	寺院
4	天文９.３.20	小早川詮平安堵状	『広島県史Ⅳ』仏通寺正法院文書９	正法院	寺院
5	天文12.５.６	小早川正平安堵状写	『広島県史Ⅴ』岩国藩中諸家古文書纂・真田小左衛門１	真田兵衛尉	小早川家中
6	天文17.11.16	小早川繁平安堵状	『広島県史Ⅳ』楽音寺文書34	法持院	寺院
7	天文21.５.23	小早川隆景安堵状写	『広島県史Ⅴ』岩国藩中諸家古文書纂・真田小左衛門５	真田大和守	小早川家中
8	天文22.６.６	小早川隆景安堵状	『広島県史Ⅳ』楽音寺文書35	法持院	寺院
9	天文22.６.25	小早川隆景安堵状写	閥95・金山清兵衛２	金山右京進	小早川家中
10	天文22.12.８	小早川隆景袖判安堵状写	閥168・田坂助右衛門１	田坂左衛門四郎	小早川家中
11	永禄２.２.１	小早川隆景安堵状写	『防長風土注進案６』伊保庄	弁公	僧侶
12	元亀２.５.23	毛利氏老臣連署安堵状	『出雲意宇六社文書』熊野神社文書１	熊野別火	社家

取次	書止文言	年号書式	敬称	概要
	恐々謹言	年号なし	殿	出雲古曾石300貫の事、先年元就判形に任せ知行あるべし
	恐惶謹言	付け年号	侍者御中	周防玖珂郡由宇の内妙観寺、雲蓋寺同前に進らせ置く、策雲手次に任せ寺務肝要
井上春忠	恐々謹言	付け年号	殿	雲州朝山の内新山大坊分ならびに神宮寺の事、前々の如く御知行肝要
井上春忠	恐々謹言	年号なし	殿	久地村の事、就方手続相違なく預け申す、公納諸役等先年に相変わらず御馳走肝要
礒兼景道	恐々謹言	年号なし	敬称なし	先住手次に任せ、玖珂丈六寺の事、預け進らす
井上小右衛門	謹言	年号なし	殿	坪内名の事、相違なく相抱うべし、右の内をもって50俵扶助を加う

取次	書止文言	年号書式	敬称	概要
	仍感状如件	書下年号	殿	小田高屋取り合いの儀、差し遣わすのところ、矢疵を被るの段、神妙の至り
	～之状如件	書下年号	殿	去夜大崎大久師において疵を被らるの由に候、神妙の至りに候、連々を以て扶持を加うべし
	～之状如件	書下年号	殿	大崎嶋大久師において吉き箭共射候の由、比類なし、急度扶持を加うべし
	謹言	年号なし	殿	宇賀島働きについて、粉骨比類なし
	仍感状如件	書下年号	殿	備後国三谷郡高杉城斬り崩しの時、戦功比類なし
	仍如件	付け年号	殿	備後国三谷郡高杉城斬り崩しの時、敵1人郎従末包左京進討ち捕る、神妙の通り賀与せらるべし
	仍感状如件	付け年号	殿	備後国三谷郡高杉城斬り崩しの時、敵1人郎従末包又十郎討ち捕る、神妙の通り賀与せらるべし
	仍感状如件	書下年号	殿	能美嶋動きの時、武忠僕従三郎左衛門尉頸1討ち捕り、誠に神妙、能々褒美を加えらるべし
	仍感状如件	書下年号	殿	安芸国佐東郡能美島発向の時、粉骨神妙
桂景信	恐々謹言	年号なし	殿	今度防州警固切り取り本望、最前着合わせ、仕取られ候こと、比類なし
	仍感状如件	付け年号	殿	神領大野沖において、頸1討ち捕り、忠儀比類なし、連々褒美を加うべし

No.	年月日	文書名	出典	受給者	受給者の性格
13	(元亀２).８.28	毛利氏老臣連署安堵状写	閥115・湯原文左衛門23	湯原春綱	戦国領主
14	天正２.９.16	小早川隆景安堵状	『山口県史４』下関市立長府博物館蔵長府毛利家文書25	興禅寺	僧侶
15	天正４.１.26	小早川隆景安堵状	『山口県史４』阿武氏蔵文書３	養拙斎・井上七郎兵衛	不詳
16	(天正14).８.22	小早川隆景安堵状写	閥100・児玉惣兵衛62	児玉就英	毛利家中
17	－.７.26	小早川隆景安堵状写	『防長風土注進案５』下田布施村	東漸寺	寺院
18	－.９.13	小早川隆景安堵状写	閥160・賀儀忠兵衛２	賀木東市允	在地領主

表５　小早川氏感状一覧

No.	年月日	文書名	出典	受給者	受給者の性格
1	天文５.４.３	小早川興景感状	『広島県史Ⅳ』荒谷文書２	荒谷吉長	小早川家中
2	天文７.５.22	小早川興景感状写	『広島県史Ⅴ』『芸備郡中士筋者書出』所収文書９	檜垣新太郎	小早川家中
3	天文７.５.22	小早川興景感状	『広島県史Ⅴ』田坂文書２	田坂小三郎	小早川家中
4	－.８.23	小早川興景感状写	閥168・嶋末与三８	嶋末新九郎	小早川家中
5	天文22.８.２	小早川隆景感状写	閥11・浦図書74	井上弥四郎	小早川家中
6	天文22.８.２	小早川隆景感状写	小早川家証文472	椋梨弘平	小早川家中
7	天文22.８.２	小早川隆景感状写	小早川家証文473	椋梨弘平	小早川家中
8	天文23.10.18	小早川隆景感状	『広島県史Ⅴ』京都大学文学部所蔵古文書纂12	高崎五郎	不詳
9	天文23.10.21	小早川隆景感状写	閥11・浦図書75	井上弥四郎	小早川家中
10	(天文24).６.11	小早川隆景感状写	閥11・浦図書40	乃美宗勝	小早川家中
11	天文24.６.24	小早川隆景感状写	閥95・金山清兵衛３	金山次郎五郎	小早川家中

取次	書止文言	年号書式	敬称	概要
	仍感状如件	書下年号	殿	安芸国佐西郡厳島陶陣山斬り崩しの時、敵1人討ち捕り粉骨の至り
	～之状如件	書下年号	殿	佐西郡厳島陶陣斬り崩しの時、粉骨の次第、忠儀比類なし
	仍感状如件	書下年号	殿	安芸佐西郡厳島陶陣山斬り崩しの時、敵1人討ち捕り、粉骨の至り
	仍感状如件	書下年号	殿	周防国玖珂郡伊賀地に至り相動くの時、御粉骨比類なし
	仍感状如件	書下年号	殿	備中国松山城落居の時、敵1人僕従小三郎これを討ち捕る、誠に神妙
	仍而亀鏡之状如件	付け年号	殿	今度門司城後詰の刻、諸軍に抽んで相働き、敵数輩討ち取り、比類なし
	恐々謹言	年号なし	敬称なし	豊前宮山表において、豊後衆と合戦の時、比類なき動き、経好相見るの一通候
	恐々謹言	年号なし	殿	去る15日菅田表に至り、夜討ち差し出さるの処、相搦めに行き合われ、鳰尾被官黒崎十兵衛尉討ち捕られ候
	仍状如件	書下年号	殿	筑前立花陣において比類なきの合力、帰陣をもって褒美を加う
	仍感状如件	付け年号	殿	去る永禄5（4）年10月豊前門司表大友衆と合戦に及び比類なし、同霜月、豊後衆退散の時、敵1人討ち捕る、忠儀浅からず
	仍感状如件	付け年号	殿	去る永禄6（5）年、本庄一類討ち果たしの時、人躰越中守の事討ち捕り候、忠儀極まりなし
	仍感状如件	付け年号	殿	去る永禄8年、雲州星上退き口において、別して砕手の段、粉骨極まりなし
	仍感状如件	付け年号	殿	去る永禄9年4月21日、雲州富田城麓中須において、尼子被官福間与一左衛門尉の事これを討ち捕り候、度々の粉骨比類なし
	謹言	付け年号	殿	去る永禄14年、雲州高瀬稲薙退き口、敵付け送り候の時、一口相支え、心懸けの次第比類なし、連々褒美を加うべし
	謹言	付け年号	殿	去る永禄13(12)年、筑前立花陣取り退き候時、心懸けの次第比類なし、連々褒美を加うべし

No.	年月日	文書名	出典	受給者	受給者の性格
12	天文24.10.20	小早川隆景感状写	閥11・浦図書76	井上春忠	小早川家中
13	天文24.10.20	小早川隆景感状写	閥136・磯兼求馬7	磯兼景道	小早川家中
14	天文24.10.21	小早川隆景感状写	『広島県史Ⅳ』千葉文書3	神保五郎	小早川家中ヵ
15	弘治2.4.2	小早川隆景感状写	『立命館大学人文研究所紀要』16号所収御家中御書感状等写31	小泉小五郎	小早川家中
16	永禄4.4.20	小早川隆景感状写	閥11・浦図書77	井上春忠	小早川家中
17	永禄4.12.2	小早川隆景感状	『愛媛県史』1844(小松邑志宇野文書)	宇野八郎	在地領主
18	(永禄11).7.9	吉川元春・小早川隆景連署感状写	『山口県史2』勝間田家文書9	真如院	戦国領主家中ヵ
19	(元亀元).7.18	毛利輝元・小早川隆景連署感状	『出雲尼子史料集』1639(多賀文書)	多賀元龍	戦国領主
20	元亀3.5.18	吉川元春・同元資・小早川隆景連署感状写	岩国藩中諸家古文書纂・石七郎兵衛2	石春成	吉川家中
21	元亀4.10.2	小早川隆景感状写	閥11・浦図書79	井上春忠	小早川家中
22	元亀4.10.2	小早川隆景感状写	閥11・浦図書81	井上春忠	小早川家中
23	元亀4.10.2	小早川隆景感状写	閥11・浦図書85	井上春忠	小早川家中
24	元亀4.10.2	小早川隆景感状写	閥11・浦図書87	井上春忠	小早川家中
25	元亀4.10.2	小早川隆景感状写	閥11・浦図書88	井上春忠	小早川家中
26	元亀4.10.2	小早川隆景感状写	閥11・浦図書89	井上春忠	小早川家中

取次	書止文言	年号書式	敬称	概要
	恐々謹言	年号なし	殿	今度元太動きの時、敵船に懸かられ、殊にご自身高名比類なし
	恐々謹言	年号なし	殿	木津河口相支え、敵船切り崩し、大坂に兵粮差し籠め、芸州の覚えこのことに候、連々褒美を加うべし
	依而状如件	年号なし	殿	野間郡佐島城合戦の刻、首5これを討ち取られ、忠節神妙
	～之状如件	書下年号	殿	今度高峠の戦場、比類なき働き、感悦せしめ候
	仍状如件	付け年号	殿	大明勢都近辺へ寄せ来る刻、一手ともに粉骨せしめ、比類なき働き、神妙の至り
	仍状如件	付け年号	殿	大明勢都近辺寄せ来るの刻、粉骨神妙の至り
	仍状如件	付け年号	殿	大明勢都近辺寄せ来るの刻、比類なき覚悟神妙の至り
	仍状如件	付け年号	殿	大明勢都近辺寄せ来るの刻、粉骨神妙の至り
	仍状如件	付け年号	殿	大明勢都近辺寄せ来るの刻、粉骨神妙の至り
	仍状如件	付け年号	殿	大明勢、都近辺に寄せ来るのところ、合戦に及び粉骨神妙、連々褒美を加うべし
	仍而状如件	付け年号	殿	大明勢都近辺寄せ来るの刻、粟屋景雄・桂景種同意の覚悟せしめ、粉骨の至り

№.	年月日	文書名	出典	受給者	受給者の性格
27	(天正２).５.３	小早川隆景感状	『広島県史Ⅳ』因島村上文書46	村上祐康	戦国領主
28	(天正４).７.26	小早川隆景感状写	閥11・浦図書90	井上春忠	小早川家中
29	(天正13).７.13	小早川隆景感状写	『愛媛県史』2466(小松邑志宇野文書)	宇野右馬之允	在地領主
30	天正13.８.20	小早川隆景感状	『愛媛県史』2482(小松邑志宇野文書)	宇野民部	在地領主
31	文禄２.６.７	小早川隆景感状写	『黄薇古簡集』中嶋三季之助所蔵15	中嶋治右衛門尉	在地領主
32	文禄２.６.７	小早川隆景感状写	『山口県史２』光市文化センター蔵清水家文書10	清水景治	小早川家中
33	文禄２.６.７	小早川隆景感状写	『山口県史２』光市文化センター蔵清水家文書11	清水景治	小早川家中
34	文禄２.６.７	小早川隆景感状写	『山口県史３』山口県文書館蔵寄組村上家文書58	村上元吉	戦国領主
35	文禄２.６.７	小早川隆景感状	『新熊本市史２』乃美文書45	乃美新四郎	小早川家中
36	文禄２.６.７	小早川隆景感状写	閥11・浦図書92	井上景貞	小早川家中
37	文禄２.６.７	小早川隆景感状写	閥125・井上弥兵衛６	井上景家	小早川家中

補論一　「小早川家座配書立」について

「戦国領主」小早川氏の「家中」の構成員について知りうる史料として、「小早川家座配書立」がある。これは『大日本古文書　家わけ第十一　小早川家文書』に四七三号と四七五号として掲載されているものであるが、『大日本古文書』は明治三九年（一九〇六）に写された「小早川家文書」の影写本をもとにしている。後で詳しく述べるが、『大日本古文書』は収録にあたって、影写本の「座配書立」を編年しなおして掲載していると思われる。

この「座配書立」は、年ごとの着座の順を記した書立を集めたもので、一九の部分に分かれる。このうち一二の部分については年次が入っており、その初めは永禄二年（一五五九）、最後は天正一四年（一五八六）である。これ以外の七つの部分には年次の記載がない。また、人名を一列に書き並べる形式のものと、上座を示した上で人名を対面させる形で二列に書き並べた形式のものとがある。これらを便宜上、『大日本古文書』の順番に従って「小早川家文書」四七三号の最初にある永禄二年の座配をAとして、以下順にB～G、四七五号に移ってH～Sとした。ここでは対面させる形で書かれている形式の例としてDを、一列に書かれている形式の例としてOを掲げておく。年次記載の有無や形式は表1にまとめた。

［D］

上

梨子羽又二郎殿

椋梨治部少輔殿

小泉小五郎殿
桂右衛門大夫
国貞式部丞
末吉上総介
南三郎
岡与三左衛門
有田加賀守
田坂小四郎
土屋助五郎
野上蔵人

南彦太郎殿
近弘宮内丞
礒兼左近大夫
河井飛弾（騨）入道
真田大和守
門田又五郎
横見弥五郎
真田与三左衛門
土屋三郎

〔O〕
（端裏書）
「天正十年正月二日御座配」
椋梨殿
小泉殿
友閑
竹印
草井殿
末長殿

佐世殿
椋梨少輔四郎
乃美右近助
桂宮内少輔
礒兼左近大夫
神西治部丞
国貞藤右衛門尉
長井大郎五郎
包久内蔵丞
河井大炊助
南縫殿允
日名内刑部丞
真田与三右衛門尉
井上又右衛門尉
岡与三左衛門尉
児玉与四郎
飯田讃岐守
横見与三兵衛尉
吉近孫七郎

表1　座配一覧

座配	年次	月日	形式
A	永禄2年	1月8日	対面
B	永禄4年	2月5日	一列
C	永禄11年		対面
D			対面
E			対面
F			対面
G			一列
H	天正4年		対面
I	天正5年		対面
J	天正6年		対面
K			対面
L			対面
M			対面
N	天正7年		対面
O	天正10年	1月2日	一列
P	天正11年	1月2日	一列
Q	天正12年	1月2日	一列
R	天正13年		対面
S	天正14年		一列

裳懸六郎
手嶋市助
粟屋四郎兵衛尉
有田右京亮
田坂三郎左(衛脱)門尉
林左京亮
土屋備前守
南佐渡守
真田出雲守
沼間田民部丞
中屋与三兵衛尉
野上木工允
望月二郎左衛門尉
山田市助
山田木工允
山田新右衛門尉
柚木々工助

では、これらはどういう場面における座配を示したものであろうか。たとえばAは正月八日と記されている。他に日付の記されているものをあげるとBが二月五日、O・P・Qが正月二日とある。つまりBを除いて、その他は、おそらく正月儀礼の際の座配であるといっていいだろう。

矢田俊文氏は正月の儀礼に本人が参加する者が「家来」であるとする。[1] すなわち、この「座配書立」は、永禄から天正半ば頃までの小早川「家中」の構成員のある部分を示していると考えられる。

毛利氏の場合、正月の何日目に誰が拝賀に来るかは、毛利氏との関係によって明確に序列が規定されているが、[2] 小早川氏においても、それは同様であろう。小早川氏の有力庶家である椋梨氏について見ると、正月二日の日付のあるOとQにはその名が見える。同じ日付のPには椋梨氏が見えないが、構成員はO・Qと似通っている。椋梨氏は何らかの事情で出席しなかったのであろう。毛利氏においても、二日には親類衆が拝賀に訪れることから、椋梨氏は正月二日に拝賀に来るものと考えてよいのではないだろうか。椋梨氏はA・G・P以外のすべての座配に名前が見えるので、正月八日のAと、二月五日のB以外のすべての座配は正月二日のものと推定される（Gについては後述）。Aは他の座配と構成員が大きく異なっている。同じ正月儀礼といっても、日が異なるため、訪れる集団も異なるのである。すなわち、これは小早川「家中」の全容を示すものではなく、AとB以外の座配は正月二日に訪れる階層の家臣を示すものである。[3]

したがって、「座配書立」は、特定のクラスの家臣の年代ごとの移り変わりを示しており、家臣の構成の変化や、代替わり、名乗りの変遷などを追うことを可能とする貴重な史料であり、そのためこれらの座配を編年しておくことは、小早川「家中」について分析するための重要な作業である。

もともと影写本では特に編年を意識せずに、これらの座配を並べている。[4] しかし、先にも触れたように『大日本古文書』への収録にあたって、編者がこれを編年して収録したと考えられる。ところが、『大日本古文書』の編年には不自然な部分も多い。たとえば天正六年のJと天正七年のNの間に、年末詳のK・L・Mが入っている。

永禄二年から天正一四年までは二八年間あるが、座配書立は一九しかない。すなわちこの間のすべての年の座配書立がそろっているわけではないので、年未詳の座配については、その年次を確定することは不可能だが、本補論では年次の記載のある座配を手掛かりとして、できるだけ正確に編年することにする。

表2は二つの座配の間で、その構成員の一致の度合いを表したものである。人数の欄はその座配に登場する人物の総人数（名前が消されている者も含む）を示している。たとえばBに登場するのは二二人で、その二二人中に占める、Cにも登場している人物の割合は四五・五%となっている。逆にCの二六人中に占める、Bにも登場する人物の割合は三八・五%である。座配の構成員が、死亡や家督の譲渡、官途名・受領名などの変更、あるいはその他、小早川「家中」の拡大などの理由によって段々と年を追って変化していくことを考えれば、この構成員の一致する割合が高ければ高いほど、二つの座配は年代が近い可能性が高いといえる(5)。

この想定に基づいて、年次のわかっている座配との一致の割合を比較していくことで、年未詳の座配をおおよそのところ編年する。たとえばBとCよりも、BとDの一致率の方が高くなっている。Bから見たCとの一致率は四五・五%、Cから見たBとの一致率は三八・五%である。これに対して、Bから見たDとの一致率は七七・三%、Dから見たBとの一致率は八一・〇%となる。つまり、『大日本古文書』のA→B→Cという順番よりも、A→B→Dという順番の方が妥当である可能性が高いといえる。

また、先にJとNの間にK・L・Mが来るのは不自然だと述べたが、LとMは天正四年の座配であるHとの一致率が非常に高くなっている。Lから見たHとの一致率は八六・〇%で、Mとの一致率に次いで高い値となっているし、Mから見たHとの一致率は八一・三%で、こちらもLとの一致率に次いで高い値となっている。LとMはお互いに非常に一致率が高いので、この二つは並んでいると考えられ、また天正四年の次は天正五年のIがあるので、LとMはHの前に来るのではないかと推測される。一方Kは、Kの方から見たNとの一致率が九一・

表2　各座配書立構成員一致率

	人数	A	B	C	D	E	F	G	H	I	J	K	L	M	N	O	P	Q	R	S
A	21	---	0.0%	0.0%	0.0%	9.5%	0.0%	0.0%	9.5%	9.5%	4.8%	4.8%	9.5%	19.0%	4.8%	0.0%	9.5%	4.8%	9.5%	0.0%
B	22	0.0%	---	45.5%	77.3%	59.1%	22.7%	0.0%	31.8%	31.8%	22.7%	31.8%	40.9%	45.5%	31.8%	13.6%	9.1%	13.6%	13.6%	18.2%
C	26	0.0%	38.5%	---	42.3%	42.3%	46.2%	0.0%	50.0%	38.5%	38.5%	30.8%	57.7%	53.8%	34.6%	23.1%	11.5%	19.2%	11.5%	11.5%
D	21	0.0%	81.0%	52.4%	---	57.1%	28.6%	0.0%	28.6%	23.8%	19.0%	23.8%	38.1%	42.9%	23.8%	14.3%	4.8%	14.3%	14.3%	14.3%
E	39	5.1%	33.3%	28.2%	30.8%	---	25.6%	2.6%	33.3%	30.8%	20.5%	28.2%	43.6%	43.6%	28.2%	23.1%	15.4%	23.1%	23.1%	23.1%
F	31	0.0%	16.1%	38.7%	19.4%	32.3%	---	6.5%	64.5%	48.4%	41.9%	35.5%	71.0%	74.2%	35.5%	32.3%	16.1%	35.5%	19.4%	16.1%
G	9	0.0%	0.0%	0.0%	0.0%	11.1%	22.2%	---	55.6%	55.6%	55.6%	33.3%	44.4%	44.4%	44.4%	66.7%	0.0%	55.6%	44.4%	33.3%
H	54	3.7%	13.0%	24.1%	11.1%	24.1%	37.0%	9.3%	---	75.9%	72.2%	40.7%	68.5%	72.2%	53.7%	37.0%	33.3%	33.3%	31.5%	22.2%
I	52	3.8%	13.5%	19.2%	9.6%	23.1%	28.8%	9.6%	78.8%	---	75.0%	46.2%	53.8%	57.7%	55.8%	40.4%	36.5%	34.6%	38.5%	30.8%
J	49	2.0%	10.2%	20.4%	8.2%	16.3%	26.5%	10.2%	79.6%	79.6%	---	51.0%	53.1%	55.1%	61.2%	42.9%	38.8%	34.7%	34.7%	26.5%
K	37	2.7%	18.9%	21.6%	13.5%	29.7%	29.7%	8.1%	59.5%	64.9%	67.6%	---	51.4%	51.4%	91.9%	43.2%	37.8%	43.2%	35.1%	29.7%
L	43	4.7%	20.9%	34.9%	18.6%	39.5%	51.2%	9.3%	86.0%	65.1%	60.5%	44.2%	---	93.0%	51.2%	37.2%	27.9%	37.2%	27.9%	25.6%
M	48	8.3%	20.8%	29.2%	18.8%	35.4%	47.9%	8.3%	81.3%	62.5%	56.3%	39.6%	83.3%	---	45.8%	31.3%	29.2%	31.3%	25.0%	22.9%
N	42	2.4%	16.7%	21.4%	11.9%	26.2%	26.2%	9.5%	69.0%	69.0%	71.4%	81.0%	52.4%	52.4%	---	47.6%	38.1%	42.9%	38.1%	28.6%
O	42	0.0%	7.1%	14.3%	7.1%	21.4%	23.8%	14.3%	47.6%	50.0%	50.0%	38.1%	38.1%	35.7%	47.6%	---	64.3%	64.3%	66.7%	50.0%
P	44	4.5%	4.5%	6.8%	2.3%	13.6%	11.4%	0.0%	40.9%	43.2%	43.2%	31.8%	27.3%	31.8%	36.4%	61.4%	---	45.5%	52.3%	40.9%
Q	42	2.4%	7.1%	11.9%	7.1%	21.4%	26.2%	11.9%	42.9%	42.9%	40.5%	38.1%	38.1%	35.7%	42.9%	64.3%	47.6%	---	73.8%	54.8%
R	50	4.0%	6.0%	6.0%	6.0%	18.0%	12.0%	8.0%	34.0%	40.0%	34.0%	26.0%	24.0%	24.0%	32.0%	56.0%	46.0%	62.0%	---	58.0%
S	38	0.0%	10.5%	7.9%	7.9%	23.7%	13.2%	7.9%	31.6%	42.1%	34.2%	28.9%	28.9%	28.9%	31.6%	55.3%	47.4%	60.5%	76.3%	---

九％と突出して高くなっている。Nは天正七年で、直前には天正六年のJがあるので、KはNの後ろに来た方が自然であろう。すなわちH・I・J・Nは、それぞれ天正四年から七年ということがわかってるので、L↓Mとなるか M↓Lとなるかについては保留するが、順番としてはM↓L（あるいはL↓M）↓H↓I↓J↓N↓Kとなる可能性の方が高いと思われる。

ところで、Gは人数が九人と極端に少ない。

［G］

林次郎左衛門尉
中屋与三兵衛尉
野上木工允
末近四郎次郎
沼間田民部丞

望月二郎左衛門尉
岡崎孫九郎
山田木工允
柚木々工助

構成員として見える九名は、前掲のOおよび、QやRを見るといずれも末席近くに座っている人物である（末近四郎次郎のみO・Q・Rを含め他の座配には見えない）。つまり、Gの座配は前欠になっているのではないかと考えられる。ここで、表2を見ると、GとPは一致率が○％であり、構成員にまったく重なりがない。では、ここで

Pを見てみよう。

［P］

小田殿
小泉殿
小梨殿
末長殿
能良殿
竹印
南殿
佐世殿
近弘宮内少輔
国貞藤右衛門尉
乃美右近助
神西治部丞
南源右衛門尉
包久内蔵丞
長井太郎五郎
河井太（大）炊助
南縫殿允
日名内形（刑）部丞
真田与三右衛門尉

岡与三左衛門尉
井上弥四郎
児玉与四郎
門田又五郎
横見与三兵衛尉
吉近孫七郎
裳懸六郎
伊野右近入道
飯田讃岐守
手嶋東市助
粟屋四郎兵衛尉
有田右京亮
田坂三郎左衛門尉
南佐渡守
裳懸采女允 休言 橋本
林左京亮
真田出雲守
用田左馬助
土屋備前守

土屋十郎左衛門尉
有田三郎
用田右京亮
有田大郎左衛門尉

「天正十一年正月一日御座配」（奥裏書）

Ｐは「何々殿」とだけ書かれる上座に近いところに座る人物から始まっているので、冒頭部分であることがわかる。すなわち、ＧはＰの後半部分にあたる可能性が高いと思われる。影写本ではＧはＰの次に来ており、本来ＧはＰの続きであったと考えて間違いない。

このように構成員の一致率からおおむね編年できるが、それだけでは蓋然性が高いというに留まるし、順番を決定しづらい座配も存在するので、別の要素も加味して検討してみよう。

表3は小早川氏の奉行人岡就栄の官途名・受領名を、年次の判明する史料によって編年したものである。就栄は、与次郎→与三左衛門尉→和泉守と名乗りが変遷し、当然ながら、与三左衛門尉を名乗って以後は、決して与次郎は使われないし、和泉守を名乗って以後は、決して与三左衛門尉は使われていない。ところが『大日本古文書』の編年順で「座配書立」に現れる岡就栄の名乗りを見ると、Ｂ―与三左衛門、Ｃ―和泉守、Ｄ―与三左衛門、Ｅ―与三左衛門尉、Ｆ―和泉守とＣに一旦和泉守が登場しているのに、Ｄ・Ｅは与三左衛門尉に戻ってしまっている。つまり、本来はＣがＤ・Ｅの後に来ると考えた方が自然であろう。これは、Ｂの次にはＣよりもＤが来る可能性が高いという一致率による検討結果とも符合する。

年未詳の座配のうち、Ｆのみは編年をおこなう有力な手掛かりを欠くが、ＦはＬ・Ｍ・Ｈとの一致率がいずれも六〇％を越えているので、とりあえずＭの前に入れることにしたい。

表3　岡就栄官途・受領名

年月日	文書名	出典	表記
天文９.－.－	郡山城諸口合戦注文	毛利家文書287	岡与次郎
天文11.７.14	毛利元就知行宛行状写	閥96・岡与三左衛門７	岡与次郎
天文20.３.28	小早川氏奉行人連署打渡坪付写	『広島県史Ⅴ』譜録・礒兼求馬景秋３	余三左衛門尉
天文20.３.28	小早川氏奉行人連署打渡坪付	『広島県史Ⅴ』田坂文書６	余三左衛門尉
(弘治元).３.23	毛利元就書状写	『広島県史Ⅴ』譜録・阿曾沼内記秀明８	岡与三左衛門尉
(弘治２ヵ).９.20	毛利元就書状写	閥96・岡与三左衛門２	岡余
(弘治２ヵ).10.11	毛利元就書状写	閥96・岡与三左衛門１	岡与三左衛門尉
(弘治３ヵ).４.16	小早川隆景書状写	閥96・岡与三左衛門15	岡与三左衛門尉
弘治３.８.16	小早川氏奉行人連署坪付	『広島県史Ⅳ』広島大学所蔵蒲刈島文書１	岡与三左衛門尉就栄
(弘治３ヵ).８.26	毛利元就書状写	閥96・岡与三左衛門14	岡与三左衛門尉
(永禄元ヵ).８.４	小早川隆景書状写	閥145・岡与左衛門４	与三左衛門尉
永禄４.２.５	小早川家座配書立	小早川家文書473	岡与三左衛門
永禄4.7.2	毛利隆元・同元就連署安堵状写	閥96・岡与三左衛門８	岡余三左衛門尉
(永禄４).－.－	毛利元就父子雄高山行向滞留日記	毛利家文書403	岡与三左衛門尉
(永禄５).４.25	小早川隆景書状	浦家文書38	岡与
(永禄11).１.８	小早川隆景書状	『新熊本市史二』乃美文書98	岡泉
(永禄11).５.６	小早川隆景書状	『新熊本市史二』乃美文書158	岡和泉守
永禄11.－.－	小早川家座配書立	小早川家文書473	岡和泉守
(元亀２).５.13	毛利元就書状写	閥96・岡与三左衛門４	岡和泉守
(元亀２).９.17	小早川隆景書状写	閥57・飯田平右衛門４	岡和泉守
(元亀３).１.27	小早川隆景書状写	閥96・岡与三左衛門３	岡和泉守
元亀３.閏１.４	毛利輝元安堵状写	閥96・岡与三左衛門10	岡和泉守
天正２.２.９	小早川隆景知行宛行状写	閥96・岡与三左衛門９	岡和泉守
天正４.－.－	小早川家座配書立	小早川家文書475	岡和泉守

年月日	文書名	出典	表記
天正５.５.20	小早川氏奉行人連署打渡坪付	『広島県史Ⅳ』荒谷文書５	岡和泉守就栄
天正５.５.22	小早川氏奉行人連署打渡坪付写	閥遺２の２・国貞平左衛門35	岡和泉守就栄
天正５.９.２	小早川氏奉行人連署打渡坪付写	『広島県史Ⅳ』豊町歴史民俗資料館所蔵多田文書４	岡和泉守
天正５.－.－	小早川家座配書立	小早川家文書475	岡和泉守
天正６.－.－	小早川家座配書立	小早川家文書475	岡和泉守
天正７.－.－	小早川家座配書立	小早川家文書475	岡和泉守

次に表４（本補論末に別掲）は、どの人物がどの座配に登場しているかを一覧表にして示したものである。座配の順番は、ここまでの検討によって並べ替えた順番にしており、また、同じ姓の人物を並べて書いた。なお、LとMについては、Fから見た一致率がMの方が高いので、仮にM↓Lの順に並べた。

この表で岡就栄と景忠親子を見ればわかるが、一つの家からは原則として、一人だけが出席している。この岡家の場合、KまでとOからで代替わりしている。桂右衛門大夫景信と桂孫七郎（景種カ）についてもこの原則はあてはまる。景信は右衛門大夫となる前は孫七郎と名乗っていた。桂孫七郎から桂宮内少輔への変化も、官途を得て同一人物の名乗りが変わったものであろう。

例外もあるが、この原則をもとに、先ほど保留をつけたFやDとE、LとMの順番について考えると、LとMは、M↓Lという順番の方が、国貞備前守と国貞次郎四郎の代替わりが自然になる。FはCとMの間に入った方が、沼間田氏の名乗りの変化（新六郎↓民部丞）が自然であるし、DとEはD↓Eという順番になった方が、田坂氏の名乗りの変化（小四郎↓三郎左衛門尉）がスムーズになる。仮にこれらが逆になると、たとえばDとEがE↓Dとなった場合、田坂小四郎の次に一旦田坂三郎左衛門尉が現れ、また田坂小四郎に戻って、そのあと再度三郎左衛門尉になるという不自然なつながりになる。

以上の考察を踏まえ、一致率の傾向も勘案すれば、A↓B↓D↓E↓C↓F↓M↓L↓H↓I↓J↓N↓K↓O↓P+G↓Q↓R↓Sという順番になる可能性が高いといえる。

さて、これで小早川「家中」分析のための基礎作業という、本補論の目的は達せられたが、この編年に基づいて、「座配書立」について若干の考察を付け加えておきたい。

まず、大まかな傾向として、永禄年間の座配（編年順でA～C）よりも、天正年間（編年順でH以降）の座配の方が人数が増えている。天正一三年（一五七五）のRと同一四年のSには、備後の「戦国領主」あるいはその一族と見られる「楢崎殿」「有地殿」「高須殿」が見えているが、これは小早川「家中」の拡大を示している。しかし、人数が増えた原因は、こうした新たな家臣化によるよりも、別の日に正月儀礼に参列していた家臣が、正月二日に来るようになったためではないだろうか。

正月八日の座配であるAの冒頭には「竹原衆出仕御座敷書立之事」とある。毛利元就の三男隆景は、はじめ竹原小早川家を相続し、後に宗家である沼田小早川家を相続した。竹原小早川氏は宗家に比肩するほどの有力な庶家であり、独自の家臣団を持っていた。竹原衆は、この竹原小早川氏の家臣団の何らかの名残であろう。永禄二年のAの段階で竹原衆であった南彦九郎、南兵衛尉、三吉善兵衛、用田但馬守、用田右京亮、有田大郎左衛門尉の六人は、その後、他の座配に登場している[6]。すなわち彼らは正月儀礼に訪れる日が変わったのである。

また、公家出身と伝えられる飯田尊継と、近江の猿楽者であったという鵜飼元辰とは新参の家臣であるが、前者は天文二三年（一五五四）には隆景から知行宛行を受けており[7]、後者も天正一〇年には奉行人として活動している[8]。ところが「座配書立」に初めて登場するのは、飯田尊継が天正四年のH、鵜飼元辰が天正一二年のQである。彼らも小早川氏の家臣となった時点で、正月儀礼に参加していたはずであり、天正段階で初めて参加したのではなく、訪れる日が変わったと考えるべきだろう。

Aには「西条黒瀬当参衆ハ、御対面所也」ともあり、竹原衆のほかにも、小早川「家中」に「衆」が存在したことを示している。別の日に正月儀礼に参加していた家臣が、正月二日に訪れるようになり、二日の参列者が増えているということは、沼田系の家臣と竹原系の家臣の融和が進み、あるいは「衆」といった内部集団などの差異が、平準化していく傾向があったことを示しているのではないだろうか。

だとすれば、これは第二章で論じた、「家中」に所属集団を持たない新たな奉行人層の形成によって、当主が「家中」内の諸勢力の力を抑制したことと無関係ではないと思われる。

（1）矢田俊文「戦国期毛利権力における家来の成立」（『ヒストリア』九五号、一九八二年、のち『日本中世戦国期権力構造の研究』、塙書房、一九九八年に収録）。

（2）矢田前掲註(1)論文。

（3）小早川氏の奉行人としての活動が確認される河内灑資や河本元盛などは、「座配書立」に現れない。

（4）東京大学史料編纂所所蔵影写本ではA→B→P→G→Q→S→K→I→L→M→F→E、D→C→H→J→N→O→Rという順番になっている。『大日本古文書』では四七三号と四七五号に分かれているが、影写本ではEとDの間に別の文書があり、これにならったものと思われる。

（5）なお、ここに掲げた一致率は、以下の分析によって一旦編年した後、次のようなケースに限って補正をおこなっている。たとえば、岡与三左衛門尉はB・D・EとO～Sに登場するが、前者は岡就栄であり、後者は子の景忠である。したがって、前者と後者を一致と見なしてしまうと、後者には就栄が登場していないにもかかわらず、前者との一致率が上がってしまう。そこで、このように親子で同じ官途を名乗っていて、それが代替わりしていることが明らかと思われる場合については、これを一致と見なさないように補正した。

（6）必ずしも同一人物とは限らないが、同じ官途名を名乗っているということは、親子など同じ家の出身であることは問違いないだろう。

（7）閥五七・飯田平右衛門―一四。

（8）『広島県史Ⅳ』「三原城城壁文書（楢崎寛一郎氏旧蔵）」七。

表4　各座配書立構成員

	人名比定	A	B	D	E	C	F	M	L	H	I	J	N	K	O	PG	Q	R	S
天野木工允					○														
有田太郎左衛門尉		○						○		○	○	○				○			
有田二郎左衛門尉		○																	
有田加賀守	有田経道		○	○	○			○											
有田右京亮	有田景勝					○	○		○	○	○	○	○	○	○	○	○		
有田三郎								○		○	○	○				○			
有田市允																	○	○	
有地																		○	
粟屋小二郎	粟屋盛忠				△														
粟屋雅楽允								○	○	○	○	○	○	○					○
粟屋四郎兵衛尉	粟屋景雄														○	○	○		
飯田三位	飯田尊継									○	○	○							
飯田讃岐守													○		○	○	○	○	○
礒兼左近大夫	礒兼景道		○	○	○	○	○	○	○	○	○	○	○	○	○		○	○	○
糸井式部少輔		○																	
伊野右近入道	井野右近助															○			
井野右近助																	○		
井野休言																○	○	○	○
井上又右衛門尉	井上春忠				△	○	○	○	○	○	○	○			○		○	○	○
井上弥四郎	井上景敬															○			
井上孫兵衛尉																		○	
泉涌崎					○														
岩崎太郎左衛門尉											○								
泉涌崎太郎左衛門尉												○							
鵜飼新右衛門尉	鵜飼元辰																○	○	○
内海刑部丞					○														
岡与三左衛門尉	岡就栄		○	○	○														
岡和泉守						○	○	○	○	○	○	○	○	○					
岡与三左衛門尉	岡景忠														○	○	○	○	○

	人名比定	A	B	D	E	C	F	M	L	H	I	J	N	K	O	PG	Q	R	S
岡崎四郎左衛門尉		○																	
岡崎孫九郎							○	○	○	○		○	○	○		○	○		
岡崎右衛門尉																		○	○
小田																○			
桂右衛門大夫	桂景信		○	○	○	○	○	○	○	○	○								
桂孫七郎	桂景種ヵ											○	○	○					
桂宮内少輔	桂景種														○		○	○	○
包(久)左馬					○														
包久弥七郎										○	○	○	○						
包弥(ヵ)	包久弥七郎ヵ													○					
包久内蔵丞	包久景真														○	○			○
河井		○																	
河井飛騨入道				○															
河井六郎							○	○	○	○									
河井大炊助											○	○	○		○	○		○	○
河井	河井大炊助ヵ													○					
草井					○		○	○	○	○			○	○	○				
草井式部少輔					○		○	○	○	○		○							
草井五郎																		○	
国貞式部丞			○	○		○													
国貞式部少輔	国貞式部丞ヵ				○														
国貞備前守							○	○											
国貞次郎四郎									○	○	○	○							
国貞藤右衛門尉													○	○	○	○		○	
国貞次郎四郎																			○
小泉			○		○			○	○	○	○	○	○	○	○	○	○	○	○
小泉小五郎				○															
小泉宮内						△													
大官	小泉大官										○	○							
神西	神西治部丞ヵ									○							○		

	人名比定	A	B	D	E	C	F	M	L	H	I	J	N	K	O	PG	Q	R	S
神西治部丞															○	○		○	
児玉彦右衛門尉										○									
児玉平左衛門尉	児玉景栄										○	○	○	○					
児玉与四郎	児玉景種														○	○	○	○	○
小梨		○																	
小梨					○		○	○	○	○	○		○	○		○	○	○	○
小与					○														
佐世	佐世新介ヵ									○		○			○	○	○	○	○
佐世新介											○								
実吉上総介			○	○															
真田大和守			○	○	○	○	○	○	○										
真田与三右衛門尉										○	○	○	○	○	○	○		○	○
真田与三左衛門尉			○	○		○		○	○	○	○	○	○	○					
真田出雲守															○	○			
真田又二郎																	○		
末近左衛門尉	末近信賀					○		○	○	○			○						
末近四郎次郎																○			
末近														○					
末長					○			○	○	○	○	○			○	○		○	○
末長常陸介					○														
末長三郎右衛門尉							○												
高須																			○
田坂小四郎			○	○															
田坂三郎左衛門尉					○	○	○	○	○	○	○	○	○	○	○	○	○		
田坂善兵衛尉																		○	
近弘宮内丞				○	○	○		○	○										
近弘弥四郎										○	○		△						
近弘宮内丞														△					
近弘宮内少輔																○			
土屋対馬守			○																

	人名比定	A	B	D	E	C	F	M	L	H	I	J	N	K	O	PG	Q	R	S
土屋三郎			○	○		○													
土屋計丞						○													
土屋助五郎				○		○	○												
土屋備前守							○	○	○	○	○	○	○	○	○	○	○		
土屋十郎左衛門尉								○		○	○	○	○	○		△			
土屋四郎右衛門尉								○	○	○	○	○	○	○			○		
手嶋又法士		○																	
手嶋孫十郎					○														
手嶋東市助	手嶋景繁							○	○	○	○	○			○	○	○	○	○
利神																			○
鞆																		○	
長井右衛門尉			○		○	○		○	○	○	○	○	○	○					
長井太郎五郎															○	○			
長井市允																	○	○	○
中屋与三兵衛尉					○						○		○	○	○	○	○	○	○
梨子羽	梨子羽宣平		○		○	○	○												
梨子羽又二郎				○															
梨子羽	梨子羽宣平ヵ							○	○	○									
楢崎																		○	
沼間田新六郎						○	○												
沼間田民部丞								○	○	○	○	○	○		○	○			
野上蔵人			○	○		○													
野上							○												
野上長門守	野上常高							○	○	○	○	○	○						
野上														○					
野上木工允															○	○	○	○	○
乃美					○														
乃美																			○
乃美兵部	乃美宗勝					△													
乃美又十郎					○														

	人名比定	A	B	D	E	C	F	M	L	H	I	J	N	K	O	PG	Q	R	S
乃美四郎五郎											○								
乃美右近助															○	○		○	
能良																○		○	○
橋本																○			
林藤十郎		○						△											
林助三郎		○																	
林甲斐守							○	○	○	○	○	○							
林次郎左衛門尉										○	○	○				○		○	
林左京亮															○	○	○		
東村																		○	○
日名内慶岳	日名内慶岳				○														
日名内但馬入道						○													
日名内刑部丞							○	○	○						○	○	○	○	
南			○		○			○	○		○		○	○		○			○
南兵衛尉		○			○				○										
南彦九郎		○											○	○			○	○	
南		○																	
南三郎			○	○	○								○	○					
南木工助						○	○	○	○	○	○	○							
南彦太郎				○															
南右衛門大夫							○												
南左兵衛尉							○	○		○	○								
南源右衛門尉								○	○	○		○				○			
南彦八												○	○	○					
南縫殿允															○	○	○	○	○
南佐渡守															○	○	○	○	○
三吉善兵衛		○			○														
椋梨	椋梨弘平		○		○	○	○	○	○	○	○		○	○	○		○	○	
椋梨治部少輔				○															
椋梨	椋梨弘平ヵ											○							○

	人名比定	A	B	D	E	C	F	M	L	H	I	J	N	K	O	PG	Q	R	S
椋梨藤二郎	椋梨景良										○								
椋梨殿息						○													
椋梨少輔四郎	椋梨景棟												○	○	○		○	○	
裳懸					○			○	○	○	○		○	○			○	○	
裳懸与次		○																	
裳懸河内守	裳懸盛聡		○																
裳懸新衛門尉						△													
裳懸六郎					○														
裳懸六郎															○	○	○	○	○
裳懸新四郎							○												
裳懸刑部丞							○												
裳懸次郎四郎								○	○	○									
裳懸釆女允	裳懸景利										○	○	○	○		○			
裳懸釆女佑																			○
用田右京亮		○						○	○	○						○		○	
用田右京丞	用田右京亮ヵ										○								
用田但馬守		○						○											
用田平次郎	用田左馬助							○	○	△									
用田左馬助										○	○	○				○		○	
望月左衛門尉							○	○	○										
望月彦二郎										○		○	○						
望月彦十郎											○								
望月二郎左衛門尉															○	○			
門田又五郎			○	○															
門田木工允							○	○	○	○	○								
門田又五郎												○	○	○		○	○	○	
門田木工允																			○
八幡六郎右衛門	八幡原元直		○																
山田新九郎		○																	
山田源二		○																	

	人名比定	A	B	D	E	C	F	M	L	H	I	J	N	K	O	PG	Q	R	S
山田東市助							○	○	○	○	○	○	○	○	○		○	○	○
山田木工允								○	○	○	○	○			○	○	○	○	○
山田新右衛門尉	山田盛祇										○	○			○		○	○	
柚木小二郎		○																	
柚木木工助							○	○	○	○	○	○	○		○	○	○		
柚木	柚木木工助カ													○					
横見弥五郎			○	○	○														
横見与三兵衛尉						○		○	○	○		○	○	○	○	○			
横見和泉守	横見景俊																○	○	○
吉近孫七郎										○	○	○	○	○	○	○			
吉近主殿允																	○	○	○
吉近左衛門尉												○							
渡越	渡辺幸カ	○																	
渡辺					○														
福阿ミ		○																	
宗清					○														
与三兵衛					○														
竹印										○	○	○	○		○	○	○	○	
友閑										○	○	○	○		○			○	
合計人数		21	22	21	37	23	31	47	43	53	52	49	41	36	42	52	42	50	38

註1：○はその「座配書立」に名前があることを示し、△は名前が書いてあるものの消されていることを示す。
2：合計人数には、名前が消されている者は含めていない。
3：名前の文字は影写本によって一部修正した。

第三章　毛利氏の「戦国領主」編成とその「家中」

はじめに

矢田俊文氏は、従来戦国大名とされてきた権力も、その家臣とされてきた国衆も、独自の「家中」と「領」を持ち、判物を発給して支配をおこなう同格の「戦国領主」であり、前者が後者に及ぼす権限は守護公権に由来した軍事指揮権などにすぎないとした[1]。

しかし、「戦国領主」は室町幕府の地方支配の権限放棄によって成立してくると考えられ、また、近世においては大名「家中」に包摂されてしまうことから、戦国期に固有の存在であると考えられる。だとすれば、「戦国領主」の編成の上に成立している戦国期の地域権力を、当該期に特有の権力構造を持った大名権力という意味で戦国大名と規定することが有効である可能性がある。

ところで、「家中」の成立（「戦国領主」の成立）、戦国大名の成立、さらには統一政権の誕生は、多くの場合、戦国期における領主間矛盾の激化とその止揚として説明される。すなわち、領主間矛盾の止揚のために、領主層は国人一揆ないしは「家中」という形で結集し、さらにそれは戦国大名に結集し、最終的には統一政権に結集するとされる。勝俣鎮夫氏はこの原理によって国人一揆の成立、さらには戦国大名の成立を見通しているし[2]、朝尾直弘氏は領主間矛盾の止揚による領主層の階級的結集によって、農民階級に対抗する必要性から、「家中」の成立、さらには統一政権の成立を説明している。[3]また、朝尾氏の農民階級との対抗という議論とは逆の、黒田基樹氏の平和実現のための「頼み」関係の重層化・拡大、つまりより強力な権力を頼んで結集していくといった議論[4]も領主間矛盾の止揚のために「家中」から戦国大名、戦国大名から統一政権へと結集していくという点では共通している。

一方、領主層の結集という点でいえば、近世大名は「戦国領主」をも「家中」に包摂し、一元的な家臣団を形成した。

菊池浩幸氏は、毛利氏は、喧嘩・人返・所領といった相論問題、あるいは戦争問題を契機に、「戦国領主」の「家中」を毛利「家中」に包摂したとし、その最終的帰結として近世的な毛利「家中」の成立を見通した。[5]すなわち、戦国大名の成立から近世までの展開を、領主間矛盾の止揚に向けて、「戦国領主」を家臣化し、「家中」を拡大・一元化していく過程と見たのである。

しかし、朝尾氏が、一向一揆との存立を賭けた戦いを経験しなかった毛利権力の限界という形で、戦国大名の内的発展として近世権力化が起こらなかったことを指摘している点は注意すべきであろう。[6]矢田氏や黒田氏も、戦国大名が「戦国領主」を「家中」に包摂するのは統一政権への服属後であるとしている。[7]

すなわち、「家中」の成立や統一政権の成立が領主間矛盾の止揚として説明されること自体には異論はないが、その間の過程を戦国大名の家臣団の拡大・発展の帰結という一貫した過程とすることができるのだろうか。「戦国領主」をも「家中」に包摂した一元的な家臣団の成立は、戦国大名の内的な発展の延長線上に説明しうるのかどうか、問い直してみる必要がある。

したがって本章では、改めて戦国期の大名権力と「戦国領主」の関係を論じることにするが、それに際しては菊池氏の次の指摘が重要であると考える。菊池氏は、戦国大名と「戦国領主」の関係をめぐっては、大名「家中」と「戦国領主」の「家中」の関係が議論されながら、「戦国領主」の「家中」についての具体的追究が乏しく、両者を無前提に同一視できるのかという疑義を提示した[8]。「戦国領主」が、戦国大名同様に「家中」を持つことから、戦国大名概念を相対化するものとして注目されたことを考えれば、解明されるべき問題であろう。

また、「戦国領主」を戦国期に固有の存在としたが、その前提として、戦国期における「家中」や「領」の成立とはいかなる事態であったのかを論じる必要があるだろう。そのためにも「戦国領主」の「家中」の具体的な究明は欠かせない。

本章では、毛利氏分国内の「戦国領主」の「家中」のあり方から、毛利氏と「戦国領主」の関係を検討することで、以上のような課題に応えたい。

第一節　「戦国領主」の「家中」の様相

(1)　毛利「家中」に関する先行研究

これまでの「家中」をめぐる議論の多くは、毛利「家中」の成立過程の分析から論じられてきた。そこでまず、毛利「家中」についてこれまで論じられてきたことを簡単にまとめ、「家中」の内容、あるいはその成立の意味について述べておきたい。

享禄五年（一五三二）、(A)毛利家臣三二名連署起請文が作成される[9]。朝尾氏がこれを、在地領主の一揆的結合から近世的な大名「家中」への端緒的な移行形態としているように[10]、この段階が毛利「家中」成立の端緒と考えられる。三二名のうち井上氏が九名署判しており、矢田氏が指摘するように、「家中」において大きな政治力を持っていたことを示している[11]。

次に天文一九年（一五五〇）に(B)毛利家臣二三八名連署起請文[12]が作成される。これは井上一族を粛清した、いわゆる井上衆誅伐事件の直後のもので、毛利氏の「家中」支配が確立したものと評価されている。さらに弘治三年(一五五七)の(C)毛利家臣二四一名連署起請文[13]は、毛利氏が大内氏を滅ぼした直後のものである。

天正一〇年(一五八二)を起点に、毛利氏は織豊政権に服属していくが、これにより「戦国領主」も、段階的に毛利「家中」に編成されていく。また、秋山伸隆氏によれば、天正一六年以降、譜代家臣以外の奉行人の登用が見られるようになる。秋山氏はこれを家臣団内部に所属集団を持たない個人を登用することで、大名への忠誠を第一義とする新しい官僚群を創出したものと評価している[14]。さらに慶長五年(一六〇〇)、関ヶ原合戦の敗北による防長二国への減封を経て、慶長一〇年には(D)毛利家臣八二〇名連署起請文[15]が作成される。この中には「戦国領主」も含まれており、ここに近世的な毛利「家中」が確立したとされる。

以上が毛利「家中」の展開過程であるが、ここで、何を「家中」とするのか、「家中」の成立とはいかなる事態であったのかを考えておく必要があるだろう。

矢田氏は、(A)に名を連ねた毛利氏の庶家について、室町期にはそれぞれ独立した国人領主であったとしている。そして、福原氏などの毛利庶家や井上氏などの周辺の国人領主は、それぞれ同名の一族がその本領を支配し、独自の軍事力を保持し、個別に幕府や守護の動員に応じていたような存在であるとする。(A)の段階で毛利氏は、こうした国人領主を家臣化しているが、なおも井上氏という同名の一族が「家中」において大きな力を持っていた。ところが井上衆誅伐事件を経た(B)の段階では、国人領主の同名の一族の軍事力は解体され、毛利氏に個別に把握される領主に転じたとしている[16]。すなわち、戦国期毛利「家中」の確立過程は、国人領主の家臣化と、その同名一族の軍事力の解体という形で進行したといえるだろう。

また、矢田氏は(B)(C)の署判者、すなわち毛利「家中」には「戦国領主」は含まれず、毛利「家中」はほぼ安芸高田郡内に限られるとした[17]。これに対し池享氏は、毛利氏との知行—軍役関係に入り、強く掌握されていた領主でも、（C）に登場しない者もあり、家臣化と「家中」化は別の原理であるとして、（C）以後も毛利家臣団は拡大したとした[18]。

両者の議論を整理すれば、①起請文の署判者（「家中」）。②起請文の署判者ではなく、みずから「家中」を持たない者（池氏のいう「家中」でない家臣）。③起請文の署判者でなく、みずからの「家中」を持つ者（「戦国領主」）、という三つの類型が抽出される。矢田氏は①を家来とするのに対し、池氏は①と②が家臣で、①が「家中」としており、①が「家中」であることについては一致している。

では「家中」とはどのような集団なのであろうか。まず、「家中」が周辺の国人領主をも包摂したものであったことから、本来的な毛利氏の家支配からは逸脱した新たな権力体であったといえる。さらに先の①と②の比較から考えてみる。河合正治氏は毛利氏の「譜代」（ここでいう①）について、公役を負担する義務を負うとともに、評定に参画し、奉行人を務めるなど、毛利氏の政策決定に参与したとした[19]。これは②にあたる領主との差と評価できるだろう。和田秀作氏によれば大内氏旧臣大庭賢兼は毛利氏の政策ブレーンとして活躍しながら、表立っては毛利権力中枢の政策決定には参与できなかったとしている[20]。また、秋山氏が論じた天正一六年の奉行人層の変化は、②の「家中」への編入であるといえよう。

「家中」は本来的な家支配から逸脱した権力体であると述べたが、「家」という字に着目するならば、擬制的な家に属する者という点で、「家中」と家臣は対応しているべきであると考える。しかしながら②を表す適切な用語がないので、池氏と同じく、①を「家中」とし、それはこの権力体の政策決定などに参与し、公役を奉公する者と規定し、①と②を合わせたものを慣習的な用語法に合わせてひとまず家臣と称しておきたい[21]。もっとも毛利氏の場合、大幅な所領の拡大によって、②のような存在が多数いるために複雑になっているが、「戦国領主」の場合、通常②の比率が小さいと見られる。

ではこうした「家中」の成立とはいかなる事態であったのだろうか。毛利氏の軍勢は「小早川手」「宍戸手」などと表現されるような「戦国領主」の手勢が軍団の単位であった[22]。すなわち、前述の矢田氏の指摘を踏まえるならば、「戦国領主」の「家中」の成立とは、室町期には個別に幕府や守護の動員に応じていた国人領主が解体し、それが「家中」として編成され、新たな軍事力の単位となるという事態であり、戦国大名はこれを軍団として編成したのである。つまり、軍事力の編成原理や方法が室町期のあり方から変化したのであり、当然動員の原理や規模も変化したと考えるべきであろう。

次に「戦国領主」は毛利「家中」といかなる関係にあったのだろうか。③すなわち「戦国領主」も、(D)の段階では毛利「家中」に編入されている。問題は(C)のあと、(D)までの約五〇年間、毛利「家中」の全容を示す史料がないため、(C)から(D)にいたる過程をどのように理解するかということになる。先述のように、矢田氏は、毛利氏の統一政権服属以前には、「戦国領主」は毛利「家中」に包摂されないとするのに対し、菊池氏は、「戦国領主」の「家中」は毛利「家中」に比して、内部集団の存在から不安定であり、早くから「家中」支配を確立した毛利氏は、毛利氏と「戦国領主」に両属する家臣の存在を梃子に、相論問題や戦争問題を契機として、「戦国領主」の「家中」を毛利「家中」に包摂したとし、その帰結として(D)に示されるような一元的な「家中」の成立を見ている[23]。

矢田氏は、毛利氏も国衆も、独自の「家中」を持つ同格の「戦国領主」としているが、菊池氏が指摘するように、両者の「家中」は同一視できない面があり、その差が毛利氏と「戦国領主」の関係にも影響を与えた可能性を考慮する必要がある。毛利氏は井上衆誅伐事件など、困難な過程を経て「家中」支配を確立していったが、「戦国領主」の「家中」支配も容易には確立しなかったと考えられ、その様相を解明する必要がある。

一方で菊池氏のように、毛利「家中」の成立から、その近世への展開を、領主間矛盾の最終的止揚に向けて、か。

「戦国領主」も含めた領主階級が一元的に毛利「家中」に結集していく一貫した過程とすることができるだろう

以下では、これらの課題について、「戦国領主」の「家中」の具体的様相を究明することから論じる。

なお、毛利氏と「戦国領主」の関係を論じた研究は、これまでにあげた以外にも多数存在する。池氏は、毛利氏が城番として動員することで「戦国領主」を本領から引き離し、在地支配権を規制したとし、また領土が拡大するほど城番の意義は高まるから、これは征服という契機が大きな意義を持つ戦国大名領国の特徴であるとし、[24]また起請文の交換や兄弟契約など、人格的結合関係を重視した。[25]秋山氏は、毛利氏は「国」の公的支配者として「戦国領主」に「国並」奉公を求めたとし、また、毛利氏が「戦国領主」の統制に官位による序列化を利用したことを指摘した。[26]また鴨川達夫氏は、毛利氏から「戦国領主」への文書伝達ルートを分析し、それが横の関係を通じたルートから、縦の関係を通じたルートへと変化することを跡づけた。[27]また馬部隆弘氏は、毛利氏が検使の派遣によって「戦国領主」を統制したことを明らかにした。[28]いずれも重要な指摘であるが、本章では「戦国領主」の持っていた権力構造、すなわち戦国期的特質が、毛利氏との関係をどのように規定していたかに力点を置き、「家中」の問題から毛利氏と「戦国領主」の関係について論じる。また、これまでの研究では、多くの場合、安芸国の「戦国領主」を中心に論じられてきたが、安芸以外の「戦国領主」についても扱う。[29]

(2)「戦国領主」の「家中」

「戦国領主」の「家中」については、その構成員さえ十分に明らかにされておらず、まずそれを具体的に明らかにする必要がある。本来であれば史料をあげて、「家中」構成員を示すべきであるが、紙幅の関係で史料から抽出した結果のみを表1として掲げた。[30]

表1　「戦国領主」家臣一覧

国	戦国領主	家臣
安芸	阿曾沼	井上・牛尾・江山・江丸・小田村・兼時・久世・熊野・蔵田・黒瀬・警固屋・甲田・才長・重富・新辺・竹下・太郎丸・富長・野尻・野村・波多野・福辺・舟越・三戸・宮原・安富・山崎・山根・山本・吉野・脇
	天野	秋山・阿野・石井・石河内・内海・小畠・北村・木原・久芳・熊谷・己斐・河野・財満・坂・品河・渋賀・長・内藤・長松・中村・三戸・三宅・山県・脇
	保利	伊賀崎・市川・伊藤・牛尾・桂・かまた・上山・河村・内蔵・財満・佐伯・世良・田中・千原・伝・内藤・中村・入野・野尻・野田・野村・原田・舟田・三戸・宗像・室田・山田・湯浅・結城
	熊谷	上原・大坪・川口・岸添・品川・末田・末光・須子・高井・富樫・桐原・戸谷・中山・仁田・細迫・水落・宮・山田
	宍戸	赤穴・浅原・荒木・石丸・板垣・井上・江田・大窪・奥垣内・か藤・賀屋・河井・河西・木口・木原・木村・黒井・神代・神田・小滝・佐々木・佐々部・山東・渋江・庄原・周田・瀬崎・世良・田上・高水・滝？・田中・丹下・中所・中村・難波・深瀬・福島・堀・松島・松山・三木・宮川・山田・山中・横山・米原・渡辺
	平賀	秋山・朝倉・阿達・石墻・井上・今井・内海・悦内・大多和・大成・大林・岡崎・岡根・小田・桂・金子・兼恒・兼行・河井・北・木原・久芳・高月・児玉・近藤・才木・財満・坂・坂井・勝屋・随行・武行・田中・壇上・千金・千種・手嶋・友安（安友？）・名井・長井・長徳・中村・白楽・林・原田・東村・日林・檜山・平川・福原・藤田・真鍋・三吉・門田・安友・山田・山根・山内・吉田・渡辺
備後	上原	高木・万代
	馬屋原	井上・内田・河上・河田・豆子・姓尾・伊達・内藤・乃登原・初・浜安・平岡・槙原・安田・渡辺
	木梨	つか村・土呂毛
	渋川	桑田
	杉原	粟根・馬屋原・大原（安原？）・垣内・加藤・河相・河上・佐藤・谷本・鼓・所原・長松・野毛・南方・三吉・屋葺・横山
	高須	福田
	田総	荒木・石崎・伊勢村・小方・中原・乃登原・橋本・宮西・森戸・屋葺
	楢崎	西山
	宮	有木・永末・温井・松本
	三吉	粟屋・今田・河面・徳能・内藤・祝・森山・山陰
	山内	今井・丑寅・宇野・小熊・柏原・片岡・片山・河面・岸・小林・佐藤・澄沢・

国	戦国領主	家臣
備後	山内	多賀山・田中・田辺・谷・滑・林・原・細岸・三河内・宮内・八谷・山下・涌喜・横路・渡辺
	湯浅	宇賀・本所・安井
	和智	小河内・平佐
備中	伊賀	片山
	清水	近松・難波
	庄	津々・土師
	平川	布賀
	細川	赤沢・秋田・大嶋・河田・原田・藤沢
	三村	竹井
長門	杉	今橋・岩武・宇奈瀬・太田・大庭・金富・来原・木村・久佐・神代・小坂・渋谷・上司・城泥・末富・末延・高瀬・高屋・田仲・千鎌・友枝・内藤・長江・仲野・貫・野村・畑田・波多野・原・広瀬・古川・宮武・村田・毛利・守田・吉武・吉松
	内藤	阿川・安座上・粟津・池田・伊佐・岩見・内田・岡武・尾和・勝間田・金藤・河越・河津・烏田・来原・桑原・神代・佐波・下村・勝屋・末益・須子・晴雲軒・世良・多賀・高山・竹屋・都野・手倉・寺戸・永富・縄田・認徳庵・豊田・林・原田・久行・深水・法泉寺・松井・松田・真鍋・南野・森・守田・山田・山内・山本・吉田・吉原・吉弘・吉松
周防	三浦	阿武・飯田・井頭・池田・笠井・蒲生・桑原・正垣内・白松・新屋・高橋・多賀谷・竹下・丹下・恒富・長見・藤井・松原・三浦・柳・山県・山田・吉田・吉富・渡辺
	冷泉	秋穂・赤間・伊賀崎・井上・岩武・内田・内山・大熊・大田・大橋・岡部・勝尾・木原・国司・熊野・熊本・黒瀬・後藤・財満・佐々木・重富・白松・杉・高木・高橋・丹下・坪井・津村・豊嶋・内藤・名須・難波・仁保・羽仁・原・兵藤・弘中・宝迫・堀江・三隅・村田・矢野・山田・山内・吉井・吉安
石見	出羽	笠井・河野・小谷・小林・竹内・土屋・原・東・弘岡・藤田・三戸・安国
	小笠原	吾郷・飯田・市原・稲見・井原・大嶋・久利・坂根・志谷・野田・平田・二山・三上・廻神・山根・横道・龍源寺
	佐波	飯嶋・池田・尾原・加め・田中・長・都賀・中谷・花栗・深井・水・森・矢野
	周布	窪田・角井・松武・吉地
	都野	飯田・上田・小野・高田
	福屋	浅井・井頭・井下・上村・大屋・岡本・小坂・片山・門田・江田・小林・斎藤・重富・千代延・寺本・東坊・野坂・森脇・米原

国	戦国領主	家臣
石見	益田	秋山・秋吉・朝枝・浅村・有田・有福・安・伊佐・石川・一瀬・市原・井戸・伊藤・糸賀・猪俣・今明・弥重・岩内・岩本・上田寺・宇賀・梅津・梅谷・大石・大賀・大草・大谷・大塚・大野・大庭・大橋・大畠・大廻・大村・岡・岡崎・荻・尾越・乙吉・垣満・樫村・片山・金山・金子・賀部・神子・川野・河上・木嶋・桐木・草野・串崎・窪・窪田・酌江・栗栖・栗山・黒谷・小杉・厚東・小原・小春・古和・斎藤・佐々木・品河・篠原・柴岡・渋谷・清水・下・浄幸寺・城一・神護院・水津・末富・須子・須々木・澄河・角森・善雲軒・山道・高津・高徳・宅野・多禰・田中・田原・田村・千振・恒石・都野・都野井（角井）・寺戸・遠田・豊田・中井・長田・長野・中島・中村・長嶺・中山・西・西河・西村・仁保・野上・野原・野村・長谷・波田・波多野・早川・林・原・平尾・広瀬・符・藤井・伏谷・府藤・堀・増野・俣賀・松浦・松本・真辺・馬庭・丸茂・三浦・三上・三町・宮内・宮川・三宅・宮埼・三輪・椋木・村井・村上・本尾・森脇・安田・安富・安留（富？）・柳井・山岡・山崎・山下・山田・山根・山本・弥生・横梅・横江・横田・吉田・吉富・領家・和崎・和田・和多田・渡辺
	三隅	岡本・肥塚・下岡・高杉・田中・野田・福原・三浦・山根
	吉見	安部・阿武（安）・板垣・伊藤・後根・大庭・落合・尾和・上領・窪田・倉田・後藤・小林・下瀬・水津・末岡・末武・須子・田村・椿・豊田・長野・永久・長嶺・西岡・野坂・羽隅・波多野・羽鳥・広田・弘中・三浦・三善・美和・村上・矢部・山下・吉賀・脇本
出雲	赤穴	上山・漆谷・来島・迫田・杉谷・村田・由来・陽学院
	宇山	多久和
	古志	立神・花安
	宍道	今岡・岩蔵・大国・大塚・奥上・落合・佐々布・庄濤・多祢・成田・松浦・安城
	多賀	狩野・谷・長江・成相
	松田	近藤
	三沢	石原・落合・上郷・後藤・大催・中林・成田・野尻・東・平田・村上・若槻
	三刀屋	佐方・土屋・南
	湯原	石橋・岩内・木村・黒崎・谷・山本・吉岡
伯耆	南条	一条・加治田・春日・神木・河津屋・小鴨・泉養軒・津村・豊島・鳥羽・中林・中村・橋本・山崎・山田・油木・吉賀
美作	草苅	有元・飯田・石井・石谷・上原・宇津宮・太田・岡・小河・木原・黒岩・後藤・小林・小牧・白岩・進・周東・竹内・竹永・塚本・寺坂・中嶋・中西・長見・中村・林・平尾・広戸・福田・森・矢田・山口・山下・山田・山本・吉岡・吉田・米山

註：原則として一次史料から判明する限りで、姓のみ掲げた。時期は16世紀に限った。また「戦国領主」と同姓の一族は含めなかった。家臣といえるかどうか判断が難しい場合もあるが、範囲は広めにとった。

長谷川博史氏は、「戦国領主」天野氏と保利氏の「家中」について分析し、その「家中」に毛利氏や安芸武田氏配下の者をはじめ周辺諸氏の家臣と同姓の者が見られることを指摘した。そして、この中には大内氏や毛利氏などの介入によって家臣化した者のほかに、中小規模の領主層間において自生的に取り結ばれる関係に基づく家臣化がかなり一般的に存在しているとした[31]。このような事態は大内氏支配下にあった防長や石見の「戦国領主」にも見受けられる。たとえば吉見「家中」と冷泉「家中」にはいずれも弘中氏がいるが、これは大内氏奉行人の一族と考えられる。益田「家中」と冷泉「家中」に見られる仁保氏、杉「家中」と内藤「家中」に見られる神代氏なども同様であろう。備後でも杉原「家中」と田総「家中」に共通する屋葺氏、田総「家中」と馬屋原「家中」に見られる乃登原氏、出雲では宍道「家中」と三沢「家中」双方に見られる落合氏と成田氏など、「戦国領主」の「家中」に大内氏や毛利氏、あるいは近隣の「戦国領主」の家臣と同姓の者が存在している事例は広く検出される。

「戦国領主」山内氏の家伝によれば[32]、天文一二年（一五四三）、出雲から退却してきた毛利元就を、山内氏の家臣が毛利氏の本拠吉田まで送り届け、その一部が毛利氏の家臣となったという。このとき毛利氏の家臣となったとされる河北氏や田中氏は、天文二一、二年と推定される毛利氏の具足注文[33]に見え、毛利氏の家臣として確認できる。この具足注文には、山内氏の重臣三河内氏の一族も見られる。家伝の内容そのものは信じがたいが、天文年間に山内氏の家臣の一部が、何らかの形で毛利家臣になったという事態を反映していると考えられる。

無論、同姓の者が見られるというだけで、家臣化の契機や時期については不明であるが、山内氏の事例からは、「戦国領主」の「家中」形成の端緒では、国人領主やその一族の動向は流動的であった可能性が指摘できるだろう。

「戦国領主」の一族が、他氏の家臣となっている事例も見られる。長谷川氏は「戦国領主」熊谷氏や保利氏の一族が、天文二一年に毛利氏の家臣となっていることを指摘しているが[34]、このほかに「戦国領主」湯浅将宗の弟が、保利氏の家臣となっている事例が見られる[35]。さらに志芳衆と呼ばれる天野氏の家臣は興味深い存在形態を示している。

〔史料1〕

志芳衆賦之事

越中守（熊谷）給

廿貫　中山　　五貫　山里

孫七郎（財満）給

十八貫　中山　　三貫　山里

修理進（熊谷）給

十貳貫　中山　　八貫　舟木

（中略）

八月八日　　元宣（兼重）判

就忠（児玉）判

上百五貫

越中守殿（熊谷カ）

神五郎殿（水落カ）[36]

〔史料2〕

今度御家之儀、藤次郎(天野元定)殿仕立申候付而、旁内々之儀御理之段具令承知候、対藤次郎殿被申大小事、御馳走肝要候、自然無御無沙汰上ニ、元定被相紛、又傍輩中於族者対方々申、聊不可有疎略候、若又元定幷御傍輩中へも、旁於御違之儀者不可及才覚候、為後日状進之候、猶信直(熊谷)江申候、恐々謹言、

(弘治二年)
十一月五日　　　　　　　　　　　　隆元(毛利)　御判
　　　　　　　　　　　　　　　　　元就(毛利)　御判

熊谷越中入道殿
同修理進殿
財満孫七郎殿　進之候(37)

史料1は毛利氏の給地賦の史料である。志芳衆として越中守・孫七郎・修理進ら一〇名が見えるが、この最初の三名は史料2の宛所となっている熊谷越中入道・同修理進・財満孫七郎と同一人物であると考えられる。大永七年（一五二七）の天野興定の軍忠状(38)には熊谷修理進と財満孫七郎が登場しており、彼らが志芳東を本拠地とする天野氏の家臣であったことが確認できる。史料2は、天野元定が家督を継いだときのものであるが、「自然無御無沙汰上ニ、元定被相紛、又傍輩中於族者対方々申、聊不可有疎略候」と、毛利氏が熊谷越中入道ら三名の天野「家中」における地位を保証している。

一方、史料1を収める『萩藩閥閲録』の原注には「熊谷子拾貳人有之、右之通ニ分知仕候由書伝置申候」とあり、また史料2が熊谷信直から伝達されていることから、志芳衆と呼ばれている集団は「戦国領主」熊谷氏の一族と考えられる。とすれば、史料1の宛所の神五郎は熊谷氏の家臣水落神五郎であるとも考え得る。つまり、志芳衆は天野氏の家臣であるが、毛利氏に知行を把握され、熊谷氏との関係も継続しているような存在であるといえる。

志芳衆のような内部集団の存在は他にも見受けられる。毛利「家中」にも佐東衆・中郡衆などがあり[39]、小早川「家中」には「西条・黒瀬当参衆」が見られた[40]。阿曾沼氏の領内には世能衆が存在している[41]。また、天正三年（一五七五）の「備中手要害合戦頸注文」[42]では、「宍戸手」の中に馬来衆、「平川手」の中に竹井衆が見られる。

さらに毛利「家中」に井上一族の集団があったように、「戦国領主」の「家中」にも、こうした同名の一族の集団があったと考えられる。

表2は「戦国領主」の軍忠状の中に同姓の人物が何名いるかを示したものである。「戦国領主」の「家中」は、毛利「家中」のように、その全体像を示す起請文を残さなかったため、その代わりとして、人名が比較的多く、無作為に現れる軍忠状を用いた。合わせて、性格は不明ながら平賀「家中」の人名が列挙されている「平賀新四郎元相家中」と題された史料[43]、および慶長四年（一五九九）頃の益田氏の家臣を示していると考えられる「被官・中間書立」と題された史料[44]のうち被官にあたると考えられるものについても、同姓の人物が何名いるかを示した。

この表の、天野氏の大永七年の軍忠状で三宅氏が二三名中七名、杉氏の弘治三年（一五五七）の軍忠状で岩武氏が二八名中五名、益田氏の永正八年（一五一一）の軍忠状で大谷氏が二七名中五名を占めているような事例からは、これが「家中」の全体像を示した史料でないことも考えれば、彼らの同名一族がそれぞれの「家中」でそれなりに大きな比重を占めていたと推測される。事実、大谷氏は慶長四年頃の益田「家中」六二〇名のうちに四二名もおり、また単に人数が多いというだけでなく、天文年間には大谷実繁が益田氏の京都雑掌を務めるなど重要な地位にあった[45]。天野氏の家臣三宅氏も、三宅左京亮が天野「家中」でもトップクラスの重臣であったし（後述）、杉氏家臣岩武就豊は他の三人の家臣とともに、幼少の当主杉松千代（重良）の名代として軍忠状を提出している[46]。

毛利氏が井上衆誅伐事件に際して作成した「井上衆罪状書」[47]には「彼名字之者共一味同心」という一文がある

表２　軍忠状などに見える同姓の家臣

領主	年月日	典拠	総人数	同姓の人物の数
阿曽沼	(永禄13).—.—	毛利家文書374	25名	井上３・熊野３・野村３・波多野２・山崎２・江山２
	(天正３).—.—	毛利家文書375	21名	井上４・熊野４・波多野２・野村２
天野	大永５.８.７	『山口県史３』右田毛利家文書21	8名	三宅４・財満２
	(大永５).８.27	『山口県史３』右田毛利家文書22	8名	長３・三宅２
	(大永７).２.10	『山口県史３』右田毛利家文書23	23名	三宅７・財満４・熊谷４・長３
	(永禄12).閏5.22	『山口県史３』右田毛利家文書127	14名	長松４・財満４・三宅３
出羽	天文11.７.29	閥43・出羽源八80	10名	小林２・三戸２・安国２
	(天文21).７.26	閥43・出羽源八16	8名	東３
馬屋原	(天正３).—.—	毛利家文書375	20名	渡辺３・井上２・乃登原２
熊谷	(天正３).—.—	毛利家文書375	22名	品川４・末田４・桐原３
宍戸	(天正３).—.—	毛利家文書375	33名	木原３・中村３・庄原２・佐々部２・浅原２・深瀬２・周田２
杉	弘治３.12.２	閥79・杉七郎左衛門１	28名	岩武５
	(永禄11).９.20	閥79・杉七郎左衛門４	12名	岩武２
平賀	天文18.４.18	平賀家文書169	40名	林４・名井２・坂井２・木原２・壇上２・安友２
保利	(天正３).—.—	毛利家文書375	14名	市川３・伊藤２
益田	(永正８).９.13	益田家文書208	27名	大谷５・大草２・小原２・仁保２
	大永７.３.23	益田家文書278	21名	大谷２・和田２・岩本２
平賀元相家中付立写		平賀共昌集録「旧記」16	69名	名井６・兼行４・友安３・坂井３・勝屋３・檜山３・三吉３・木原２・井上２・朝倉２・北２・中村２・随行２・内海２・秋山２・大成２・千種２
益田家於石州被官中間書立写		『益田藤兼・元祥とその時代』81(益田家什書)	620名	大谷42・波田21・増野21・岩本18・澄川18・小原17・城一17・品川15・斎藤14・下10・寺戸10

註：「益田家於石州被官中間書立写」は同姓のものが10名以上の場合のみ記載。

が、こうした同名の一族は、ときに一致した行動をとり、敵方に寝返る場合もあった。益田氏の家臣寺戸兼勝は、天文二三年（一五五四）、吉見氏の下瀬山城に籠城する水津同名衆らに、城から退去するよう呼びかけているが[48]、これに先だって水津新左衛門父子が益田方から吉見方に寝返っていたようである[49]。また、天文九年、天野興定は平賀方に内通した「財満備中守父子以下」を討ち果たしている[50]。

このように「戦国領主」の「家中」には、地縁や血縁で結ばれた「衆」や同名の一族といった内部集団が存在し、それらはときに、毛利氏や他の「戦国領主」などとも結びついている場合があった。

次に「戦国領主」の有力な庶家・一族についても考えたい。こうした庶家や一族はもともと独立した国人領主であり、益田氏の庶流周布氏や三隅氏のように独立した「戦国領主」になった場合もある。よって、有力な庶家などを家臣化するのは容易ではなかったと考えられる。山内氏の場合、当主隆通の父である多賀山通続の存在があった。天正一二年、山内氏は毛利氏から人質を差し出すよう要求されるが、その仲介に当たった熊谷信直は、山内隆通に対し「何篇高賀山殿（多）、三河内殿、河面殿、滑殿、其外御老中御談合候て、御儀（議）定肝要候」と述べている[51]。このように多賀山氏は、山内氏の重要事項の議定に参画する老中の一人であるが、同時に多賀山氏自身が判物を発給し[52]、戦場においては山内氏とは別に陣を並べる[53]ような独立した「戦国領主」としての側面も有していた。

以上のように「戦国領主」の「家中」には、内部集団が存在し、他家との結びつきを維持するなど、不安定で非排他的であった。これは家支配の逸脱によって「家中」が形成されたことと無関係ではないだろう。「戦国領主」は、本来的な主従関係からの逸脱によって、周辺の国人領主を「家中」に編成したが、それは主従関係の自明性を希薄化させ、不安定なものとしたのである。「戦国領主」にとってはいまだ「家中」は確立されたものではなく、その形成・維持・統制強化が課題であったといえるだろう。次節以下ではこのような「戦国領主」の

「家中」の様相を踏まえ、「戦国領主」と毛利氏の関係を見ていく。

第二節　「戦国領主」の「家中」と毛利氏

（1）「戦国領主」の「家中」と毛利氏の関係

前章までで論じたように、毛利元就の次男元春と三男隆景が養子として入った吉川氏と小早川氏の「家中」には、毛利氏から送り込まれた家臣が多数見受けられる。こうした家臣は、毛利氏と吉川氏・小早川氏双方から知行を給与される存在であった。また、元春、隆景が養子に入る以前からの吉川氏、小早川氏家臣の中にも毛利氏から知行を与えられる者もおり、彼らは毛利氏に愁訴をおこなうなど、知行の保全・拡大について毛利氏への期待が大きかったことがうかがえる。一方、吉川氏や小早川氏の奉行人の大半が、毛利氏から送り込まれた家臣をはじめ、「家中」に内部集団を持たない家臣であり、新しい奉行人層の創出と評価できるだろう。毛利氏の力を背景に吉川氏・小早川氏の「家中」支配は強化されたといえる。毛利氏の吉川氏・小早川氏統制と、吉川氏・小早川氏の「家中」統制は表裏の関係にあった。こうした関係は、毛利氏と他の「戦国領主」の間でも基本的には同じであったと思われる。

次の史料は、毛利氏が平賀氏に対し、児玉中務丞を返付する旨を伝えたものである。(54)

〔史料3〕

（礼紙切封上書）
「「天文廿二年二月五日到来」（異筆）（墨引）
毛利備中守
同　右馬頭　隆元」
平賀新九郎殿
御宿所

児玉中務丞方、如前々返付申候、然上者、被加御懇意可被仰談事、於我等可目出度候、自然彼仁於無心得

茂、此方可預御尋之由、細砕申談候、弥可被成其御心得候、尚委細坂新五左衛門尉(保良)可令申候、恐々謹言、

弐月四日　隆元（花押）

元就（花押）

平賀新九郎(広相)殿
御宿所

注目すべきは「自然彼仁於無心得茂、此方可預御尋之由、細砕申談候」とあり、児玉中務丞に不心得があっても、処分については毛利氏に尋ねるようにという形で、児玉中務丞の地位を保証している点である。のちに毛利輝元もこれを追認している[55]。児玉氏は以前から平賀「家中」に見え[56]、児玉中務丞は応安頃に下竹仁村地頭職を有していた児玉氏の一族[57]と推測される。天正九年（一五八一）の「村山家檀那帳写」[58]の「たかに(竹仁)」の項には、児玉大和・同中務・同与三衛門尉・同兵部丞・同木工允らの名があり、前四者は平賀氏の家臣、木工允は毛利氏の家臣と見られるが[59]、児玉氏の一族集団が、自生的に取り結ばれた関係に基づいて、平賀氏や毛利氏に属していたものと思われる。こうした状況が、中務丞が一旦毛利氏に属し、再び返付されるという経過の背景にあったと考えられるが、毛利氏から地位の保証を得た上での平賀「家中」への復帰は、実際には毛利氏から送り込まれたのと同じ効果を持ったと思われる。

また、平賀「家中」には毛利氏の家臣の一族である坂保良と桂保和が見られる。坂保良は天文一八年（一五四九）に「平賀隆宗軍忠状」[60]に現れるが、翌年の毛利家臣連署起請文に署判しており、この間に毛利氏に復帰したと考えられる。平賀隆宗は天文一八年に没し、大内氏の推す隆保が跡を継ぐが、天文二二年には毛利氏が隆保を逐って広相に跡を継がせている。坂保良が毛利氏に戻ったのもこうした対立が背景にあったのではないかと思われる。坂保良は毛利氏復帰後も、前出の史料3のように、しばしば毛利氏と平賀氏の取次役になっている。また、桂保和は毛利氏に対して愁訴をおこない、知行を与えられるなど[61]、毛利氏との関係を維持し、平賀氏・毛利

氏双方から知行を与えられるような存在である(62)。彼らを毛利氏が主体的に平賀「家中」に送り込んだのかどうかについては検討の余地があるが(63)、両者とも毛利氏との関係を維持しており、実質的に送り込まれた家臣と同等の存在であったと考えられる。

三浦氏の場合も、三浦元忠の家臣新屋実満は毛利氏から元忠に付けられた家臣であった(64)。仁保宗家は当主隆在の没後、吉川元春の次男元棟が相続するが、天正一五年には輝元の側近神田元忠が相続し、三浦と改姓している。史料の残存の問題もあるが、元棟・元忠の家臣には、前代までの仁保宗家の家臣が見られない。これは岸田裕之氏が指摘する仁保「家中」の分裂が原因である可能性もある(65)。

次に、表3に「戦国領主」の家臣に対する、毛利氏の知行宛行・安堵・感状発給の事例をまとめた。この中で、たとえば山内氏の家臣滑平四郎と宇野下総守は、「連々御愁訴」の末、毛利氏から知行を与えられている。こうした毛利氏から「戦国領主」の「家中」への知行宛行は、次の史料から、かなり一般的に見られたと考えられる。

〔史料4〕

尚々乃美へハ自爰元尋遣候、かしく、

急度申遣候、国衆分限之付立悉相調、親類・年寄之衆被差出候、吉田（毛利氏）家来之儀茂為始福原・口羽付立之、具ニ神文被仕候て被上候、検地之外ニ者堅固之究ニ候、然者国衆親類被官ニ従吉田御扶助之地、是又別ニ調上られ候、就夫元春（吉川）・隆景家中衆へ被遣候書立早々可取寄之由、昨晩元俊（福原）・平藤（平佐就之）御使にて被仰聞候条、新庄へも則被申越候、爰元之儀、忠海・梨子羽・小田其外岡与（景忠）とねり小身之衆、悉尋究候て急度付立可差越候、不可有油断候、為其申遣候、謹言、

（天正一四年）二月十四日　　隆景（小早川）（花押）

表3　毛利氏による「戦国領主」家臣への知行宛行・安堵・感状発給

領主	家臣	内容	典拠
天野	熊谷越中守・熊谷修理進・財満孫七郎	知行宛行	閥170・財満瀬兵衛6
	己斐豊後守	知行宛行	『広島県史Ⅴ』山口県文書館所蔵右田毛利譜録2（※1）
阿曾沼	山本肥前守	知行宛行	閥遺5の3・長府百姓山本清左衛門所持13
内藤	勝間田盛道	知行宛行	閥96・勝間田権左衛門3
	勝間田元信	安堵	閥170・勝間田八郎左衛門5（※2）
	守田民部丞	安堵	『山口県史2』守田家文書3、5（※3）
	真鍋弥四郎	安堵	閥遺3の3・真鍋長兵衛書出シ2
山内	滑平四郎・宇野下総守	知行宛行	『山内首藤家文書』553
周布	吉地右衛門尉	浮米給与	閥121・周布吉兵衛199（※4）
南条	山田重直	知行宛行	史料編纂所所蔵謄写本「山田文書」巻3－2・3・8
	一条清綱	感状	閥遺1の2・一条市助1
吉見	吉賀頼貞	感状	閥143・吉賀惣左衛門1（※5）
出羽	東源三郎	知行宛行	『山口県史3』山口県文書館蔵出羽家文書45（※6）
冷泉	伊賀崎与八	知行宛行	閥163・村上源右衛門1（※7）

※1：一族は天野氏の家臣であるが、当人については確認できず。ただし典拠となる文書は天野家の史料である右田毛利譜録に所収。

※2：偽文書ないしは筆写の誤りの疑いあり。ほぼ同文の内藤隆春の安堵状あり（『山口県史2』勝間田家文書8）。

※3：守田氏は内藤氏の家臣ではなく一所衆の可能性もある。

※4：浮米は知行宛行の代替措置か。閥121・周布吉兵衛193および木村信幸「戦国大名毛利氏の知行宛行とその実態」（『史学研究』174号、1987年）参照。

※5：判物形式。判物形式の感状は書状形式に比べ、恩賞給付の確実性が高い。ただし輝元はほとんど判物形式の感状を発給せず、判物形式の輝元感状の多くは偽文書の疑いあり（秋山伸隆「毛利氏発給の感状の成立と展開」、『戦国大名毛利氏の研究』、吉川弘文館、1998年）。この史料とほぼ同文の毛利元就感状（写）が小寺元武宛に出されており（閥46・小寺忠右衛門41）、ここではひとまず偽文書でないと考えておく。

※6：一族は出羽氏の家臣であるが、当人については確認できず。ただし典拠となる文書の写は出羽家文書にあり、宛行対象地である「盛頼当知行分」の盛頼は出羽祐盛の偏諱と考えられる。

※7：一族は冷泉氏の家臣であるが、当人については確認できず。ただし典拠となる文書は慶長3年頃まで冷泉氏の家臣であった伊賀崎氏（近世に村上と改姓）の家に伝わっている。

井又右（井上春忠）
手市（手嶋景繁）
鵜新右（鵜飼元辰）[66]

これは小早川隆景が家臣に宛てた書状であるが、「国衆分限之付立悉相調、親類・年寄之衆被差出候、吉田家来之儀茂為始福原・口羽付立之、具ニ神文被仕候て被上候、検地之外ニ者堅固之究ニ候」とあり、このとき毛利分国内の国衆（「戦国領主」）と毛利家臣を対象に大規模な給地改めが実施されたことがわかる。注目されるのは、「国衆親類被官ニ従吉田御扶助之地、是又別ニ調上られ候、就夫元春・隆景家中衆へ被遣候書立早々可取寄之由、昨晩元俊・平藤御使にて被仰聞候」とあり、「戦国領主」の親類・被官に対し毛利氏から与えられた知行も調査し、書立を作成している点である。実際、これに従って山内氏が作成した書立の案文が残っており[67]、そこには前述の滑氏と宇野氏に毛利氏から与えられた知行が書き上げられている。こうした給地は毛利氏から「戦国領主」の家臣に対して個別的に与えられたものと考えられるが、山内氏がこのような書立を提出しているように、毛利氏がこれを「戦国領主」ごとに把握しようとしていたことにも留意すべきであろう。

池享氏は、知行地が分散的に与えられることで、給人が在地支配から遊離し、この結果毛利氏の支配機構への依存を強めるということを論じているが[68]、「戦国領主」の「家中」への宛行も、「戦国領主」の本領とは離れた土地に給地を与えることで同様の効果を持った可能性がある。

次に、毛利氏が「戦国領主」の「家中」に対して持っていた影響力と、それによって親毛利的、親毛利派ともいうべき家臣が形成される様相を見ていきたい。

まず、毛利氏の力を背景に、「家中」での自己の地位を保とうとする動向が見られる。先に示した史料2では、天野氏の代替わりに際して、熊谷越中入道らが、天野「家中」における地位を毛利氏から保証されていた。また、南条氏の家臣小鴨元清は、天正三年、南条宗勝から元続への代替わりに際し、吉川元春・元長父子に起請文を送り、「拙者進退之事、然々宗勝不被置定様に候、此時者、元続江礑被加御詞、被成御引立候者、猶以可忝候」と、自身の進退について、元続への口添えを頼んでいる。(69)

また毛利氏が、阿曾沼氏や内藤氏に対し、家臣の帰参を取りなしている事例もある。(70) 毛利氏の口添えを得ることは、「家中」において地位を保全する上で有効であった。

こうした中で、親毛利的というべき家臣が現れてくる。天正七年、南条氏が織田方に寝返る際、家臣の山田重直を討とうとするが、これは輝元が「寔山田事対此方別而従前々馳走」と評しているように、(71) 山田重直が親毛利的であったことによるものであろう。また杉原氏では、天正一〇年、当主元盛を弟の景盛が討ち、家督を継ぐが、その景盛も天正一二年に羽柴方に内通したとして毛利氏に討たれている。景盛が毛利氏に討たれた際に、小早川隆景が高須景勝に送った書状の中で、杉原氏の家臣の横山盛政について、「横備(横山盛政)事従去々年心庭(底)之通対御方被申越段、馳走之筋目候」と述べられており、(72) 横山盛政が元盛の死去以後、高須氏を通じて毛利氏に「馳走」していたことが知られる。隆景は同じ書状の中で、「諸地下不可有相違段、外郡(備後国)衆へも被遂案内之条、可被成其心得事肝要候」と、横山氏の知行が保護されるよう、周辺の領主に指示している。

毛利元就は、天野氏の家臣長松太郎左衛門尉が死去した際、「此方馳走故如此不慮候」と述べている。(73) 長松太郎左衛門尉は三宅左京亮と並んで、天野「家中」における中心的人物であった。天野氏が、城番を務める出雲国大東・賀武路城に交代要員を派遣した際、毛利氏は、その交代要員が少人数であった上、「しか〳〵敷者一人も不被出候」という状況であったので、天野氏に対し、長松太郎左衛門か三宅左京進(亮カ)のいずれかを派遣するよう求めており、(74) この二人が天野「家中」における「しか〳〵敷者」であったことがわかる。毛利氏が天野氏の年寄中一四名に宛てた書状(75)の宛所に、この両名の名がないことは、彼らが年寄中よりも上位の重臣であったことを示していると思われる。

長松太郎左衛門尉の死の直前の時期は、天野元定の死去にともない、元就の六男元政が養子となって天野氏の米山城に入城する準備が進められていたが、長松太郎左衛門尉は相談のため直接元就から呼び出されるなど[76]、この件に関して中心的役割を果たしていた。城番として出雲へ赴くことを要請されたのも、同じ年のことである。元就が「此方馳走故」と述べているのはこうした事情によるものと思われる。

同様に出羽氏の家臣東左衛門尉が病死した際、元就は「近日別我等へ入魂仕候故、如此与存計候」と述べている[77]。これが隆元宛の私信であることを考えれば、元就の実感を示しているというべきであろう。東左衛門尉は、毛利氏から出羽氏への知行宛行に際して取次を務めている[78]。

このように「戦国領主」の重臣が、その死を悼まれるほどに毛利氏に対し「馳走」や「入魂」をおこなっていることは、彼らが毛利氏によって掌握され、親毛利氏的な存在となっていたことを示している。

西尾和美氏によれば、伊予河野氏の家臣団内部では、旧来の庶流一族に出自を持つ家臣と、毛利氏との結びつきを背景に影響力を強めようとする新興の国人層家臣との対立が見られたということだが[79]、これは前節で見たような「戦国領主」の「家中」における内部集団間の対立や利害関係が、それぞれ自己の立場を有利にするために、毛利氏との結びつきを求め、親毛利的な家臣を生み出す要因になり得たことを推測させる。

（2）「戦国領主」の「家中」維持と毛利氏

前項で見たように、毛利氏は「戦国領主」の「家中」に強い影響力を持っていた。菊池浩幸氏は、このような毛利氏と「戦国領主」双方との関係を保っている家臣を両属家臣と呼び、両属家臣を梃子に毛利氏は「戦国領主」の「家中」を毛利「家中」に包摂したとした。しかし、こうした家臣が毛利「家中」に属した徴証はなく、あくまで彼らは「戦国領主」の「家中」にあって、毛利氏からの影響力を受けているのであり、これを両属とは評価しがたい。果たして、毛利氏は「戦国領主」の「家中」に影響力を持つことによって、「戦国領主」の「家中」を自己の「家中」に取り込んでいったといえるのだろうか。むしろ毛利氏の影響力によって「戦国領主」の「家中」支配が維持・強化される側面があったことに注意すべきだと考える。

毛利隆元と元就は、内藤隆春に対し「御家中之儀、大小事可令助言候」と述べている[80]。この背景には内藤「家中」の分裂という状況があったと考えられる。陶隆房が大内義隆を討った際、内藤氏では興盛方と隆世方に「家中」が分裂し、「豊筑之家人等各隆世（内藤）壱味」という状況になった[81]。内藤隆春は興盛の子で、隆世の叔父にあたる人物であるが、毛利氏は隆春を味方に付け、隆世を滅ぼしている。このような事情から内藤「家中」の再建を毛利氏が支援する必要が生じたものと思われる。

また、天正一二年（一五八四）、羽柴方との領土画定交渉の境界上にあたる備中の「戦国領主」伊賀家久に対し、小早川隆景は起請文を送り、その中で、「御家来之衆、若抜々被申様候共、対御方尋申、以其上可令返答之事」と約している[82]。また、平賀氏の家臣桂保和の愁訴を受けた元就の五男元秋はそれに同意した上で、「然共隆景（小早川）・元春（吉川）、又高屋衆（平賀氏）存分共候様ニ候へハ不可然候、此段被申操候て之儀候者、聊不可有別儀候」とし、隆景・元春、あるいは平賀氏に反対があった場合は愁訴を認めず、彼らの同意を取り付けた上でのことであれば問題ないとして、平賀氏の意向にも気を配っている[83]。毛利氏は「戦国領主」の「家中」に影響力を持ったが、一方で「戦国領主」の「家中」支配が成り立つように配慮していたといえよう。

また、「戦国領主」小笠原氏の公役徴収に関して、毛利輝元は「小笠原方家中諸公役之事、如先年緩ニ相聞候、当時之儀候之条、此方如家来、諸事被申付候様長旌（小笠原）・弾正忠（小笠原元枝）江可有御意見候」と述べ、毛利「家中」に準じて公役を徴収することで、小笠原氏の公役徴収の実現を図っている[84]。

人返の問題は、当時の領主にとって重大な課題であったが、熊谷氏と天野氏が、人返を毛利「家中」に準じておこなうことを約している例[85]は、毛利氏の方式の導入という、小笠原氏の公役徴収の例と共通点を見いだせる。また、天正一五年の都野氏と周布氏・益田氏の人返協約では、毛利氏の下知に基づいて人返をおこなうことを約している[86]。

天野氏には元就の六男元政が養子に入っているが、同母兄の元清は、天野氏は阿曽沼氏や保利氏と「差合たる訴人」が多く、また家来にもしかるべき者がおらず、せいぜい三宅左京亮と西光寺という僧ぐらいであり、今のままでは「天野家にも難成躰候」と案じ、「殿様（毛利輝元）被付御心候ハてハ不叶儀候」と、輝元に元政への配慮を頼んでいる[87]。これは、「戦国領主」が存立していくためには、他の「戦国領主」との相論問題や「家中」の人材確保の問題があり、毛利氏の後ろ盾を得ることで支配維持が図られるという状況を物語る事例といえよう。

以上のように、毛利氏の力を背景にし、また毛利「家中」の支配方式を導入することで、「戦国領主」の「家中」支配の強化が図られており、また毛利氏も「戦国領主」の「家中」維持に気を配っていた。

では次に、「戦国領主」の家の存続が最も問題になる家督相続について、「家中」との関わりで見ていきたい。

〔史料5〕

已上

都野三左衛門尉（家頼）事、去月廿二日合戦之時討死仕候、於手前動者無比類之由候、幼少之子共有之由候間、跡目無相違被　仰付候者可忝之由、内之者共申事候、佐波越後（広忠）縁者ニ付而、熊谷豊前守（元直）事も内々無等閑候、此時候間、御役目等者請懸申候て成共引立可申候間、彼子共身躰無相違被　仰付候ハ、可忝之由候、委細天野五（元信）郎右衛門尉可被申上候、此等之趣、可預御披露候、恐惶謹言、

（慶長二年）正月六日　　安国寺 恵瓊（花押）

福式少（福原）広俊（花押）

榎中太（榎本元吉）御申之(88)

史料5によれば、都野家頼が討ち死にしたのにともない、その跡目を幼少の子に仰せつけられるように都野氏の「内之者共」が毛利氏に要請している。同様の事例は多賀氏でも見られる。多賀氏の重臣たちは、小早川隆景と吉川元春の吹挙を得て、多賀元龍の跡目を長若丸（元忠）に安堵してもらえるよう毛利氏に要望した(89)。天野元定が没した際、毛利氏の家臣桂元忠は、天野氏の年寄一四名に対して「旁以御馳走御家之儀仕立可被申事肝要候」と、年寄中が天野家を維持していくことが重要とした上で、「元定御遺言之儀」については「元就雖斟酌可被申候、兎ニ角ニ元就存候ハてハ成間敷候条、旁運（連）参候て御懇望肝要候」としている(90)。以前、天野隆綱が死去したときに、天野氏は元就の子を養子に迎えることを望んだが、毛利氏が固辞し、元定が跡を継いだという経緯があり(91)、ここでいう元定の遺言とは、元就の子元政を養子に迎えることを指していると思われるが、その実現のためには年寄中が連れだって元就に懇望することが肝要であるとしている。

また、豊前守護代家の杉重輔は毛利氏と通じたために大内氏に討たれたが、その家督について元就は、筑前の秋月氏に「杉重輔家督之事、実子山口ニ御座候、自然相違之儀候者、別人躰彼家中衆被仰談、承候者、於我等不可有疎意候」と述べ、山口にいる実子に相違があった場合、家中衆に相談して後継者を決めるよう指示している(92)。このように、特に後継者が幼少であったり、男子がなかったりした場合には、年寄中や家中衆が、毛利氏に家督の承認を申し出、毛利氏がそれに承認を与えるという形をとっている。また、毛利氏は彼らに「戦国領主」の家を間違いなく維持していくことを指示している。ここで「家中」が「戦国領主」の家を維持していく実質的な主体として現れていることには注意すべきであろう。

これは、草刈氏の代替わりに際して、吉川元春が草刈氏の重臣たちに、草刈氏との関係が今後も変わりがない旨を起請文で誓約している例[93]や、小笠原氏の「家中」が「家中之者共、各同前之覚悟候」と、その総意として吉川氏から養子を迎えることを要望している例[94]からも確認できる。

先に小笠原氏の公役徴収について述べたが、「家中」とはこうした公役を奉公するとともに、家督の決定など「戦国領主」の家という権力体の政策決定に参与する存在であった。ところで、前出の天野氏の年寄中の中には財満氏や石井氏が含まれているが、長谷川博史氏によれば、彼らは大内氏の分郡であった東西条に本拠を持つ領主の一族と推測される[95]。天野氏の本拠地志芳東と東西条は近い距離にあるとはいえ、おそらく室町期においては天野家の外部にいた存在が、戦国期には天野「家中」に加わり家督決定に参与しており、戦国期の「家中」が本来的な天野家から逸脱した新たな権力体であることを示している。

ここで、毛利氏にとっての「戦国領主」の「家中」維持の意味を考えるため、軍事動員の問題を見ておきたい。

先にも触れたとおり、毛利氏の軍勢は基本的には「戦国領主」の手勢が軍団の単位となっていた。一方で、毛利氏が、天野氏や平賀氏に対し、当主に出陣を要請するのではなく、家臣に直接出陣を要請している事例が見られる[96]。天野氏の場合、当主の死去による不在という事情もあるが、平賀氏の場合は、名井豊前守以下六名に宛て「銘々被成御出、預御馳走候者、可為本望候」と彼ら自身の出陣を要請している。前項で見た天野氏の事例でも長松、三宅の両名を指名して出陣を求めていたが、「家中」に対して出陣を要請するだけでなく、その人員も指名している点は、毛利氏が「戦国領主」の「家中」について知悉しているとともに、軍勢の派遣を完全に「戦国領主」の裁量に委ねてしまうのではなく、「戦国領主」の「家中」に対して持っている影響力を背景に、毛利氏の一定の意志を反映させようとしていたことを示している。この毛利氏の影響力として、舘鼻誠氏が指摘する、毛利氏による愁訴裁定、知行宛行の独占ということは特に重要であると思われる[97]。

他方で、こうした出陣要請は、たとえば平賀家臣六名という集団に対してなされ、あるいは天野「家中」から派遣する人員を誰にするかという問題であったように、個別的なものではなく、あくまで「戦国領主」を単位とする原則は不変である。ここに「家中」維持の問題が関わってくる。先の史料5では、都野家頼が朝鮮出兵中に討ち死にした際、都野氏の「内之者共」が「御役目等」を果たすことを条件に、幼少の子への相続安堵を願い出ている。同様に先の多賀氏の事例でも、「当御城番無御緩之由」を多賀氏の重臣たちが申し出ていた。毛利氏にとって、軍勢の構成単位であった「戦国領主」の「家中」が安定的に維持されていることは、戦争遂行の上できわめて重要なことであった。

以上のように「戦国領主」は本来の家の域を越えて「家中」を形成したが、それは前節で見たように、非排他的で不安定なものであった。これを毛利氏の力を背景として維持・統制する反面、その影響力によって、不安定要因が再生産されるという状況であった。この二面性により、毛利氏の「戦国領主」支配の実現と、「戦国領主」の「家中」支配の実現が表裏の関係になっているのが、毛利権力における「戦国領主」編成の特質といえる。毛利氏にとっても、軍勢の単位である「戦国領主」の「家中」がある程度安定的に維持されている必要があった。これは「戦国領主」が毛利「家中」に包摂されず、「家中」が併存する構造であり、この単純な延長線上に慶長一〇年の起請文に示されるような一元的「家中」は生まれないといえるだろう。

毛利氏の「戦国領主」編成について、もう一つ指摘しておくべき点は、室町期の国人・守護被官・幕府奉公衆といった区分が消滅しているということである[98]。たとえば、天文九年（一五四〇）、尼子氏の支配下で作成された「竹生島奉加帳」[99]では、赤穴氏は「出雲州衆」、湯原氏は「富田衆」に区分されている。前者は国人にあたり、後者は守護被官にあたるだろう[100]。しかし毛利権力下の天正一五年、吉川氏の代替わりに際して、益田元祥ら一五名が提出した連署起請文[101]では、赤穴氏と湯原氏は、他の「戦国領主」とともに署判しており、さらに奉公衆であった佐波氏も連署している。つまり、先のような区分は消滅しているのである。室町期における国人・守護被官・奉公衆というのは身分上の差であって、領主の階層としてはいずれも国人領主であるが、戦国期には国人領主が解体され、それらを「家中」として編成することで新たに「戦国領主」が成立した。こうした動向は、幕府の地方支配放棄の動きと連動するものと考えられる。このような変化を経て、戦国期にはもはや国人・守護被官・奉公衆といった区分は意味を失い、毛利氏はこうした新たに出現した「戦国領主」を、既述のような形で編成していったのである。したがって、室町期において国人であった「戦国領主」に対する軍事指揮権が、守護公権に由来したとしても、すでに動員される側のあり方も、その実現のあり方も変化していると見るべきであり、それを守護公権と呼ぶことは有効ではないと思われる。

(3)　毛利氏の紛争調停と「戦国領主」

毛利氏の「戦国領主」編成のあり方は、毛利「家中」に「戦国領主」が包摂されていかない構造になってい た。では「はじめに」で触れた、領主間矛盾の止揚のための領主層の結集によって近世的権力が誕生するという議論との関係はどのように考えられるだろうか。毛利氏による「戦国領主」間の紛争・相論の調停から考えてみたい。

吉川元春が益田氏に出陣を要請したのに対し、益田氏は出陣にあたって留守を脅かされないよう、対立する吉見氏との境目に毛利氏の検使の派遣を要求した。元春は検使の派遣がなければ益田氏の出陣が延引すると懸念している[102]。

尾道浄土寺の鐘をめぐる相論では、小早川隆景と穂田元清が、対立する木梨氏と上原氏に対し、「当時弓箭中、

殊更善根之儀候条」という論理で、毛利氏の調停案の受諾を迫っている。(103)

また天野隆重は、阿曾沼広秀に対し「就彼公事之儀、重而小林丹後守被遣候、如申旧候元就一大事之弓矢被取懸半候之条、万事御働(勘)忍可然之由数ヶ度申様候、広秀御分別候之間尤専一候」と、「元就一大事之弓矢」を理由として、「彼公事」について広秀の分別を求めている。(104)

以上の例はいずれも、戦争を遂行するための紛争調停、安全保障であるといえる。また一方で、こうした紛争を調停する毛利氏の立場として、ここでは後北条氏のような「公儀」や「大途」といった公権力としての立場は標榜されておらず、それに基づいて、あらかじめ私戦を禁止するといった「平和」の原則を打ち出しているわけでもないことにも注意する必要があるだろう。毛利氏は、あくまで軍勢の構成要素である「戦国領主」を動員するという戦争遂行上の要請から、現に起こっている紛争や相論に対し、個別的、一時的に、調停をおこなっているのである。毛利氏の紛争調停は、戦時における安全保障であって、領主間矛盾を最終的に止揚するものではなかったし、ましてや、そのために「戦国領主」の「家中」を、毛利「家中」に一元化させるというような動向はなかったといえる。

毛利権力の戦国期の動向のそのままの延長線上に近世的権力への展開があるのではなく、毛利権力の近世的権力への転化には大きな飛躍が必要であったと考えられる。

おわりに

「戦国領主」の「家中」は、室町期の国人領主の軍事力が解体され、それが個別的に家臣化されるという形で、本来的な主従関係を逸脱することによって成立した。毛利権力は戦国期に新たに出現したこの「戦国領主」を編成して、その支配の上に構築された権力であった。「戦国領主」の「家中」は、国人領主の解体によって成立したとはいえ、なおも内部集団を抱えるなど、不安定であり、そうした構造は、毛利氏が「戦国領主」の「家中」に影響力を持つ契機ともなり、また毛利氏の影響力によってそうした構造が再生産された。しかし、一方で「戦国領主」は毛利氏の力を背景に「家中」支配の維持・強化を図っており、毛利氏の「戦国領主」支配の実現と、「戦国領主」の「家中」支配の実現は表裏の関係にあった。毛利氏にとっても、「戦国領主」の「家中」は軍勢の構成単位であり、それがある程度安定的に維持されている必要があった。このような構造の下では「戦国領主」は毛利「家中」に包摂されず、「家中」が併存することになる。すなわち、毛利氏の戦国期から近世にかけての展開は、領主間矛盾の止揚のため、一元的な毛利「家中」を形成していく一貫した過程ではなく、近世的権力への転化には、ある段階で飛躍を必要としたといえよう。

一方で、このような構造からは、「家中」の併存状況をもって、両者を単に同格とし、毛利氏が「戦国領主」に及ぼしている権限を守護公権であるとすることはできない。毛利氏の軍事指揮権が、室町期の守護公権に由来していたとしても、それは、「戦国領主」の成立と、その編成という変化の上に実現されているものであり、もはや守護公権とすることは有効でないと思われる。

したがって毛利氏は戦国期に固有の構造の上に成り立っている権力であり、戦国大名と規定することが有効であると考えられる。

（1）　矢田俊文Ⓐ「戦国期甲斐国の権力構造」（『日本史研究』二〇一号、一九七九年）、同Ⓑ「戦国期毛利権力における家来の成立」（『ヒストリア』九五号、一九八二年）。いずれものち『日本中世戦国期権力構造の研究』（塙書房、一九九八年）に収録。

（2）　勝俣鎮夫「戦国法」（『戦国法成立史論』、東京大学出版会、一九七九年、初出：『岩波講座日本歴史　第8巻　中世

4』、岩波書店、一九七六年）。
（3）朝尾直弘Ⓐ「「将軍権力」の創出（一）」（『歴史評論』二四一号、一九七一年）、同Ⓑ「「将軍権力」の創出（三）」（『歴史評論』二九三号、一九七四年）。いずれものち『将軍権力の創出』（岩波書店、一九九四年）に収録。
（4）黒田基樹「大名被官土豪層の歴史的性格」（『中近世移行期の大名権力と村落』、校倉書房、二〇〇三年、初出：『戦国史研究別冊　戦国大名再考』、二〇〇一年）。
（5）菊池浩幸「戦国期「家中」の歴史的性格――毛利氏を事例に――」（『歴史学研究』七四八号、二〇〇一年）。
（6）朝尾前掲註（3）Ⓑ論文。
（7）矢田前掲註（1）Ⓑ論文、黒田基樹「戦国期外様国衆論」（『戦国大名と外様国衆』、文献出版、一九九七年）。
（8）菊池前掲註（5）論文。
（9）毛利家文書三九六。
（10）朝尾前掲註（3）Ⓑ論文。
（11）矢田前掲註（1）Ⓑ論文。
（12）毛利家文書四〇一。
（13）毛利家文書四〇二。
（14）秋山伸隆「戦国大名毛利氏領国の支配構造」（『戦国大名毛利氏の研究』、吉川弘文館、一九九八年、初出：『史学研究』一六七号、一九八五年）。
（15）毛利家文書一二八四。
（16）矢田前掲註（1）Ⓑ論文、同「戦国期の社会諸階層と領主権力」（『日本史研究』二四七号、一九八三年、のち前掲註1著書に収録）。
（17）矢田前掲註（1）Ⓑ論文。
（18）池享「戦国大名権力構造論の問題点」（『大名領国制の研究』、校倉書房、一九九五年、初出：『大月短大論集』一四号、一九八三年）。
（19）河合正治「戦国大名としての毛利氏の性格」（藤木久志編『戦国大名論集14　毛利氏の研究』、吉川弘文館、一九八四

年、初出：『史学研究』五四号、一九五四年）。
(20) 和田秀作「毛利氏の領国支配機構と大内氏旧臣大庭賢兼」（『山口県地方史研究』六四号、一九九〇年）。
(21) ①と②を合わせて「被官」とすることもできるが、同時代の史料用語であるので、適用の判断が難しい。また、矢田氏によれば越後上杉氏などでは、③にあたる領主が、大名の意を受けた奉書を発給するなど（「戦国期越後国政治体制の基本構造」、本多隆成編『戦国・織豊期の権力と社会』、吉川弘文館、一九九九年）、毛利氏とは異なる状況がある。今後の検討課題としたい。
(22) 毛利家文書三七四、三七五。
(23) 菊池前掲註(5)論文。
(24) 池享「戦国大名領国における重層的領有構造」（前掲註18著書、初出：『歴史学研究』四五六号、一九七八年）。
(25) 池前掲註(18)論文。
(26) 秋山前掲註(14)論文。
(27) 鴨川達夫「戦国大名毛利氏の国衆支配」（石井進編『都と鄙の中世史』、吉川弘文館、一九九二年）。
(28) 馬部隆弘「戦国期毛利氏の領国支配における「検使」の役割」（『ヒストリア』一九二号、二〇〇四年）。
(29) 従来の研究において、毛利氏と「戦国領主」の関係は多くの場合、毛利氏を含む安芸の「戦国領主」（出羽氏のみ石見）が連署した「毛利元就外十一名傘連判契状」（毛利家文書二二六）を用いて論じられていた。しかし、これは家臣連署起請文(C)と同じ弘治三年に作成されたものであり、まだ毛利氏が防長二国の征服をほぼ終了したばかりの時点のものである。毛利氏と「戦国領主」の関係を考えるならば、これ以後に征服した石見、出雲、伯耆、備後、備中などの「戦国領主」との関係も検討する必要があるだろう。ただし、安芸周辺と、比較的支配が安定した防長や備後と、その他の地域とで、その関係は一律ではなく、濃淡は存在したと考えられる。
(30) 表1の典拠史料については別の機会に公表したい。さしあたって安芸国と備後国の一部の「戦国領主」に関しては、拙稿「芸備国衆家臣団一覧」（『市大日本史』二号、一九九九年）に掲載しているが、その後大幅に増補・改訂している。なお、以下の記述において、志芳東村天野氏と志芳堀天野氏とを区別するため、前者を天野氏、後者を保利氏と表記する。同様に杉原氏に関しては、神辺城主杉原氏を杉原氏、高須杉原氏を高須氏、木梨杉原氏を木梨氏とする。また仁保本宗家についても、山口奉行を務める仁保隆慰家と区別して三浦氏と表記する。
(31) 長谷川博史「安芸国衆保利氏と毛利氏」(『内海文化研究紀要』二五号、一九九七年)。
(32) 閥一三・山内縫殿。
(33) 毛利家文書六二三・六二六。年代推定は秋山伸隆氏の「戦国大名毛利氏の軍事力編成の展開」(前掲註14著書、初出:『古文書研究』一五号、一九八〇年)による。
(34) 長谷川前掲註(31)論文。
(35) 閥八九・湯浅太郎兵衛―一。
(36) 閥一七〇・財満瀬兵衛―六。
(37) 閥一七〇・財満瀬兵衛―三。
(38) 『山口県史3』「山口県文書館蔵右田毛利家文書」一三。
(39) 毛利家文書二四五。
(40) 小早川家文書四七三。
(41) 閥遺五の三・長府百姓山本清左衛門所持―一三。
(42) 毛利家文書三七五。
(43) 平賀共昌集録「旧記」一六。
(44) 『益田藤兼・元祥とその時代』八一(益田家什書)。
(45) 益田家文書二二九、二九二、二九三。
(46) 閥七九・杉七郎左衛門―一。
(47) 毛利家文書三九八。
(48) 閥一四八・下瀬七兵衛―六。
(49) 閥一四八・下瀬七兵衛―五。『萩藩閥閲録』の原注によれば水津新左衛門らが寝返ったのは天文一九年である。
(50) 『山口県史3』「山口県文書館蔵右田毛利家文書」三九、四〇。
(51) 山内首藤家文書三〇〇

(52)『広島県史Ⅳ』「堀江文書」一三。
(53)『山口県史3』「波多野家蔵波多野家文書」六、七。
(54)平賀家文書八三。
(55)平賀家文書一〇八。
(56)平賀家文書一六九。
(57)『広島県史Ⅴ』譜録・児玉主計広高―一五。
(58)『広島県史Ⅴ』「山口県文書館蔵村山家檀那帳」一。
(59)山口県文書館所蔵「贈村山家返章」から、児玉大和を宗有、与三衛門尉を保家、兵部丞を相次に比定でき、これらはそれぞれ平賀隆宗・隆保（ないしは弘保）・広相（ないしは元相）の偏諱を受けていると見られる。また、木工允は元実に比定され、毛利隆元（ないしは輝元あるいは興元）の偏諱と考えられるから、毛利氏の家臣である。
(60)平賀家文書一六九。
(61)『広島県史Ⅴ』譜録・桂市郎右衛門保心―九、一六。
(62)『広島県史Ⅴ』譜録・桂市郎右衛門保心―四。
(63)『陰徳太平記』によれば、坂某（広明ヵ）が謀叛を企てたため毛利氏に討たれ、それに関わって桂広澄も自害した事件があり、これによって坂保良と桂広澄の四男である保和が平賀氏に移った可能性もある。また、平賀弘保の妻が坂広明の娘であったこととの関連も予想される。
(64)『山口県史2』「新山家文書」二、五。
(65)岸田裕之「大内氏滅亡後の防長旧臣層と毛利氏」（『大名領国の政治と意識』、吉川弘文館、二〇一一年、初出：『史学研究』二〇〇号、一九九三年）。
(66)『新熊本市史2』「乃美文書」七三。
(67)山内首藤家文書三〇四。
(68)池享「戦国大名領国支配の地域構造」（『戦国期の地域社会と権力』、吉川弘文館、二〇一〇年、初出：歴史学研究別冊特集『世界史における地域と民衆（続）』、一九八〇年）。

(69) 吉川家文書六一二。
(70) 『広島県史Ⅴ』譜録・阿曽沼内記秀明―一四、『山口県史2』「甲田家文書」一三、『山口県史3』「大寧寺文書」四。
(71) 史料編纂所所蔵謄写本「山田文書」巻三―一五。
(72) 『広島県史Ⅳ』「横山文書」一二。
(73) 『山口県史3』「山口県文書館蔵右田毛利文書」一三四。
(74) 『広島県史Ⅴ』「山口県文書館蔵右田毛利譜録」一〇。
(75) 『山口県史3』「山口県文書館蔵右田毛利文書」一二七。同一二八の宛所に「天野殿御年寄中」とあり、これが一二七と同じ相手に宛てられたものと推測されることから、一二七の宛所の一四名が年寄中であると思われる。
(76) 『広島県史Ⅴ』「山口県文書館蔵右田毛利譜録」八。
(77) 毛利家文書四八〇。
(78) 閥四三・出羽源八―七、八。
(79) 西尾和美「戦国末期における芸予関係と河野氏大方の権力」(『戦国期の権力と婚姻』、清文堂、二〇〇五年、初出：「宍戸隆家嫡女の生涯と道後湯築城」、『四国中世史研究』六号、二〇〇一年)。
(80) 閥九九・内藤小源太―三。
(81) 『山口県史2』「勝間田家文書」四。
(82) 閥二九・井原孫左衛門―八。
(83) 『広島県史Ⅴ』譜録・桂市郎右衛門保心―一五。
(84) 閥八一・小笠原友之進―一。
(85) 『山口県史3』「山口県文書館蔵右田毛利文書」二〇六。
(86) 『山口県史3』「波多野家蔵都野家文書」一三。
(87) 毛利家文書八四七。
(88) 『山口県史3』「波多野家蔵都野家文書」二一。
(89) 『早稲田大学蔵資料影印叢書　古文書集三』「多賀文書」二九。

(90)『山口県史3』「山口県文書館蔵右田毛利文書」一二七。
(91)『山口県史3』「山口県文書館蔵右田毛利文書」一〇〇。
(92)閥七九・杉七郎左衛門―七。
(93)閥三四・草苅太郎左衛門―一一。
(94)吉川家文書六一六。
(95)長谷川前掲註(31)論文。
(96)『山口県史3』「山口県文書館蔵右田毛利文書」一三五、『広島県史Ⅴ』「知新集」所収文書・名賀屋為吉―一。
(97)舘鼻誠「戦国期山陰吉川領の成立と構造」(『史苑』四六巻一・二号、一九八七年)。
(98)石田晴男「室町幕府・守護・国人体制と「一揆」」(『歴史学研究』五八六号、一九八八年)。
(99)『出雲尼子史料集』三九一(竹生島宝厳寺文書)。
(100)今岡典和「戦国期の守護権力――出雲尼子氏を素材として――」(『史林』六六巻四号、一九八三年)。
(101)吉川家文書二〇二。
(102)毛利家文書七八九。
(103)『中世鋳物師史料』「真継文書」一四九。この相論については第二章参照。
(104)『山口県史3』「山口県文書館蔵今川家文書」三〇。

〔付記1〕本章は「毛利氏の「戦国領主」編成とその「家中」」(『ヒストリア』一九三号、二〇〇五年)に若干の修正を加えたものである。初出時には、①起請文の署判者を「家中」＝家臣としていが、このようにすると②起請文の署判者ではなく、みずから「家中」を持たない者(池享氏のいう「家中」ではない家臣)を表す適切な用語がないため、本書では用語法を変更して、さしあたって①を「家中」とし、慣習的な用語法に従って①と②を合わせて家臣と称することにした。ほかにより適切な用語法があれば、これに固執するものではない。

〔付記2〕本章のもととなった拙稿公表後に、木村信幸「備後国多賀山氏の基本的性格」(『芸備地方史研究』二四八号、二〇〇五年）が発表された。本章で触れた多賀山氏について、より詳細に立ち入った分析がされているので、合わせて参照されたい。

第四章　一六世紀後半の地域秩序の変容——備後地域における地域経済圏と「領」——

はじめに

本章では毛利氏による「戦国領主」の編成が地域秩序形成にどのような影響を与えたのか、またそれが近世にどのように展開するのかを論じる。

中世後期における地域秩序形成の問題について、伊藤俊一氏は、近年の中世後期研究は「各分野が個別に深化して相互の関連がとりにくくなり、社会のトータルな把握につながらない状況に陥って」いると指摘し、「全体史」としての「守護領国論」を提起している。そして、地域に関して「上から」の編成か、「下から」の公権形成かという議論があることについては、その相互作用の分析が必要だとする(1)。また、池上裕子氏は、三浦圭一氏が和泉国について論じた「日本中世における地域社会(2)」について、民衆史の視点を基礎に、領主層をも構成要素として重層的・多元的・流動的な構造を持つ地域を総体としてとらえたものと評価しつつ、和泉国という支配制度上の単位が地域を考える枠組みとして前提とされている問題点を指摘する。同時に池上氏は、一九九〇年代前半の地域論が、地域とは村々連合であると規定し、地域を徹底的に下から形成されるものとして、守護ら支配者による上からの規定性を排除し、国郡制的秩序の対立概念としていることも批判している(3)。

両氏の議論に共通するのは、「上から」か「下から」かという二者択一的な議論を脱し、その相互作用の解明を重視する点にある。

ある空間を取り出してみれば、無数の社会的関係がさまざまな広がりを持って網の目のように展開し、それらは相互に関連し、規定しあっている。地域は所与としてあるのではなく、特定の課題に基づいて見たときに浮かび上がってくる網の目の凝集部分であり、こうした凝集は社会関係の相互規定性によって生み出されるが、その中でも特に他への強い規定性を持つ関係があるということである。

領主による支配—被支配の関係も、村々連合も、こうした多様な社会的関係のひとつであり、どちらか一方だけが規定性を発揮して地域を形成するわけではない。一方、これらの社会的関係が、とりわけ他に強い規定性を持つことも確かであり、その点で、たとえば守護分国に近似的な地域を想定しうる。このため、ひとまずは国・郡などを対象として分析を始めることも有効であると考えられる。

ところで、戦国期には「戦国領主」が周辺の国人領主を「家中」に編成し、「領」を形成していた。矢田俊文氏によれば、これは流通の広域化などにともない、一村規模の国人領主支配が危機に瀕し、一郡規模で「家中」として結集したものであるという。すなわち「戦国領主」の成立は、広域化する地域秩序への国人領主の対応であった。[4]また、「戦国領主」を編成した戦国大名の分国の成立も、流通をはじめとする広域的問題への対応として説明されている。[5]ここで注目されるのは、地域秩序の広域化の問題として、いずれも流通・経済の展開が重視されている点である。流通・経済関係も、他への規定性がとりわけ強い関係のひとつであろう。

このようなより広域的問題への対応として成立した戦国期の大名権力や「戦国領主」の支配は、地域秩序形成にいかなる規定性を発揮したのであろうか。本章では、地域経済圏との相互関係の問題として論じてみたい。

ここで中世後期の地域経済圏と領主支配をめぐる研究を見ておきたい。

一五世紀後半以降における「地域経済圏」の成立を論じたのは鈴木敦子氏である。鈴木氏は、脇田晴子氏や佐々木銀弥氏の畿内への求心的流通構造論を批判して、周防宮市、安芸廿日市などを例に「地域経済圏」の存在を明らかにした。また、国人領主の流通支配は、自領内での市支配を通じておこなわれたが、隔地間流通を統制下に置くことは不可能であり、毛利氏は領国経済圏と呼ぶべき経済構造を創出しようとしたとしている。[6]

こうした鈴木氏の議論に対し、佐々木氏は、地域間・地域内流通が成立していた点は認めるが、地域経済圏概念は経済学においては、より完結性の強い独立した経済圏を指すもので、中世後期において、まったく他から独立した経済圏の存在は想定できないと反批判をおこなっている。その上で、佐々木氏は備後の尾道経済圏について分析し、それは後背地を中心とした同心円的構造を持ち、周辺経済圏や中央とも結びつくものであったとしている。[7]

こうして、鈴木・佐々木両氏の議論を見ると、鈴木氏も決して求心的流通構造を否定しているわけではなく、求心的流通構造と地域経済圏が重層的に並存しているという点では両者は共通しているともいえる。[8]

両者の議論がすれ違っているのは、求心的流通構造と地域経済圏のどちらにウエートを置くかという問題でもあるが、地域経済圏のとらえ方に違いがあると思われる。確かに、地域経済は、佐々木氏の指摘するように同心円的構造を持っているには違いないが、鈴木氏のいう「地域経済圏」は、この同心円の中の特定の円、日常的に出入り可能なような、おそらく一番内側に近い円を指しているのであり、それが一五世紀後半以降に成立してくることを重視しているのである。本章では、同心円のどの円かを特定しない場合は、単に地域経済圏とし、鈴木氏のいうところの地域経済圏は「地域経済圏」と表記しよう。

藤木久志氏は、戦国期の後北条領国の経済構造について、次のような分析をおこなった。藤木氏は、後北条氏の支城領のひとつである鉢形領内の秩父谷に六斎市経済圏を検出した。これは、秩父谷では五つの市が一つのユニットを構成しており、これらの市日は重なりなく設定されていて、この圏内では毎日どこかで市が開かれるようになっているというものである。そして、こうした六斎市経済圏が三つ集まって鉢形領経済圏を形成しており、それは他の支城領とは明確に区別されるものであったとする。こうした市日の調整、あるいは新たな市の設定などは支城主による編成を示すものであり、戦国期の領国経済は支城領などの領単位であったとしている。これに対し織豊期については、毛利氏の広島城下町経済圏の分析から、広島を中心に領内市場が整備されたとし、山口・防府・尾道等の特権商人の安堵も、広島城下町への求心性を否定するものではなく、広島城下町経済圏の外縁の新たな掌握であるとして、領単位の領国経済という戦国期的構造の克服の過程であるとする。[9] すなわち藤木氏の議論は、戦国期の国人領・支城領単位の経済圏から、近世の城下町を中心とする一元的編成へというもので、その中で特に領主による編成が重視されている。

山口啓二氏は、豊臣期以降、大名権力は豊臣政権の力を背景に「与力家来」を知行替えするなどして、その在地支配を否定し、また大名城下町が上方市場と結びつけられることによって、領国経済の中心となっていくことを指摘している。[10] ここでいう「与力家来」には家臣だけでなく本書でいうところの「戦国領主」も含まれている。

仁木宏氏も、戦国期において大名の城下町は、在地に数多く存在する市町を支配する国人領主や市町住人の抵抗、あるいは市町の持つ中世的な自律の伝統が強いことによって、経済・流通上、唯一の中心としての卓越的な地位は得ていないのに対し、豊臣期には「豊臣大名マニュアル」を受け入れた大名が一元的な城下町を築いたとしている。[11]

さらに鈴木氏も、豊臣政権は兵農／商農分離によって、国人領主を商業支配から切り離したとする。[12]

以上のように、近世においては城下町を中心とする一元的な領国経済が形成され、それは「戦国領主」などの独自の支配を否定したことによって達成されたとする点では多くの論者が共通している。その点で藤木氏のいう領単位の経済から、城下町を中心とする一元的な領国経済へというモチーフそのものは、大枠においては首肯しうるものであるし、市日の調整や城下町建設など領主権力の影響力が重大であったことも確かである。

しかし、地域経済圏が周辺と密接な関係を持ち、同心円的に展開していたということを考えるならば、領単位から一元化へという把握では単純すぎるのではないだろうか。また、そもそも市日の調整を必要とするような密接なつながりを持つ地域が成立していたことや、「戦国領主」の流通支配の限界性などを考えるとき、領主による編成のみを重視するわけにはいかない。鈴木氏が明らかにした周防宮市を中心とした「地域経済圏」は領主の支配圏ではなく、防府天満宮の信仰圏と対応している。すなわち他の社会的諸関係との相互関連を念頭に置き、地域経済圏が、「戦国領主」の「領」と必ずしも対応しないことも考慮する必要があるだろう。

また、各論者とも近世的な領国経済形成への転換点を豊臣期に求めている。前章までで、戦国大名の「戦国領主」支配は、それを一元的家臣団に編成していく一貫した過程ではないと述べたが、であるとすれば、同様に、戦国期は一元的領国経済に向けて、「戦国領主」の「領」における商業支配などを否定していく一貫した過程としてはとらえられない。それでは、戦国大名の広域的問題への対応とはいかなる意味を持ったのだろうか。

これらが本章での主要な課題となる。ところで、藤木氏は、戦国期は後北条分国で、織豊期は毛利分国で描いており、地域差が考慮に入れられていないという問題点がある。本章では戦国期には毛利分国である備後地域を対象に「地域経済圏」と領主支配の関わりを、戦国期から近世初期にかけて見通すこととしたい。

第一節　備後地域における地域経済圏の展開

ここでは、中世後期に備後地域に展開した地域経済圏の状況について、主として備後南部を中心に述べる。なお、以下文中で示す郡名は、特に断らない限り、いずれも備後国内の郡である。

表1　「兵庫北関入船納帳」に見える備後国内および備中笠岡に船籍地をもつ船の積荷

船籍地	積荷	隻数	入港回数
尾道	米、大豆、塩(備後)、莚、木材(松、朴木、材木)、魚(赤鰯、鰯)、胡麻、小豆、鉄、菓子	59	34
鞆	米、大豆、塩(備後)、莚、魚(赤鰯、小鰯、塩鯛)、大麦、小麦	17	12
田嶋	米、大豆、塩(備後)、木材(榑)、魚(赤鰯)、小麦	16	14
三庄	塩(備後)	11	11
三原	米、大豆、塩(備後)	3	3
笠岡	米、大豆、塩(かうのシマ)、魚(干鯛)、大麦	3	3
藁江	(国料船)	8	8

「兵庫北関入船納帳」[13]（以下「入船納帳」）は、文安二年（一四四五）正月から翌年正月の間に兵庫北関に入港した船の積荷や船籍地などを記録したもので、この船籍地に見える備後国内の港は、尾道、鞆などの六港である。また、備後と関わりが深い備中笠岡も見える。これらの港を船籍地とする船の積荷を表1にまとめた[14]。これらの港は、求心的流通構造に結びついていたことになるが、同時に地域経済圏の中で中心的な役割を果たしていたと考えられる。

尾道を中心とした地域経済圏については前述の佐々木氏の研究がある[15]。尾道船籍の船の積荷には、米、大豆、備後塩、莚（畳表）、金（鉄）などが見られるが、佐々木氏はこれらがどこから尾道にもたらされるかを分析している。尾道は高野山領大田荘の倉敷地であり、米と大豆は、その年貢に求められる。年貢は尾道で換金される場合もあったという。塩は瀬戸内海沿岸部で広く生産されているが、尾道沖の向島も製塩が盛んであった。畳表は沼隈郡山南荘の特産品で、尾道の後背地御調郡でも生産されていた。鉄は安那郡河北荘・河南荘からの貢納物であるが、これは中国山地からもたらされた砂鉄を商品化したものとされる。さらに日明貿易の輸出品として尾道から積み出されている銅も中国山地からもたらされている。以上から佐々木氏は、尾道を中心に大田荘など後背地に広がり、さらに中国山地などその外側に同心円的に広がる尾道経済圏を明らかにした。

では「入船納帳」に、備後国内では尾道に次いで多く現れる鞆についてはどうだろうか。佐々木氏に倣って積荷から分析してみる。鞆船籍の船の積荷は米、大豆、備後塩、畳表などで、尾道と大きくは異ならないが、畳表は尾道が年間二〇〇枚余なのに対し、鞆は三五〇枚と多くなっている。鞆は沼隈郡の南端にあり、後背地に山南荘が控えていることがその理由としてあげられるだろう。また時代が下るが、元和二年（一六一六）、イギリス商館長リチャード・コックスが鞆で鉄を買い求めようとした事例が見られる[16]。この鉄も中国山地からもたらされたものであろう。したがって、鞆も尾道同様、その後背地を中心に同心円的な地域経済圏が想定できよう。尾道や鞆などは、求心的流通も含めた遠隔地流通と地域内流通の接点として、地域経済圏の核となっていたと思われる。

次に「地域経済圏」の中に存在した市場について検討する。草戸千軒遺跡の発掘で注目された草戸は、芦田川の河口に位置し、神辺―尾道間の陸上交通と、芦田川の河川交通の接点で、港湾施設などを備えた港町であったとされる[17]。発掘で出土した木簡には木之庄、坂部、津之郷、宇山、広谷、小井などの地名が見えるという[18]。図1にその地点を示したが、おおむね草戸を中心に扇型に分布しており、この範囲が日常的に草戸と経済的関係のあった地域、すなわち「地域経済圏」と思われる。

草戸は文献史料にほとんど現れない。「入船納帳」にもその名が見えず、志田原重人氏が指摘するように、遠隔地と直接結びつかない、地域内流通の拠点であったと考えられる[19]。一方で出土した陶磁器の中には常滑や瀬戸、あるいは輸入陶磁器が見られ[20]、鞆や尾道など遠隔地と結びつく港との関係が予想される。

草戸は戦国末期頃までには土砂の堆積によって港湾としての機能が失われ衰退したようであるが、備後地域では戦国期までに、このほかにいくつもの市が成立していた。特に山内氏、三吉氏、宮氏ら有力国人領主の拠点、

尾道　「兵庫北関入船納帳」に見える港
津之郷　草戸千軒遺跡出土木簡に見える地名
神辺城主杉原氏勢力範囲
尾道商人渋谷氏知行地
福山城下町に移転した市町
上原氏　「毛利元就外十七名傘連判契状」に見える領主
神石郡
小畠
馬屋原氏
上下
長氏
甲奴郡
世羅郡
湯浅氏
伊尾
堀越
大田荘
甲山
上原氏
檜崎氏
久佐
芦田郡
宇津戸
府中
広谷
宮内
新市
宮氏
相方
品治郡
小井
宮氏
北山
安那郡
吉井
御領
栗根
賀茂
湯野
中条
高屋
竹田
河北荘
杉原氏
平野
神辺
河南荘
坪生荘
岩成
郷分
簾
檜津
宇山
深津郡
有地氏
有地
宮内
渋川氏
木梨
御調郡
本郷
古志氏
今津
神村
高須氏
高須
山手
津之郷
神島
赤坂
草戸
福山
木之庄
深津
笠岡
五ヵ荘
手城
長和荘
藁江
芦田川
小早川氏
三原
木梨氏
尾道
渡辺氏
山田
沼隈郡
沼田川
向島
山南荘
中山南
鞆
田嶋
因島村上氏
因島
三庄

図１　備後南部地域

あるいは府中や守護山名氏の拠点があった神辺などにも市場が成立している。[21] 有力な国人領主が不在の場所でも、たとえば大田荘内に市が存在したことを次の史料から確認できる。

〔史料1〕

（尚々書略）

如仰罷下候者可申入候を、兎角延引口惜存候、今度者種々御懇之段難申尽候、可然様にかミ様へ可預御心得候、

一、以前之ケ条ニ元就裏判候而進之候、

一、制札之事進之候、市之制札ニハ爰元にても元就判者不仕候、奉行之者判迄候、

一、芳（旁カ）御出之事、何時成共可然候、同者御急候而可然存候、左茂候者五人一度御出あるへく候、重安殿御出候者元就見参可被申候、其段可御心安候、御入魂之通申聞候、祝着之由申候、

一、林新事、某元にて、私申分少も相違候間敷候、色々申儀多候へ共、一円同心有間敷候、中々可有御推量候、

一、御番衆十五六人之間可申付候、暮々今度者種々思出申候、猶御下之時承候、恐々謹言、

（天文一五年）
五月廿五日　　井上与三右衛門
元景　判

長末三郎左衛門尉殿
小寺又十郎殿　御返報[22]

これは毛利氏家臣井上元景から、堀越惣中と呼ばれる大田荘内の国人一揆に対して出されたものだが、二か条目で毛利氏の奉行が判を据えて「市之制札」を発給するとしている。大田荘と尾道のつながりを考えたとき、この市と尾道との間で人や物の流れを想定しうる。これらの市は「地域経済圏」の拠点として機能し、草戸同様、

尾道や鞆など広域的な流通の拠点となるような都市と結びついていたと考えられる。

このようにして地域経済圏は形成されていたと考えられるが、では地域経済圏どうしの結びつきはどうだったのであろうか。「入船納帳」に記載されている問や船頭についてみると、たとえば問の大夫三郎は尾道船九隻、鞆船一五隻を扱っている。また松岡久人氏は、「備後太田庄年貢引付」に「土堂トモノ太郎右衛門」という記載があることについて、鞆の住人である太郎右衛門が尾道の土堂を船籍地とする船を所有していたと解した上で、このような事態が生じるのは、舟株のような舟持ちの権利が存在し、それが何らかの理由で鞆の住人の手に渡ったからではないかと推測している[23]。

戦国期においても毛利氏の尾道代官笠岡屋は備中笠岡との関係が想定されるし、尾道の商人渋谷氏は、毛利氏から売船を、尾道で見つからなければ鞆などでも探すよう依頼されている[24]。つまり地域経済圏は、流通業者や商人を媒介として結びつき、また、同心円状に広がるとすれば、その外側へ行けばいくほど重なり合って存在していたと考えるべきであろう。

以上、主として備後南部の地域経済圏について述べてきたことをまとめれば、遠隔地流通と直接結びつく港町を中心に、そこに集荷される物資の生産地や、遠隔地流通と直接には結びつかない市が「地域経済圏」を形成し、またそれぞれの地域経済圏は互いに関わりを持ちながら並存していたといえる。

第二節　備後地域の「戦国領主」と地域経済圏

ここでは、「戦国領主」と地域経済圏の関わりを、毛利氏の統一政権服属以前と以後に分けて見ていく。

一六世紀中頃には、備後地域には複数の「戦国領主」が割拠していた。弘治三年（一五五七）頃のものと考えられる、毛利元就・隆元父子と、備後の「戦国領主」ら一六名が連署した傘連判契状の傘連判部分が残っている。[25] 彼らの拠点を地図に落としてみると、ほぼ備後全域に分布していることがわかるが、傘連判という形式からわかるように、この時点では備後の「戦国領主」は毛利氏の家臣ではなく、自立的な存在であった。さらに、備後最大の「戦国領主」山内氏や、神辺に拠点を置いた杉原氏、あるいは渋川氏、渡辺氏ら、この傘連判契状に名を連ねていない「戦国領主」が存在する。また宮氏も、この時点では宗家が滅亡し、庶流の有地氏が傘連判に名を連ねるだけとなっているが、天文年間以前には備後東部にかなりの勢力を誇っていた。すなわち一六世紀中頃の備後は「戦国領主」が多数割拠している状態だった。では、これら「戦国領主」と地域経済圏はどのような関わりを持っていたのであろうか。

「戦国領主」の割拠的状況の中で、通行の安全保障や商職人の営業圏の保証も、「戦国領主」が個別におこなっていたと考えられる。次の史料はややさかのぼる一五世紀末のものであるが、壬生家領である安芸国入江保の年貢送進に関わる史料である。

〔史料2〕

（端裏書）「大和遣小早河　杉原下総状」

（袖書）無心恐入候へとも、下総方へ御伝達○返事可召給候条可畏存候、

其後久不申通候、御床敷存候、仍不寄存申事候へとも、壬生官務領御近所候哉、入江保と申在所、毛利治部少輔代官候、毎年人を被下候、路次之事、可然様に被仰付被送候、無相違京着候やうに、預御調法候ハヽ、於私可畏存候、以前も荷物上候を、三原と申在所にて□（お）として剰さいりやうなと生涯候由候、此子細杉原下総方へ、以書状申事候□、其方時宜奉憑候、恐々謹言、

（明応五年カ）八月十九日　　政宗判

小早河美作守殿御宿所[26]

〔史料3〕

壬生官務安芸国入江保代官毛利治部少輔方執沙汰候間、毎年人を被下候、路次之恐怖ニ就候て、御領中事ハ預御意、彼御成敗憑存之由、壬生之長老より其へ被進状候、然ニ去年八月使僧（下部大者ありゝ）下向候て、十一月之始上洛時、毛利方より御在所三原まて人を副送候処、其後何と成候哉、尾道へも着岸候ハぬ由、定宿よりも申候、其儀由ハ不可有御存知候歟、雖然、御領中事候間、不及是非、及遅々候、御糺明肝要候、年貢之事就候てハ、以前細河殿より書状候、今も又国々申次ニ就て、玄蕃頭殿より状被下候由、承及候、返荷物落取候のミならす、使両人うしない候事、言語道断事、一途之御成敗候ハ丶、可然存候、恐々謹言、

（明応五年カ）八月十九日　政宗判

杉原下総守殿御宿所(27)

壬生家は、使者が入江保から上洛するに際し、三原を支配する小早川氏と、尾道に拠点を持つ木梨杉原氏に、それぞれの領中における路次の保障を頼んでいる。また前年には壬生家の使僧を入江保から三原まで、毛利氏が護衛を付けて送り届けたことがわかる。しかし、使僧は三原から先で行方不明となり、尾道へ着岸しなかったので、杉原氏の領中であることを理由に糺明を求めている。すなわち、路次の安全は「戦国領主」の「領」単位で個別に保障されていたのである。

営業圏の保証に関しては、鋳物師の事例を見る。御調郡宇津戸の鋳物師丹下氏は、備後国鋳物師惣大工職を守護山名氏や毛利氏、近隣の領主の上原氏らに安堵されている(28)。上原氏の安堵状(29)を示す。

〔史料4〕

当国（備後国）鋳師大工職之儀、自先々雖存知候事、三谷郡除之、於向後者申付候、大工職可相計者也、如件、

天文元　霜月十六日　（上原）豊将（花押影）

丹下神四郎殿

これは備後国における営業独占権であるが、秋山伸隆氏が指摘するように観念的権利であり[30]、実際には三原や安芸廿日市の鋳物師が備後国内で営業している[31]。では、領主による営業圏の安堵は無意味なのであろうか。永禄年間頃に尾道浄土寺の鐘の鋳造をめぐって丹下氏と尾道の鋳物師の対立が起きる。これは丹下氏を保護する上原氏と、尾道鋳物師を支持する木梨氏という「戦国領主」の対立に発展する。すなわち、営業圏が競合するような局面においては「戦国領主」の後ろ盾が必要であり、そのために守護や毛利氏の安堵を得ていても、なお「戦国領主」や現地の実力者の安堵を必要としたと考えられる。ところで、前掲の上原氏の安堵状には「三谷郡除之」という文言がある。「戦国領主」であるにすぎない上原氏は、もとより備後一国の営業圏など保証できないのだが、ではなぜあえて三谷郡のみ安堵から除外されるのだろうか。これは上原氏の惣領家にあたり、三谷郡に本拠地を持つ和智氏に配慮したためと考えられる。また、某宮内少輔理亮が、和智左衛門尉の依頼に対し、丹下氏に大工職を安堵する旨を返答している[32]。

丹下氏は備後国守護であった山名氏や、あるいは毛利氏からの安堵と合わせて、さらに個別の領主から保証を得ている。すなわち、商職人の営業圏は「戦国領主」の「領」を大きく超えて広がっているが、対立の起きる局面では「戦国領主」の保証が影響力を持ち、それは「戦国領主」の政治的関係に左右されると考えられる。

次に「戦国領主」と市との関係であるが、河合正治氏は、一六世紀初期には領主の本拠とその経営する市場とが一つになるとする[33]。先述のように「戦国領主」の拠点には市が存在している。また、草戸には国人領主渡辺氏が居住していた[34]。「戦国領主」はこのような膝下の市には何らかの支配を及ぼしていたと考えてよいであろう。

生産地に関しても「戦国領主」の一定の支配が及んでいたと考えられる。大田荘から高野山への年貢送進は減少傾向をたどり、一五世紀末頃には確認できなくなる[35]。同じ頃、荘域内で上原氏や湯浅氏など、先の傘連判契状に現れる国人領主の支配が展開してくる[36]。彼らは荘園年貢を押領し、その一部は尾道や荘内の市で取引されていたと想像される。畳表の生産地である山南荘にも渋川氏の影響力が及んでいた[37]。しかし、無論これらの「戦国領主」が剰余生産物をすべて掌握できたはずはないし、畳表などの流通を一元的に支配できたわけではなく、その影響力は限定的なものだったと思われる。

では、尾道や鞆など地域経済圏の核となる都市に関してはどうだろうか。結論からいえば、これらの都市を一元的に支配するような「戦国領主」は現れなかった。尾道は、木梨氏が一定の支配を及ぼしていたが、軍事情勢によって不安定であったり、他の「戦国領主」や毛利氏の影響力を排除できないなど、その支配は決して排他的なものではなかった。鞆では、特定の領主による支配は成立しなかった。戦時に小早川氏や渡辺氏らの軍勢が駐留することがあったが、これはむしろ日常的に支配をおこなう領主の不在を意味している。

以上のような状況からすれば、同心円的に広がる地域経済圏の外縁部はともかくとして、尾道とその後背地というような、比較的内側の範囲であっても、それを覆う支配を確立した「戦国領主」はいなかった。「地域経済圏」は「戦国領主」の「領」を超えて広がっていたのである。

ところで、毛利氏は一六世紀中葉以降、備後の「戦国領主」に対する統制を強めていくと考えられ、「傘連判契状」に示されるような同格の関係ではなく、毛利氏の優位が確立する。前述のような状況に毛利氏の支配はどのような影響を及ぼしただろうか。

まず市場の掌握について検討する。前掲の史料1は、堀越惣中が毛利氏に臣従したときのものである。毛利氏は、堀越惣中が家臣化するとすぐに、その勢力下の市に制札を発給して支配を及ぼしていることがわかるが、同時に「元就判者不仕候、奉行之者判迄候」という記述からは、堀越惣中の側が元就の判を求めたことがうかがわれる。制札の内容は不明だが、堀越惣中では保証できず、毛利氏の保証が必要とされるような事態があったと考えられる。ただし、この場合は堀越惣中が家臣化したことによって制札が出されたと考えられ、毛利氏の家臣化しなかった「戦国領主」の市に毛利氏が介入したり、保証を与えたり（あるいは求められたり）した例は見あたらない。

一方、交通や営業圏の保証など広域的な調整が求められる事柄に関しては、毛利氏の関与が見られる。秋山伸隆氏は、毛利氏が「戦国領主」の設置する諸浦における私関を容認すると同時に、赤間関から美保関にいたる日本海沿岸の要港を直轄支配またはそれに準ずる形で掌握していたことを指摘した(38)。また、瀬戸内についても鈴木敦子氏は、「船留」を実行可能な浦支配を成立させていたとする(39)。また、岸田裕之氏は、毛利氏が織田氏との戦争において、海上を経済封鎖していたとする(40)。どこまで「封鎖」というべき実態があったかは不明だが、それを企図できる程度には浦支配が実現していたのではないかと思われる。

また、先に述べた丹下氏と尾道鋳物師とが争った浄土寺鐘相論についても、調停者として毛利氏が関わっていく。しかも、第二章で論じたように、備後国鋳物師惣大工職の正当性が問題になったこの相論で、毛利氏の示した調停案は安芸国の廿日市の鋳物師に鐘を鋳造させるというものであり、当該地域の秩序の中ではもはや解決が困難な相論に対して、秩序の外のものを持ち込み調停しようとしている。

このように、毛利氏は地域経済圏を覆う広域的な支配をおこなう権力として立ち現れてくるのであるが、一方で、その関与は「戦国領主」の市や浦支配を否定するものではなく、また利害の調整という点についても、現に起こっている相論について、しかもそれが「戦国領主」間の対立に発展するなど、地域内では解決不能になった場合に介入しているのである。その上、浄土寺鐘相論の場合、木梨氏や上原氏を軍事動員するために両者の対立を解消する必要に迫られてはじめて、毛利氏は調停案を強硬に推進しようとするのであり(41)、それまでは毛利氏の調停案が受諾されなくても放置していたと見られる。

もちろん毛利氏は分国内の重要な経済拠点を抑えることで、「戦国領主」に対し、経済上優位な位置を占めていたが、[42]地域経済圏や、それに影響を及ぼしている「戦国領主」の支配に対して毛利氏がおこなった関与は、能動的、主体的な経済政策ではなく、受動的な調整であったと考えられる。ただ、毛利氏が（毛利氏だけが）このような調整をおこなえる地位にあったことは重要である。

こうした毛利氏の支配は豊臣政権服属後は大きく転換していくものと見られる。

まず、「戦国領主」の自立性が否定されていく。尾道の木梨氏や沼隈郡本郷の古志氏も天正末頃には所領を没収されている。[43]また神辺の杉原氏も天正一二年（一五八四）には当主景盛が、毛利氏によって殺害され、神辺領は毛利氏の直轄となっている。杉原氏については後に詳しく述べる。

傘連判契状に名を連ねていた有地氏と楢崎氏、あるいは高須氏は、天正一〇年代には当主ないしは一族が小早川氏の正月儀礼に参加するようになっている。[44]

このほかの「戦国領主」も、天正末年以降は知行替えなどによって徐々に自立性を失い、独自の「領」支配は否定されていった。

こうした中で毛利氏の地域経済への介入は主体的なものとなっていく。

安芸国の事例であるが、毛利氏が「戦国領主」平賀氏に対し、田万里市を返付するとしている。[45]返付するというからには、元来平賀氏の支配下にあったものであろうが、これを毛利氏のものとし、また返付するというのは、再び平賀氏の独自の支配を認めたわけではなく、むしろそれを毛利氏が直轄していなくても、毛利氏の領国経済の秩序の下に従属させられるようになったからこそ、返付したものと思われる。

藤木氏によれば、天正末頃には広島城下町を中心とする地域に市目代を置いて、「地域土豪」の拠点の市を大名権力の規制下に編制し、それらに広島城下町の分枝の役割を果たさせたという。[46]

さらに毛利氏は、文禄年間には尾道や鞆を直轄化し、代官支配をおこなう[47]。木梨氏の尾道に対する影響力は排除されたものと考えてよいだろう。

このような変化が何を意味するのか、より詳細に見るために、節を改めて、安那郡神辺を中心とした備後南東地域に焦点を絞り、近世への転換まで視野に入れて検討していきたい。

第三節　一六世紀後半における備後南東地域の変容

神辺は中世山陽道の分岐点に立地し、室町期には守護山名氏の拠点だが、天文七年（一五三八）に沼隈郡山手の国人領主杉原理興の支配下に入る。天文一二年に尼子方についた理興は、天文一八年に大内氏に敗れ出雲に逃れるが、その後毛利氏に許されて神辺城に復帰する。理興の跡を継いだ盛重は毛利氏の下、主に伯耆などに駐留し活躍する。盛重の死後、元盛が跡を継ぐが、天正一〇年（一五八二）に弟景盛に殺害される。景盛も天正一二年に毛利氏によって誅殺され、景保が跡を継ぐが、この後神辺城は毛利氏の直轄となり、天正末頃には毛利元就の八男元康が城主になる。慶長五年（一六〇〇）、関ヶ原合戦によって毛利氏は防長二国に減封となり、芸備には福島正則が入るが、神辺には筆頭家老の福島正澄が配置される。元和五年（一六一九）、福島氏は改易され、譜代大名水野氏が入部する。水野氏は一旦神辺に入るが、福山城を建設し、元和八年に福山に移る。以上がおおまかな神辺城の変遷である。

まず杉原氏の時期から検討する。「戦国領主」杉原氏は、周辺の領主を支配下に置いていく。杉原氏の家臣を表2にまとめた。また彼らの本拠地や知行を宛行われている場所を図1に「神辺城主杉原氏勢力範囲」として示した。それを見ると杉原氏の勢力範囲が、沼隈郡北部、深津郡、安那郡にまたがっていることがわかる[48]。

次に杉原氏と地域経済圏の関わりを見ておきたい。神辺は内陸にあるため、鞆や備中笠岡など遠隔地流通に直

表２　杉原氏家臣団

家臣	所領	典拠
粟根	粟根・賀茂	『広島県史Ｖ』「知新集」所収文書・山代孫右衛門２など
馬屋原		『広島県史Ⅳ』三吉鼓文書20
大原(安原？)		『広島県史Ⅳ』三宅文書１など
加藤		『広島県史Ｖ』「福山志料」所収文書14
河相		『岡山県古文書集４』川合家文書２など
河上	麓・御領・中条・楢津	『広島県史Ｖ』「譜録」河上伝兵衛光教２など
佐藤		『広島県史Ⅳ』三宅文書１など
谷本		『広島県史Ⅳ』横山文書１など
鼓	竹田・御領	『広島県史Ⅳ』三吉鼓文書14・『広島県史Ⅳ』鼓文書15など
所原		『山口県史３』井原文書44など
野毛		『広島県史Ⅳ』三宅文書１など
三吉		『広島県史Ⅳ』三吉文書３など
屋葺	湯野・平野	『広島県史Ｖ』「福山志料」所収文書14など
横山	津之郷	『広島県史Ⅳ』横山文書１など
藤井	吉井・高屋	閥53・楢崎与兵衛23

接つながる港との結びつきは不可欠であったと考えられる。大内氏が神辺城を包囲した際、鞆と神辺の南の沿岸部にある五ヵ荘に小早川氏の軍勢が駐留しているが、これは五ヵ荘にあった港が神辺の外港的役割を果たし、鞆と結びついていたことを示しているように思われる。また、山陰方面に駐留していたと考えられる盛重が、備後に残っている家臣の横山盛政に対し、笠岡番手の件について情報を集め申し送るように命じていることから、笠岡との結びつきもうかがわれる。(49)

また、神辺城下やその周辺にも市が存在していた。

〔史料５〕

去十六日於神辺七日市表固屋口、構越之鑓高名粉骨神妙感悦候、弥可抽軍忠者也、仍感状如件、

天文十八
卯月廿一日　　　　隆元（毛利）　御判

井上十郎左衛門尉殿(50)

これは大内氏が神辺城を攻撃した際の合戦の感

状であるが、「七日市」という地名が見える。また、杉原氏が屋葺次郎五郎に宛行った給地の坪付には「いちは（市場）の南」と注記のある土地がある(51)。屋葺氏の本拠地は神辺のすぐ近くの平野にあり、神辺周辺に市が存在したことを示している。さらに杉原領には塩浜と浦も存在した。

〔史料6〕

其表之趣追々申上せ候通、具承知候、
一、神辺領付立委細披見候、存外少分之儀候、是ニて城抱も不成事候、令仰天候、
一、杉原領之儀付而段々申越得其心候、尤之申事候、千四百貫之外ハはたと相渡ましく候、何にと検使之者申候共、不可有承引候、同塩はま（浜）以下之事しかと可控候、うら（浦）之儀をも先相渡間敷候、此間其方新庄へ遣候時、浦之儀可申切事と只今存候、其子細ハミなく〵此間物かたりニも、浦・塩はま（浜）のことハ、はたと此方之に仕候する事と各被申候つる、先可控候、
一、家人衆悉申渡候哉、所原（肥後守）うけ付一段之由案中候、可有さ様候、
一、宮刑（宮元理）召連出候家人者おい返候、対面不存寄候、雖不及申候、其元之儀手かたく可申付候、飯（飯田）彦やかて可差上候〵〵、謹言、

九月十二日　（毛利）輝元　御判

「二太（二宮就辰）　輝元(52)」

すなわち、神辺城は内陸にあるが、杉原領は沿岸部まで延びていたことがわかる。
杉原氏は数郡にまたがる範囲に勢力を広げ、神辺周辺の市や塩浜を支配していたと考えられるが、鞆や笠岡に勢力が及んでいたわけではなく、遠隔地流通と接する要港は、杉原氏の「領」支配の外側にあった。また史料6では神辺領が「存外少分」と述べている。のちに神辺城は毛利氏の地域支配の拠点的な位置づけを与えられてい

くが、「是ニて城抱も不成事候」と述べているように、そのような地域支配をおこなう拠点城郭の城領としては不足であったと考えられる。

理興の神辺復帰以後、杉原氏は毛利氏の配下に入るが、毛利氏による統制は次第に強まる。盛重以降の当主は、毛利氏によって長期間伯耆などに駐留させられ、在地支配の深化が妨げられたと考えられるし、永禄一二年(一五六九)、神辺城が藤井皓玄らに奪われた際には、その奪回に周辺の「戦国領主」や毛利氏の協力を得ていることから、当主の不在が毛利氏の保障体制に依存せざるを得ない状況を作りだしていたといえる。(53) また、杉原氏の家臣に対しても、毛利氏の影響力が強まっていたことがうかがわれる。たとえば横山盛政は、元盛の死後、毛利氏に通じていたと見られる。(54)

しかし、毛利氏が杉原氏の直轄支配を否定していくのは豊臣政権への服属後のことである。

天正一二年に、南条氏と内通したとして、毛利氏は伯耆に駐留中の景盛を討つ。その直後には国司、児玉、兼重ら毛利氏の家臣が神辺に派遣されている。(55) これは混乱を抑えるための一時的な措置と考えられる。史料6で、二宮就辰が毛利氏に対し神辺の城領や領内の塩浜・浦について報告したことがわかるが、毛利氏は直轄化の意図を持って神辺領の状況を調査させたものと思われる。(56) さらに就辰は神辺周辺に知行を与えられている。(57)

天正末頃になると毛利元康が神辺の城主になる。(58) 史料6で毛利輝元は神辺の城領が存外少ないと述べているが、元康は神辺領の拡大を図る。元康は「戦国領主」渡辺氏の本拠地沼隈郡山田へ進出する。天正三年、島津家久は、沼隈郡のある半島の西の付け根にある今津から、陸路で半島東南部にある鞆に向かう際、山田の城下を通過しているが、(59) 山田は鞆をにらむ重要な拠点であった。結局、渡辺氏の愁訴を受けた小早川隆景の強い主張により、(60) 山田は渡辺氏に返付されることになるが、(61) 元康が鞆を視野に入れて沼隈郡へ進出しようとしていたことは明らかである。元来渡辺氏は山田の他、深津郡手城、備中笠岡に所領があり、もともと草戸に居住していたという。すなわち、渡辺氏は鞆と笠岡をつなぐようにして勢力を持っていた。神辺にとって鞆や笠岡の重要性は高かったと考えられることから、元康は渡辺氏の所領を圧迫していったのではないだろうか。

天正末年頃の状況を示すとされる『八箇国御時代分限帳』に記載されている元康の所領を集計すると、神辺のある安那郡全郡知行を含め、全所領の七八％が深津郡、沼隈郡、品治郡、備中後月郡、小田郡と神辺周辺に集中している。この中で注目されるのが、笠岡のある小田郡をはじめ、備中西部に所領がある点である。これは杉原氏の勢力範囲とも重なっている部分もあるが、元康は神辺城を中心に鞆から笠岡にいたる神辺領の編成を目指していたのではないだろうか。

ところで元康は、神辺に移る以前は出雲富田の城主であった。松浦義則氏によれば、元康は、天正一九年、吉川広家が富田城主となったのにともなって、神辺城に移ったのだという。[62] 広家が富田城主となるとともに、伯耆三郡・出雲二郡・隠岐一国にまたがる一円的な吉川領が成立した。[63] この天正一九年の再編によって、富田から移ってきた元康の神辺支配も、やはり単なる一城主というのではなく、一定の広域性を持った一円的な領域支配であったのではないかと考えられる。次の史料にそれを推測させる記述がある。[64]

〔史料7〕

（前略）

一其方事、誠さん〳〵遣候而逗留辛労令察候、雖然其城（富田）并神辺者郡山（安芸）同前候、つね〳〵之大事候、爰元之者をも与州神辺方江遣候、其上むさと急差上候儀も万引合も大事候間、乍辛労今少可罷居候、春ハ替可遣候、其内合力可申付候、又於方角少之儀ハ可心遣候、さ様段元春申談免候之趣やかて可申上候、仍下ニて遣候少給之儀、内々替度候由申候つる間、長屋方之領地其表ニ候を、五十石ほとかへ候てくれ候へと内々被申候条、是をも此分申定候間、急度其方内之者ニ申聞、一人差下候而下之給引渡候ハヽ、則長屋領地替候様可申付候

趣申含堅三（堅田元乗）まて下候者可調候〳〵、為心得候、

（中略）

（天正一二年）十一月十三日　輝元（毛利）御判

栗市（粟屋元知）

輝元は富田城と神辺は、毛利氏の本拠地である吉田郡山と同然であると述べている。吉川領の再編は豊臣政権の強い意向が働いていたとされるが[65]、天正一九年の再編は、このよう拠点城郭を中心に、一定の広域性を持った一円的領域支配を設定していくことが一つの狙いであったと考えられる。

長谷川博史氏によれば、広家が富田城主となったことによって、一円的領域支配が成立した一方、吉川氏が戦国期に担っていた山陰地域の広域的支配の権限は失われたという[66]。一方、山陽地域の広域的支配を担っていた小早川隆景は、天正一五年に筑前名島に転封となっている。

このような戦国期の広域的支配は、「戦国領主」の支配を前提にしておこなわれていた。しかし、天正一九年におこなわれたような一円的領域支配の設定は、必然的に「戦国領主」などの知行替えをともなう。現に神辺城は杉原氏の支配が否定され、さらに元康は渡辺氏の所領を侵食していた。

山陰における広家領の成立と、神辺の元康領の成立は、「戦国領主」の編成の上に成り立っていた戦国期的な毛利氏の支配が、大きく転換したことを示している。元康が渡辺氏の所領を侵食したことに対し、隆景が強く抗議したというこの構図は、隆景が担っていた広域的支配と、元康が担っていく広域的支配の質的転換を象徴しているのではないだろうか。

こうした元康領の設定や、先に述べた尾道・鞆の公領化などは、毛利氏がこの地域を主体的に編成していこうとしたことを表していると思われる。それは尾道の特権商人渋谷氏への知行宛行からもうかがわれる。渋谷氏に

宛行われた知行地を図1に示したが、沼隈郡新庄から深津郡下岩成まで、山陽道沿いに尾道から東へ延びている[67]。渋谷氏は毛利氏の米や銭を運用して船や物資を調達するという、毛利氏の財政に関わる存在であったが[68]、このような知行の分布を見ると、尾道以東の備南地域で一定の経済的役割を期待されていたものと思われる。こうした主体的編成を可能にしたのは、「戦国領主」の自立性の否定であった。渋谷氏には「戦国領主」古志氏からの上地が与えられてる[69]。

無論、毛利氏による主体的編成といっても、既存の秩序をまったく無視して強権的に地域秩序を作り上げたという意味ではない。ここでいう主体的再編とは、現に生じている事態に対する調整という受動的な対応と対比して、一定の政策的意図を持った能動的な動きという意味で用いている。元康領の備中笠岡や、沼隈郡への拡大志向は、中世以来の地域経済圏の広がりと関連していると思われる。また、代官支配をおこなった鞆は、元康の志向にもかかわらず、神辺とは別個の編成になっていた。

以下若干、一七世紀への見通しを述べておきたい。毛利氏の後、芸備には福島氏が入るが、その支城配置を見ると、神辺城には一万石以上を知行する筆頭家老福島正澄が配置されている。一方鞆には新たに城を造り、これも八〇〇〇石余を知行する大身の家臣大崎玄蕃を配置している。つまり、なお鞆と神辺は別個の編成になっていた。

福島氏が改易されると備後は広島藩と福山藩に分割される。福山藩領は備後東部の神石郡、安那郡、深津郡、品治郡、芦田郡、沼隈郡と甲奴郡の一部、さらに備中の後月郡・小田郡の一部にまたがる。小田郡には笠岡が含まれている。この備中の所領に注目すると、毛利元康領が、ある程度福山藩の藩領を規定したことがわかる。これは中世以来の備後と備中西部の結びつきに淵源があると思われる。

さて、水野氏によって福山城と城下町が建設されるが、それにともない、沼隈郡神島町、深津郡深津町、芦田郡府中町、備中の笠岡町が福山城下に移転させられる。こうして福山城下町にいくつかの町が成立するが、これらには販売特権が付与される。たとえば神島町は畳表の専売権を与えられたし、塩や鉄は深津町の問屋が独占的に扱った[70]。中世以来沼隈郡は畳表の生産地であり、深津郡では塩浜や鉄の出荷が確認されるが、それらが町の移転により、福山城下町に強く結びつけられたことになる。

また、福島氏の時代までは神辺と別個に編成されてきた鞆は、水野氏の時代には福山の外港となっていくと考えられている[71]。

ところで、商人が福山城下町に強制的に移転させられた備中笠岡は、それによって寛文期頃までは町屋が減少するなど衰退していく。しかし、元禄一三年（一七〇〇）までには回復傾向に向かう。これは中世までの地位を取り戻しつつあるという意味ではなく、福山城下町を中心とする領国経済の中の地域市場として機能するようになったことを示している[72]。すなわち、水野氏の時代にいたって、少なくとも備後南東部を覆う福山経済圏が成立した。この備後南東部は、中世以来鞆や笠岡を核とする複数の「地域経済圏」が相互に結びつきながら並存していた地域であったが、一六世紀末頃には毛利氏よる編成がおこなわれる。つまり一円的な神辺領の設定と沼隈郡・備中笠岡への拡大が図られるのであるが、これは神辺を中心として周辺経済圏の再編を意図したものであったと考えられる。福山藩領は一部に、その元康領を受け継ぐが、福山城下町の建設により、鞆・山南などのある沼隈郡から、備中笠岡までが福山城下町に強く結びつけられ、一体化して福山経済圏が成立する。ここに一元的な領国経済の編成が達成されることになるのである。

おわりに

戦国期には「地域経済圏」の成立など、流通・経済の広域化に対応して、「戦国領主」が成立してくるが、地域経済圏は、なおも「戦国領主」の「領」を越えて広がっている。したがって、単純に領単位の経済圏とすることはできないが、一方、営業圏の保証や、通行の安全保障といった局面においては、「戦国領主」の支配や、政治的関係が、経済活動を規定する側面もあった。また、「戦国領主」の拠点には市場が存在し、「戦国領主」自体の経済活動によって人や物が集まってくると考えられるから、「戦国領主」の存在そのものが地域経済圏に影響を及ぼしていた。毛利氏の支配は、このような「戦国領主」の「領」に規定される個別性は否定せず、ただ利害の衝突が起こったときに、調整をおこなうという受動的な関与であった。ただし、毛利氏が分国内の重要な経済拠点を掌握し、「戦国領主」に対して経済的に優位な位置を占め、非常に広大な分国全体にまたがる利害調整や安全保障が可能な立場にいたことは、より広域的な利害調整を果たす幕府との相互補完関係によって支配をおこなっていた室町期の守護とは異なっている。

戦国期のこうした状況に対し、豊臣政権服属後は、「戦国領主」の独自の支配は否定されていき、それにともなって毛利氏は主体的な地域秩序の再編に乗り出す。それは神辺における元康領の設置に表れており、これは小早川隆景が戦国期に担っていた広域的支配に比べれば、その権限の及ぶ範囲は縮小しているが、「戦国領主」の支配を否定し一円的領域支配を成立させている。このような元康領は、近世福山藩の原形となるのである。

このような豊臣期の変化は、戦国期の毛利氏の支配と大きく異なっており、吉川広家領の創出が豊臣政権の強い意向によるものであったように、豊臣政権の影響下での転換であった。

毛利氏が戦国期に果たしていた広域的な利害調整は、それがそのまま発展して近世の一元的領国経済になるのではなく、豊臣期に屈折を経て近世化するのである。

（1）　伊藤俊一「中世後期における「地域」の形成と「守護領国」」（『歴史学研究』六七四号、一九九五年、のち『室町期荘園制の研究』（塙書房、二〇一〇年）に収録）。
（2）三浦圭一「日本中世における地域社会――和泉国を素材として――」（『日本中世の地域と社会』、思文閣出版、一九九三年、初出：『日本史研究』二二三号、一九八一年）。
（3）池上裕子「中世後期の国郡と地域」（『歴史評論』五九九号、二〇〇〇年）。
（4）矢田俊文「戦国期毛利権力における家来の成立」（『ヒストリア』九五号、一九八二年、のち『日本中世戦国期権力構造の研究』（塙書房、一九九八年）に収録）。
（5）長谷川博史「中世都市杵築の発展と大名権力――十六世紀における西日本海水運と地域社会の構造転換――」（『戦国大名尼子氏の研究』、吉川弘文館、二〇〇〇年）、久留島典子『日本の歴史13　一揆と戦国大名』（講談社、二〇〇一年）、池享「戦国期の地域権力」（『戦国期の地域社会と権力』、吉川弘文館、二〇一〇年、初出：歴史学研究会・日本史研究会編『日本史講座　第5巻　近世の形成』、東京大学出版会、二〇〇四年）など。
（6）鈴木敦子「中世後期における地域経済圏の構造」（『日本中世社会の流通構造』、校倉書房、二〇〇〇年、初出：歴史学研究別冊特集『世界史における地域と民衆（続）』、一九八〇年）。
（7）佐々木銀弥「中世後期地域経済の形成と流通」（『日本中世の流通と対外関係』、吉川弘文館、一九九四年、初出：永原慶二・佐々木潤之介編『日本中世史研究の軌跡』、東京大学出版会、一九八八年）。
（8）矢田俊文「中世水運と物資流通システム」（『日本史研究』四四八号、一九九九年）も参照。
（9）藤木久志「大名領国の経済構造」（『戦国社会史論』、東京大学出版会、一九七四年、初出：永原慶二編『日本経済史大系2　中世』、東京大学出版会、一九六五年）。
（10）山口啓二「秋田藩成立期の藩財政」（『幕藩制成立史の研究』、校倉書房、一九七四年、初出：『社会経済史学』二四巻二号、一九五八年）、同「豊臣政権の成立と領主経済の構造」（同書、初出：古島敏雄編『日本経済史大系3　近世上』、東京大学出版会、一九六五年）。
（11）仁木宏『空間・公・共同体――中世都市から近世都市へ――』（青木書店、一九九七年）。
（12）鈴木敦子「国人領主朽木氏の産業・流通支配」（前掲註6著書、初出：『史艸』一七号、一九七六年）。
（13）林屋辰三郎編『兵庫北関入舩納帳』（中央公論美術出版、一九八一年）。

(14)「入舩納帳」記載の船籍地の「三原」は淡路三原と備後三原の可能性があるため、表1では積荷に備後塩がある船のみを掲げた。なお、武藤直「中世の兵庫津と瀬戸内海水運――入船納帳の船籍地比定に関連して」(前掲註13林屋編書)も参照。
(15) 佐々木前掲註(7)論文。
(16)『広島県史　近世1　通史Ⅲ』(広島県、一九八一年)、『イギリス商館長日記　訳文編之上』一六一六年一一月四日条。
(17) 鈴木康之「福山湾の変遷」(松下正司編『よみがえる中世8――埋もれた港町　草戸千軒・鞆・尾道』、平凡社、一九九四年)。
(18) 下津間康夫「木簡は語る」(松下前掲註17編書)。
(19) 志田原重人「草戸千軒にみる中世民衆の世界」(網野善彦・石井進編『中世の風景を読む　第六巻　内海を躍動する海の民』、新人物往来社、一九九五年)。
(20) 鈴木康之「国産陶磁器の交易、流通」(松下前掲註17編書)。
(21)『福山市史　上巻』(福山市、一九六三年)。
(22) 閥四六・小寺忠右衛門―一〇。
(23) 松岡久人「中世後期内海水運の性格」(福尾猛市郎編『内海産業と水運の史的研究』、吉川弘文館、一九六六年)。
(24)『広島県史Ⅳ』「渋谷文書（渋谷辰男氏所蔵)」一三三。
(25) 毛利家文書二二五。この文書の前半部分は後世に誤って貼り継がれたものと考えられ、類似の内容を持つと見られる「毛利元就外十一名傘連判契状」(毛利家文書二二六)が弘治三年であることから、同年頃のものと推定されている(矢田前掲註4論文)。
(26)『圖書寮叢刊　壬生家文書』二七五(一)。
(27)『圖書寮叢刊　壬生家文書』二七五(二)。
(28)『中世鋳物師史料』真継文書二〇、二一、二七、二八、三三、三四、一四二、一四四、一八一など。
(29)『中世鋳物師史料』真継文書三三。
(30) 秋山伸隆「戦国大名毛利氏の流通支配の性格」(『戦国大名毛利氏の研究』、吉川弘文館、一九九八年、初出：渡辺則文編『産業の発達と地域社会』、渓水社、一九八二年）。
（31）片山清『芸備両国鋳物師の研究』（一九六一年）。
（32）『甲山町史』一三六（真継文書）。某宮内少輔理亮について、『中世鋳物師史料』は「理興」と読み、備後国安那郡神辺城主の「山名宮内少輔理興」に比定する。これに対し『甲山町史　資料編Ⅰ』では文字は明確に「理亮」であるとし、山名理興の可能性もあるとしながら判断を保留している。同時代の周辺地域で「理亮」の実名を持つ人物は、長門守護代家内藤氏の家臣に森佐渡守理亮がいる（『山口県史4』「神上寺文書」七）が官途が異なる。いずれにせよ、宮内少輔理亮の支配圏内において、丹下氏の大工職を承認していることは確かである。
（33）河合正治「城下町成立の問題――広島を中心として――」（魚澄惣五郎編『大名領国と城下町』、柳原書店、一九五七年）。
（34）『広島県史Ⅴ』譜録・渡辺三郎左衛門直―二五。なお、岩本正二氏は草戸千軒遺跡南部の環濠区画は渡辺氏の居館だったのではないかと推測している（「草戸千軒の発掘成果から」、中世都市研究会編『中世都市研究3　津・泊・宿』、新人物往来社、一九九六年）。
（35）佐々木銀弥「室町時代備後国太田荘の年貢送進と尾道船」（前掲註7著書、初出：『中央史学』一〇号、一九八七年）。
（36）『広島県史　中世　通史Ⅱ』（広島県、一九八四年）。
（37）『広島県史Ⅳ』「桑田文書」一、二。
（38）秋山前掲註(30)論文。
（39）鈴木敦子前掲註(6)論文。
（40）岸田裕之「中世後期の地方経済と都市」（『大名領国の経済構造』、岩波書店、二〇〇一年、初出：歴史学研究会・日本史研究会編『講座日本歴史4　中世2』、東京大学出版会、一九八五年）。
（41）『中世鋳物師史料』「真継文書」一四九。
（42）秋山前掲註(30)論文。
（43）『新修尾道市史　第一巻』六五五頁「木梨先祖由来書」、『広島県史Ⅳ』「渋谷文書(渋谷辰男氏所蔵)」四七。
（44）小早川家文書四七五。

(45) 平賀家文書二二六。
(46) 藤木前掲註(9)論文。
(47) 『広島県史Ⅳ』「小川又三郎氏旧蔵文書」二、閥一二八・三上喜左衛門―一四。
(48) 表2には、一応、杉原理興の家老と伝えられる藤井皓玄も含め、その拠点であったという備中の吉井と高屋も図1に示した。しかし、確実な史料によって杉原氏の家臣と判断できない上、所伝でも藤井皓玄は杉原盛重が家督を相続した際に、神辺城を退去したとされているので、少なくとも盛重の代では杉原氏の家臣とは認めがたい。ただ、このような所伝が残る以上、杉原氏と何らかの関係はあったと思われる。
(49) 『広島県史Ⅳ』「横山文書」三。
(50) 閥一四七・井上九左衛門―四。
(51) 『広島県史Ⅴ』「『福山志料』所収文書」一四。
(52) 閥六四・二宮太郎右衛門―一九。
(53) 閥五三・楢崎与兵衛―二三。
(54) 『広島県史Ⅳ』「横山文書」一二、一三。
(55) 『広島県史Ⅳ』「横山文書」一二、『広島県史Ⅴ』吉川家中幷寺社文書・野上家ノ御書―一。
(56) 松浦義則「戦国末期備後神辺城周辺における毛利氏支配の確立と備南国人層の動向」(『芸備地方史研究』一一〇・一一一号、一九七七年)。
(57) 『広島県史Ⅴ』譜録・二宮太郎右衛門辰相―四二。
(58) 松浦前掲註(56)論文。
(59) 『広島県史Ⅰ』二一六三(中書家久公御上京日記)。
(60) 『広島県史Ⅴ』譜録・渡辺三郎左衛門直―一五。
(61) 『広島県史Ⅴ』譜録・渡辺三郎左衛門直―一六、一七。
(62) 松浦前掲註(56)論文。
(63) 長谷川博史「豊臣期山陰吉川領の形成と展開」(『二〇〇〇～二〇〇二年度科研費研究成果報告集　戦国期大名毛利氏

の地域支配に関する研究』、研究代表者・長谷川博史、二〇〇三年）。
(64)　閥六六・粟屋弥次郎―六。
(65)　長谷川前掲註(63)論文。
(66)　長谷川前掲註(63)論文。
(67)　『広島県史Ⅳ』「渋谷文書（渋谷辰男氏所蔵）」四八～五七。
(68)　秋山前掲註(30)論文。
(69)　『広島県史Ⅳ』「渋谷文書（渋谷辰男氏所蔵）」四七。
(70)　『広島県史　近世1　通史Ⅲ』（広島県、一九八一年）。
(71)　『福山市史　中巻』（福山市、一九六八年）。
(72)　『広島県史　近世1　通史Ⅲ』。

〔付記1〕　本章は「中・近世移行期の備後地域の地域構造」（『歴史科学』一六八号、二〇〇二年）を基にしているが、大幅な修正を加え、一部論旨も変更している。まず研究史の整理に関して、鈴木敦子氏と佐々木銀弥氏の地域経済圏のとらえ方の違いについて言及したが、初出時には、佐々木氏が、鈴木氏の地域経済圏の議論に対し、地域経済圏は同心円的構造であると批判した点に同意する形で論を進めた。しかし、鈴木氏のいう地域経済圏は、同心円的構造の中でも、特定の円（日常的な活動領域）の範囲が戦国期に顕著に表れることを重視したものであり、地域経済圏が佐々木氏のいう同心円的構造であること自体は確かであるが、鈴木氏に対する批判としては当を得ていない面がある。本章ではこの点に留意して、研究史整理を若干修正した。また、より大きな変更点として、初出時には、毛利氏による「戦国領主」の統制が戦国期を通じて順調に進展し、それによって地域経済圏への介入も順調に進展したかのように述べたが、本章では豊臣政権服属以前と以後での段階差を重視した。これは本書第三章や第五章で述べたような毛利氏と「戦国領主」との関係を念頭に置いたものである。このほか、個別的な事実の点では、天正一二年以降の神辺城の支配を二宮就辰の長期的な在番体制と評価していた点、史料7の年次比定を天正一三年としていた点も、木村信幸氏・鴨川達夫氏からのご指摘により、本章では改めた。懇切なご教示をくださった両氏には感謝申し上げたい。

〔付記2〕　本章の基となった拙稿の発表後、谷重豊季「中世の地方における市庭・市町集落の様相——備後国芦田郡・品治郡を事例に——」（『金沢大学文学部地理学報告』一〇号、二〇〇二年）に接した。備後国から備中後月郡にかけて市場地名の分布を分析し、郡ほどの広がりを単位として市庭リング（藤木久志氏のいう六斎市経済圏）が形成されていた可能性を指摘している。本章の内容とも関連する議論であるので、参照されたい。

第五章　戦国期における領域的支配の展開と権力構造

はじめに

一九八〇年代以降、戦国期研究においては「公権形成論」が盛んとなる。それとともに、領域的支配の問題も、これと関わって論じられるようになった。ここでいう「公権形成論」とは、領主制論、なかでも大名領国制論への批判として、戦国大名権力を在地領主制の発展の帰結として位置づけるのではなく、その公権の形成を重視する議論を指す。これにあたるのは「自力の村」論や、戦国期守護論などであり、前者は「下からの地域統合」、後者は「上からの地域統合」を重視する議論であると整理されている[1]。

一方、これと時を同じくして注目されたのが、戦国大名と同様の構造を持つ、地域公権の担い手としての「戦国領主」である。「戦国領主」は、矢田俊文氏の規定によれば、独自の「家中」と「領」を持ち、判物を発給してそれらを支配する戦国期の基本的領主である[2]。このうち領域的支配の側面にかかわる「領」については、これまでの研究でほぼ共通して、一円的・排他的で公権的領域支配がおこなわれる、一〜二郡規模の領域であるとされている[3]。これについて、たとえば黒田基樹氏は、単なる知行地支配とは峻別されるものであるとして、その画期性を強調している[4]。

この「領」の成立の要因として、矢田氏は、分業流通の拡大による国人領主経営の危機に対応して成立するとする。[5]また池享氏は、流通に限らず、戦国期における矛盾の深化にともなう広域的結合が、こうした「戦国領主」を含む、地域権力の成立の要因であるとしている。[6]すなわち、いずれも戦国期における矛盾の深化、広域化への対応として「領」（池氏の場合は「家中」）の成立を論じている。

一方、「領」は近世には解消されると理解されている。これは「戦国領主」が、近世には大名家臣団に吸収され消滅するからであるが、従来の多くの研究では、「戦国領主」の存在、すなわち分国内に大名家以外の「家中」や「領」が並立する状況は、戦国大名にとって、近世に向けて克服されるべき障害であるという見方がされてきた。

たとえば、藤木久志氏は、戦国期の「領」や支城領といった領単位の経済構造を克服することで、近世の大名城下町を中心とする一元的な大名領国が成立するとしている。[7]近世への連続性を重視する理解では、たとえば久留島典子氏は、より広域的な利害調整の必要から、「家中」（「戦国領主」）の成立、そして戦国大名の成立、さらに統一政権の成立という運動方向があるとする。[8]

これを踏まえて問題の所在を明らかにしておきたい。まず、戦国期を、より広域的利害調整のために「領」が成立し、また解消していく、単なる過渡期としてのみとらえてよいかという点である。近世への移行の要因を解明することはもちろん重要ではあるが、近世を基準に到達度を測るのではなく、戦国期の固有の特質を明らかにすることもまた必要なのではないかと思われる。したがって、本章では、「家中」や「領」の並立状況を戦国期の特質ととらえ直してみたい。その場合、「領」の成立とはいかなる事態であるのかということが問題になる。[9]

他方で、戦国期守護論という形で、中世との連続性を重視する矢田氏や、大名領国制の独自性を重視する池氏の議論では、「領」の豊臣期以降への展開については、積極的な評価を与えておらず、十分な展望も示されていない。本章では戦国期の特質とともに、それが、その後の社会にどう影響するかということも見ていきたい。

次に八〇年代以降の「公権形成論」の問題点についても検討する。すなわち、公共的な利害調整のために「領」は成立するのか（また、解消されるのか）。また、権力による支配は、特定の権力の源泉、つまり主権からの権限の委託ないしは継承によって成立するのかという点である。先に述べたように、「公権形成論」には、公権としての正当性が、上から調達されるという議論と、下から調達されるという議論があるが、九〇年代以降は、「上から」と「下から」の相互作用と考えるべきであるという主張がなされるようになってきた。[10] しかしなおも、「上から」と「下から」の相互作用というのみでは、権力の二元論から脱却しえない。

すなわち、網の目のような無数の力関係のせめぎ合いという権力関係として、支配の成立を考える必要があるのではないだろうか。[11] これは領主権力も、民衆も決して一枚岩ではなく、権力と民衆という二項に還元してしまうことに問題があると考えるからである。その意味で、権力を民衆にとって外在的なものと考えないという、「自力の村」論の提起は重要であるが、[12] それはまだ十分に生かされていないと思われる。一方、こうした権力関係の網の目は、決して均質なものではなく、当然、その中に力関係の強弱があり、そうした不均衡な力関係のせめぎ合いが支配体制を生じさせるという意味で、単に無数の力関係があるというだけではなく、権力関係の構造に強い規定性を働かせる要素を見いだしていく必要がある。その一つとして、領主による領域的支配が想定される。ここではそうした権力に対する視座から領域的支配の問題を取り扱う。

以上の問題意識から、本章では基本的なスタンスとして、あえて、なぜ「領」が成立するのか、なぜ近世に移行するのかという理由よりも、現に存在している権力構造や、それがもたらす影響を論じることを重視したい。

次に「領」の問題を考えるにあたって、「領」研究の課題を見ておく。「領」は公権的領域支配がおこなわれる領域とされているが、その公権の内容として、矢田氏は第一次裁判権、第一次立法権、夫役収取権、銭貨役収取権、検注権をあげ、かつ寺社や小領主といった中間諸階層をも、その権限行使の対象とするとし、「領」を「法圏」と評価している[13]。また黒田氏は、主従制的支配下にない寺社領にも安堵権を有し、知行安堵権の一元化、すなわち一円的土地所有権を実現しており、また段銭など国役賦課権を行使しているとしている[14]。黒田氏は、こうした権限の成立から、知行地支配とは峻別されるべき領域支配の成立という評価を与えているが、後述するように、こうした権限が成立するというのは、どういう事態であるのかということは、まだ十分に議論されていないように思われる。

また、「領」の具体的研究は、これまでほぼ後北条・武田分国とその周辺に限定されてきた。西国の毛利分国などでも「領」の存在は想定されているが[15]、その存在自体は具体的に明らかにされていない。戦国期の特質として「領」の問題を考えるならば、これがある程度全国的に展開していなければならないので、その意味もあって、本章では毛利分国を分析の中心に据える。

もう一点、「領」と、後北条分国に多く見られる支城領の関係についても考えたい。「戦国領主」が注目される以前の、藤木氏の研究では、「領」と支城領をともに、領単位の領国構造として扱い、近世に向けて克服されるべきものとした[16]。近年では、支城領は、先行する「戦国領主」の「領」に系譜を持つということで、黒田氏や久保健一郎氏によって、その同質性が指摘されている[17]。これに対して、市村高男氏は、支城主は大名の領国支配の一翼を担う存在で、国衆と同列には論じられないとしている[18]。ここでは、これらを踏まえ、両者の異同についても考察したい。

第一節　「戦国領主」の「領」

(1)　東国における「領」の再検証

「戦国領主」の「領」について、まず、東国における「領」を再検証することから始めたい。関東では、戦国期に「～領」という史料上の用法が特徴的に見られる。そして、この「領」は「戦国領主」の支配対象であり、知行地支配とは異質な領域支配という評価が与えられている。しかし、「～領」という言葉の使用が、そのような支配の成立を示すということは、「知行地支配とは異質な領域支配」ということの意味内容も含めて、十分に論じられていない。たとえば、「～領」という言葉が単に知行地を指して用いられている場合もある。[19]

この「知行地支配とは異質な領域支配」ということについて最も明瞭に論及しているのは、黒田基樹氏による、相模国三浦郡における三浦氏の支配の分析である。[20]黒田氏は、次の事例から三浦氏が三浦郡における知行安堵権の一元化（一円的土地所有権）を成立させているとしている。まず、三浦郡に所在する光明寺への安堵主体が扇谷上杉氏から三浦氏に変化したとし、三浦道寸の安堵状に「郡内久野谷郷之内中之村龍崎分事、此方成敗之間、御知行不可有相違候」[21]とあることから、三浦郡は道寸の成敗権下にあるものとする。さらに、三浦郡に所在する霊山寺の土貢等を建長寺西来庵に庵納するということについて、三浦道寸の同意を得ている事例から、[22]他郡の領主の三浦郡内の知行についても、三浦氏が知行安堵権を一元化しているとしている。しかし、前者の史料については、「此方成敗」は「郡内久野谷郷之内中之村龍崎分」についてであり、三浦郡に対する成敗権と読むことはできないと思われる。後者についても、地域の有力者である三浦氏に「枢機（有力者への手づる、縁故）を得る」、つまり三浦氏に同意を得ているだけで、これは安堵ではない。したがって、三浦郡に対する一円的土地所有権というような形での領域支配は証明されていない。

では、改めて東国における「領」について、何がいえるのかを再検証してみよう。「領」研究の嚆矢となったのは、藤木久志氏による鉢形領の研究[23]と、峰岸純夫氏による新田領の研究[24]である。これらで作られたイメージが、他の「領」にも投影されているので、ここでは、支城領である鉢形領は、ひとまず置き、新田領について、明らかになっていることを再検討する。

峰岸氏は、「領」は領主権の及ぶ地域的・排他的・一円的な領域を意味し、「職」の一定の克服の上に形成されたものと評価した上で、新田領について、①一六世紀中頃以降、史料上に「新田領」の語が見える。②「関東幕注文」に横瀬雅楽助（由良成繁）を筆頭とする新田衆が記載されている。③由良氏は、長楽寺などの知行地について、裁判や、城普請・池普請にともなう役賦課をおこなっている、ということを明らかにした。

ところで、史料上に見える「新田領」の用法を見てみると、軍事行動の対象地（「佐野・新田領可放火候」）か、後北条氏による由良氏の闕所地処分（由良氏降伏前の宛行約束含む）の対象地（「於新田領之内八拾貫文之地」）として用いられている。(25) これと、峰岸氏の分析を合わせると、「新田領」の語は、①由良氏が何らかの支配を及ぼしている地を指して、他の領主が用いている。②由良氏の支配は、矢場郷（山田郡）・平塚郷・八木沼郷・大根郷（新田郡）などにおいて、長楽寺などの知行主より上位にある、ということがいえる。では、この二点は、どのようにつながるのだろうか。

北条氏繁が羽生領を攻撃しようとする際に出した書状には、「其口（鷲宮）羽生領就而領之傍尓（膀示）等尋候、可被加敗（成脱カ）郷村何郷之書立可給候」とある。(26) ここから「領之傍尓（膀示）」すなわち「領」の境界を示すのは所属する郷村の集合である、つまり「領」とは個別所領支配の総和として存在していることがわかる。また、「於岩付領、れんしやくし公事棟別免許」(27) のように「領」が用いられた場合、岩付太田氏の所領群が一定の規模で一体化・一円化していれば、この「岩付領」というのが、知行地支配、すなわち岩付太田氏の知行の集合体であるのか、領域支配（岩付領という法圏）であるのかは、現実には区別しがたいものと考えられる。

つまり、他の知行主より上位の支配をおこなっている個別所領が、一定の規模で一円的に集積されれば、知行地支配とは異なる領域支配が成立するというよりも、知行地支配と領域支配の区別がつけがたい状況が生まれるということである。(28)

関東の「戦国領主」が役賦課など、他の知行主より上位の支配を成立させていることは、すでに明らかにされているところであるが、その所領群の空間的一円性についても、上野国では小幡氏、白井長尾氏などで確認されている。[29]

したがって、「戦国領主」は他の知行主より上位の支配を成立させており、そうした郷村が一定の規模集合したものが「領」であるとすれば、その領域において、「戦国領主」は事実上、領域公権として機能するということがいえる。

これについて、さらに甲斐国の事例を見ておく。矢田氏は、甲斐国の「領」について、①戦国期の甲斐国には郡内という地域呼称がある。②小山田氏は郡内の各所に役所を設置し、交通路支配をおこなっている。③小山田氏の交通路支配は「公界之普請」をおこなうことによって正当化されている。④小山田氏は裁判をおこない、単行法令を出している。⑤小山田氏は郡規模に効果を及ぼす経済対策を講じている、といった事実を明らかにしている。[30]ところで実際には、小山田氏は郡内全域を支配しているわけではないという指摘があるが、[31]つまりここでは郡内という枠組みが重要なのではなく、小山田氏の実効的支配範囲が一定の規模に達することで、交通路支配や経済対策が有効となり、その範囲内において、小山田氏は、事実上、領域公権として機能するという点が重要である。「領」とは、既存の枠組みではなく、このような、戦国期に形成された、実効的支配範囲であり、そこに事実上の公権的支配が成立するということを確認しておきたい。

(2) 毛利分国における「領」の形成

前項を踏まえて、次に西国の毛利分国で、さらに「領」について見ていきたい。

毛利分国では「領」の具体的存在自体、十分に解明されていないので、まずそういったものがあるかどうかという検討から始める。

章末に折込みで掲載した地図は、一六世紀において、「戦国領主」の支配地として史料上に見える地名を、地図に落としたものである。丸囲みの中に書かれているのが「戦国領主」の名前である。地図にポイントを落としているのは、「戦国領主」が大名などから給与・安堵されている場所、あるいは「戦国領主」が、自身の給人などに給与・安堵している場所、そのほか、「戦国領主」が支配していることが史料的にわかる地名である。当然、一六世紀の間にも知行の変遷があるので、これはある同一時点の状況を示しているわけではない。史料の残存状況に左右されるので、特に伯耆、美作、備中あたりはかなり空白がある。[32]

これを見ると、同一時点の状況を指しているのではないとはいえ、いくつかの領主の所領が空間的一体性を持っていることが見て取れる。顕著なのは、たとえば部分図1では益田氏、吉見氏など。部分図2では、毛利氏、吉川氏、小早川氏、平賀氏、山内氏、小笠原氏、三沢氏など。部分図3では杉原氏などである。これらの諸氏の一円的所領部分には、他氏あるいは他氏給人への知行宛行はほとんど見られず、一定の排他性が確認できる。

次に、これまでの研究では、「戦国領主」は判物を発給して「領」を支配する存在であるとされ、各種の権限行使が論じられているが、これについても確認しておきたい。まず、判物発給については、阿曽沼、天野（志芳東）、天野（志芳堀）、吉川、熊谷、小早川、平賀、上原、杉原（神辺）、多賀山、宮、三吉、山内、和智、小笠原、佐波、都野、福屋、益田、三隅、湯、吉見、杉、内藤、冷泉、赤穴、古志（出雲）、宍道、多賀、三沢、三刀屋、伊賀、庄、南条の諸氏で確認できる。[33]これらの大半は、宛行状・安堵状・感状であるが、室町期までは安堵を受ける側だったこれらの領主が、安堵をおこなう側になっている点は、室町期からの変化として注目される。

また、「戦国領主」のおこなっている支配の内容についても、段銭や銭貨役の収取、[34]夫役収取、[35]検地、[36]裁判な[37]

どを、寺社も対象にしておこなっていることがわかる。

つまり、東国の「領」を論じる際にあげられていた諸要素の有無というだけであれば、毛利分国でも、ひととおり見いだすことができ、所領の一円性と合わせて、「領」の存在を予想することができる。

ただし、これらの指標から、ただちに「領」が成立しているとは即断できない。たとえば、永正五年（一五〇八）、石見小笠原氏が、高橋又三郎に宛てた判物に「吉永之内当知行十六貫三百前役之事、此方惣親類次五分一役銭可有沙汰候、又段銭之事、在城中免許申候」とあり、小笠原氏が段銭と五分一役銭という銭貨役を成立させていることを示す[38]。こうした銭貨役はすでに室町期に成立していることが指摘されている[39]。そして室町期の毛利氏の領主取得段銭は、惣領家が庶家に賦課していたことが知られる[40]。小笠原氏の五分一役銭も、「惣親類次」とあることから、本来庶家に賦課されるもので、それを「惣親類次」という形で、庶家以外に賦課しているのは、戦国期的な小笠原「家中」の成立を示しているが、これ自体は惣領家の庶家への賦課権の拡大であって、領域支配権に基づくものとはいえない。すなわち、判物や銭貨役の存在から、直接、領域支配権の成立をいうことはできない。

そこで、以下、もう少し「領」の成立について詳しく見ていく。まず、一五世紀中頃から、一六世紀にかけて、所領の表記のされ方が変化するという現象が見られるが、その背景を考えてみたい。

次の史料1は応永二一年（一四一四）の沼田小早川氏の譲状[41]、史料2は同じく沼田小早川氏の、延徳三年（一四九一）の譲状に添付された所領目録[42]で、いずれも、沼田荘内の部分のみを抜粋した。

〔史料1〕

一、安芸国沼田庄本郷惣地頭職惣公文職検断事、除庶子分、

一、安直本郷惣地頭惣公文職検断事、除同前、

一、御名事、除同前、
一、同庄安直塩入新田幷新開事、除同前、
一、同中新田所々寄進相残方事、
一、市後新田木々津新田事、付塩入市庭事、
（中略）
一、小坂郷地頭職公文検断事、付塩入市庭事、
（以下略）

〔史料2〕
一、安芸国沼田庄惣領職悉、幷寺領社領、
（中略）
一、真良村　　佐木　　洲並
一、梨子羽郷　透分
（中略）
一、沼田庄内近年開発新田所々、
（以下略）

両者を見比べると、史料2では沼田本郷、安直郷、小坂郷などが「安芸国沼田庄惣領職悉」と一括されている。史料1にある「除庶子分」の記載もなくなっていることから、田端泰子氏は、この変化を、惣領による庶家所領の包摂と評価している。(43) 加えて注目されるのが、史料2の一か条目に、「幷寺領社領」とある点である。つ

まり、この時点で沼田小早川氏は、庶子分や寺社領まで譲与対象としているということである。

これについて、少し時代が下るが、別の事例を見ておきたい。天正一一年（一五八三）、石見益田氏は、小原氏に対し所領を安堵するが、その安堵状では、一つ書きで山野や名などの権益を列挙した後、最後にこれらとは別途「津毛郷役、寺社領・古城廻裁判等」を付け加えている[44]。これらが、個別の権益ではなく、津毛郷全体に対するものであることを示していると考えられる。

以上から、沼田荘のある部分や、津毛郷では、小早川氏や益田氏が、寺社を含む他の知行主を下位に位置づけ、包括的な支配の成立を明確に表現していることがわかる。ただし、たとえば竹原小早川氏は一四世紀末にすでに寺社領に対しても領主取得段銭を成立させており[45]、その意味では、室町期にまったく支配が及んでいなかったところに新たな支配を創出した、つまり室町期の知行支配とまったく異質な支配が出現したというわけではないが、このような表記の変化は支配の一元化の強化に裏付けられた、意識の変化を示していると思われる。

次に、室町期には他氏の権益が入り組んでいたところの例を見たい。

益田氏の天文一五年（一五四六）の譲状[46]と、永禄一三年（一五七〇）の譲状添付の所領目録[47]を比較すると、長野荘内の記載に変化が見える。前者では「惣而長野庄内七郷、高津・須子・角井・白上・吉田・安富・豊田、同横田梅月保賀・小坂方・市原各地頭領家職」となっている。これに対して後者では、単に「庄内七郷梅月・保賀・川縁加之」と記載されている。これ以降は、毛利氏に指し出した知行付立[48]などでも、「庄内」としか記されなくなる。この長野荘内の豊田や安富は、文明三年（一四七一）の大内道頓の乱の過程で、益田氏が、それぞれ吉見氏・三隅氏から獲得したもので[49]、他氏を排除することで、益田氏は長野荘を包括的に支配することが可能になったものと思われる[50]。

次に備後国の山内氏の事例を見る。文明一五年の「山内豊通譲与本領給分日記」[51]と「同請地日記」[52]を見ると、

「本領給分日記」には「信敷東一円」「同所増分」「信敷東西段銭」「河北村」などが記載され、「請地日記」には「河北半済」とある。すなわち、信敷荘や河北村は権益ごとに記載されている。田端氏は、文明段階の山内氏の所領とは、諸権利の寄せ集めとして表現されているとしている[53]。これに対して天正一四年に、山内氏が毛利氏に提出した知行付立[54]では、単に「信敷東西千貫」「河北参百五拾貫」と一括され、本領・給分・請地の区別もなくなっている。天文二二年に山内氏が、毛利氏に服属する際、その条件として、「信敷之内、先年者国者共少つゝ知行雖仕候、如只今可申付候、追而誰哉者申候共、不可有御同心事」をあげ、承認されているが[55]、「国者共」が少しずつ知行していた信敷を、山内氏が一円的に支配し、それを毛利氏に承認されているということがわかる。このように、全体を包括的に支配してしまうことで、いちいち自身の有する権益がどの部分かを明記する必要がなくなり、個別権益記載がなくなると考えられる。したがって、ここでは他氏排除による一円的知行の実現が、所領表記の変化として表れるといえる。

以上から、一五世紀末から一六世紀中頃にかけて、職や権益ごとの記載が消え、地名で一括されるという所領表記の変化は、庶家や他氏の被官化・排除などにより、個別所領単位での支配の一元性が強まったことの表れと考えられる。

ところで益田氏の長野荘などのように、所領表記から「職」記載が消滅する傾向が見られる（幕府・守護によって「職」として安堵されていた場合も、毛利氏による安堵では「職」記載が消滅する[56]）。入間田宣夫氏は、領主的土地所有を社会的に保障する法体系として、職の体系を位置づけたが[57]、その点からすれば「職」記載の消滅傾向は、その法的正当性を支える実体的権力、つまりここでは室町幕府―守護体制の実体的権力が後退したことも、一つの要因と考えられ、この点も室町期からの変化といえよう。

このように、室町期に何らの支配も及んでいなかったところに、まったく新しい支配が創出されたのではなく、その意味で寺社や給人による下位の支配が消滅するわけでもないが、個別所領単位で、上位の支配として包括化が進行することで、その下位に属する支配（権益）を一部割き取るようなことが困難となり、その結果、大名権力による安堵の際にも「職」として権利の範囲を明示する必要がなくなるということが、一五世紀半ば以降進行していったと思われる。

　これを踏まえて、次に「領」の形成について見たい。ここでは、石見国吉賀郡津和野を本拠地とする吉見氏を取りあげる。吉見氏は、一六世紀、隣国長門国の阿武郡で所領を拡大していく。阿武郡で吉見氏の支配が確実に確認される所領は、生雲郷・上野郷・宇生賀郷・大井郷・賀年郷・河嶋荘・吉部郷・三見郷・地福郷・高佐郷・椿郷・徳佐郷・福井郷である[58]。折込みの地図の部分図1で見ると、吉見氏の所領は、ほぼ阿武郡全域に分布している。さらに吉見氏は、益田氏が有していた阿武郡の所領を一六世紀中頃に獲得していく。次の史料は、毛利家臣と思われる人物が、益田氏に対して、益田氏から毛利氏に出す書状の案文を提示したものである[59]。案文の部分のみ示す。

〔史料3〕

福屋（隆兼）逆心之砌、同意候三隅之儀、被仰付候之条、彼表為行罷出候、内々津和野（吉見氏）堺愚領分、不致油断之通、元就（毛利元就・同隆元）御父子江申届候之処、如此之被成御書、其上両方江検使被付置候上者、境目不及気遣之通、重々被仰越候、守御上意、各高城表江遂馳走候之処、吉見方（正頼）須佐・多万両所之儀、被任存分、不及是非之次第、以彼御紙面之上、両度御理申候、御極之間者、被伏置御公領、以御弓矢透、正頼江茂被仰達、如前々可被還付之由候、加様之遅滞、左道迷惑存知候、（中略）

　　日付

冒頭に「福屋逆心之砌」とあり、福屋氏が毛利氏と対立して滅亡する永禄五年頃のものである。これによると、益田氏が出陣していた留守に、吉見氏が阿武郡の田万郷と須佐郷を占領したとあり、毛利氏はこれを一旦公領としたのち、吉見氏にことわって、益田氏に返付する意向を示すものの、いまだ実現していないということがわかる。結局、前出の永禄一三年の益田氏の所領目録では、須佐郷は不知行となっている。田万郷は知行しているので、こちらは返付が実現したものであろう。

同様に益田氏の所領目録では、益田氏が阿武郡に有していた大井浦・川嶋・福井庄官名・三原郷が不知行とされており、それ以前に知行が確認される小川郷・紫福木郷・弥富郷も記載がない。[60]このうち、大井郷・河嶋荘・福井郷は吉見氏の支配が確認されるので、これらはいずれも吉見氏が獲得したものと推定される。つまり、吉見氏は益田氏の所領を侵略することで、田万郷を除き、阿武郡ほぼ全域を支配したと考えられる。

ここで川岡勉氏の、室町期の分郡知行についての議論を参照しておきたい。[61]川岡氏は分郡知行について、上級領有権であり、一国守護権と一般領主権の中間的位置づけであるとし、郡の大半を支配することで、事実上、公権的性格を帯びるとしている。[62]これを踏まえて、吉見氏の支配について見てみたい。

元亀元年（一五七〇）、吉見氏は、大井八幡宮の祭礼における諸郷鼓頭の着座をめぐる相論について、奉行人連署奉書で裁定を下している。[63]賀年郷と高佐郷の鼓頭・庄屋が着座をめぐって相論となったため、吉見氏は、奈古郷が持つ「往古座配張（帳）」の案文を提出させ、さらにそれを椿鼓頭所持の案文と照らし合わせて、座次を決定し、以後これに違反した者は厳科に処すとしている。この奉書に副えられた別の文書から、決定した座次がわかる。[64]それによると左座は椿郷・得佐郷・奈古郷・高佐郷・吉部郷・地福郷・紫福郷・生雲郷・福井郷・川嶋、右座は三見郷・須佐郷・大井郷・宇生賀郷・福田郷・弥富郷・賀年郷・小川郷である。ここに見えないが、別の史料から田万郷なども大井八幡宮の祭祀圏に含まれており、[65]大井八幡宮の祭祀圏は、阿武郡全域に広がっている。

つまり、吉見氏は阿武郡の大半を支配することで、この地域の事実上の領域公権として機能しているということができる。一方、裁定では、今後これに違背したものは厳科に処すとしているが、事実上の領域公権であるがゆえに、益田氏が支配している田万郷には、このような強制力が及ばないと考えられる。

すなわち、先に述べたような包括的な上級領有権を確立させた個別所領支配の総和が、一定の規模に達することで、事実上の領域支配として「領」が成立するといえる。

一定の規模としたが、これは軍事的・政治的な情勢次第で、郡未満から二、三郡規模までばらつきがあると考えられる。この規模という点については、矢田氏が一村規模から、一郡規模の領主へと拡大しなければ、領主制の危機を克服できないとしている点に注意しておきたい[66]。

先に地図で確認したとおり、このような一定の規模の一円的所領を成立させている領主は毛利分国に複数存在し、しかも彼らは判物を発給して、他の知行主よりも上位の支配をおこなっている。したがって、毛利分国にも、東国の「領」にあたるものが展開しているといえよう[67]。

次に、こうした「領」の輪郭の形成について見ておきたい。元亀元年の吉川元春の書状によると、元春が益田氏に出陣を要請したところ、益田氏は、益田領と吉見氏の所領の境目に毛利氏から検使を派遣してほしいと要求する。益田氏は、以前にもそうしたことがあるので、今回も同様にしてほしいと要望している[68]。これは史料3にもあるように、出陣の留守に吉見氏に所領を侵略されることを警戒しているのであるが、ここでは益田氏と吉見氏の所領の境界は、単に「西境目」と表現されている。

前出の永禄一三年の所領目録の上黒谷の箇所には「吉見押領分有之」と記載されている。また、享禄三年（一五三〇）には澄河について、益田氏と吉見氏が協定を結んでいる[69]が、協定を結ぶということは潜在的な紛争の可能性を示す。また、先ほどの田万郷なども、両者の係争地といえよう。部分図1にこれらの地点を矢印で示したが、これを見ると、海沿いから、山間部にかなり入ったところまで、吉見氏の所領と、益田氏の所領が接しているということがわかる。境目地域の成立は戦国期の特徴とされるが、このように一円的な領域と領域が接することで、境目地域が生じると考えられる(70)。

したがって、支配領域の輪郭は他の領主との関係、軍事的緊張による境界の管理や、相互承認によって決まってくるということがわかる。そうであるとすれば、「領」の範囲というものは、自力救済が否定されない限り不安定であるということになる。これは先に見た東国の「領」が、軍事行動の対象地などとして、他の領主から指称として用いられる例が多いこととも関係しているだろう。

以上、本節の内容を簡単にまとめれば、まず、一五世紀中頃以降、個別所領単位では、他の知行主より上位の支配として、支配の包括化が進行する。そして、軍事的・政治的契機によって、所領を一円的に拡大し、包括的な個別所領支配の総和が一定の規模に達することで、事実上の領域公権として機能するようになる。これが「領」の成立である。したがって、「領」の範囲は、他の領主との力関係に、より強く規定されることになる。その結果、自力救済が否定されない限り、境界地域の不安定さは避けられない。軍事的・政治的契機によって実現された事実上の領域支配権である限り、その条件に左右され、「戦国領主」の「領」は不安定であるといえる。そして、こうした「領」は、東国でも西国でも、ほぼ同様のものとして成立している。

ところで、大名権力による分国支配も、これと同様の側面が指摘できる。すなわち、大名権力の分国支配も、「上から」あるいは「下から」公権が調達されて、領域公権となるのではなく、実効支配が一定の規模に達することで公権として機能すると考えられる。

第二節　大名支配下での領域支配の展開

（1）毛利氏による所領の調整と保証

「戦国領主」が毛利氏に服属する際、所領の調整がおこなわれる。たとえば益田氏が、毛利氏に服属した際、その仲介にあたったのは吉川氏であるが、永禄一三年の所領目録の注記を見ると「永安分除之、吉川申談故也」「井上（伊甘）郷之事、雖為本地、吉川殿依知行除之、別申談故也」と、吉川氏との交渉によって、益田氏が吉川氏の当知行を承認する形で、所領の調整がおこなわれたことがわかる。山内氏も先述のように、毛利氏に服属する際、条件を交渉し、他の領主との調整がおこなわれている。山内氏が実力で確保した信敷東西の一円化は、毛利氏による保証によって確定する。こうして不安定な「領」の輪郭は確定に向かうと考えられるが、それでも完全に確定されるわけではない。

前述の、益田領と吉見領の境目への検使派遣の事例では、益田氏が以前もそうしたといっているように、毛利氏は両者の境界紛争を恒久的に解決するのではなく、その都度一時的に調停している。益田氏・吉見氏ともに毛利氏配下の領主であるが、これは、味方陣営内でさえ、自力救済が完全否定されていないことを示している。

つまり、毛利氏による調整と保証により「領」の輪郭の確定が推進され、客観的規範としての領域支配権の確立に近づくが、なおも自力救済の否定は不完全であるといえる。

東国の場合でも、黒田基樹氏は、国衆の領域支配権の確立は、戦国大名への従属によって実現するとしている[71]。境目地域であれば領域の不安定性は解消されないので、確立したといえるかどうかは慎重を期す必要があるが、いずれにせよ、大名への服属が、「領」を確立させる方向に向かうということは共通しているといえるだろう。

（2）支城領の成立

次に、大名分国における支城領の成立について考察する。まず、支城領の存在が顕著に見られる後北条分国から検討したい。黒田基樹氏は、内藤氏の相模国津久井領支配について、「戦国領主」内藤氏が、後北条氏の家臣となり、支城主に転化したもので、その権限としては領内裁判権、夫銭賦課・徴収権、領内検断権、普請役徴収権があるとした[72]。このうち普請役徴収権は、津久井領内であれば北条氏直轄領にも行使されるが、逆に津久井領外であれば内藤氏の所領でも行使できないとしている。この普請役というのは後北条氏の賦課する普請役である。ということは、津久井領というのは、後北条氏の分国支配体制における行政的な管轄圏として存在しているということになる。すなわちこれこそが知行地支配とは異質な領域支配であるといえる。そして、これは内藤氏独自の領域支配権ではなく、大名によって設定された領域支配権として確立したものである。黒田氏のいうように、この段階では内藤氏は、もはや「戦国領主」ではなく自力救済権を喪失した支城主である。つまり、知行地支配とは異質な領域支配は、「戦国領主」が「戦国領主」でなくなるという段階にいたって成立するということがいえる。

後北条氏の一門支城主の場合、すでに指摘されているように、先行する「戦国領主」の名跡を継ぎ、その「領」を継承している[73]。北条氏照は大石氏、氏邦は藤田氏、氏房は太田氏をそれぞれ継承している。そして、これらの支城主には独自の裁量権が与えられているとされる。また、彼らは、領内を支配するにあたり、自身を公儀・公方と称することがある。久保健一郎氏は、後北条氏当主の「大途」を頂点とする秩序の中で、彼らは公儀・公方を用いているとしている[74]。つまり、ここで、その領域支配の正当性について、新たな客観的規範を創出しようとする動きが見られる。

以上からいえることは、まったく無前提に支城領が設置されるのではなく、先行する事実上の公権的領域支配

（「戦国領主」の「領」）を確定・拡張する形で、支城領の領域支配権が成立するということである。つまりこれは、単なる大名からの権限委譲ではないという点を注意しておきたい。

では毛利分国の場合はどうであろうか。毛利分国では支城領はあまり発達しないが、数少ない事例の一つとして、備中国猿懸城がある。天正三年、毛利元就の四男穂田元清が猿懸城主となる。その際、草壁村・山田領家分・同所地頭分・東三成・西三成・宇那江村・江良村・中島村・水砂村・二万郷・本堀村・小林村・大蔵村・連島・妹村・八田庄と、猿懸城周辺に計五〇〇〇貫の知行を与えられる(75)。一方、毛利氏による猿懸領内での他の給人への知行宛行が見られる(76)。これは史料上に「猿懸領内」という形で明記されている。したがって、これらから猿懸領というのは、元清知行地を中心としつつ、他の給人知行地を含む小田郡・下道郡・窪屋郡にまたがる領域であることがわかる。折込み地図の部分図3が示すように、猿懸領は、猿懸城を本拠とした「戦国領主」庄氏の旧領を中心に成立している（図中に矢印で示した付近）。

猿懸領における元清の支配については、ほとんど事例が確認できないが、連島の地蔵院に対し所領を打ち渡している例が見える(77)。これは毛利氏による宛行の執行にすぎず、この点で元清は、後北条氏の一門支城主のような独自の裁量権を有していない。

ただ、知行地支配から遊離した領域支配という方向性を突き詰めていけば、究極的には官僚制的・非人格的支配にいたる。その意味では、独自の裁量権がないというのは、より統治権的支配に傾斜していると見ることもできる。ただし、人格性が完全に払拭されることは、この時点のみならず、前近代においてはないと考えるべきである(78)。

従来、戦国大名の支配における、官僚制的・非人格的支配の成立は、近世的権力への移行の一つの指標とされてきた(79)。「はじめに」で述べた、「領」と支城領の違いということに答えを与えるとすれば、それはこの方向に向かって踏み出した点に求められるといえる。しかし、地域秩序にとってより重要なのは、新たな枠組み・規模の事実上の公権的領域支配、すなわち「領」が成立した段階であり、その支配が非人格化しているか否かは副次的問題であると考えられる。

以上をまとめると、「戦国領主」の大名権力への服属により、むしろ領域支配は確立の方向に向かう。そして、「戦国領主」が大名の家臣化し、支城領となることで、知行地支配とは異質な領域支配として確立する。ただし、戦国期においてすべての「領」が支城領化に向かうわけではないので、支城領化が趨勢であるとは必ずしもいえないという点は留意しておきたい。いずれにせよ、このように戦国期の大名権力が領域支配を確立させるならば、戦国期は領単位の構造を解消していく過程ではないということになる。さらに、公権的領域支配は、公権の委託や継承によって成立するのではなく、事実上の領域支配が先行し、それが領域公権として確立していくという順序になる。したがって、公共的利害調整のために「領」が成立するのではなく、「領」が成立した結果として、その範囲内で公共的利害調整が果たされると考えるべきである。

第三節　領構造がもたらす戦国期の特質

(1)　領域支配と地域秩序

本節では、「領」や支城領といった領構造が、もたらす戦国期の特質について考えてみたい。

まず、「領」は地域秩序にどのような、あるいはどの程度の影響を与えるのだろうか。

佐伯徳哉氏によると、石見国の福屋氏は天文年間以降、小笠原氏の所領を侵略するなどして急速に拡大し、その結果、山間部と港湾都市浜田を強く結びつける役割を果たしたとされる。(80) この福屋氏は、永禄五年（一五六二）、毛利氏によって滅亡するが、長谷川博史氏によれば、その闕所地の多くが吉川氏の所領になったという。(81)

それから二五年後の天正一五年（一五八七）、毛利輝元は仁保元棟に「石州福屋式部少輔先知三千貫地」という形で所領を給与する。(82)これは福屋氏旧領が、滅亡から二五年を経ても、なお多数の給地に分割されず、まとまりが維持されていたことを示している。(83)

似たような例として、備後国神辺を本拠とした杉原氏の事例を見ておきたい。折込み地図の部分図3に示されるとおり、杉原氏は、神辺城のある備後国安那郡や深津郡を中心に、備中国後月郡まで所領化している（図中左下の矢印付近）。しかし、天正一二年に、杉原景盛が、羽柴方に内通した疑いをかけられ、誅殺されると、神辺は毛利氏の直轄となる。次の史料は、二宮就辰から神辺領について報告を受けた毛利輝元の返事である。(84)

〔史料4〕

其表之趣追々申上せ候通、具承知候、

一、神辺領付立委細披見候、存外少分之儀候、是ニて城抱も不成事候、令仰天候、

一、杉原領之儀付而段々申越得其心候、尤之申事候、千四百貫之外ハはたと相渡ましく候、（以下略）

ここでは一か条目に「神辺領」、二か条目に「杉原領」という言葉が見えるが、「神辺領」というのは「是ニて城抱も不成事候」とあるように、神辺城を維持するための城付き所領である。一方、「杉原領」というのは杉原氏の知行地全体を指し、ここでは神辺領などが削減され、一四〇〇貫まで減らされたことがわかる。その後、天正一九年、毛利元就の八男元康が神辺城主となり、安那郡全郡・深津郡・品治郡・沼隈郡・備中後月郡・小田郡を知行する。国境を越えて、備中の後月郡が加えられており、毛利元康領は神辺領を中核とする旧杉原領を再現し、拡張する形で成立している。つまりこれも、旧杉原領のあった地域に一定の一体性が維持されていたことを示すものと考えられる。なお、この元康領は近世の福山藩の領域にも影響したと考えられ、杉原氏の所領でもあった後月郡の高屋や、小田郡が、国境を越えて福山藩領となっている。(85)

すなわち、「戦国領主」による所領拡大によって成立した領域に、「戦国領主」の支配消滅後も一定の一体性が残る場合があり、それだけ地域秩序に影響を与えたものと推測される。これについて、もう少し事例を検討してみたい。

まず、「戦国領主」の「領」ではないが、毛利氏の「佐東領」について検討する。佐東領というのは毛利元就の隠居分であり、独自の裁量権を持つ支城領に近い性質を持っていると思われる。この佐東領は、分郡知行主であった武田氏旧領の中核部分にあたり(86)、これを大内氏から給与されるなどして形成されたものである。具体的には佐東郡の緑井・温井、安南郡の矢賀・中山、安北郡の深川などが含まれるが(87)、毛利氏の実際の支配範囲に応じて、本来佐東郡でないところが佐東領とされている（折込み地図部分図2の矢印付近）。この佐東領について、元就は一円化の志向を有していた。隠居元就が、現当主隆元に宛てた書状の中で、「菟ニ角ニ、佐東之事ハ当家隠居分たるへく候〳〵、然間、まるめ候て置度事にて候〳〵」と述べている(88)。実際には、元就は、「戦国領主」や毛利家臣に対して、佐東領内で知行を与えているので、つまり、ここで元就が隠居としてまとめて保持しておきたいとしているのは、それらの上位に位置する支配である。

この佐東領では、毛利氏の家臣団から相対的に自立した、元就個人の家臣団によって支配がおこなわれている(89)。元就が、深川工十郎兵衛に、佐東領内の檜物師の統轄を認めている事例があるが(90)、すなわち「佐東領」というのが支配の単位となっている。

政治的・軍事的に成立した「佐東領」という領域が、毛利氏直轄領一般の中に解消されず、それを単位とした支配がおこなわれ、地域秩序にも一定の影響を与えたと考えられる。

これについて、さらに吉見氏の場合を見てみたい。江戸後期の地誌『防長風土注進案』の阿武郡徳佐村の項には、徳佐村の属する奥阿武宰判の代官所の考証として、「彼是村民困窮するにより文化年中格別の筋を以、石州替米之御仕法被仰出、近年地下人之仕合不大形御仁恵筋なり、津和野城下の容子をも兼て承るに、彼の御領内総て谷深山蔭等にて田作無数、楮作第一にして至而米穀不自由の所柄と相聞え、慶長年中以前吉見氏在城之節は当郡も彼の御領へ相属し居し由也、されば当村之儀は別而程近にて米穀其外交易便利相調たりしなるべし、前断之通当村困窮の基は第一諸色交易の不便利より発る事と見えたり」という記述がある[91]。徳佐村は、吉見氏の本拠地であった石見国津和野の近くにあるが（部分図1に矢印で位置を示した）、この代官所の考証によれば、徳佐村が経済的に困窮していたため、文化年中に石州替米の御仕法が出された。かつて、慶長以前に吉見氏が支配していた頃は、阿武郡も吉見氏の領地に属しており、交易も盛んであった。徳佐村の困窮の原因は交易が不便利であることによるものであり、文化年中に石州替米の御仕法によって、それが改善されたと見ている。すなわち、吉見氏が阿武郡まで一体的に支配していた段階では、経済的関係が強化されていたものが、近世になって支配違いとなると、それが弱まり、文化年中に石州替米の御仕法が出されることによって、再び経済関係が強化されたということである。徳佐と津和野の位置関係から考えて、吉見氏が支配する以前には、経済関係がなかったとは考えにくいので、吉見氏がまったく新たに地域秩序を創出したわけではないが、吉見氏の支配の成立・解体が強く地域秩序に影響したと考えられる。こうした、領域の成立は、これまで述べたように政治的・軍事的要因に左右されるので、戦国期は政治的・軍事的条件が地域秩序に与える影響が相対的に大きいということが、その特質としていえる。

（2） 大名の分国支配と「領」

次に大名の分国支配と「領」の関係を考える。まず、大名権力はこうした「領」を編成して、分国支配をおこなっていた。秋山伸隆氏によれば、毛利氏は重要拠点を直轄化することで、他の「戦国領主」より優位に立ったとされる[92]。たとえば、秋山氏があげるのは赤間関、美保関、温泉津関、須佐関などの港湾支配である。このうち注目されるのは須佐関で、これは吉見氏がほぼ全域を支配している阿武郡の中にある。このほかにも毛利氏は、長門守護代家の内藤氏から周防国楊井津を借り上げたり[93]、平賀氏領内の安芸国田万里市を伝馬宿として直轄化するなどしている[94]。こうして見ると、毛利氏は「戦国領主」の「領」を解体して分国を一元化するのではなく、「領」内の重要拠点に楔を打ち込むことで統制を図っていることがわかる。ところで、この重要拠点というのは、主に広域的流通にかかわる要所である。したがって、毛利氏が広域的流通のごく一部ではなく、非常に広域にわたってこれらの要所を支配していることが、「戦国領主」の統制に大きな意味を持っていると考えられる。

一方、広域的分国が成立する前提条件として「領」を位置づけることが可能であると思われる。毛利氏は最大時においては中国地方のほぼ全域を支配し、後北条氏も南関東のほぼ全域を支配するが、このような数か国にまたがる広域な分国において、全域を一元化、直轄化することは困難であると予想されるからである。いくつかの大名権力は、一六世紀半ば頃から急速に分国を拡大するが、それを可能にしたのは「領」の存在であると想定される。一定の規模で一円的な領域支配を成立させている存在を味方化すれば、分国を一気に拡大でき、また、新たな支配機構を構築する必要もないからである。本領を失っていた「戦国領主」をわざわざ旧領に復帰させたり[95]、また支城領を設置する場合でも、「戦国領主」の支配を継承していることを見ても、広域的分国を支配する上で、領単位の支配の必要性が表れていると思われる。

そうであるとするならば、「領」の並立状況は戦国大名分国の特質であるといえる。最大でも二、三か国、多くは一国規模に満たない近世の大名領国と、毛利氏・後北条氏などの戦国大名分国では規模が大きく異なる。これまで、近世大名と戦国大名は、支配の一元化の進行度などで比較されてきたが、一方でこの規模の問題を度外視してきたのではないだろうか。広域的分国が実現している場合、大名権力はきわめて広範囲の地域秩序に影響を与える。仮に強弱ということでいうならば、近世大名の方が強い支配であるということも可能かもしれないが、支配の存在が影響を与える広さという観点も必要であると思われる。

最後に豊臣期における「領」や支城領の展開を展望しておきたい。光成準治氏によれば、天正一九年以降、石見益田氏は、その領域支配を強化する。すなわち、検地と知行替えによる家臣団の鉢植え化が進行し、商業・流通機能の益田本郷への一極集中がおこなわれるという(96)。

また、天正一九年には、豊臣政権の強い意向により、吉川広家が出雲富田城主となり、富田領というべき支城領が設定される(意宇郡・能義郡および伯耆西三郡全郡知行)(97)。同時に富田城主であった毛利元康が神辺に転出し、先に述べた神辺の元康領が形成される。これらには、豊臣政権が毛利氏を牽制する意図が込められており、彼らの支配は一定の独自性を持つが、つまり、これは拡張・強化された「領」であるともいえる。

この時期には、「戦国領主」が転封されたり、所領を上地される例も出てくるので、豊臣期には、領域支配が拡張・強化される部分と、解体される部分とに分岐するといえる。その意味では、豊臣期も単なる近世への入り口というだけではなく、豊臣期固有の特質を追究する必要があるのではないだろうか。

なお、光成氏によれば、益田氏は関ヶ原合戦後、徳川氏から独立大名への取り立てを打診されたものの、それを断って毛利配下にとどまったとされる(98)。益田氏がこの申し出を受諾していたケースや、先の福山藩の事例を考えると、「領」が解消して一元的な藩領が成立するのではなく、一元的な「領」の拡張により藩領が成立する場合も想定されるのではないだろうか。「領」がそのまま継続するわけではないにしても、単純に「領」は近世に解消されたといえるかどうか、改めて検討が必要であると思われる。

また、江戸時代、なお二か国にわたり、近世の藩領としては最大規模の毛利分国では、一八の宰判と四つの支藩が置かれていた。これらは「領」と直接の系譜関係があるわけではないが、広域的な分国を支配するにあたっては、こうした領域構造がやはり必要だったのではないだろうか。

おわりに

以上から、本章の結論を述べておきたい。まず、「領」の展開と、戦国期の特質という点については、一五世紀半ば以降、個別所領において支配の包括化が進行し、そうした所領の総和が、一定の規模に達することで、事実上の領域公権として機能する。すなわちこれが「領」の成立である。その「領」の範囲は政治的・軍事的条件に強く規定される。「戦国領主」が大名権力に服属することで、「領」は安定化する方向に向かうが、なお自力救済は完全には否定されない。大名の支城領は「領」を前提として成立する。ここにいたって、自力救済は否定され、知行地支配とは異質な領域支配権となる。すなわち戦国期は、あるいは豊臣期も、領単位の支配の解消に向かう単なる過渡期ではないといえる。

室町期以前の領域支配とは、郡などの既存の範囲とは異なるという意味で、枠組みが異なる「領」の形成は、地域秩序に新たな影響を与え、近世にも一定の規定性を持った。その中で、戦国期における特質は、「領」が他の領主との軍事的・政治的な力関係に大きく影響されることである。無論、どの時代にも軍事的・政治的条件は常に規定性を持っているが、戦国期はそれがより大きいと考えられる。

また、「領」の存在が、戦国期の数か国にまたがる広域的な大名分国を可能にする。もちろんこれも、軍事的・政治的条件によって、必ずしも数か国にまたがる分国が成立するとは限らないので、広域的大名分国を可能にする条件であるということであるが、言い方を変えれば、「領」を前提として分国支配を成立させている大名権力が戦国大名であるということもできるだろう。

次に、権力関係の構造と公権形成という点についていえば、「領」の支配が、政治的・軍事的条件に強く規定された事実上の領域公権であるということは、担うべき公権、公共性の枠組みが先にあって、それを委託され、あるいは継承することによって領域公権が成立するのではないということである。ここに、「公権形成論」の抱える問題点があるのではないだろうか。したがって、いわゆるホッブズ的な、主権論的なアプローチではなく、権力関係の構造の問題として、領主権力による支配を考える必要があるということを述べておきたい(99)。

（1）伊藤俊一「中世後期における「地域」の形成と「守護領国」」（『歴史学研究』六七四号、一九九五年、のち『室町期荘園制の研究』（塙書房、二〇一〇年）に収録）。

（2）矢田俊文Ⓐ「戦国期甲斐国の権力構造」（『日本史研究』二〇一号、一九七九年）、同Ⓑ「戦国期毛利権力における家来の成立」（『ヒストリア』九五号、一九八二年）。いずれものち『日本中世戦国期権力構造の研究』（塙書房、一九九八年）に収録。

（3）峰岸純夫「戦国時代の「領」と領国――上野国新田領と後北条氏――」（『中世の東国――地域と権力――』、東京大学出版会、一九八九年、初出：『慶應義塾志木高等学校研究紀要』一輯、一九六九年）、矢田前掲註（2）Ⓐ論文、黒田基樹「本書の視角と課題」（『中近世移行期の大名権力と村落』、校倉書房、二〇〇三年）など。

（4）黒田前掲註（3）論文。同「武田氏の駿河支配と朝比奈信置」（『戦国期東国の大名と国衆』、岩田書院、二〇〇一年、初出：『武田氏研究』一四号、一九九五年）。また、長谷川裕子氏は、領域的な村を支配基盤とすることで、戦国大名や国衆は、排他的一円的領域支配を実現したとして、その画期性を評価する（遠藤ゆり子・守田逸人・長谷川裕子・川戸貴史「荘園制研究にみる中世社会論の課題」、遠藤ゆり子・蔵持重裕・田村憲美編『再考　中世荘園制』、岩田書院、二〇〇七年）。

（5）矢田前掲註（2）Ⓑ論文。

（6）池享「戦国期の地域権力」（『戦国期の地域社会と権力』、吉川弘文館、二〇一〇年、初出：歴史学研究会・日本史研究会編『日本史講座　第5巻　近世の形成』、東京大学出版会、二〇〇四年）。

（7）藤木久志「大名領国の経済構造」（『戦国社会史論』、東京大学出版会、一九七四年、初出：『日本経済史大系2　中

世』、東京大学出版会、一九六五年）。なお、豊臣政権の力を背景に、国人領主の商業支配を否定することで、大名城下町への一元化がなされるという見解は、多くの論者に共有されている。山口啓二『幕藩制成立史の研究』（校倉書房、一九七四年）、鈴木敦子「国人領主朽木氏の産業・流通支配」（『日本中世社会の流通構造』、校倉書房、二〇〇〇年、初出：『史艸』一七号、一九七六年）、仁木宏『空間・公・共同体――中世都市から近世都市へ――』（青木書店、一九九七年）を参照。

(8) 久留島典子『日本の歴史13　一揆と戦国大名』（講談社、二〇〇一年）。

(9) 戦国期の独自の特質を明らかにすべきであるという主張は、村田修三「戦国大名研究の問題点」（永原慶二編『戦国大名論集1　戦国大名の研究』、吉川弘文館、一九八三年、初出：『新しい歴史学のために』九四号、一九六四年）、池享「大名領国制試論」（『大名領国制の研究』、校倉書房、一九九五年、初出：永原慶二・佐々木潤之介編『日本中世史研究の軌跡』、東京大学出版会、一九八八年）、拙稿「戦国大名研究の視角――国衆「家中」の検討から――」（『新しい歴史学のために』二四一号、二〇〇一年、本書序章）を参照。なお、「家中」については、すでに拙稿「毛利氏の「戦国領主」編成とその「家中」」（『ヒストリア』一九三号、二〇〇五年、本書第三章）で述べたので参照されたい。

(10) 伊藤前掲註(1)論文。

(11) このような権力観については、ミシェル・フーコー『性の歴史Ⅰ　知への意志』（渡辺守章訳、新潮社、一九八六年、原書：一九七六年）参照。

(12) 黒田基樹『戦国大名の危機管理』（吉川弘文館、二〇〇五年）。

(13) 矢田前掲註(2)Ⓐ論文。

(14) 黒田基樹「戦国大名権力の成立過程――扇谷上杉氏を中心に――」（前掲註3著書、初出：「戦国大名権力の成立過程に関する一考察――統一的分国支配権力の成立――」、所理喜夫編『戦国大名から将軍権力へ――転換期を歩く――』、吉川弘文館、二〇〇〇年・「戦国大名権力の成立過程に関する一考察――扇谷上杉氏にみる領域的分国の成立――」、『歴史学研究』七三四号、二〇〇〇年）。

(15) 矢田前掲註(2)Ⓑ論文。

(16) 藤木前掲註(7)論文。

（17）黒田基樹「あとがき」（『戦国大名北条氏の領国支配』、岩田書院、一九九五年）、久保健一郎「支城制と領国支配体制」（藤木久志・黒田基樹編『定本・北条氏康』、高志書院、二〇〇四年）。

（18）市村高男「戦国期の地域権力と「国家」・「日本国」」（『日本史研究』五一九号、二〇〇五年）。

（19）『群馬県史　資料編7』二五九〇（赤堀文書）。

（20）黒田前掲註（14）論文。

（21）『神奈川県史　資料編3下』六五二二（津久井光明寺文書）。

（22）「霊山寺事、如以前意見可申由、以評儀承候歟、然者道寸（三浦）得枢機候処、尤由被申候、然者土貢等事可致庵納由、可申付候」（『神奈川県史 資料編3下』六五二三（西来庵文書））。

（23）藤木前掲註（7）論文。

（24）峰岸前掲註（3）論文。

（25）則竹雄一「「領」と戦国大名」（浅野晴樹・齋藤慎一編『中世東国の世界3　戦国大名北条氏』、高志書院、二〇〇八年）。

（26）『埼玉県史　資料編6』七五六（結城寺文書）。

（27）『埼玉県史　資料編6』二九四（勝田文書）。

（28）これについては、池享氏が、中近世移行期の領主支配においては、「統治権」と「主従制」を分離してとらえることはできないとしている点も参照（池享「中近世移行期における地域社会と中間層」、前掲註6著書、初出：『歴史科学』一五八号、一九九九年）。

（29）黒田基樹『戦国大名と外様国衆』（文献出版、一九九七年）など。

（30）矢田前掲註（2）Ⓐ論文。

（31）柴辻俊六「譜代家老衆小山田氏の郡内領支配」（『戦国大名武田氏領の支配構造』、名著出版、一九九一年、初出：「小山田氏の郡内領支配」、『郡内研究』二号、一九八八年）。

（32）地図は、凡例で示した領主の文亀元年（一五〇一）から、毛利分国で惣国検地が実施される天正一九年（一五九一）までに見える所領を示した。ただし、毛利氏・吉川氏・小早川氏は基本的に安芸国に限り、毛利氏は『毛利家文書』に見える所領、吉川氏と小早川氏は、宛行・安堵をおこなっている所領のみを記載した。また、備中国の猿懸領と猿懸城主穂田元清の所領をそれぞれ示した。地名は荘などから、最小単位は村まで、大小混在している。また、史料上「〜内」と出てくる場合もあるので、必ずしも、その地名の土地を一円的に支配しているとは限らない。地名は荘・郷・保・村を原則として省いている。同じ地名で郷と村が出てくるような場合も、同じ地点にポイントを落としている。史料上に不知行地として出てくる場合は×印を付した。ただし天正一九年の惣国検地の結果、不知行となったと思われる所領や天正一九年以前に滅亡した領主の闕所地には×印は付けていない。地図は平凡社の日本歴史地名大系『山口県の地名』『広島県の地名』『島根県の地名』『岡山県の地名』『鳥取県の地名』の付録「輯製二十万分一図」をもとに作成した。なお、ここであげた領主がすべて「戦国領主」と規定しうるかどうかは、さらに検討の余地があるが、基本的に、「家中」を持つ、判物を発給している、傘連判契状などで毛利氏と同格で署判しているといった領主、また、さらにそれらの領主と同格に扱われているなどの基準で選んだ。地図にポイントを落としている史料的根拠は紙幅の関係で出典のみ本章の末尾に掲載する（比定地が広域であったり未詳であるため地図には掲載しなかった地名も含む）。

(33) 紙幅の関係で、各氏一点ずつ典拠を示す。一六世紀のものに限定し、一部を除いて年代の判明する最も早いものをあげる（判物なので基本的には年代が記載されているが、一部記載のないものもある）。吉川氏と小早川氏については本書第一章・第二章を参照。なお、ここでは、書止文言が「仍如件」「〜之状如件」などとなっている、いわゆる判物形式の文書に限定したが、書止文言が「恐々謹言」などとなっている、いわゆる書状形式の文書でも、宛行・安堵など判物同様の機能を果たしているものもあると考えられる。重要なのは厳密な様式による分類よりも、その内容が自身を最高の意志決定者として、権力体としての意志をおおやけに示している文書であるか否かであるが、書状形式のものは、たとえば、単に宛行の意向を示した私信なのか、それ自体が証拠文書として機能しうるものなのかといった線引きが難しいため、ここでは判物形式のものに限定した（書止文言がなく「〜也」で終わっているものは、判物の一種と考えられるが、一応省いた）。また、いくつかの「戦国領主」においては、家臣の連署奉書も見られ、これも権力体としての意志をおおやけに示す文書という意味では「戦国領主」権力の成立を示すメルクマールとなりうるものであるが、これもここでは省いた。また、感状については、「領」支配の成立を示すものといえるかどうか疑問もあるため、これも除いた（宍戸、渋川、仁保（隆慰家）の各氏も判物形式の文書を出しているが、いずれも感状である）。このほかにも判物を発給している領主、あるいは「戦国領主」の家臣が若干存在する（山内氏の家臣である三河内氏など）。

阿曽沼弘秀安堵状写（『広島県史Ⅴ』譜録・阿曽沼内記秀明—四）、天野隆綱知行宛行状写（閥一五七・渡辺与一左衛門—一）、天野元明知行宛行状写（閥八九・湯浅太郎兵衛—一）、熊谷信直寄進状（『広島県史Ⅲ』「大願寺文書」七七）、平賀弘保知行宛行状写（平賀共昌集録「旧記」七〇）、上原豊将安堵状写（『中世鋳物師史料』「真継文書」三三）、杉原盛重知行宛行状（『岡山県古文書集4』「川合家文書」二）、多賀山通続知行宛行状（『広島県史Ⅳ』「堀江文書」五）、宮政盛安堵状（『広島県史Ⅳ』「尾多賀文書」四）、三吉致高・同隆亮連署神主職宛行状（『広島県史Ⅳ』「武田文書」一）、山内豊通寄進状（『広島県史Ⅳ』「上村八幡神社文書」二）、和智豊郷安堵状写（『中世鋳物師史料』「真継文書」三四）、小笠原長隆知行宛行状（『新修島根県史』「飯田文書」四八七頁（三））、佐波広忠寄進状（『広島県史Ⅳ』「千手寺文書」四）、周布元兼寄進状（『広島県史Ⅱ』「厳島野坂文書」一二五二）、都野長弼知行宛行状（『新修島根県史』「飯田文書」四八四頁（三））、福屋兼清宛行状（『新修島根県史』「武明八幡宮文書」四七七頁（四））、益田尹兼安堵状（『新修島根県史』「万福寺文書」四九〇頁（二））、三隅興兼安堵状（『島根県史7』七五九頁（二）（肥塚忠樹氏蔵文書））、温泉英永寄進状（『大社町史』一五四九（坪内家文書））、吉見正頼知行宛行状（『山口県史2』「平生町立平生図書館蔵安富家文書」一五）、杉重清制札写（『山口県史2』「神本家蔵原始院文書」一）、内藤興盛寄進状写（防長寺社証文一七・周慶寺—一）、冷泉元豊知行宛行状写（閥一六三・村上源右衛門—二）、赤穴久清知行宛行状（『山口県史3』「杉谷家文書」三）、古志重信安堵状（『出雲古志氏の歴史とその性格』二九（春日家文書））、宍道政慶安堵状（『宍道町史』一七九（『沖洲八幡宮略誌』所収沖洲八幡宮文書））、多賀経長寄進状（『大社町史』一〇五三（鰐淵寺文書））、三沢為忠・同為国連署寄進状（『新修島根県史』「晋叟寺文書」四五一頁（二））、三刀屋久扶知行宛行状（『新修島根県史』「土屋文書」四七四頁（二））、伊賀家久安堵状（『岡山県古文書集2』「木山寺文書」一一）、庄元資判物（『岡山県古文書集1』洞松院文書三六）、南条元続判物（『鳥取県史2』一八〇（三朝町中津区有文書））。

（34）『山口県史3』「市原家文書」二。

（35）『新修島根県史』「晋叟寺文書」四五三頁（二）、『山口県史2』「勝間田家文書」一〇。

（36）『益田藤兼・元祥とその時代』六〇（妙義寺文書）。

（37）『山口県史2』「慈福寺文書」七。

(38) 前掲註(34)史料。
(39) 岸田裕之「守護支配の展開と知行制の変質」(『大名領国の構成的展開』、吉川弘文館、一九八三年、初出：『史学雑誌』八二編一一号、一九七三年)。
(40) 田沼睦「中世的公田体制の成立と展開」(『中世後期社会と公田体制』、岩田書院、二〇〇七年、初出：『書陵部紀要』二一号、一九七〇年)。
(41) 小早川家証文五三。
(42) 小早川家文書四八。
(43) 田端泰子「室町・戦国期の小早川氏の領主制」(『史林』四九巻五号、一九六六年、のち『中世村落の構造と領主制』(法政大学出版会、一九八六年）に収録)。
(44) 『広島県史Ⅳ』「広島大学所蔵小原文書」一六。
(45) 岸田前掲註(39)論文。
(46) 益田家文書二八三。
(47) 益田家文書三四六。
(48) 『益田藤兼・元祥とその時代』六二一(益田家文書)。
(49) 井上寛司・岡崎三郎『史料集　益田兼堯とその時代――益田家文書の語る中世の益田(二)――』(益田市教育委員会、一九九六年)。
(50) このほか、広域地名と見られる「浜辺郷」「奥郷」も永禄一三年の所領目録で初めて登場する。
(51) 山内首藤家文書一八二。
(52) 山内首藤家文書一八三。
(53) 田端泰子「戦国大名と国人領主制」(『橘女子大学文化学会研究年報』三号、一九七〇年)。
(54) 山内首藤家文書三〇四。
(55) 山内首藤家文書二一六。
(56) 水林彪氏は、応永七年（一四〇〇）の「小早川仲好譲状」(小早川家文書七六）が、職ではなく「安芸国都宇庄、同国竹原庄」と記載していることから、竹原小早川氏の所領が一四世紀末には、「「職」的性格を払拭し、一定地域の包括的支配権へと深化した」とする（水林彪『日本通史Ⅱ　近世　封建制の再編と日本的社会の確立』、山川出版社、一九八七年）。時期的にはかなり早いが、この点は本章の議論と共通する面もある。ただし、竹原小早川氏が永正八年（一五一一）に将軍足利義稙から受給した安堵状（小早川家文書九二）では「都宇・竹原両庄地頭職」などすべて「職」で記載されており、一六世紀初めの段階でも、対外的には、その所領は「職」として認定されていた。

(57) 入間田宣夫「領主制——土地所有論——」（『百姓申状と起請文の世界——中世民衆の自立と連帯——』、東京大学出版会、一九八六年、初出：『シンポジウム日本歴史6　荘園制』、学生社、一九七三年）。

(58) 閥一〇七・安一郎兵衛—一、『防長風土注進案二一』徳佐村、閥八二・末武与五郎—八、閥一四三・吉賀惣左衛門—五、『山口県史2』「平生町立平生図書館蔵安富家文書」八、閥一六〇・渡辺与右衛門—九など。

(59) 益田家文書七三四。

(60) 益田家文書二二二・二八八・二八九。弥富郷は文明一五年（一四八三）の「益田兼堯・同貞兼連署譲状」（益田家文書二一二）に見えるが、天文一五年（一五四六）の「益田尹兼譲状」（益田家文書二八三）ですでに見えない。なお弥富郷が益田氏の所領として見えるのは一五世紀のみなので、折込み地図には記載していない。

(61) 川岡勉「中世後期における分郡知行制の展開」（『中世の地域権力と西国社会』、清文堂、二〇〇六年、初出：「中世後期の分郡知行制に関する一考察——伊与及び安芸の事例を中心として——」、『愛媛大学教育学部紀要　第Ⅱ部　人文・社会科学』二〇巻、一九八八年）。

(62) ただし、川岡氏が例にあげている西園寺氏の伊与国宇和郡支配については、西園寺氏の発給文書がほとんど確認されず、その支配の実態がどの程度のものであったのかは不明である。

(63) 『山口県史3』「大井八幡宮文書」一一。

(64) 『山口県史3』「大井八幡宮文書」一二。

(65) 田万郷は大井八幡宮の放生会流鏑馬次第で二番として見える（『山口県史3』「大井八幡宮文書」二）。

(66) 矢田前掲註(2)Ⓐ論文。

(67) ここで、東国の「領」にあたるものが存在するというのは、従来の研究で論じられてきた「領」が西国にも適用できるという意味ではない。すでに前項で述べたように、「戦国領主」の支配は、東国においても、西国においても、知行地支配と異質な領域支配権というような権限として成立しているわけではない。つまり、これまでの「領」研究は、いわば、ハードルを高く設定しすぎていたように思われる。その基準を一度外して、改めて、東国で史料上に「～領」としてあらわれるような領域支配について、何がいえるのかを見直したとき、東国・西国に共通した要素が見られるという意味である。

(68) 毛利家文書七八九。
(69) 益田家文書七一二。
(70) 齋藤慎一氏は、領域と領域の境界地域（境目）の緊張が高まることで、境界の維持管理のための境目の城が設置されるとしている（齋藤慎一「境界認識の変化――戦国期国境の維持と管理――」、『中世東国の領域と城館』、吉川弘文館、二〇〇二年、初出：『信濃』五三九号、一九九四年）。
(71) 黒田前掲註(29)著書。
(72) 黒田基樹「津久井内藤氏の考察」（『戦国大名領国の支配構造』、岩田書院、一九九七年）。
(73) 加藤哲「北条氏照による八王子領支配の確立」（佐脇栄智編『戦国大名論集8　後北条氏の研究』、吉川弘文館、一九八三年、初出：『国学院大学大学院紀要』八号、一九七七年）、浅倉直美「北条氏邦の鉢形領支配」（『後北条領国の地域的展開』、岩田書院、一九九七年、初出：「後北条氏の権力構造――鉢形領を中心として――」、中世東国史研究会編『中世東国史の研究』、東京大学出版会、一九八八年）。
(74) 久保健一郎「「大途」論」（『戦国大名と公儀』、校倉書房、二〇〇一年）。
(75) 『新修倉敷市史9』四二一（長府毛利家文書）。
(76) 『山口県史3』「右田毛利文書」一三七、閥一一・浦図書―九三。また、元清付きの家臣桂広繁に元清への宛行と同日付で備中国陶村が給与されているが（『山口県史4』「下関市立長府博物館蔵長府桂家文書」七）、これも猿懸領と考えてよいだろう。
(77) 『新修倉敷市史9』四七一（地蔵院巨細記録牒抄）。
(78) 穂田元清は、穂田姓を称することについて、「在名」を名乗ったものであり、庄氏（穂田を称することもある）の名跡を継いだものではないと述べている(『山口県史3』「毛利家文庫遠用物所収文書」九八)。尼子氏の本拠地であった富田城の城主になった毛利元秋が、富田姓を称したのも同様であろうか。後北条氏一門支城主のように、旧領主の名跡を継承するのではなく、地名を称するという点で、相対的に人格性が薄められていると考えられる。しかしながら、猿懸領の大半は元清の所領であるから、人格性が完全に払拭されることはない。また、参考として、片桐昭彦氏は、上杉分国の松倉城代須田満親の印章使用について、上杉家の公印として使用し、人格性を隠しているとしている(片桐昭彦「上杉景勝の分国支配の展開と黒印状」、有光友學編『戦国期印章・印判状の研究』、岩田書院、二〇〇六年)。これに対し、北条氏照・北条氏邦は個人印を使用している。なお、人格的結合関係は戦国大名領国にとって、克服されるべき非本質的要素ではないという、池享氏の指摘も参照(池享「戦国大名権力構造論の問題点」、前掲註9著書、初出:『大月短大論集』一四号、一九八三年)。また、支配の人格性の問題については、拙稿「戦国織豊期上杉権力発給文書と毛利権力発給文書の共通性と差異性――片桐昭彦『戦国期発給文書の研究』を素材に――」(『新潟史学』五五号、二〇〇六年、本書補論二)でも若干述べたので、参照されたい。

(79) 石母田正「解説」(『日本思想大系　中世政治社会思想　上』、岩波書店、一九七二年)。

(80) 佐伯徳哉「戦国期石見国における在地領主支配と地域経済秩序――(益田氏庶流)福屋氏の発展・滅亡過程を中心に――」(『ヒストリア』一三五号、一九九二年)。

(81) 長谷川博史「豊臣期山陰吉川領の形成と展開」(『二〇〇〇~二〇〇二年度科研費研究成果報告集　戦国期大名毛利氏の地域支配に関する研究』、研究代表者・長谷川博史、二〇〇三年)。

(82) 『山口県史3』「阿川家毛利文書」一一。

(83) 長谷川前掲註(81)論文。

(84) 閥六四・二宮太郎右衛門―一九。

(85) これらの点については、拙稿「中・近世移行期備後地域の地域構造」(『歴史科学』一六八号、二〇〇二年、本書第四章)を参照。

(86) 岸田裕之「毛利元就直轄領佐東の研究」(『大名領国の経済構造』、岩波書店、二〇〇一年)。

(87) 毛利家文書二五一・二五八など。

(88) 毛利家文書四一〇。
(89) 岸田前掲註(86)論文、加藤益幹「戦国大名毛利氏の奉行人制について」(藤木久志編『戦国大名論集14　毛利氏の研究』、吉川弘文館、一九八四年、初出：『年報中世史研究』三号、一九七八年)。
(90) 『山口県史2』「深川工家文書」一、二。
(91) 『防長風土注進案二一』徳佐村。
(92) 秋山伸隆「戦国大名毛利氏の流通支配の性格」(『戦国大名毛利氏の研究』、吉川弘文館、一九九八年、初出：渡辺則文編『産業の発達と地域社会』、渓水社、一九八二年)。
(93) 閥九九・内藤小源太―二六。
(94) 岸田裕之「中世後期の地方経済と都市」(前掲註86著書、初出：歴史学研究会・日本史研究会編『講座日本歴史4　中世2』、東京大学出版会、一九八五年)。
(95) 毛利分国の場合、伯耆の南条氏、東国においては上野国の白井長尾氏や那波氏などの例がある(黒田前掲註29著書)。
(96) 光成準治「有力国人と地域社会――石見益田氏を中心に――」(『中・近世移行期大名領国の研究』、校倉書房、二〇〇七年)。
(97) 長谷川前掲註(81)論文。
(98) 光成前掲註(96)論文。
(99) ここで「ホッブズ的」としているのは、トマス・ホッブズのいう「設立による国家」を念頭においている。ホッブズの社会契約説には、もう一つ「獲得による国家」という議論が存在しており、ホッブズの議論は本来、この両者を合わせて理解されなければならない。これについて、ホッブズの批判的検討として、上野修「残りの者――あるいはホッブズ契約説のパラドックスとスピノザ」(『精神の眼は論証そのもの――デカルト、ホッブズ、スピノザ』、学樹書院、一九九九年、初出：『カルテシアーナ』八号、一九八八年)、萱野稔人『国家とはなにか』(以文社、二〇〇五年)を参照。

〔付記〕本章は、「戦国期における領域的支配の展開と権力構造」(『日本史研究』五五八号、二〇〇九年)に若干加筆したものである。初出時、史料3の差出人について、『大日本古文書　家わけ第二十二　益田家文書』の比定に従って「赤川ヵ元芳」としていたが、その後、同書の編者の久留島典子氏より、現時点では赤川元芳とは判断できないと考えている旨のご教示をいただいたので、本章では差出人は未詳と修正した。久留島氏には感謝申し上げたい。

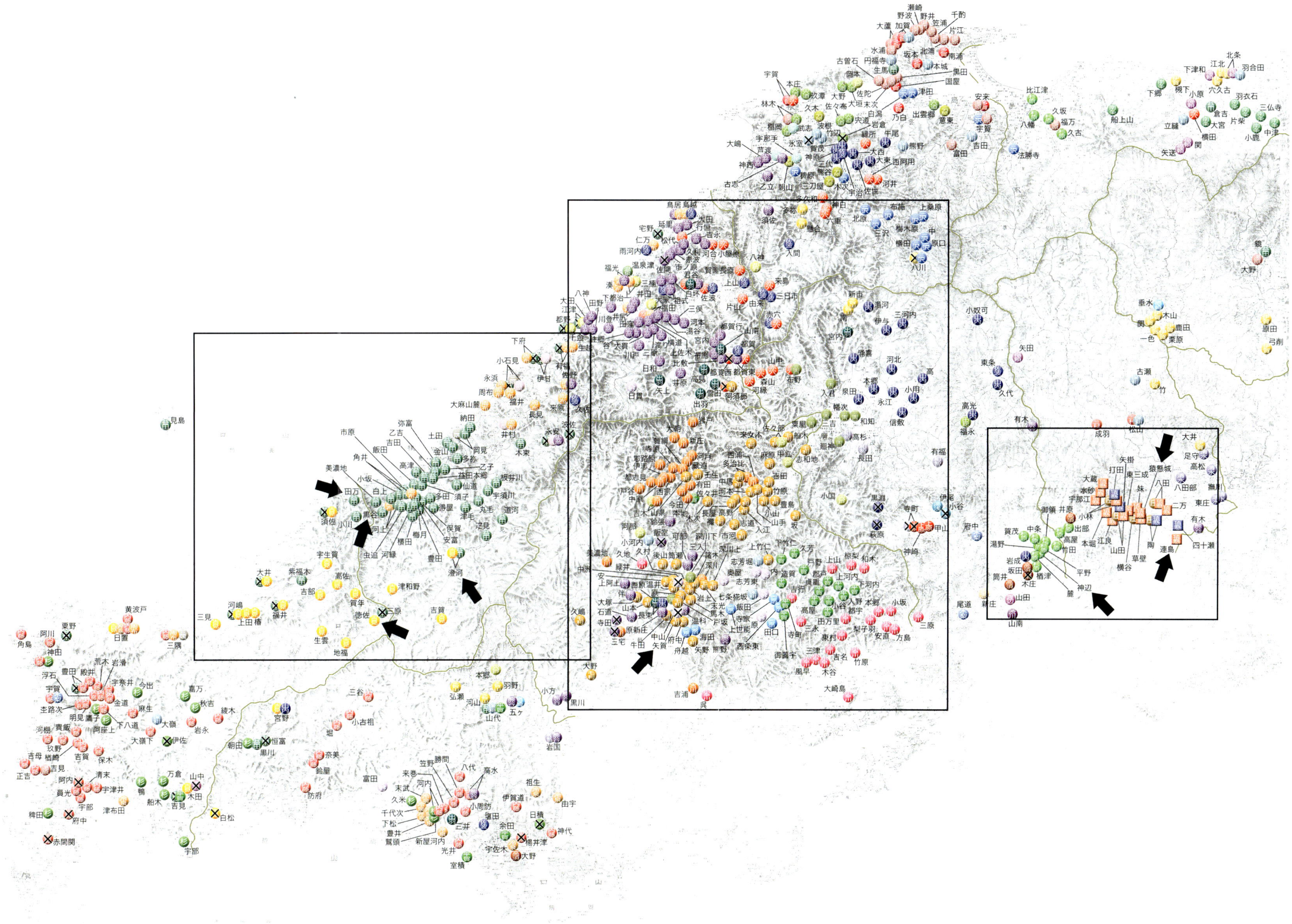

瀬崎
野波
野井
千酌
大蘆
加賀
笠浦
片江
水浦
坂本
北浦
南浦
古曽石
円福寺
生馬
本城
黒田
国屋
宇賀
本庄
秋鹿
大野
佐陀
津田
林木
久木
佐々布
白潟
末次
乃白
出雲郷
意東
安来
宇賀
吉田
富田
比江津
八幡
久坂
福万
久古
法勝寺
船上山
下郷
下津和
江北
北条
羽合田
穴久古
小原
羽衣石
倉吉
三仏寺
立縊
大宮
片柴
横田
中津
小鹿
矢送
関
大嶋
宇那手
芦渡
神西
古志
乙立
朝山
三刀屋
木次
宇治
佐世
河井
熊野
牛尾
大西
大東
西阿用
鳥居
宅野
延里
仁万
雨河内
温泉津
福光
大田
八神
江津
都野
川登
井原
日和
矢上
日貫
出羽
阿須那
須佐
入間
八川
上乗原
布施
北原
三沢
横田
梅木原
原口
三日市
新市
湯河
三河内
伊与
宮内
河北
本郷
小用
永江
信敷
和知
高杉
長田
赤穴
山中
布野
入君
泉田
三吉
佐々部
甲立
吉田
志和地
来女木
粟屋
下府
小石見
伊甘
有福
永浜
周布
福井
大麻山麓
長見
井村
木束
永安
波佐
見島
納田
弥富
乙吉
吉田
土田
市原
飯田
金山
角井
高津
多称
美濃地
小坂
白上
田万
須佐
小川
黒谷
河上
多田
須子
樽田
梅月
乙子
仙道
本郷
阿見
坂井川
宇須川
丸毛
道河
保賀
安富
豊田
虫追
河縁
宇生賀
大井
紫福本
高佐
吉部
津和野
吉賀
三原
賀年
徳佐
澄河
河嶋
三見
上田橋
福井
生雲
地福
有福
成羽
松山
大井
足守
高松
矢掛
打田
大蔵
東三成
猿懸城
八田
八田部
妹
二万
水砂
宇那江
井原
小林
出部
有木
東庄
賀茂
中条
高屋
本堀
江良
山田
陶
連島
四十瀬
湯野
岩成
坂田
平野
草壁
横谷
神辺
筒井
木庄
山田
山南
尾道
新庄
府中
神崎
甲山
伊尾
小谷
黒淵
寺町
萩原
小奴可
東条
久代
高光
福永
矢田
有木
古瀬
竹
垂水
木山
鹿田
関
一色
栗原
原田
弓削
鏡
大野
上山
和木
上河内
下河内
小坂
三原
万島
安直
竹原
大崎島
風早
木谷
吉名
三津
高屋
田万里
東村
梨子羽
寺町
田口
御薗宇
西条東
飯田
七条椛坂
志芳東
志芳堀
奥屋
上竹仁
下竹仁
久芳
戸野
美濃地
久地
小河内
後山
深川
三入
可部
飯室
上阿土
伊
大塚
石道
寺田
三宅
牛田
中山
府中
矢賀
海田
矢野
熊野
吉浦
呉
黒川
小方
岩国
大野
弘瀬
河山
山代
五ケ
本郷
羽野
三谷
宮野
恒富
朝田
黒川
小古祖
奈美
鈴屋
富田
防府
堀
黄波戸
粟野
阿川
角島
神田
日置
三隅
荒木
岩滑
豊田
殿井
浮石
宇賀
杢路次
金道
宇奈井
今出
麻生
嘉万
秋吉
綾木
大嶺
大嶺下
伊佐
岩永
明見
鷹子
阿座上
下八道
河棚
貴飯
吉母
玖野
楢崎
吉賀
保木
吉見
正吉
阿内
清末
宇津井
員光
宇部
稗田
府中
津布田
赤間関
万倉
山中
鴨
船木
吉見
木田
白松
宇部
笠野
勝間
八代
高水
来巻
河内
末武
久米
千代次
下松
豊井
鷲頭
新屋河内
光井
室積
小周防
三井
伊賀道
塩田
余田
宇佐木
日積
柳井津
神代
大野
祖生
由宇

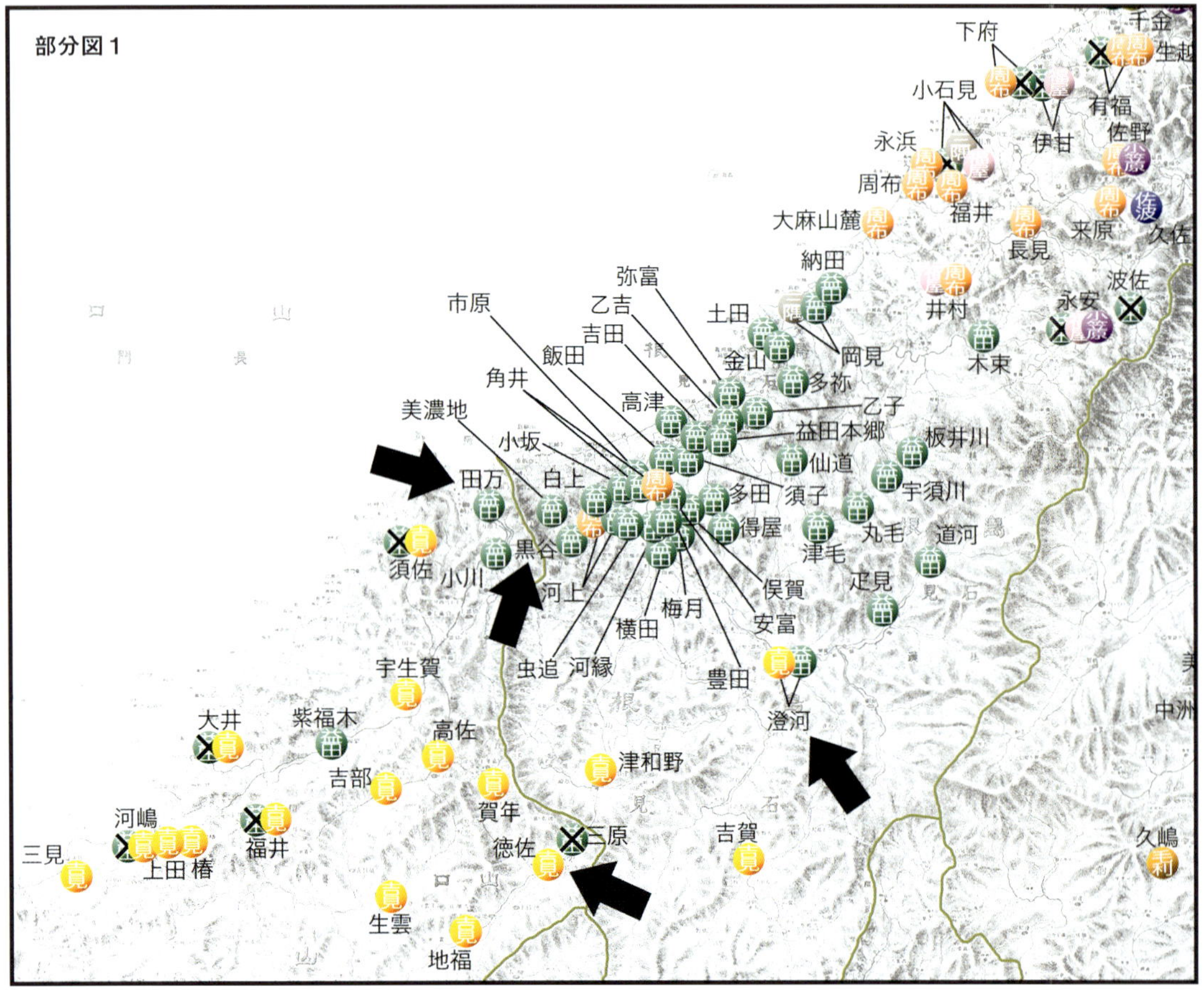
部分図１

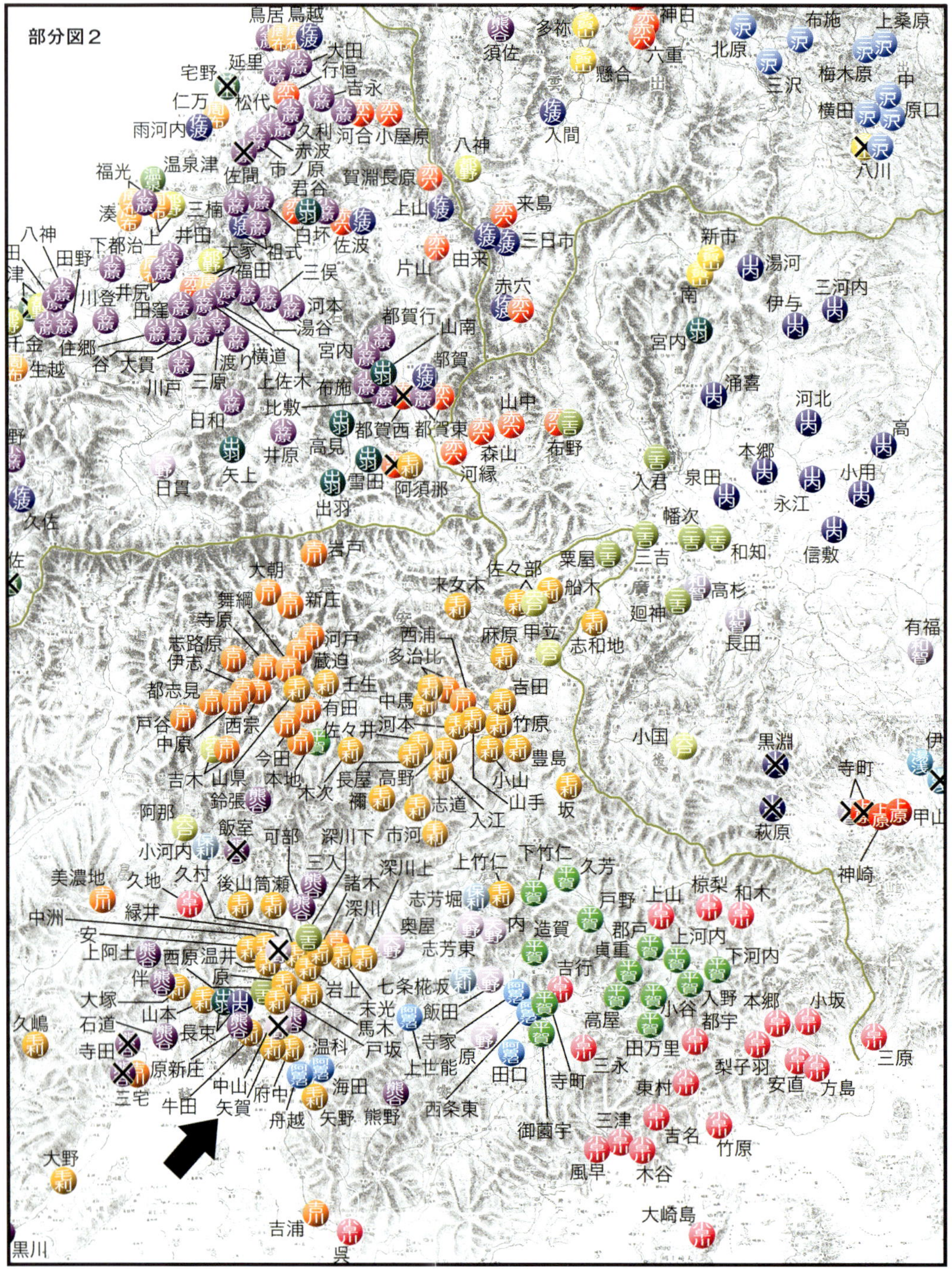
部分図２

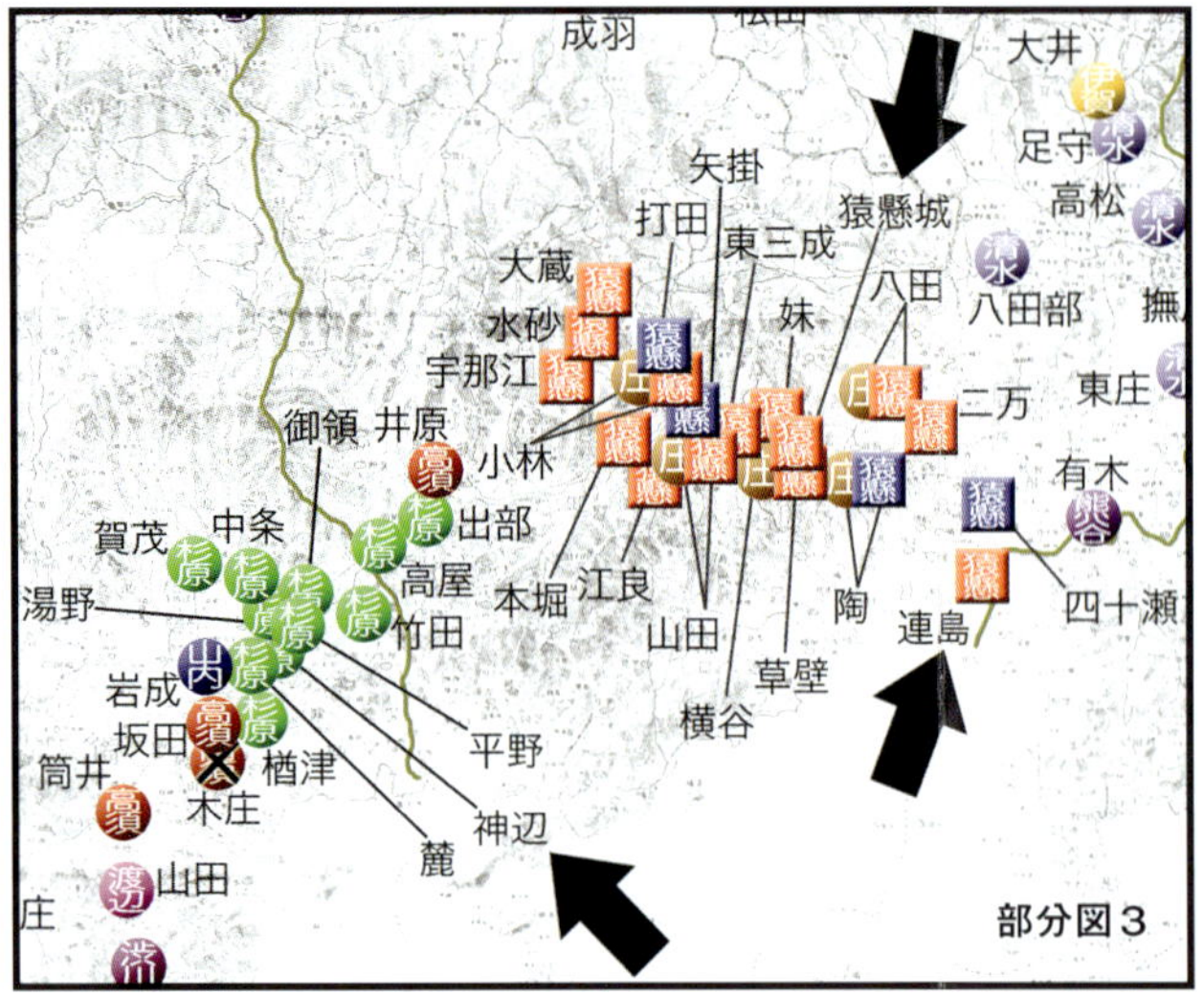
部分図３

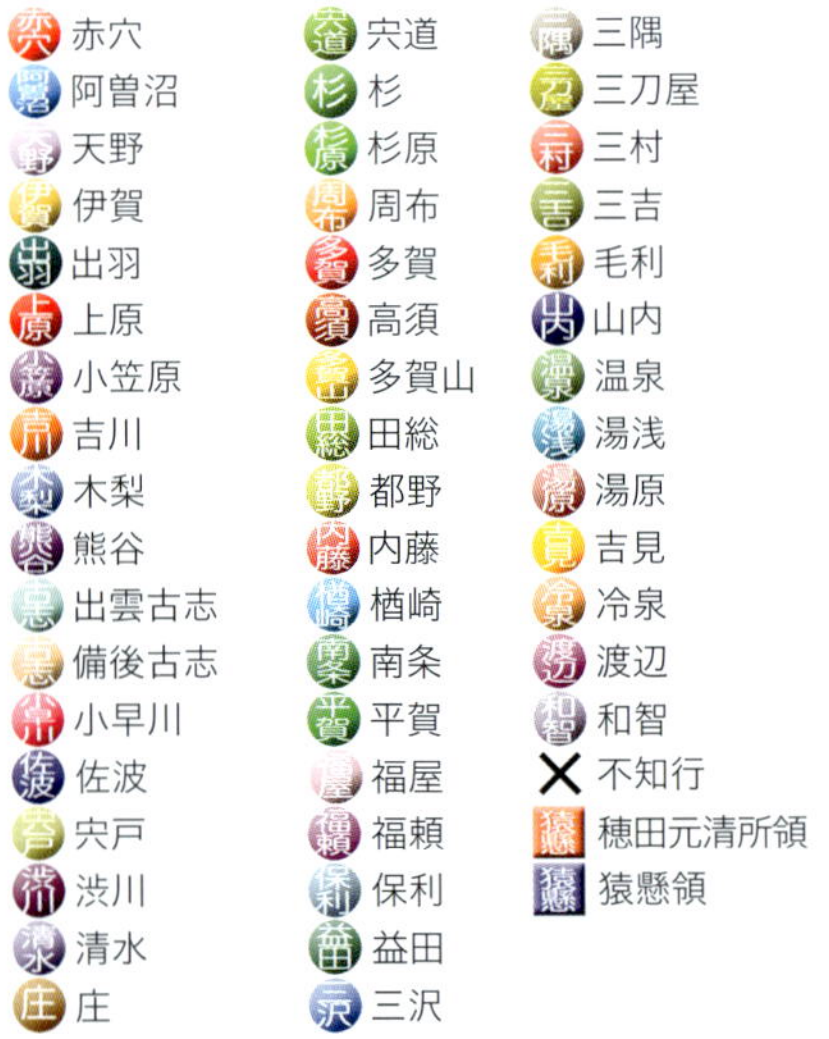
赤穴
阿曽沼
天野
伊賀
出羽
上原
小笠原
吉川
木梨
熊谷
出雲古志
備後古志
小早川
佐波
宍戸
渋川
清水
庄
宍道
杉
杉原
周布
多賀
高須
多賀山
田総
都野
内藤
楢崎
南条
平賀
福屋
福頼
保利
益田
三沢
三隅
三刀屋
三村
三吉
毛利
山内
温泉
湯浅
湯原
吉見
冷泉
渡辺
和智
不知行
穂田元清所領
猿懸領

「戦国領主」所領典拠一覧

安芸国

【安南郡】**阿土**　毛利家文書二六一／**上阿土**　熊谷家文書一三二／**海田**　『広島県史Ⅳ』〔棟札〕熊野神社一／**熊野**　熊谷家文書一三二／**呉**　閥九六・岡与三左衛門—九／**上世能**　『広島県史Ⅳ』野村文書三／**中山**　毛利家文書二五一、『広島県史Ⅴ』右田毛利譜録三、閥一七〇・財満瀬兵衛—六、『山口県史3』山口県文書館蔵右田毛利家文書一〇四、一〇五／**温科**　毛利家文書二五一、二五八、二六一、閥四二・熊谷与右衛門—一、熊谷家文書一六七／**府中**　毛利家文書二六一／**船木**　『広島県史Ⅴ』右田毛利譜録三、閥一七〇・財満瀬兵衛—六、『山口県史3』山口県文書館蔵右田毛利家文書一〇四、一〇五／**舟越**　『広島県史Ⅲ』大願寺文書二六五／**矢賀**　毛利家文書二五一／**矢野**　毛利家文書四一〇／**吉浦**　『広島県史Ⅴ』岩国藩中諸家古文書纂・末永兵八—一、吉川家文書六九四

【安北郡】**飯室**　熊谷家文書一二二／**可部(可部新庄)**熊谷家文書一二〇、一二一、一二三、一二四、一七二、毛利家文書二五一、二五八、二六一、『広島県史Ⅲ』野坂文書一四六／**北庄**　毛利家文書二六一／**久村**　毛利家文書二五一、二六一／**末光**　毛利家文書二六一／**鈴張**　毛利家文書二六一、熊谷家文書一六七／**深川**　毛利家文書二五一、五八九／**深川下分**　毛利家文書二五三、二六一／**戸坂**　毛利家文書二五一／**三入**　『広島県史Ⅳ』〔銘文〕三入神社一、熊谷家文書一六七、一七二、『広島県史Ⅲ』野坂文書一四六／**諸木**　毛利家文書二六一

【賀茂郡】**内村**　『山口県史3』山口県文書館蔵右田毛利家文書一〇四、一〇五／**西条**　毛利家文書二五一、二五二、四一〇、『山口県史3』山口県文書館蔵右田毛利家文書一〇七、閥一七〇・財満瀬兵衛—六、『山口県史2』臼井家文書二四／**飯田**　平賀家文書二四三、『山口県史3』山口県文書館蔵右田毛利家文書八六／**三方**　平賀家文書二四三、『山口県史3』山口県文書館蔵今川家文書四〇／**寺家**　平賀家文書二四三、閥四三・出羽源八—四／**田口**　平賀家文書二四三、『山口県史3』山口県文書館蔵今川家文書一〇／**寺町**　平賀家文書六一、九〇、二四三／**原**　平賀家文書二四三、『山口県史3』山口県文書館蔵右田毛利家文書九〇／**西条東**　『広島県史Ⅴ』譜録・阿曾沼内記秀明—四、平賀家文書二四三、閥八四・児玉弥七郎—七二、『広島県史Ⅴ』譜録・八木左兵衛景実—一、五、閥六二・脇八郎右衛門—一二／**三永**　『広島県史Ⅳ』荒谷文書三、『広島県史Ⅴ』田坂文書八、**西条山中方**　平賀家文書一二七、二四七／**吉行**　平賀家文書二四三、閥一三六・礒兼求馬—四三／**貞重**　平賀共昌集録「旧記」六／**志芳**　『広島県史Ⅴ』右田毛利譜録一〇／**(志芳)阿野**　閥九二・天野九郎左衛門—一／**(志芳)東**　『山口県史3』山口県文書館蔵右田毛利家文書三一、『広島県史Ⅴ』山口県文書館所蔵村山証文二、『広島県史Ⅴ』山口県文書館所蔵村山家檀那帳一、『広島県史Ⅴ』右田毛利譜録一六／**(志芳)奥屋**　『山口県史3』山口県文書館蔵右田毛利家文書七八、閥一五七・渡辺与一左衛門—一、二／**(志芳)七条椛坂**　『山口県史3』山口県文書館蔵右田毛利家文書一〇七、閥一五七・渡辺与一左衛門—二／**志芳堀**　『広島県史Ⅴ』山口県文書館所蔵村山家檀那帳一／**造賀**　平賀共昌集録「旧記」一二三、『広島県

史Ⅱ』厳島野坂文書一八八九、平賀家文書一二七、二四七／**高屋**　『広島県史Ⅴ』譜録・桂市郎右衛門保心一、三、平賀共昌集録「旧記」三、五、一三、三五、三六、六九、『広島県史Ⅱ』厳島野坂文書一八八九／**高屋北南**　平賀家文書一二七、二四七／**高屋西**　平賀家文書一二七、二四七／**（高屋）御薗宇**　平賀共昌集録「旧記」二八、三〇／**東**　閥一三六・礒兼求馬―四〇、『広島県史Ⅳ』楽音寺文書三三

【佐西郡】石道　熊谷家文書一三〇、一六七／**大野**　毛利家文書四一〇／**小方**　熊谷家文書一三二、毛利家文書四一〇／**久嶋**　毛利家文書七一七、三浦家文書一一二／**黒川**　閥四二・熊谷与右衛門―二、『広島県史Ⅲ』大願寺文書一〇六、一〇七、一〇八、一一〇、一一一、一一二／**高井**　熊谷家文書一三四／**寺田**　熊谷家文書一三〇／**美濃地**　吉川家文書六九四／**三宅**　熊谷家文書一三〇、閥一〇〇・児玉物兵衛―二六／**山里**　毛利家文書四一〇、閥一七〇・財満瀬兵衛―六、『広島県史Ⅱ』厳島野坂文書一一四八、一一四九

【佐東郡】阿那　『山口県史3』山口県文書館蔵宍戸家文書二、毛利家文書二六一／**岩上**　毛利家文書二六一／**大牛田**　毛利家文書三〇三／**小牛田**　毛利家文書三〇三／**後山**　毛利家文書二六一／**大塚**　毛利家文書二六一／**小河内**　毛利家文書二六一／**久地**　閥一三六・礒兼求馬―一〇、『広島県史Ⅴ』田坂文書五、閥一〇〇・児玉物兵衛―六二／**筒瀬**　毛利家文書二六一／**伴**　毛利家文書二五一、二六〇、『山口県史3』山口県文書館蔵熊谷家文書四三、四四／**中洲**　毛利家文書二六一／**長束**　毛利家文書二六一、閥四三・出羽源八―四、山内首藤家文書三〇四、『広島県史Ⅱ』厳島野坂文書一八八九／**原**　毛利家文書二五八、二六一／**西原**　『広島県史Ⅲ』大願寺文書九九、一〇〇、『広島県史Ⅱ』厳島野坂文書一一七七／**温井**　毛利家文書二五八／**原新庄**　『広島県史Ⅲ』大願寺文書六四、七七、毛利家文書二六一、熊谷家文書一六七／**馬木**　毛利家文書二六一／**緑井**　毛利家文書二五一、二五八、『広島県史Ⅴ』右田毛利譜録三、閥一七〇・財満瀬兵衛―六、『山口県史3』山口県文書館蔵右田毛利家文書一〇四、一〇五／**安上下**　毛利家文書二六一／**山本**　毛利家文書二六一

【高田郡】粟屋　『広島県史Ⅳ』〔銘文〕鳴戸神社二、三／**石浦**　毛利家文書二〇四／**市河**　毛利家文書二〇四／**入江**　毛利家文書二〇四／**中麻原**　毛利家文書二〇四／**下麻原**　毛利家文書二〇四／**小山**　毛利家文書二〇四／**北**　『広島県史Ⅴ』山口県文書館所蔵村山家檀那帳一、『広島県史Ⅱ』厳島野坂文書一二九八／**来女木**　毛利家文書四一〇／**河本**　毛利家文書二〇四／**坂**　毛利家文書二〇四／**佐々部**　毛利家文書二五七、閥八八・山内源右衛門―一一／**志道**　毛利家文書二〇四／**高野**　毛利家文書一八九／**多治比**　毛利家文書二〇四、四一〇、五八九／**豊島**　毛利家文書二〇四／**中村**　毛利家文書四一〇／**長屋**　毛利家文書一八九／**西浦**　毛利家文書五八九／**禰**　毛利家文書二〇四／**船木**　毛利家文書二五七／**山手**　毛利家文書二〇四／**吉田上下**　毛利家文書二〇四／**吉田廻**　三浦家文書一一二

【高宮郡】佐々井　毛利家文書二〇四／**竹原**　毛利家文書二〇四

【豊田郡】上山　閥五七・飯田平右衛門―一四／**大崎島**　閥九五・金山清兵衛―一、八、『広島県史Ⅴ』岩国藩中諸家古文書纂・真田小左衛門―四、『広島県史Ⅴ』田坂文書七／**大崎中庄**

『広島県史Ｖ』岩国藩中諸家古文書纂・真田小左衛門—二／**大崎東之庄**　閥九五・金山清兵衛—一／**久芳**　平賀家文書六一、一二七、二四三、二四七／**河内**　平賀家文書二四三／**上河内**　平賀家文書九九、一〇〇、一二二、一二七、二四七／**下河内**　平賀家文書一二七、二四七／**郡戸**　平賀家文書九〇、一二七、二四三、二四七／**小谷**　『広島県史Ｖ』譜録・桂市郎右衛門保心—一、三、平賀家文書一二七、二四七／**上竹仁**　毛利家文書二〇四／**下竹仁**　平賀家文書七七、一二七、二四七、『広島県史Ｖ』山口県文書館所蔵贈村山家証文四／**戸野**　平賀家文書一二七、二四三、二四七、『広島県史Ｖ』譜録・桂市郎右衛門保心—一、閥一〇七・坂井孫左衛門—一、三、平賀共昌集録「旧記」二四／**入野**　平賀共昌集録「旧記」四、一七、一八、七〇、平賀家文書一二七、二四七／**椋梨**　小早川家文書一三九、一五七、一六三／**和木**　小早川家文書一三九、一五七

【沼田郡】安直本郷　小早川家証文五四七／**小坂**　閥五七・飯田平右衛門—一三／**方島**　閥一六四・山中伊右衛門—二／**竹原**　小早川家文書九二／**田万里**　『広島県史Ｖ』譜録・桂市郎右衛門保心—二、三、五、平賀共昌集録「旧記」三四、平賀家文書一二七、二二六、二四七／**都宇**　小早川家文書九二／**梨子羽**　小早川家文書五四七／**（梨子羽）南方**　小早川家文書九一、『広島県史Ｖ』田坂文書三／**（沼田）本郷**　『広島県史Ｖ』岩国藩中諸家古文書纂・真田小左衛門—七、九、閥五七・飯田平右衛門—一二／**（三津）木谷**　『広島県史Ｖ』田坂文書七／**（三津）三浦**　小早川家文書九二／**吉名**　小早川家証文五四七

【山県郡】朝枝　『広島県史Ｖ』岩国藩中諸家古文書纂・境孫七—三／**阿須那**　毛利家文書二五一、二五二、二五七／**有田**　毛利家文書二五二、吉川家文書六九四、『千代田町史』三八六／**伊志**　吉川家文書六九四／**今田**　毛利家文書二五二、吉川家文書六九四／**岩戸**　吉川家文書六九四／**大朝**　石見吉川家文書一九、二一、二二、二四、吉川家文書六九四／**大田**　吉川家文書六九四／**河戸**　『広島県史Ｖ』岩国藩中諸家古文書纂・石七郎兵衛—三、四、吉川家文書別集七三四（二）（三）（四）、吉川家文書六九四／**北方**　『広島県史Ｖ』岩国藩中諸家古文書纂・境孫七—一、二、『広島県史Ｖ』岩国藩中諸家古文書纂・江田孫介—二、吉川家文書六九四／**木次**　毛利家文書二〇六／**蔵迫**　『広島県史Ｖ』岩国藩中諸家古文書纂・井上又六—一／**志路原**　吉川家文書六九四／**上下**　毛利家文書二五一、二五二、二五六／**（上下）北**　『山口県史3』山口県文書館蔵阿川毛利家文書一二／**新庄**　『広島県史Ｖ』岩国藩中諸家古文書纂・森脇純安—三、吉川家文書別集二一、吉川家文書六九四／**都志見**　『広島県史Ｖ』岩国藩中諸家古文書纂・横道恕介—一、『広島県史Ｖ』岩国藩中諸家古文書纂・佐々木九兵衛—二、三、『広島県史Ｖ』吉川家中幷寺社文書・市河家御書—四、吉川家文書別集七三四（六）／**寺原**　吉川家文書別集三一九、『広島県史Ｖ』岩国藩中諸家古文書纂・井上佐太夫—二、三、『広島県史Ｖ』岩国藩中諸家古文書纂・黒杭惣左衛門—一、『広島県史Ｖ』岩国藩中諸家古文書纂・長和伊三郎—一、『広島県史Ｖ』岩国藩中諸家古文書纂・石七郎兵衛—一一、一七、『新修島根県史』全長寺文書四九八頁（三）、吉川家文書六九四、『広島県史Ｖ』岩国藩中諸家古文書纂・田中源兵衛—二／**戸谷**　『広島県史Ｖ』岩国藩中諸家古文書纂・森脇繁生—二、『広島県史Ｖ』岩国藩中諸家古文書纂・井上佐太夫—四／**仲原**　吉川家文書別集三二五、三

六五、六九四／**西宗**　吉川家文書六九四／**上本地**　吉川家文書六九四、平賀家文書一二七、二四七／**下本地**　毛利家文書六四三、吉川家文書別集三六八／**舞綱**　『広島県史Ⅴ』岩国藩中諸家古文書纂・井上佐太夫—五／**壬生**　毛利家文書二五二／**山県**　毛利家文書二五一、二五二、二五七／**吉木**　『広島県史Ⅴ』岩国藩中諸家古文書纂・佐々木九兵衛—三、吉川家文書六九四、『広島県史Ⅱ』厳島野坂文書一五七六、『広島県史Ⅲ』大願寺文書一九〇／**(吉木)本郷**　吉川家文書別集三三九、三六七／**(吉木)下村**　吉川家文書別集七三四（五）、『広島県史Ⅴ』吉川家中幷寺社文書・朝枝七兵衛家御書御感状御下字等写—一

石見国

【安濃郡】 **上山**　『山口県史3』山口県文書館蔵豊北町林家文書一七、二五／**大田**　『出雲尼子史料集』九六五／**大田北**　石見小笠原文書二〇／**大田南**　『島根県史七』七四二頁（一）／**賀淵長原**　『出雲尼子史料集』六〇八／**河合**　『出雲尼子史料集』六六一、『新修島根県史』飯田文書四八八頁（六）、『島根県史七』七四二頁（一）／**河合南**　『新修島根県史』飯田文書四八九頁（一）（二）／**(河合)舞戸**　『新修島根県史』飯田文書四八九頁（三）／**小屋原**　『出雲尼子史料集』六〇八／**刺賀**　『出雲尼子史料集』九六五／**鳥居**　閥一二一・周布吉兵衛—一五四、『島根県史七』七四二頁（一）／**鳥越**　閥一二一・周布吉兵衛—一五四、『山口県史3』山口県文書館蔵豊北町林家文書一九／**延里**　『島根県史七』七四二頁（一）／**行常**　『出雲尼子史料集』六〇八、閥三七・中川与右衛門—二五、一一八／**吉永**　『山口県史3』市原家文書一、二、『出雲尼子史料集』一五二〇、『島根県史七』七四二頁（一）

【邑智郡】 **阿須那**　『出雲尼子史料集』六六一／**出羽**　閥四三・出羽源八—一／**井原**　『島根県史七』七二四頁（二）、『島根県史七』七四二頁（一）／**大貫**　『島根県史七』七四二頁（一）／**片山**　閥三七・中川与右衛門—一〇六、『出雲尼子史料集』一八七／**佐木**　島根県立図書館所蔵小笠原文書（古証文写）／**上佐木**　『島根県史七』七五一頁（一）／**上川戸**　『島根県史七』七四二頁（一）／**下川戸**　『島根県史七』七四二頁（一）／**河本**　『島根県史七』七四二頁（一）、『広島県史Ⅱ』厳島野坂文書九五二、『山口県史3』山口県文書館蔵右田毛利家文書二五一／**(河本)河下**　『新修島根県史』飯田文書四八七頁（二）、『新修島根県史』清水文書五〇三頁（三）、『島根県史七』七四二頁（一）、七五〇頁（一）、七五一頁（一）、島根県立図書館所蔵小笠原文書（古証文写）／**(河本)柚見**　『新修島根県史』武明八幡宮文書四七七頁（二）（五）／**君谷**　『出雲尼子史料集』六六一、閥四三・出羽源八—五／**下君谷**　『島根県史七』七四二頁（一）／**佐波**　閥三七・中川与右衛門—一〇六、一〇八、一一〇、『山口県史3』山口県文書館蔵豊北町林家文書一二、『出雲尼子史料集』六七九／**佐波北**　『出雲尼子史料集』六五一／**山南**　閥四三・出羽源八—六、七／**(山南)比敷**　『新修島根県史』飯田文書四八七頁（二）／**(山南)布施**　『新修島根県史』飯田文書四八七頁（二）／**住**　『島根県史七』七四二頁（一）／**高見**　閥四三・出羽源八—六、八／**田窪**　『新修島根県史』森木文書五一五頁（四）、『新修島根県史』清水文書五〇三頁（三）／**谷**　『島根県史七』七四二頁（一）／**都賀**　『出雲尼子史料集』六五一、閥七一・佐波庄三郎—九／**都賀東**　石見小

笠原文書二〇／『出雲尼子史料集』六六一、島根県立図書館所蔵小笠原文書（古証文写）／**都賀西**　『出雲尼子史料集』六六一、島根県立図書館所蔵小笠原文書（古証文写）／**都賀丁**　『出雲尼子史料集』六五二／**都賀行**　石見小笠原文書二一／**中原**　『新修島根県史』飯田文書四八七頁（二）／**日貫**　『広島県史Ⅱ』厳島野坂文書九六二、九八三／**日和**　『新修島根県史』清水文書五〇三頁（三）／**上日和**　『島根県史七』七四二頁（一）／**三原**　『新修島根県史』武明八幡宮文書四七七頁（一）、石見小笠原文書二〇、『島根県史七』七四二頁（一）／**三俣**　『新修島根県史』武明八幡宮文書四七八頁（四）、『島根県史七』七四二頁（一）／**宮内**　石見小笠原文書二〇／**矢上**　閥四三・出羽源八―九／**雪田**　閥四三・出羽源八―二／**湯谷**　『新修島根県史』武明八幡宮文書四七九頁（二）、『島根県史七』七四二頁（一）／**渡り**　石見小笠原文書二〇

【那賀郡】有福　閥一二一・周布吉兵衛―一五四、益田家文書二八四、島根県立図書館所蔵岡本文書写／**伊甘**　益田家文書二八三、三四六、『益田藤兼・元祥とその時代』四／**井村**　閥一二一・周布吉兵衛―一七五、一九〇、二一五、吉川家文書四五六／**宇津**　益田家文書二八四／**大田**　『島根県史七』七四二頁（一）／**岡見**　益田家文書二八三、三四六、三五二、『益田藤兼・元祥とその時代』四、六二、八一／**生越**　閥一二一・周布吉兵衛―一五四、島根県立図書館所蔵岡本文書写／**北川登**　『島根県史七』七四二頁（一）／**南川登**　『島根県史七』七四二頁（一）／**木束**　閥一二一・周布吉兵衛―一五四、吉川家文書四五六、益田家文書三四六、三五〇、三五二、『広島県史Ⅳ』広島大学所蔵小原文書一六、『益田藤兼・元祥とその時代』六二、八一／**久佐**　閥七一・佐波庄三郎一四／**来原**　閥一二一・周布吉兵衛―一五四／**小石見**　『島根県史七』七五九頁（二）、七六〇頁（二）、七六二頁（二）、七六三頁（一）、『島根県史八』六七六頁（一）（三）、六七七頁（一）、益田家文書二八四、『広島県史Ⅱ』厳島野坂文書九八三、島根県立図書館所蔵岡本文書写／**江津**　益田家文書二八四／**貞松**　閥一二一・周布吉兵衛―一五四／**佐野**　『広島県史Ⅱ』厳島野坂文書一二五二、『島根県史七』七四二頁（一）／**下府**　益田家文書二八四、『広島県史Ⅱ』厳島野坂文書一二五二／**末元**　閥一二一・周布吉兵衛―一五四／**周布**　閥一二一・周布吉兵衛―一五四／**大麻山麓**　閥一二一・周布吉兵衛―二一五／**田野**　『島根県史七』七四二頁（一）／**千金**　『島根県史七』七四二頁（一）／**下都治**　『島根県史七』七四二頁（一）／**都野**　益田家文書二八四、『山口県史3』波多野家蔵都野家文書一四／**本郷永浜**　閥一二一・周布吉兵衛―二一五／**長見**　閥一二一・周布吉兵衛―二一五／**永安**　吉川家文書四四〇、四四一、四五四、『島根県史七』七四二頁（一）／**(永安)上分**　益田家文書二八四、吉川家文書四五一、四五五、四五六／**(永安)下分**　益田家文書四〇三、七二八／**納田**　『益田藤兼・元祥とその時代』六二、八一、益田家文書三四六、三五〇、三五二／**波佐**　益田家文書二八四／**福井**　閥一二一・周布吉兵衛―一五四／**八神**　『島根県史七』七四二頁（一）／**安田**　閥一二一・周布吉兵衛―一五四／**六方**　益田家文書三四六

【邇摩郡】赤波　『島根県史七』七四二頁（一）／**雨河内**　閥一六二・波根平左衛門―二、三／**市ノ原市**　『島根県史七』七四二頁（一）／**大家**　『山口県史3』波多野家蔵都野家文書五／

(大家)飯田　『山口県史3』市原家文書五、『新修島根県史』武明八幡宮文書四七七頁（三）、四七八頁（一）、島根県立図書館所蔵小笠原文書（古証文写）／**(大家)井尻**　閥一二一・周布吉兵衛、島根県立図書館所蔵小笠原文書（古証文写）一五四、一七七、『島根県史七』七四二頁（一）／**(大家)三原**　『新修島根県史』荘厳寺文書四八一頁（五）、島根県立図書館所蔵小笠原文書（古証文写）／**久利**　『山口県史3』市原家文書七、『出雲尼子史料集』一五二〇、『島根県史七』七四二頁（一）／**佐摩**　『島根県史七』七四二頁（一）、毛利家文書七九七／**白坏**　『島根県史七』七四二頁（一）／**祖式**　閥七一・佐波庄三郎―三〇、『島根県史七』七四二頁（一）／**宅野**　益田家文書二八三、三四六、『益田藤兼・元祥とその時代』四／**仁万**　閥一二一・周布吉兵衛―一九七、一九八／**福田**　閥三七・中川与右衛門―七三、一〇五、一〇六、閥一二一・周布吉兵衛―一七七、『島根県史七』七四二頁（一）／**福光**　閥一二一・周布吉兵衛―一五四、一七六、一七九、一八〇、一八一、『山口県史3』波多野家蔵都野家文書五、『島根県史七』七四二頁（一）／**(福光)三方**　閥一二一・周布吉兵衛―一五四／**(福光)河下**　閥一二一・周布吉兵衛―一六九、一七〇／**(福光)湊**　閥一二一・周布吉兵衛―一六九、一七〇、一七七／**(福光)上**　閥一二一・周布吉兵衛―一七六、『山口県史3』波多野家蔵都野家文書九／**松代**　『島根県史七』七四二頁（一）／**三楠**　『島根県史七』七四二頁（一）／**温泉**　閥一六二・波根平左衛門―二、『大社町史』一四九〇／**横道**　『島根県史七』七四二頁（一）／**吉浦**　閥八四・児玉弥七郎―六七

【美濃郡】飯田　益田家文書二八三、三四六、三四八、三四九、三五〇、三五一、三五二、三五四、『益田藤兼・元祥とその時代』四、六〇、六二、八一／**板井河**　益田家文書二八三、三〇三、三四六、七一一／**市原**　『益田藤兼・元祥とその時代』四、七六、八一、益田家文書二八三／**弥富(遠田)**　益田家文書三四六／**弥富名**　『益田藤兼・元祥とその時代』四／**宇須川**　益田家文書二八三、三四六、『新修島根県史』原屋文書五〇〇頁（二）（三）、『広島県史Ⅳ』広島大学所蔵小原文書一六／**梅月**　益田家文書二八三、三四六、『益田藤兼・元祥とその時代』四、八一／**大浜**　『広島県史Ⅳ』広島大学所蔵小原文書一七／**奥郷**　益田家文書三四六、三四八、三四九、三五〇、三五二、三五四、『益田藤兼・元祥とその時代』六二、八一／**乙子**　『益田藤兼・元祥とその時代』六六／**乙吉**　益田家文書二八三、『益田藤兼・元祥とその時代』四／**金山**　『島根県史七』七五九頁（二）／**河上**　閥一二一・周布吉兵衛―一五四、『益田藤兼・元祥とその時代』八一／**川縁**　益田家文書二八六、三四六、三四八、三四九、三五一、『益田藤兼・元祥とその時代』六二／**黒谷**　益田家文書二一九、三四七、三五一、『益田藤兼・元祥とその時代』四／**下黒谷**　『益田藤兼・元祥とその時代』六二、七六／**小坂方**　益田家文書二八三、『益田藤兼・元祥とその時代』四／**白上**　閥一二一・周布吉兵衛―一五四、一九六、益田家文書二八三、三四六、三四八、三四九、三五一、『益田藤兼・元祥とその時代』四、六二／**須子**　『益田藤兼・元祥とその時代』四、七六、八一、益田家文書二八三／**澄河**　益田家文書七一二／**山道**　『新修島根県史』万福寺文書四九〇頁（二）（三）、益田家文書二八三、三四六、『益田藤兼・元祥とその時代』四、三七、八一、『新修島根県史』草野文書五〇二頁（一）

／**北仙道**　『益田藤兼・元祥とその時代』六二、益田家文書三四八、三四九、三五〇、三五二、三五四、／**東仙道**　『益田藤兼・元祥とその時代』六二、益田家文書三四八、三四九、三五〇、三五二、三五四／**高津**　『益田藤兼・元祥とその時代』四、七六、八一、益田家文書二八三／**多田**　益田家文書三四六／**多禰**　『益田藤兼・元祥とその時代』八一、益田家文書三五四／**土田**　益田家文書二八三、『益田藤兼・元祥とその時代』四／**角井**　閥一二一・周布吉兵衛―一五四、一九六、益田家文書二八三、三四六、三五〇、三五二、『益田藤兼・元祥とその時代』四、八一／**津毛**　『広島県史Ⅳ』広島大学所蔵小原文書一六、一七、益田家文書二二二、二二三、二八三、三四六、三四八、三四九、三五〇、三五二、三五四、『益田藤兼・元祥とその時代』四、六二、八一、『新修島根県史』原屋文書五〇〇頁（一）（二）（三）、閥遺五の一・石州浜田領美濃郡津毛村の内大神楽田屋善次方伝来之書類幷隠居善兵衛ゟ聞書諸控―一、五／**徳屋**　『益田藤兼・元祥とその時代』四、七六、益田家文書三四六／**豊田**　『益田藤兼・元祥とその時代』四、七六、益田家文書二八三／**(長野)庄内**　益田家文書三四六、三四八、三四九、三五〇、三五二、三五四／**浜辺郷**　益田家文書三四六、三四八、三四九、三五〇、三五二、三五四、『広島県史Ⅳ』広島大学所蔵小原文書一六、『益田藤兼・元祥とその時代』六二、八一／**疋見**　益田家文書二二二、二二三、二八三、三四六、三四七、三五〇、三五二、三五四、七一一、『益田藤兼・元祥とその時代』四、六二、八一／**益田本郷**　益田家文書二八三、三四六、三四八、三四九、三五〇、三五二、三五四、『益田藤兼・元祥とその時代』四、五五、六二／**俣賀**　益田家文書二八三、三四六、『益田藤兼・元祥とその時代』四／**丸毛**　益田家文書二二〇、二二二、二二三、二八三、三四六、三四八、三四九、三五〇、三五二、三五四、七一一、『益田藤兼・元祥とその時代』四、六二／**道川**　益田家文書二八三、三四六、七一一／**美濃地**　『益田藤兼・元祥とその時代』四、四八、六二、島根県立図書館所蔵妙義寺蔵文書影写本／**虫追**　益田家文書六二九、『益田藤兼・元祥とその時代』八一（益田家什書）／**安富**　『益田藤兼・元祥とその時代』四、七六、八一、益田家文書二八三／**横田**　益田家文書二八三、三四九、『益田藤兼・元祥とその時代』四、八一／**吉田**　『益田藤兼・元祥とその時代』四、七六、八一、益田家文書二八三

【吉賀郡】三本松　『山口県史2』平生町立平生図書館蔵安富家文書七／**下瀬**　閥一四八・下瀬七兵衛―一八／**吉賀**　史料編纂所所蔵佐藤文書六三

周防国

【玖珂郡】伊賀道　閥九九・内藤小源太―二五、二六／**岩国**　閥一三一・和智孫九郎一、『山口県史3』山口県文書館蔵熊谷家文書四七／**神代**　閥九九・内藤小源太―二五／**祖生**　『山口県史2』冷泉家文書三九、一四九、閥一六三・村上源右衛門―三／**弟子畑**　閥九九・内藤小源太―二五／**日積**　『山口県史4』京都大学総合博物館蔵粟屋家文書七／**弘瀬**　『広島県史Ⅳ』堀江文書六／**本郷**　『広島県史Ⅲ』大願寺文書二九／**南方**　『山口県史2』毛利博物館蔵毛利家旧蔵文書・児玉家文書三二、『山口県史4』山田家文書一／**楊井津**　閥九九・内藤小源太―二六／**山代**　閥七三・天野求馬―一、五、益田家文書三四六、

『広島県史Ⅲ』大願寺文書二一九、『益田藤兼・元祥とその時代』六二、閥五三・高須八郎左衛門―一七、平賀家文書一二七、二四七／**(山代)五ヶ**　『山口県史3』萩市郷土博物館蔵楢崎家文書二一、熊谷家文書一四〇、閥四二・熊谷与右衛門―三／**(山代)河山**　山内首藤家文書五四九／**(山代)羽野**　山内首藤家文書五四九／**(山代)**　天所　山内首藤家文書五四九／**由宇**　『山口県史2』冷泉家文書七、閥一六三・村上源右衛門二／**吉定**　閥九九・内藤小源太二五／**与田**　平賀家文書九一、一〇四、一二五、一二七、二四七

【熊毛郡】 **宇佐木**　『山口県史2』冷泉家文書九、閥一六三・村上源右衛門―三／**大野**　閥五三・高須八郎左衛門―一八／**笠野**　閥九九・内藤小源太―二五、閥一七〇・勝間田八郎左衛門二二、二四、『山口県史2』勝間田家文書一〇、一二／**勝間**　『山口県史2』熊毛神社文書二、一〇、一二／**小周防**　『山口県史3』山口県文書館蔵今川家文書一、四〇、四三、五〇、防長寺社証文一七・周慶寺―二、七、閥九九・内藤小源太―二五、『山口県史2』熊毛神社文書八、九、『防長風土注進案六』呼坂村／**(小周防)今西方**　防長寺社証文一七・周慶寺―一、五、閥九九・内藤小源太―二五／**塩田**　『出雲尼子史料集』五五七／**高水**　熊谷家文書一二五、一六七、閥二七・熊谷帯刀―八、閥九九・内藤小源太―二五、『広島県史Ⅲ』新出厳島文書一四一／**任美**　閥七九・杉七郎左衛門―一〇／**波野**　『広島県史Ⅱ』厳島野坂文書一四二八／**新屋河内**　『山口県史2』冷泉家文書九／**光井**　『山口県史3』山口県文書館蔵出羽家文書四五、閥九九・内藤小源太―二五／**室積**　平賀家文書九一、一二五、一二七、二四七／**八代**　閥九九・内藤小源太―二五

【佐波郡】 **小古祖**　『山口県史2』兄部家文書一八／**下得地**　『山口県史2』平生町立平生図書館蔵長家文書四／**(下得地)三谷**　『山口県史2』守田家文書七、八／**鈴屋**　『山口県史2』防府天満宮文書一四九／**奈美**　『山口県史2』防府天満宮文書一三七／**防府**　『山口県史2』防府天満宮文書一二八、一三〇、一四九／**堀**　『山口県史2』守田家文書九

【都濃郡】 **下松**　『山口県史2』冷泉家文書四〇、四一、一二六／**久米**　『山口県史2』神本家蔵原始院文書一、五、『山口県史2』慈福寺文書三、四、五、七、閥七九・杉七郎左衛門―一〇／**(久米)上土居**　『山口県史2』神本家蔵原始院文書二、三／**来巻**　閥九九・内藤小源太―二五／**河内**　『山口県史2』冷泉家文書八、閥七九・杉七郎左衛門―一〇、閥九九・内藤小源太―二五／**末武**　『山口県史2』冷泉家文書九／**千代次**　『山口県史2』冷泉家文書七／**豊井**　『山口県史2』冷泉家文書九／**富田**　『山口県史3』山口県文書館蔵右田毛利家文書二一九／**鷲頭**　閥七九・杉七郎左衛門―一〇

【吉敷郡】 **秋穂**　益田家文書三五六／**朝倉**　三浦家文書一一二／**朝田**　閥七九・杉七郎左衛門―一〇、三浦家文書一一二／**糸米**　閥二一・柳沢靭負―四一／**黒川**　益田家文書三五六／**小俣**　益田家文書三五六／**白松**　閥五五・国司与一右衛門―四〇／**陶**　益田家文書三五六／**恒富**　益田家文書二二一、二八〇、二八三、三四六、七二二／**宮野**　閥一六四・西岡五左衛門―一、『山口県史3』山口県文書館蔵多賀神社文書三、閥一一一・山内長五郎―二、三

長門国

【厚狭郡】宇津井　閥九九・内藤小源太—二五、防長寺社証文二九・山口今八幡—七／**江喜**　閥七九・杉七郎左衛門—一〇／**鴨**　閥七九・杉七郎左衛門—一〇／**下市**　閥七九・杉七郎左衛門—一〇／**津布田**　閥一六三・村上源右衛門—一／**山中**　閥六〇・仁保太左衛門—一三

【阿武郡】（生雲）細野　閥一〇七・安市郎兵衛—一、二／**上野**　『島根県史八』六八三頁（一）／**宇生賀**　『防長風土注進案二一』徳佐村／**大井浦**　益田家文書二二一、二八三／**大井郷**　閥八二・末武与五郎—八、『山口県史3』萩市郷土博物館蔵大井八幡宮文書一〇、一一、閥一四三・吉賀物左衛門五、『山口県史2』平生町立平生図書館蔵安富家文書一三、閥六九・上領源五右衛門—三、閥一六一・阿武五郎左衛門—一／**（小川）中之河内**　益田家文書二八八／**（小川）吉賀原**　益田家文書二八八／**（小川）鍋山**　益田家文書二八九、二九〇／**賀年**　閥一六〇・渡辺与右衛門—九、『山口県史3』市原家文書一三、閥六九・上領源五右衛門—三、『山口県史3』山口県文書館蔵美和町中村家文書一／**（賀年）上垣内**　閥一六一・倉田新五左衛門—一、二／**河嶋**　益田家文書二二〇、二二一、二八三、三四六、『山口県史2』平生町立平生図書館蔵安富家文書八、一〇、『山口県史4』楯家文書九、閥一六二・阿武新吉—一、四、譜録・安部吉左衛門和貞、譜録・後根七郎左衛門盛尹／**吉部**　閥一四三・吉賀物左衛門—五／**三見**　閥一六八・益田五郎兵衛—六、閥一六〇・渡辺与右衛門—九、閥六九・上領源五右衛門—三、『山口県史2』平生町立平生図書館蔵安富家文書五／**紫福木**　益田家文書二八八／**地福**　閥一〇七・安市郎兵衛—一、二／**須佐**　益田家文書二八九、二九〇、三四六、七三四／**高佐**　『島根県史八』六八三頁（二）、『山口県史4』三隅家文書五／**（高佐）竹下**　閥一四三・吉賀物左衛門—五／**多万**　益田家文書二八九、二九〇、三〇四、七三四、『益田藤兼・元祥とその時代』六二、『山口県史3』大谷家文書一／**（多万）市見**　益田家文書二八八／**（多万）片山**　益田家文書二八八／**（多万）江津**　益田家文書三四六／**椿**　閥一六二・阿武新吉—四、閥一六一・周鷹寺—一、閥八八・波多野仁右衛門—五／**（椿）沖原**　『島根県史八』六八三頁（一）／**（椿）賀川津**　閥八二・末武与五郎—八／**（椿東）松本**　『島根県史八』六八三頁（一）／**徳佐**　閥一四三・吉賀物左衛門—五、『山口県史3』徳佐八幡宮文書二、三／**福井**　益田家文書二二一、二八三、『山口県史2』平生町立平生図書館蔵安富家文書八、一〇、閥一六一・波多野吉兵衛—一／**（福井）庄官名**　益田家文書三四六／**三原**　益田家文書二八八、三四六

【大津郡】日置　『山口県史3』日置八幡宮文書一七、三〇、三五、四七、『山口県史2』平生町立平生図書館蔵安富家文書一五、閥六〇・仁保太左衛門—一三、一四／**（日置）兼行保**　『山口県史2』冷泉家文書一一、閥九九・内藤小源太—二五、閥一二一・周布吉兵衛—一八七／**（日置）一円保**　閥九九・内藤小源太—二五／**見島**　益田家文書三四六、『益田藤兼・元祥とその時代』六二／**三隅**　閥一二一・周布吉兵衛—一九〇、一九一、閥九九・内藤小源太—二五、閥六八・三隅勘右衛門—一五、『山口県史4』三隅家文書一

【厚東郡】宇部　閥七九・杉七郎左衛門—一〇／**木田**　『山口県史3』浄名寺文書一四、『山口県史2』平生町立平生図書館蔵安富家文書一二／**船木**　閥七九・杉七郎左衛門—一一、一二、

一三／**万倉**　閥六三・福嶋幾次郎―一五、『山口県史3』宮尾八幡宮文書五、閥七九・杉七郎左衛門―一〇、閥一六一・柳井七左衛門―二／**吉見**　益田家文書二二一、二八三、三四六、平賀家文書一一二

【豊田郡】明見　閥九九・内藤小源太―二五、二七／**阿川**　閥九九・内藤小源太―二五、二七／**阿座上**　閥七九・杉七郎左衛門―一八／**麻生**　閥九九・内藤小源太―二五／**荒木**　閥九九・内藤小源太―二五、二七／**粟野**　益田家文書二八八／**壹ノ畑**　閥七九・杉七郎左衛門―一八／**今出畑**　閥七九・杉七郎左衛門―一八／**岩滑**　閥九九・内藤小源太―二五、閥一七〇・勝間田八郎左衛門―二二、二四、『山口県史2』勝間田家文書一〇、一二／**岩隅（岩滑ヵ）**閥九九・内藤小源太―二七／**浮石**　閥九九・内藤小源太―二五、二七、『山口県史4』山田家文書四／**宇奈井**　閥九九・内藤小源太―二五、二七／**大田**　閥九九・内藤小源太―二五／**神田別府**　閥八八・波多野仁右衛門―四、閥九九・内藤小源太―二五、二七、閥七九・杉七郎左衛門―一八／**金道**　閥九九・内藤小源太―二五／**金重（金道ヵ）**　閥九九・内藤小源太―二七／**榑ヶ畑**　閥七九・杉七郎左衛門―一八／**神上寺**　『山口県史4』神上寺文書五／**鷹子**　閥七九・杉七郎左衛門―一八／**角島**　閥九九・内藤小源太―二六、二七／**殿井**　閥九九・内藤小源太―二五、二七／**東豊田**　閥一二一・周布吉兵衛―一九〇、一九一、閥九九・内藤小源太―二七、益田家文書三四六、三九五、三九六、三九七、『益田藤兼・元祥とその時代』六二／**西豊田**　閥九九・内藤小源太―二七／**杢路次**　閥九九・内藤小源太―二五／**上八道**　閥七九・杉七郎左衛門―一八／**下八道**　閥九九・内藤小源太―二五、二七、『山口県史4』山田家文書二、閥七九・杉七郎左衛門―一八

【豊西郡】宇賀　閥九九・内藤小源太―二五、閥五三・木梨右衛門八―一、二、防長寺社証文二九・山口厳島―四、『山口県史3』山口県文書館蔵常栄寺文書七、『山口県史4』神上寺文書四／**河棚**　閥一七〇・勝間田八郎左衛門―一五、『山口県史2』勝間田家文書五、閥九九・内藤小源太―二五／**薭田**　閥七九・杉七郎左衛門―一〇／**引地**　閥九九・内藤小源太―二五／**正吉**　閥九九・内藤小源太―二五／**吉母**　『下関市史Ⅴ』須子家文書六

【豊東郡】赤間関　『下関市史Ⅳ』伊藤家（亀屋）文書六、閥九九・内藤小源太―二六、『下関市史Ⅳ』佐甲家文書四、五／**宇部**　閥九九・内藤小源太―二五／**阿内**　閥九九・内藤小源太―二六／**員光**　防長寺社証文一七・周慶寺―七／**貴飯畑**　閥九九・内藤小源太―二五／**清末**　閥九九・内藤小源太―二五、『山口県史4』沓屋家文書四／**玖野畑**　閥九九・内藤小源太―二五／**楢崎**　閥九九・内藤小源太―二五／**府中**　『山口県史3』山口県文書館蔵毛利家文庫遠用物所収文書三、四／**保木**　閥九九・内藤小源太―二五／**吉賀**　閥九九・内藤小源太―二五／**吉見**　『下関市史Ⅴ』龍王神社文書二六

【美禰郡】秋吉　閥六〇・仁保太左衛門―一三、閥七九・杉七郎左衛門―一〇／**綾木**　閥九九・内藤小源太―二五、『山口県史2』石川家文書三、防長寺社証文一七・周慶寺―八／**伊佐**　閥七九・杉七郎左衛門―一一、閥六〇・仁保太左衛門―一三／**伊佐別府**　閥六〇・仁保太左衛門―一三／**岩永吉澄**　閥九九・内藤小源太―二五／**大嶺**　防長寺社証文一七・周慶寺―三、『広島県史Ⅱ』厳島野坂文書九四五、九四六、九四七、閥七

三・天野求馬―一、五／**（大嶺）下領分**　閥九九・内藤小源太―二五／**加万**　閥七九・杉七郎左衛門―一〇／**加万別府**　閥六〇・仁保太左衛門―一四、『山口県史3』阿野家文書一、『山口県史4』住吉神社蔵櫟木家文書三八／**是安**　『山口県史3』八幡磨能峰宮文書二

備後国

【芦田郡】上山　『広島県史Ⅳ』浄土寺文書五五／**草**　『広島県史Ⅳ』浄土寺文書五五／**府中**　閥一三二・飯田七郎右衛門―五二、閥五九・平佐権右衛門―八

【恵蘇郡】泉田　『広島県史Ⅳ』上村八幡神社文書二、三、山内首藤家文書三〇四／**（泉田）河面**　山内首藤家文書三〇四／**（西条）四ヶ村**　毛利家文書四一〇／**（地毘）本郷**　『広島県史Ⅳ』児玉文書一一、一二、山内首藤家文書三〇四、三三〇、三三一、平賀家文書一二七、二四七／**（地毘）伊与**　山内首藤家文書三〇四、三三〇、三三一／**（地毘）河北**　山内首藤家文書三〇四、三三〇、三三一／**新市**　『広島県史Ⅳ』堀江文書八／**三河内**　山内首藤家文書三三〇、三三一／**南**　『広島県史Ⅳ』〔棟札〕大宮八幡神社一、二、『広島県史Ⅳ』堀江文書一一／**宮内**　『山口県史3』山口県文書館蔵出羽家文書三四／**湯河**　『広島県史Ⅳ』堀江文書一〇／**涌喜**　山内首藤家文書三〇四、『山口県史3』山口県文書館蔵出羽家文書二四

【甲奴郡】有福神戸　『広島県史Ⅴ』有福文書五／**五ヶ村**　『広島県史Ⅴ』田坂文書七

【神石郡】有木　『山口県史3』山口県文書館蔵熊谷家文書四八、四九、五一／**高光**　山内首藤家文書二一六／**福永**　『山口県史3』萩市郷土博物館蔵田総家文書三〇

【世羅郡】伊尾　『広島県史Ⅳ』〔棟札〕井原八幡神社一、二、『山口県史3』萩市郷土博物館蔵湯浅家文書七一／**小国**　『山口県史3』萩市郷土博物館蔵桂家文書六／**小谷**　『山口県史3』萩市郷土博物館蔵湯浅家文書八五、一三七、一四〇／**神崎**　『山口県史3』萩市郷土博物館蔵湯浅家文書一五六／**黒淵**　山内首藤家文書三〇四／**甲山**　『広島県史Ⅳ』〔銘文〕龍華院一／**寺町**　吉川家文書一二五四、『広島県史Ⅴ』長府毛利文書・元就公其他ヨリ興禅寺へ当ル御書類其外一四／**萩原**　山内首藤家文書三〇四／**八田原**　『山口県史3』萩市郷土博物館蔵湯浅家文書八五、一四〇

【奴可郡】小怒哥　山内首藤家文書二一六／**久代**　山内首藤家文書二一六／**東条**　『広島県史Ⅳ』千手寺文書一

【沼隈郡】山南　『広島県史Ⅳ』桑田文書一、二／**新庄**　閥九〇・弘権之允―七、『広島県史Ⅳ』渋谷文書（渋谷辰男氏所蔵）四七、閥一三八・相嶋孫左衛門―一二、『広島県史Ⅴ』譜録・福原右内俊操―六、閥一三三・村上喜兵衛―一一／**筒井**　『広島県史Ⅴ』譜録・高洲五左衛門盛堅―二、三／**山田**　『広島県史Ⅴ』譜録・渡辺三郎左衛門直―二五、二六、二七

【深津郡】岩成　山内首藤家文書三〇四／**木庄**　閥遺四の二・高須直衛書出―三六／**（木庄）西方**　閥遺四の二・高須直衛書出―三四／**坂田**　『広島県史Ⅴ』譜録・高洲五左衛門盛堅―一／**楢津之井**　『広島県史Ⅴ』譜録・河上伝兵衛光教―一

【三上郡】小用　山内首藤家文書三〇四／**（十倉）国兼**　平賀家文書一一五／**信敷**　山内首藤家文書二一六、三〇四、三三〇、三三一、『広島県史Ⅱ』厳島野坂文書一八八九／**（信敷）国分**

山内首藤家文書二一三／**高**　毛利家文書四一〇、山内首藤家文書三〇四、三三〇、三三一、四一九／**(高)大谷田**　山内首藤家文書四一八／**永江**　山内首藤家文書二一三、二一六、三〇四、毛利家文書四一〇、『広島県史Ⅳ』八谷文書五

【三谿郡】清綱　『広島県史Ⅳ』〔銘文〕浄土寺（吉舎町）一／**高杉**　『広島県史Ⅳ』武田文書一／**長田**　閥一九・児玉四郎兵衛―五八／**廻神**　毛利家文書四一〇／**和知**　山内首藤家文書二一六

【御調郡】尾道　閥遺四の二・高須直衛書出―一一、『広島県史Ⅳ』浄土寺文書五四／**神村**　閥遺四の二・高須直衛書出―三四／**杭**　『山口県史3』萩市郷土博物館蔵湯浅家文書一五六／**杉原本郷**　閥遺四の二・高須直衛書出―二七／**高須**　閥七六・赤川忠右衛門―一二／**(福田)高須社**　『広島県史Ⅴ』譜録・高洲長左衛門盛英―一六／**三原**　閥遺四の二・高須直衛書出―二一／**八幡三ヶ村**　小早川家文書九一

【三次郡】伊多岐　三浦家文書一一二／**入君**　毛利家文書四一〇／**河縁**　『出雲尼子史料集』二一七、二二三／**志和地**　毛利家文書二五二／**幡次**　『広島県史Ⅳ』〔銘文〕熊野神社五、六／**布野**　吉川家文書三六五、『出雲尼子史料集』六一九、毛利家文書四一〇／**森山**　『出雲尼子史料集』二一七、二二三／**山中**　『出雲尼子史料集』二一七、二二三

【安那郡】賀茂　『広島県史Ⅴ』『知新集』所収文書・山代孫右衛門三、『広島県史Ⅳ』三吉鼓文書一六、『広島県史Ⅳ』三吉文書二、『広島県史Ⅳ』福山志料所収三吉鼓文書六／**神辺**　『広島県史Ⅳ』横山文書八、閥六四・二宮太郎右衛門―一九、閥二九・井原孫左衛門―一〇、『広島県史Ⅴ』右田毛利譜録一六／**御領**　『広島県史Ⅳ』三吉鼓文書一四、『広島県史Ⅳ』法道寺文書一、五、『広島県史Ⅴ』譜録・河上伝兵衛光教―一、『広島県史Ⅳ』三宅文書一／**竹田**　『広島県史Ⅳ』福山志料所収三吉鼓文書四、『広島県史Ⅳ』鼓文書一五、『広島県史Ⅳ』福山志料所収三吉鼓文書五／**中条**　『岡山県古文書集四』川合家文書六、『広島県史Ⅴ』譜録・河上伝兵衛光教―一／**(中条)時岡**　『山口県史2』永末家文書一／**平野**　『広島県史Ⅴ』『福山志料』所収文書一四／**麓廻**　『広島県史Ⅴ』譜録・河上伝兵衛光教―一／**法成寺**　『広島県史Ⅳ』三吉鼓文書一六、『広島県史Ⅳ』三吉文書二／**湯野**　『広島県史Ⅴ』『福山志料』所収文書一四

備中国

【小田郡】小林　『岡山県古文書集一』洞松院文書三七／**山田**　『岡山県古文書集一』洞松院文書三七／**横谷**　『岡山県古文書集一』洞松院文書三六、三七

【上方郡】古瀬　閥七〇・天野七郎兵衛―一／**松山**　『黄薇古簡集』宍粟之内籔田村喜平次所蔵三、『広島県史Ⅴ』山口県文書館所蔵村山家檀那帳一

【賀陽郡】足守　『山口県史2』光市文化センター蔵清水家文書一、二／**大井庄五ヶ村**　閥二九・井原孫左衛門―九／**高松村**　閥二九・井原孫左衛門―一一／**八田部**　『山口県史2』光市文化センター蔵難波家文書四、五

【川上郡】成羽　『黄薇古簡集』中嶋三季之助所蔵三一、『岡山県古文書集四』大守家文書一〇

【窪屋郡】有木　閥五四・入江七郎左衛門―三〇

【後月郡】出部　『岡山県古文書集四』川合家文書五、六／**井原**　閥五三・高須八郎左衛門―三／**高屋**　『岡山県古文書集四』川合家文書五

【下道郡】猿懸　『山口県史3』山口県文書館蔵右田毛利家文書一三七／**陶**　『岡山県古文書集二』洞松院文書三七／**八田**　『岡山県古文書集二』洞松院文書三七

【都宇郡】撫川　『山口県史2』光市文化センター蔵清水家文書一、二／**東庄**　『山口県史2』光市文化センター蔵清水家文書一、二

【哲多郡】矢田村　閥一五八・木原平蔵―一二

出雲国

【秋鹿郡】猪野　閥八八・井原十郎左衛門―三／**大垣**　『宍道町史』二〇三、二〇四、『出雲尼子史料集』一五二〇／**大野**　『宍道町史』一八四、一八五、一八六、二〇三、二〇四／**佐陀**　『出雲尼子史料集』一二九三、『山口県史3』児玉家文書三／**佐陀浦**　閥一一五・湯原文左衛門―一二八

【飯石郡】赤穴　閥二七・中川与右衛門―一、三二、三三、四〇、一〇六、一〇七、一〇九、一一一、一一七、一一八、『山口県史3』山口県文書館蔵豊北町林家文書二、三、『出雲尼子史料集』五八〇、六七八／**懸合**　『広島県史Ⅳ』堀江文書一二／**(懸合)坂本**　『新修島根県史』田部文書四六六頁（二）／**(懸合)殿河内**　『広島県史Ⅳ』堀江文書七、九、『広島県史Ⅳ』岸文書一／**(懸合)乙多田**　『大社町史』一五四三／**(懸合)里坊**　『大社町史』一五四三／**(懸合)多禰**　『大社町史』一五四三／**(懸合)本郷**　『大社町史』一五四三／**(懸合)梅原**　『広島県史Ⅳ』堀江文書一三／**熊谷**　『島根県史八』九一頁（二）／**来島**　閥三七・中川与右衛門―四〇／**(来島)下烏田**　『山口県史3』杉谷家文書三／**(来島)竹下名**　『山口県史3』杉谷家文書三／**(来島)三日市**　『山口県史3』山口県文書館蔵豊北町林家文書二六、三〇／**神白**　閥三七・中川与右衛門―二五、一一八／**須佐**　閥四二・熊谷与右衛門―四、五／**仙導**　『山口県史3』波多野家蔵都野家文書一四、一七／**(仙導)入間**　『山口県史3』山口県文書館蔵豊北町林家文書一四、一六／**(仙導)八神**　『山口県史3』波多野家蔵都野家文書一五、一六／**(仙導)刀禰**　『山口県史3』波多野家蔵都野家文書一五、一六／**多久和本郷**　『出雲尼子史料集』六八二、閥三七・中川与右衛門―二五、一一八／**(多根)坂本**　『広島県史Ⅳ』堀江文書九／**三刀屋**　『出雲尼子史料集』一四〇、五〇五／**六重**　閥三七・中川与右衛門―二五、三四、一一八／**由来**　『山口県史3』山口県文書館蔵豊北町林家文書一八、二四、二五、二六、二九／**(由来)大内**　『山口県史3』山口県文書館蔵豊北町林家文書一六、三〇／**(由来)神田**　『山口県史3』山口県文書館蔵豊北町林家文書二八／**(由来)竹岡**　『山口県史3』山口県文書館蔵豊北町林家文書二〇／**(由来)竹谷**　『山口県史3』山口県文書館蔵豊北町林家文書六、七、八、一五

【意宇郡】出雲　『宍道町史』一四八、一七六／**意東**　『新修島根県史』土屋文書四七四頁（二）／**大草**　『大社町史』一九八〇／**熊野**　『広島県史Ⅴ』山口県文書館所蔵村山家檀那帳一、島根県立図書館所蔵熊野神社蔵文書影写本／**佐々布**　『宍道町史』一六〇、一七六／**白潟**　『新修島根県史』晋叟寺文書四五三頁（三）／**宍道**　『宍道町史』一九四／**宍道塚**　閥七三・天

野求馬—三／**津田**　『新修島根県史』岩屋寺文書三九三頁（三）／**乃白**　閥一四四・洞玄寺—七

【大原郡】 **井能**　山内首藤家文書二二二／**岩倉**　『宍道町史』一三八、一四八、一七六／**宇治**　『山口県史3』山口県文書館蔵豊北町林家文書二／**牛尾**　山内首藤家文書二二二、二二四、吉川家文書六九四／**縁所**　閥三七・中川与右衛門—三六／**賀茂**　山内首藤家文書二二二、三〇四／**河井**　『山口県史3』杉谷家文書四、閥三七・中川与右衛門—三六／**神原**　山内首藤家文書三〇四、五五三／**来次**　『新修島根県史』蔭凉寺文書四七六頁（二）／**佐世**　山内首藤家文書二二二、三〇四／**大西**　山内首藤家文書三〇四／**大東**　山内首藤家文書三〇四／**立原**　『出雲尼子史料集』一六四九／**西安用**　『山口県史3』杉谷家文書四、閥三七・中川与右衛門—三六／**三代**　山内首藤家文書三〇四

【神門郡】 **仙導朝山**　『出雲尼子史料集』二〇七／**（朝山）稗原**　『出雲尼子史料集』二二四、二二五／**芦渡**　『出雲古志氏の歴史とその性格』二七／**（芦渡）湯井**　熊谷家文書一四五、『出雲古志氏の歴史とその性格』二九／**稲岡**　『出雲尼子史料集』一一五九、『宍道町史』一四二、一四三、一四四、一四五、一四六、『鰐淵寺文書の研究』鰐淵寺古文書二六三／**宇那手**　『出雲尼子史料集』六五七、『出雲古志氏の歴史とその性格』三五、三六／**大嶋**　島根県立図書館所蔵雲州神門郡大嶋村伊勢宮江小笠原家寄附証文并文通写／**乙立**　閥四二・熊谷与右衛門—四／**古志**　熊谷家文書一四二、一六七、閥四二・熊谷与右衛門—四、『新修島根県史』山本文書四七六頁（一）／**神西**　『大社町史』二〇二七、一畑寺文書七／**新田**　『大社町史』一五八七

【出東郡】 **宇賀**　『大社町史』一〇五三、『鰐淵寺文書の研究』鰐淵寺古文書一四二、閥三七・中川与右衛門—一一八／**神森**　『出雲尼子史料集』一二〇四／**求院**　『出雲尼子史料集』一一五九／**塵塚**　平賀家文書一二一／**千家**　『出雲古志氏の歴史とその性格』五二／**竹辺**　閥九二・天野九郎左衛門—二一／**直江**　『出雲尼子史料集』一一五九／**波根**　『出雲尼子史料集』八九二、一一五九、閥九二・天野九郎左衛門—二一／**林木**　『大社町史』一〇九五、『出雲尼子史料集』八九二、一一五九、『山口県史2』毛利博物館蔵毛利家旧蔵文書・富家文書二五、二七／**（林木）打道名**　『大社町史』一二六九／**西林木**　一畑寺文書一三／**氷室**　閥九二・天野九郎左衛門—二、五、六、八、七、九／**吉成**　『出雲尼子史料集』一二〇四

【島根郡】 **生馬**　益田家文書二九一、三三五、三三六、三四六、『益田藤兼・元祥とその時代』六二／**延福寺（円福寺）**　閥八八・井原十郎左衛門—一五、一六、閥九二・天野九郎左衛門—九、一〇／**岡本**　閥九二・天野九郎左衛門—五、六／**大蘆**　『早稲田大学蔵資料影印叢書　古文書集三』「多賀文書」八、一四、閥一一五・湯原文左衛門—一二八／**加賀**　『早稲田大学蔵資料影印叢書　古文書集三』「多賀文書」八、一四、閥七三・天野求馬—三、閥一一五・湯原文左衛門—一三六、島根県立図書館所蔵熊野神社蔵文書影写本／**加賀浦**　閥一一五・湯原文左衛門—一二八／**笠浦**　閥一一五・湯原文左衛門—一二八／**かたゆい浦**　閥一一五・湯原文左衛門—一二八／**北浦**　『出雲尼子史料集』六四六、閥一一五・湯原文左衛門—一二八／**国屋**　閥一四四・洞玄寺—七／**黒田**　閥一一五・湯原文左衛門—五三／**古曾志**　閥一一五・湯原文左衛門—一三、二四、一八四／**坂本**　『早稲田大学蔵資料影印叢書　古文書集三』「多賀文書」八、一

四、閥一一五・湯原文左衛門―一五／**七類**　閥八八・井原十郎左衛門―三／**新庄**　『出雲尼子史料集』一六四九／**末次**　『出雲尼子史料集』一三一三、一三一九、閥一一五・湯原文左衛門―五三／**瀬崎**　閥一一五・湯原文左衛門―一二八、『広島県史Ⅱ』厳島野坂文書一二九八／**千酌**　閥一一五・湯原文左衛門―一二八／**野井**　閥一一五・湯原文左衛門―一二八／**野波**　『広島県史Ⅱ』厳島野坂文書一二九八／**野波浦**　閥一一五・湯原文左衛門―一二八／**西長田**　閥一四四・洞玄寺―八／**末長田**　閥八八・井原十郎左衛門―三／**東長田**　『早稲田大学蔵資料影印叢書　古文書集三』「多賀文書」八、一四、一五、三四、三五、閥一四四・洞玄寺―七、『島根県史八』八〇〇頁（一）／**本城**　閥七三・天野求馬―三／**水浦**　閥一一五・湯原文左衛門―一三六／**氷（水ヵ）之浦**　閥一一五・湯原文左衛門―一二八／**美保関**　『出雲尼子史料集』一二二五、『広島県史Ⅱ』厳島野坂文書一二九八／**南浦**　『早稲田大学蔵資料影印叢書　古文書集三』「多賀文書」八、一四／**諸喰**　閥一一五・湯原文左衛門―一二八

【楯縫郡】玖潭　『宍道町史』一四八、一七六／**久木**　閥一二三・野村作兵衛―三一、三二、『宍道町史』一七九／**本庄**　史料編纂所所蔵謄写本「山田文書」巻一―三

【能義郡】赤江　閥八八・井原十郎左衛門―三、一五、一七、一八／**宇賀**　『新修島根県史』雲樹寺文書四二〇頁（二）、閥一一五・湯原文左衛門一八四、『広島県史Ⅱ』厳島野坂文書一二九八／**（宇賀）納**　閥一一五・湯原文左衛門―一五／**佐**　『山口県史3』波多野家蔵都野家文書一四／**俊弘**　閥七三・天野求馬―一二／**富田**　閥一一五・湯原文左衛門―一五／**安来**　閥一一五・湯原文左衛門―一八四、『早稲田大学蔵資料影印叢書　古文書集三』「多賀文書」三五、『広島県史Ⅱ』厳島野坂文書一二九八／**吉田**　閥七三・天野求馬―一、三

【仁多郡】梅木原　『大社町史』一九四二／**上桑原**　『新修島根県史』覚融寺文書四五四頁（三）／**北原**　『新修島根県史』覚融寺文書四五四頁（三）／**布施**　『新修島根県史』覚融寺文書四五四頁（四）、『大社町史』一八一六／**三沢本郷**　『新修島根県史』陶山文書四六四頁（一）、覚融寺文書四五五頁（一）、『大社町史』一八一六／**三所東分高柴**　『新修島根県史』覚融寺文書四五五頁（一）／**横田**　『出雲尼子史料集』一九二、三九二、四五九、六五三、一〇六五、一〇六六、山内首藤家文書二一三、毛利家文書四一〇、『大社町史』一八一六、二一八一、『新修島根県史』岩屋寺文書四〇〇頁（一）、島根県立図書館所蔵糸原武太郎蔵御証文写／**（横田）道場**　『新修島根県史』晋叟寺文書四五一頁（二）／**（横田）中村**　『宍道町史』一〇五、一〇、『出雲尼子史料集』九二七、『新修島根県史』岩屋寺文書三九三頁（二）、『大社町史』一九六三／**（横田）原口**　『宍道町史』一七四／**（横田）八河**　『出雲尼子史料集』六六二、『広島県史Ⅳ』堀江文書五、六、『新修島根県史』田部文書四六五頁（三）、『新修島根県史』中林文書四六五頁（一）

伯耆国

【会見郡】久坂　『鳥取県史二』二九一／**長屋**　吉川家文書六九四／**比江津**　『鳥取県史二』二五〇／**福万**　閥一一五・湯原文左衛門―一五／**法勝寺**　『鳥取県史二』三〇五、『新修島根県史』岩屋寺文書四〇〇頁（二）／**（法勝寺）上郷**　『大社町史』一八一六／**八幡**　『鳥取県史二』二六三

【**汗入郡**】**船上山** 『鳥取県史二』三一六

【**河村郡**】**小鹿** 『鳥取県史二』一八〇、一八一／**片柴** 『鳥取県史二』一七四／**三仏寺** 『鳥取県史二』一七七／**中津** 『鳥取県史二』一八〇、一八一／**羽合田** 閥七三・天野求馬—四

【**久米郡**】**穴久子** 閥五〇・飯田与一左衛門（伊賀）—五／**江北** 閥五〇・飯田与一左衛門（伊賀）—五／**大宮** 『鳥取県史二』三一〇／**小原** 閥一五八・木原平蔵—九／**倉吉** 益田家文書三八一、三八二／**西倉吉** 益田家文書三八九／**下津和** 閥一五八・木原平蔵—九／**関** 閥一五八・木原平蔵—九／**(立縫)志村** 閥七三・天野求馬—四／**八分** 閥一五八・木原平蔵—一〇／**北条** 閥五〇・飯田与一左衛門（伊賀）—五、閥一五八・木原平蔵—一〇／**南谷** 閥五〇・飯田与一左衛門（伊賀）—五／**矢送** 閥一五八・木原平蔵—九／**横田** 『出雲尼子史料集』六四三

【**日野郡**】**久古** 『鳥取県史二』一三三一

【**八橋郡**】**下郷** 『山口県史3』山口県文書館蔵寄組山田家文書一一一／**槻下** 閥五〇・飯田与一左衛門（伊賀）—五

美作国

【**勝田郡**】**小吉野** 閥五〇・飯田与一左衛門（伊賀）—四

【**久米郡**】**原田** 閥五〇・飯田与一左衛門（伊賀）—四／**弓削** 閥二九・井原孫左衛門—二

【**苫西郡**】**大野** 閥一一五・湯原文左衛門—四五、四六／**鏡** 益田家文書三八五

【**真島郡**】**一色** 閥二九・井原孫左衛門—二／**鹿田** 閥二九・井原孫左衛門—二／**木山** 『岡山県古文書集二』木山寺文書一一／**栗原** 閥二九・井原孫左衛門—二／**関** 閥二九・井原孫左衛門—二／**垂水** 『山口県史3』萩市郷土博物館蔵楢崎家文書九、一〇

補論二　中近世移行期における大名権力の性格づけをめぐって

──片桐昭彦『戦国期発給文書の研究』を素材に──

はじめに

片桐昭彦氏の『戦国期発給文書の研究』[1]は、文書論的方法によって、主として戦国期の大名権力の権力構造や政治体制を分析したものである。本補論はその成果に接して、毛利権力と比較する中で考えたことについて論じる。まず、それに際しての視角を述べておきたい。

前述のように同書は文書論的手法を基軸としているが、この手法には利点と限界性がある。まず、利点は同書冒頭でも述べられているとおり、「領主権力の文書発給の在り方は権力の構造・特質を反映する」ことから、ある段階の権力構造・政治体制を解明するのにきわめて有効な手法といえる。一方、なぜそのような構造・体制になったのかという因果関係の解明は、文書論の内部からは困難であり、政治過程の分析などと組み合わせなければならず、これが限界面といえよう。

しかしこの「限界面」は、別な側面も有している。すなわち、あえて因果関係の解明を第一義としないことにもそれなりの意味があると思われるからである。無論、因果関係の追究が不要というわけではないが、因果関係を過度に強調すると、ある歴史段階から、次の歴史段階への変化を必然的としがちになる、あるいはその変化を不可逆的で一貫したものとして描いてしまいがちになるという傾向が生じる。因果関係の解明をひとまず横に置くことで、これを回避しうるのではないだろうか。

従来の戦国大名研究の問題点として、すでに村田修三氏[2]、池享氏[3]の指摘があり、また拙稿[4]でも述べたところであるが、近世権力を基準として、それとの比較から戦国大名を評価し、その先駆性や、あるいは逆に限界性を論じる方法は、戦国期の段階における戦国大名の固有の性質を見落としてしまうのではないだろうか。換言すれば、戦国大名から近世的権力への移行を不可逆的で一貫したものとする見方は、近世につながらなかったものを軽視してしまう危険性があると考える。したがって、ひとまず戦国期段階における固有の権力構造へと目を向けることが必要であろう。こうした点において、文書論を基軸とした同書の成果から導かれるものは多いと思われる。

山室恭子氏は戦国大名および織豊政権の発給文書の様式の分析から、戦国大名を、後北条氏、武田氏、上杉氏など、印判状を多用し、「非人格的支配」をおこなう「東国型」と、毛利氏など判物発給を中心とし「人格的支配」をおこなう「西国型」とに分類した。その上で、勝俣鎮夫氏が、一揆のなかから戦国大名権力が成立してくる過程を説明する際には「西国型」の毛利氏を用い、「国家」を専制的に支配する大名の様相を論じるときには「東国型」の後北条氏を用いて、前者から後者への発展として戦国大名を説明しようとする点を批判している。[5]

山室氏が批判するように、毛利氏と後北条氏の差異を単線的な発展として説明してしまえば、その差異は発展の遅速に置き換えられ、個々の特質としては評価されないと同時に、先に述べたような、近世権力を基準として、先駆性や限界性を論じる議論に陥ってしまう。この点で、山室氏の勝俣説批判は当を得ていると考えるが、山室氏の説自体にも問題がないとはいえない。詳しくは後述するが、片桐氏は、武田氏や上杉氏などに関して、印判状発給の増大は「人格的支配」から「非人格的支配」への変化を示すとする山室氏の議論を批判している。山室氏は、毛利氏を「人格的支配」をおこなう「西国型」とし、それはいずれ「非人格的支配」を確立させた

「東国型」に飲み込まれて近世にいたると論じたが、片桐氏の批判を踏まえるならば、改めて毛利氏の位置づけも考えてみる必要があるだろう。

以下、こうした視角の下、論を進めていきたい。

第一節　片桐昭彦『戦国期発給文書の研究』の検討

（1）片桐昭彦『戦国期発給文書の研究』の構成と内容

まず、『戦国期発給文書の研究』の構成は以下のとおりである。

序章（新稿）
第1部　文書発給システムと権力の構造
第一章　武田氏の文書発給システムと権力（初出二〇〇〇年）
第二章　戦国領主由良氏と長楽寺と百姓（初出二〇〇三年）
第2部　権力体制の確立・発展と発給文書
第三章　長尾景虎（上杉輝虎）の権力確立と発給文書（初出二〇〇一年）
第四章　上杉景勝の権力確立と印判状（初出二〇〇〇年）
第3部　感状の発給構造と機能・意義
第五章　武田氏の感状とその機能（初出二〇〇一年）
第六章　長尾景虎（上杉輝虎）の感状とその展開（新稿）
第七章　上杉景勝の感状とその展開（新稿）
第4部　戦国期における制札発給と礼銭

第八章　織田信長の制札発給と礼銭（新稿）

第九章　豊臣秀吉の小田原攻めと制札（新稿）

終章（新稿）

序章ではまず同書のとる方法と視角が示される。前述のとおり「文書発給の在り方は権力の構造・特質を反映する」という見地から、文書論的分析を基軸に据え、特に発給者側の文書の作成・発給過程が権力の構造（官僚制等）を見る上で重要であるとする。また、文書が受給者にとって実際にどれほどの効力をもって機能したのかについても検討するとしている。その上で、研究史の整理をおこない、各章の位置づけが述べられているが、これについては以下の各章の内容と合わせて紹介する。

第1部、第2部は発給文書と権力構造の関わりを中心に取り扱う。特に、第一章、第三章、第四章は、印判状の性格・意義・機能を明らかにし、官僚制を中心とした戦国期領主権力の権力構造とその展開過程を追究することを目指している。

第一章では甲斐武田氏の文書発給を分析し、文書発給にいたる過程や、奉書式印判状の奉者の性格を解明した。この中で、武田氏の訴訟審議・裁定、印判状発給は当主のいるところでおこなうことが明らかにされ、奉行自身の署判による奉書や連署状は、これができない状況のときに出される仮のものであるとした。すなわち、武田氏が奉書式印判状を発給する体制は、当主個人が印判を捺すことで、当主の人格性と切り離せず、また、奉行等の官僚ではなく、側近の取次によって発給される点で「非人格的」、「官僚制的」ではないとした。そして、当主が印を捺すことで、奉行等の権限上昇を抑え込むものであると論じた。

第三章、第四章では、越後上杉氏（長尾氏）の文書発給について分析した。上杉謙信が当主である永禄二年（一五五九）の官僚組織の整備・再編によって、斎藤朝信・北条高広・柿崎景家・長尾藤景の連署による文書発給体制ができるとする。彼らは独自の「家中」を形成し、領域支配をおこなう「戦国領主」である。しかし、永禄三年には、この体制は変化し、直江景綱・河田長親連署の奉書式印判状の発給が開始されることで当主の下に権限が集中するとする。

謙信の跡を継いだ景勝の初期には、新発田長敦ら「戦国領主」が奉者となる謙信晩年の体制が継承されるが、天正八年（一五八〇）以降は、長敦らの排除によって、当主への権限の集中化が図られ、当主側近の直江兼続が奉書式印判状の奉者をほぼ独占するようになる。

山室恭子氏は、戦国大名の発給文書が、判物から印判状へと変化することについて、「人格的」「個人的」なものから「非人格的」「官僚制的」な支配への変化であるとするが、片桐氏は以上の分析から、印判状は、官僚を通じてではなく、当主側近との個人的関係によって発給されるため、印判状の発給自体は「非人格的」「官僚制的」支配への変化を表さないとした。

また、矢田俊文氏や荒川善夫氏が、天正一〇年代に権力体制が、領主連合的体制から当主専制的な体制へと変化するとしている点についても、領主連合的体制と当主専制的体制が交互に繰り返されていることから、これは当主の代替わりごとに生じる普遍的現象であり、戦国期に当主専制的体制がなかったわけではないと指摘した（終章）。

第二章では、由良氏の訴訟裁決を分析し、訴訟ルートを明らかにするとともに、裁決が由良家当主の感情や気分に左右されているなど、村落間の訴訟を解決しなくても由良氏は領主権力であり得たことを指摘し、領主権力の紛争解決が、自立性を強める村落から規定される面が大きいとする近年の議論に疑義を呈した。

第3部、第4部の各章は、戦場における発給文書の機能や意義についての論考を収める。

第五章から第七章は、武田氏と上杉氏の感状発給についての検討である。武田氏では、感状の受取手が戦功を見届けた証人を通して武田氏に注進し、当主に披露。当主が感状を発給し、その意を受けた使者が陣所・対面所で戦功者に感状を渡すという発給の手続きがとられた。これは大枠としては他の戦国期権力と同じであるが、感状が即日発給され、そのために印判状が用いられる点が異なるとする。弘治三年（一五五七）以後は、即日の感状発給がほとんどなくなるが、これは戦争・軍勢の大規模化などにより不可能になったものと指摘した。また、武田家当主が感状発給を独占していることが明らかにされた。

これに対し、上杉氏では「戦国領主」による感状発給が見られ、上杉家当主が感状発給を独占できていないとされる。また、上杉氏でも元亀年間以降、感状がほとんどなくなるが、これは権力が強大化し、領域が拡大し、軍事力が増強されるからこそ感状が不要になったものであり、感状とは権力の確立期に権力者が中央集権化させ、強大化を図るための道具であると評価した。同様に上杉景勝の権力確立過程においては、景勝が感状発給を独占できず、この時期、感状を短期的に大量に発給しているのは、権力の脆弱性を補うためであるとした。権力安定後は、軍事指揮者を把握すれば済む状況になり、感状発給数は減少する。すなわち、印判状の一斉発給の増大は権力の強化を示しているとする山室氏の説は成り立たないとする。したがって、ここでも片桐氏は、印判状化が進むこと自体は「非人格的・官僚制的で強力な政権へのみち」ではないと指摘している。

第八章・第九章は、禁制による平和状態の現出と村の武力動員は一体となって展開し、すなわち禁制の授受によって、領主と村落が支配―被支配の関係に入るとする峰岸純夫氏・稲葉継陽氏の説に対して、制札の発給過程を跡づけることで批判をおこなっている。

第八章では、織田信長の制札発給を検討し、戦場ではなく居城から制札を発給する場合は礼銭を取り、当然ながら軍事行動の催促はともなわない。一方、戦場における制札発給は、すみやかに平和を実現する必要があるため、信長は制札銭の徴収を禁止している。このように制札発給の在り方の差異があり、戦場での発給の例を制札発給全般に一般化できないと指摘する。

第九章では豊臣秀吉の小田原攻めの際の制札発給について分析している。秀吉は朱印制札を大量に作成して、軍事指揮者に送付したが、在地側では、秀吉の朱印制札よりも現地の軍事指揮者の署判した制札を要請したという。これは、短期間で新たな支配者としての秀吉の名や朱印を浸透させるのは容易ではないことを示す。ここから、終章では制札の獲得は支配・被支配の関係への移行を意味しないと結論している。

終章では、印判状の使用によって家中にも領民にも文書発給が可能になり中央集権化したことが指摘される一方、同じ印判状でも家中に対してと、領民に対してでは発給のされ方が異なり、家政と国政、家支配と国支配とは別の論理が働いていることへの留意が促されている。

（2）　個別的な論点について

以上、非常に雑駁なまとめとなったが、全体に通じる論点の考察は節を改めておこなうこととして、ここでは各章の個別的な論点について、主として安芸毛利氏との比較から、若干触れておきたい。

まず主として第一章で論じられている文書発給要請のルートについて、毛利氏の状況を見ておきたい。出雲湯原氏は毛利氏に愁訴をおこなう際、吉川元春、小早川隆景、出雲富田城主などを通じて訴え、それはさらに毛利氏の奉行人を通じて毛利氏に伝達されている。(6)この点では、武田氏などの場合と大きな違いはない。湯原氏が直接、毛利氏奉行人に愁訴している例もあり、(7)武田氏などに比べて、取次関係の固定性がより希薄であるということはあるが、毛利氏の場合が、武田氏との比較で、とりわけ人格的関係に依存しているとはいえない。

次に感状発給についてであるが、毛利氏も、上杉氏同様、毛利氏当主が感状発給を独占できておらず、吉川氏、小早川氏による感状が戦国期を通じて発給されている。ただ、それ以外の「戦国領主」の感状は、毛利氏の支配下に入ると発給されなくなり、阿曾沼氏、平賀氏、宍戸氏、吉見氏、神辺城主杉原氏などに若干発給事例が見受けられるが、吉川氏・小早川氏の特殊性は際だっている。[8]

感状発給が独占されていないとはいえ、感状を発給すべき人物と、感状を発給すべき戦功の固定性は見られる。小早川隆景は杉原（木梨）元恒に宛てた書状で[9]「御方御事、於諸所被抽忠儀候、然間感状等頓而可遣置之処、御心安于今延引候、乍勿論数年御粉骨、輝元（毛利）江相達候、於我等少茂無忘却候、仍刀一腰進之候、志計候」と述べている。前述のとおり感状を発給することもある隆景であるが、毛利家当主の感状発給を代替することができず、また即日発給されなかった場合においても、やはり要求されているのは感状であるという点で、別の褒賞手段で代替できないことを物語っている。この点で、感状は発給者の人格性と切り離せない。これは仮に印判状であったとしても同様ではないだろうか。

次に、制札の獲得が支配―被支配の関係への移行を意味しないとする第八章・第九章の議論について触れておきたい。この議論は、稲葉継陽氏らの、平和の実現に対する軍役負担、すなわち平和の負担という議論[10]への批判ということになろう。

稲葉氏をはじめとする「自力の村」論は、自力の惨禍をなくすために、自力の行使を禁じて、平和を実現する領主に暴力の一元化を図り、その最終的な帰結として、「豊臣平和令」によって暴力が統一政権に独占されると評価し、またその際に領主権力と村落の契約・合意関係や、その関係の合法性が強調されるところに特徴がある。[11]これは、自然状態では万人の万人に対する闘争という状態になるため、互いが信約を結んで人々を超越する共通権力に力の行使を預けるとする、トマス・ホッブズの社会契約説と相似形である。

ホッブズの社会契約説に対しては、萱野稔人氏の批判がある。人々を超越する共通権力が先に成立していなくては、そもそも自然状態において信約が成り立たない（信約が履行される保証がない）。すなわち、暴力の集中化による権力の成立が先行するのであって、合意によって権力が成立するのではないというものである[12]。これは片桐氏が第二章で指摘した、由良氏の存立が在地側との関係から規定されているのではないという議論とも関わるであろう。ましてや、戦場における制札発給は「万人の万人に対する闘争」を停止するためではなく、進駐してきた軍隊からの安全を確保するものである。すなわち安全を脅かすものと「契約」して、安全を確保する行為であり、平和を実現してくれるものと契約して支配—被支配の関係に入るというのは、この点では転倒したとらえ方ではないだろうか。また「契約」の当事者となる村落に自立性があることは当然であるとしても、契約・合意という行為は両者の力関係が対等であることを意味しないことにも留意すべきである。

こうした点で、片桐氏の批判は、制札の発給過程の問い直しというに止まらない射程を持っているといえるだろう。

第二節　中近世移行における武家領主権力の支配の性格づけをめぐって

（1）武家領主権力の支配の性格づけをめぐって

片桐氏の著書の中で一つの重要な論点となっているのが官僚制的支配と人格的支配／非人格的支配の問題である。片桐氏は、印判状は当主の人格と切り離せず、発給文書の印判状化は、山室氏がいうような非人格的・官僚制的支配への移行を意味しない。印判状登場以前は、年寄・奉行人といった官僚層が文書発給を担い、上杉氏の場合、これが柿崎氏や斎藤氏、新発田氏といった「戦国領主」であることから、領主連合的な政治体制であるとする。これに対して、印判状が発給されるようになると、当主側近層が台頭し、当主への集権化が図られ、当主専制的な政治体制になるとする。そして、これらが交互に出現する、すなわち領主連合的体制から当主専制的体制へという不可逆的な変化ではないととらえている。さらに非人格的・官僚制的支配について次のように述べている。

それでは、戦国期権力が非人格的・官僚制的な支配を強力に押し進める状況を示す指標となるのは何であろうか。それは、領主権力である各家の当主が発給する判物・印判状が減少し、その家の官僚・奉行たちが発給する判物・印判状が増大していくことにあると思われる。上杉氏の場合、それは天正十三年(一五八五)以降、上杉景勝が豊臣秀吉権力に臣従していく過程以降まで待たなければならないのである。〔第三章〕すなわち、集団的な政治体制になることで当主の恣意的(人格的)支配が抑制されることによって、官僚制的・非人格的支配が実現されると見ているのである。

この見方は、従来の理解とは官僚制の位置づけが逆転している。これまでの多くの研究においては、官僚制的・非人格的支配の成立が、領主連合的な体制を脱却して当主専制的な体制となる指標と見られてきたからである。これは、領主連合的体制は自立した人格同士の封建的・双務的契約による人格的結合関係が基盤にあると考えられることによる。

その反面、天正一三年の豊臣政権への服属以降、すなわち近世においては官僚制的・非人格的支配が実現するとする点では、幕藩体制を家産的官僚制と見なす従来の多くの見解と一致している。

このような食い違いと一致をどう考えるべきなのであろうか。この問題を一つの契機として、従来の武家領主権力の性格づけについて、問い直しを試みたい。

マックス・ウェーバーは、近代の官僚制について、法規や規則によって、職務上の義務や権限が明確に分配されていること、官庁が上位・下位の体系に秩序づけられていること、文書主義であること、兼職的でないこと、非人格的な職務誠実義務などを特徴としてあげている。(13) 前近代において、近代官僚制そのものが実現することはないため、前近代で官僚制を論じるには、以上のどの特徴を重視するのか(最低限何が実現されていれば官僚制といえるのか）、それはどのような構造で実現されているのかが問題となる。

石母田正氏は、上杉氏の発給文書が、判物形式から重臣層連署の奉書形式へと変化するのは、主君個人の人格的権力が、共同の規範としての法の制定に対応して、公的権力へと転化していく過程であり、花押から印への変化は個人的なものから公的権威への変化であるとした。そして、慣行または法度によって規定された評定衆等の機関と奉行─郡代・代官の官僚制的秩序の発展は、主君の権力をそれだけ非人格化し、かれを家産制国家の「公儀」権力に転化させ、かれの意志と命令を「国法」＝「国家意志」に高めるとしている[14]。すなわち、奉書式印判状の登場は、上杉氏の支配が官僚制的、非人格的、公的なものへと変化したことを示すと考えられている。

また、秋山伸隆氏は、石母田氏の議論を前提として、毛利氏は天正一六年以降、「家中」内部に所属集団を持たない個人を登用することで、大名当主への忠誠を第一義とする、新たな官僚群を創出したとしている[15]。すなわち、当主専制的傾向と官僚制の成立は対応するものと考えられている。

印判状系と非印判状系という区分から論じた山室氏の説も、基本的にはこうした枠組みを踏襲しているといっていいだろう。

また、人格的／非人格的という問題で想起されるのが、主従制的支配／統治権的支配という議論である。佐藤進一氏は、前者を人格的・私的とし、後者を領域的・公的としている[16]。永原慶二氏の大名領国制論は、主従制的支配の拡張によって戦国大名の成立にまでいたるとするものである[17]。これに対して、戦国大名による「国家」という支配理念の創出を論じた勝俣鎮夫氏の説[18]や、下からの公権形成を重視する地域社会論[19]、守護公権の継承を重視する戦国期守護論[20]などは、立場の違いはあれ、公権・統治権的支配の側面に焦点を当てたものといえるだろう。中でも勝俣氏のいう「国家」は主従制的支配（家）と統治権的支配（国）が統合されたものと見なすことができる。

以上から、これまでの多くの研究では、中近世移行期において、武家領主権力の支配の性格が、〈人格的・個人的・主従制的・領主連合的・私的〉支配から、〈非人格的・官僚制的・統治権的・当主専制的・公的〉支配へと変化したと見なされるのが一般的であった。すなわち、おおむね、戦国大名が前者（以降このグループをⒶとする）から後者（以降このグループをⒷとする）への転換を推進し、近世には後者に統合されると評価されてきたといえよう。

ところで、前述した片桐氏の山室氏に対する批判は、石母田氏の説にも適用できる。石母田氏が、重臣層連署の奉書としたものは、実際には年寄・奉行人層と当主側近層のものに分けられる。片桐氏の議論に沿えば、側近層の奉書は主君個人の主観的恣意性（人格性）を排除しない。むしろ側近層の奉書は当主の人格性を顕現し、逆に年寄・奉行人層の奉書が領主連合的体制を反映しているとすれば、これが「共同の規範」として、当主の主観的恣意性を縛るということになる。すなわち、当主の非専制性が、権力の公的性格・非人格性・官僚制を担保するという、従来の図式とのねじれが生じることになる。しかも、片桐氏は、当主専制的体制と領主連合的体制は、当主の代替わりごとに繰り返されるとしている。したがって、仮に片桐説の立場に立つならば、戦国期から近世への展開をⒶからⒷへの不可逆的で一貫した移行過程ととらえることに疑問が生じる。

では、そもそも近世の領主支配の性格はⒷに一元化されているのだろうか。

丸山眞男氏は、近世の武士が、家産官僚的武士と戦闘者としての武士という二面性を持ち、近世には家産官僚化が進むが、武士的結合の本質は主人と従者の具体的＝感覚的な人格的結合であるとしている。[21]

高木昭作氏は武士の二類型として、その存在を主君に依存し、主君との間に情緒的一体感を持つ「太郎冠者（出頭人）型」と、大名から独立した自前の軍団の長であり、自律的な武士である「家老型」に区分する。そして、近世においては後者が前者に収斂し、一人の武士の中に両側面が存在するとする。また、大名と家老の結びつきは戦場を共にくぐり抜けて来た信頼感にあり、その関係は大名の死後を継いだ子と功労の家老の間では維持されがたい。さらに「家老型」武士の側面は近世においては「格」として表れるが、このため主人との情誼的一体感が生じがたく、側用人（出頭人）が台頭するとする。[22]これは片桐氏のいう、代替わりごとに、年寄層による領主連合的体制と、側近層が力を持つ当主専制的体制とが繰り返されるという現象とも関係すると思われる。

つまり、独立した人格の間で取り結ばれる関係か、主君の人格に依存的な関係かという違いはあれ、いずれにせよ人格性は払拭されず、しかも丸山氏、高木氏ともに、近世の武士はこの両側面を内在しているとしている。

したがって、少なくとも、中近世の移行における領主権力の支配の性格の変化は、人格的支配から非人格的支配への一貫した不可逆的変化とはいえない。これと関わって、池享氏が、人格的結合関係は戦国大名領国にとって非本質的な、本来克服されるべきものであったとはいえないとしている点は重要である。[23]前近代社会において主君の人格性が消滅することはあり得ない。国家の存在をささえるものが、人間のあいだの主従関係から、非人称的な領土へと転換するのは、主権間システムの成立する近代であるとする萱野稔人氏の説[24]によるならば、人格性の残存を限界性と評価して、戦国大名の人格的支配は、早晩、非人格的支配へと変化しなければならないと見ることと自体に問題があるといえよう。

また藤井譲治氏は、江戸幕府初期には出頭人が活躍するが、家光期以降には老中を中心とする官僚制が成立するとしている。[25]これは、官僚制的支配が、当主専制的体制の指標にならないどころか、むしろ逆であることを示しており、この点では片桐説と一致する。

したがって、中近世の移行において領主権力の支配の性格が、単純にⒶからⒷへと変化したということはできない。先の勝俣氏の議論にあっても、ⒶとⒷの統合であって、一方の消滅ではないことに注意すべきであろう。

一方、片桐氏の説にも問題点がないとはいえない。片桐氏は年寄・奉行人層を官僚と位置づけたが、彼らが

「戦国領主」であることを考えれば、これはウェーバーが示す官僚としての特徴から、かなり外れているといえよう。確かに、領主連合的体制は、当主の個人的恣意を抑制し、また互いが牽制することによって、特定の個人の主観からは離れたものとなるかもしれないが、それは客観的規範と呼ぶには、あまりにも危ういものであり、せいぜい間主観的であるにとどまる。結果的に特定個人の恣意であることを免れるかもしれないが、それは客観的規範に基づいているとはとてもいえない。「戦国領主」は独自な所領を持っているが、石母田氏は、「所有は他人の労働にたいする命令権にほかならないという意味では、それ自体つねに権力であり、個々の官僚がかかる権力をもつことは、最高の指揮命令権に服従する単一的支配（モノクラシー）を特徴とする官僚制と矛盾する」[26]と、領主的所有と官僚制が相反することを指摘する。無論、すべての武士が直接生産過程から遊離するのは、近世を待たねばならないが、自立した「領」経営をおこなう「戦国領主」層を官僚としてしまうのはやはり妥当性を欠くのではないだろうか。

このように考えると、そもそもⒶとⒷという二元論自体が単純すぎるのではないかという疑問が生じる。これについて項を改めて、毛利権力について具体的に見てみたい。

（2）毛利権力における年寄・奉行人・側近

毛利権力において、これまで官僚制と見なされてきたものとして、まず五人奉行（五奉行）があげられる。天文一九年（一五五〇）を初見として有力譜代家臣を中心とする五奉行制が成立する。松浦義則氏は、この五奉行について、当主である毛利隆元の家臣と、隠居として実権を握る毛利元就の家臣という内部派閥によって構成されており、個々の奉行人については元就、隆元の人格から独立した毛利氏公儀の奉行人とはいえないが、相互に談合あるいは牽制することにより、全体としては元就・隆元の個人的意志から自立した官僚制的組織であったとした[27]。

また、秋山伸隆氏は前述のように、毛利氏は天正一六年以降、「家中」内部に所属集団を持たない個人を登用することで、大名当主への忠誠を第一義とする、新たな官僚群を創出したと評価した[28]。

これらから、五奉行制の段階は領主連合的であり、互いの牽制によって、個人的恣意性が抑制されるという点で、官僚制的・非人格的であるのに対し、天正一六年以降は当主とのつながりに依存する側近層が台頭することで、当主専制的で、当主の恣意が反映される人格的支配であるというように、片桐氏の説に沿った結論を導き出すことも可能であろう。しかし、毛利氏の支配体制はそう単純には割り切れない。

元亀三年（一五七二）、おそらく前年の毛利元就の死去と関わって、「掟之条数[29]」が作成されるが、これは毛利輝元から「御四人」と呼ばれる吉川元春・小早川隆景・福原貞俊・口羽通良に伝達され、「御四人」から、赤川就秀ら五名の「年寄衆」に伝達され、この五名を含む一二名の連署で、二一名の「奉行衆」に伝達されている。このうち「年寄衆」には五奉行が含まれる。また吉川元春・小早川隆景は、自身が独自の「家中」を持つ「戦国領主」でもある[30]。

この「御四人」「年寄衆」「奉行衆」が、片桐氏の議論からすれば、年寄・奉行人層であり、官僚であるということになろう。しかし、これを領主連合的体制と見ることができるだろうか。「年寄衆」「奉行衆」は、毛利「家中」であり、「御四人」のうち、福原貞俊も「毛利家中連署起請文[31]」に連署している。朝尾直弘氏が、毛利「家中」は国人一揆的性格を払拭できていないとはしているものの[32]、毛利氏と毛利「家中」の関係は、やはりすでに領主連合的とは言い難い。毛利分国において、領主連合的として問題にされてきたのは、毛利氏と「戦国領主」との関係である[33]。その「戦国領主」は、吉川氏と小早川氏を除き、毛利氏の意を受けた奉書を発給することは皆無に近い[34]。彼らは毛利氏の政治機構の埒外に置かれており、当然官僚ではない。では、吉川氏と小早川氏は官僚と評価できるかといえば、彼らこそ、毛利一門として当主との人格的関係が強く、それゆえに特異な地位にある存在である。

確かに、戦国期の毛利権力は領主連合的傾向を帯びるが[35]、それは政治機構と直接には関係しない。逆に豊臣政権服属以降、「戦国領主」の自立性が失われ、領主連合的関係は解消されていくが、これと当主側近層の台頭も直接には関係しない。

すなわち「官僚＝領主連合的」という図式が成り立たず、だとすれば「官僚＝領主連合的」／「側近＝当主専制的」という二元論では、そもそも割り切れない。したがって前者から後者へという展開ともいえない。また、五奉行制がその成立以降、戦国期を通して、輝元への代替わりを挟んでも継続していることから、両者が繰り返し現れるともいえない。

同様に、「側近＝出頭人型」であるのは確かであるが、「官僚＝家老型」とは必ずしもいえない。独自の「家中」と「領」を持つ吉川氏・小早川氏などの「戦国領主」は官僚ではなく、一方、「奉行衆」に属する層は、必ずしも城を持ち、自前の軍団の長であるような武士ではないからである。かといって、彼らが自立した武士でないというわけではない[36]。ここでも、二元論的には割り切れないものが存在する。

五奉行となる家は固定的であり、その点で彼らは出頭人的性格が薄いが、その反面、それぞれの所属集団の利害に規定されているという点で、客観的規範に基づいているとはいえない。側近層の起用は、家格に拘束されず、当主の恣意によるものであり、またその実務能力によって多様な職権を帯びる点からも、客観的規範に基づく職務権限の確定とは遠い反面、当主への忠誠を第一義とするため、職責には忠実であり、相対的に単一的支配に近いといえよう。また、近世の幕府機構確立後における側用人は将軍の意を受けた奉書を発給しないのに対し、上杉景勝の側近である直江兼続が奉書発給を独占していたように、天正一六年以降の毛利氏の側近層も奉行人としての活動をしている。

これらからすれば、先のⒶとⒷのような単純な二元論では割り切れない局面が存在し、Ⓐ内の各項それぞれ、Ⓑ内の各項それぞれが必ずしも対応関係にない。したがって、戦国期の毛利権力の展開はⒶからⒷへと向かう一貫した過程とはいえないし、単にⒶとⒷが交互に繰り返されるのでもないと考えられる。

おわりに

人格的支配／非人格的支配の問題について再論すれば、このような二元論では割り切れない局面が存在し、前者から後者へという形で、中近世の移行における武家領主権力の支配の性格を説明することはできない。それが克服されるべき非本質的なものとされるのは、あくまでも後の時代を基準とした遡及的評価であるにすぎないし、そもそも近世においても人格性は払拭されていないのである。

だとすれば、客観的規範に基づく非人格性を特徴とする官僚制概念は、前近代においてどのように用いられるべきなのであろうか。秋山伸隆氏が新たな官僚群の創出と指摘した、毛利氏における当主側近層の起用は、片桐氏の規定では官僚ではないことになる。何をもって官僚制とすべきなのかという点が問題となるだろう。

吉川真司氏は律令国家の政治組織を律令官僚制と規定する。律令官僚制は官人秩序（人的秩序）と官司秩序（機能的秩序）が相互依存して機能する。官人秩序の基本は、天皇と個々の官人という、人間と人間の関係である。官司秩序は、官司と官司との間に階統制秩序があり、官司・官職の権限と統属の原理であるという。吉川氏は、石母田正氏の、機構や制度を媒介とする結合と、人格的・身分的従属関係を媒介とする結合という、支配階級の結集の二重の形態という議論を批判的に継承し、さらにはこの二元性の問題を、佐藤進一氏がいう鎌倉幕府・室町幕府将軍の支配権の二元性（主従制的支配／統治権的支配）と連接させて論じている。[37]

すなわち前近代において、こうした二元性は常に存在しており、非人格的な近代官僚制そのものは成立しないが、吉川氏は「階統制、職務権限確定、文書主義、定期的昇進」などの存在によって、官僚制と呼びうるとしている(38)。

藤井讓治氏は、徳川家光の時期に確立してくる江戸幕府の支配機構について、初期の出頭人の活躍と対比し、個人の能力によるのではなく、「職」によって職務内容が規定される点で、これを官僚制と評価している。また近代官僚制との違いとして、主従制的性格を強く持っている点をあげる(39)。

両者に共通するのは、職務の義務・権限の確定という要素である。これまでの研究史との接続ということを考えれば、ひとまずこれを官僚制の指標とすることも有効であろう。これを官僚制の指標としたとき、戦国期の領主権力においては、職務権限の確定は萌芽的にしか見られないというべきではないだろうか。

ただし、何を官僚制として規定することが有効であるかは課題の設定によるだろう(40)。その点では、これまでの研究が何を課題として、前近代に官僚制を見ようとしてきたのかを改めて問い直してみることも必要である。たとえば、石母田氏は、「国家の基本的な問題の一つは、どの階級または身分が、国家組織を専有し、それによって被支配階級を統治するかという問題である」とし、官僚制の意義を「多様な特殊利害によって構成される支配階級が、階級としての単一的な支配を確保するための独自のシステムである」ことに求めている(41)。こうした課題に基づけば、「単一で一元的な命令権の執行を保証する」という階統制や、それが必然的に伴う職務権限の確定、文書主義などの特徴が重要であり、こうした特徴があれば官僚制と呼ぶべきであるということになろう。これらの当否はここでは論じないが、何を官僚制とするべきかというところまで意識しておかなければ、官僚制理解についてねじれや混乱が生じることは避けられない。

片桐氏の著書は、文書論という方法をとることによって、従来多く見られたように、Ⓐから Ⓑへという一貫した移行を予定せず、各段階での政治体制を明らかにした。これによって戦国期の領主権力における、官僚制の理解のねじれを浮かび上がらせた点に、大きな成果があったといえるだろう。

（1）片桐昭彦『戦国期発給文書の研究――印判・感状・制札と権力――』（高志書院、二〇〇五年）。
（2）村田修三「戦国大名研究の問題点」（永原慶二編『戦国大名論集1　戦国大名の研究』、吉川弘文館、一九八三年、初出：『新しい歴史学のために』九四号、一九六四年）。
（3）池享「大名領国制試論」（『大名領国制の研究』、校倉書房、一九九五年、初出：永原慶二・佐々木潤之介編『日本中世史研究の軌跡』、東京大学出版会、一九八八年）。
（4）拙稿「戦国大名研究の視角――国衆「家中」の検討から――」（『新しい歴史学のために』二四一号、二〇〇一年、本書序章）。
（5）山室恭子『中世のなかに生まれた近世』（吉川弘文館、一九九一年）。
（6）拙稿「戦国期毛利氏の山陰支配――吉川氏発給文書の検討から――」（矢田俊文編『戦国期の権力と文書』、高志書院、二〇〇四年、本書第一章）。
（7）『萩藩閥閲録』巻一一五・湯原文左衛門―一二八。
（8）『山口県史2』「甲田家文書」一一、平賀共昌集録「旧記」一五、閥八八・山内源右衛門―一一、閥一〇七・安市郎兵衛―五、『出雲尼子史料集』一三〇三（三吉鼓文書）など。
（9）閥五三・木梨右衛門八―七。
（10）稲葉継陽「村の武力動員と陣夫役」（『日本近世社会形成史論――戦国時代論の射程』、校倉書房、二〇〇九年、初出：「村の武力動員と陣夫役――戦国期における平和の負担――」、歴史学研究会編『シリーズ歴史学の現在　戦争と平和の中近世史』、青木書店、二〇〇一年）。
（11）藤木久志『豊臣平和令と戦国社会』（東京大学出版会、一九八五年）など。
（12）萱野稔人『国家とはなにか』（以文社、二〇〇五年）。

(13) マックス・ウェーバー『官僚制』(阿閉吉男・脇圭平訳、恒星社厚生閣、一九八七年、原書：『経済と社会』、一九二一〜二二年)。
(14) 石母田正「解説」(『日本思想大系　中世政治社会思想　上』、岩波書店、一九七二年)。
(15) 秋山伸隆「戦国大名毛利氏領国の支配構造」(『戦国大名毛利氏の研究』、吉川弘文館、一九九八年、初出：『史学研究』一六七号、一九八五年)。
(16) 佐藤進一「室町幕府論」(『日本中世史論集』、岩波書店、一九九〇年、初出：『岩波講座日本歴史　第7巻　中世3』、岩波書店、一九六三年)。
(17) 永原慶二「大名領国制論」(『体系日本史3　大名領国制』、日本評論社、一九六七年、のち『永原慶二著作選集第五巻　大名領国制　中世後期の社会と経済』(吉川弘文館、二〇〇七年)に収録)など。
(18) 勝俣鎮夫「戦国法」(『戦国法成立史論』、東京大学出版会、一九七九年、初出：『岩波講座日本歴史　第8巻　中世4』、岩波書店、一九七六年)。
(19) たとえば宮島敬一『戦国期社会の形成と展開――浅井・六角氏と地域社会――』(吉川弘文館、一九九六年)など。
(20) 今岡典和・川岡勉・矢田俊文「戦国期研究の課題と展望」(『日本史研究』二七八号、一九八五年)など。
(21) 丸山眞男「忠誠と反逆」(『忠誠と反逆　転形期日本の精神史的位相』、筑摩書房、一九九二年、初出：『近代日本思想史講座　第六巻』、筑摩書房、一九六〇年)。
(22) 高木昭作「「秀吉の平和」と武士の変質――中世的自律性の解体過程――」(『日本近世国家史の研究』、岩波書店、一九九〇年、初出：『思想』七二一号、一九八四年)。
(23) 池享「戦国大名権力構造論の問題点」(『大名領国制の研究』、校倉書房、一九九五年、初出：『大月短大論集』一四号、一九八三年)。
(24) 萱野前掲註(12)著書。
(25) 藤井譲治『江戸時代の官僚制』(青木書店、一九九九年)。
(26) 石母田正『日本古代国家論』第一部(岩波書店、一九七三年)。
(27) 松浦義則「戦国大名毛利氏の領国支配機構の進展」(藤木久志編『戦国大名論集14　毛利氏の研究』、吉川弘文館、一九八四年、初出：『日本史研究』一六八号、一九七六年）。
(28) 秋山前掲註(15)論文。
(29) 毛利家文書四〇四。
(30) なお、福原貞俊、口羽通良は「戦国領主」ではないが、「出雲国牛尾要害合戦頸注文」（毛利家文書三七四）には戦功をあげた人名の右肩に「福原内」、「口羽手」などの注記が見られる。この合戦注文は「小早川手」、「山内手」など「戦国領主」ごとにまとめて戦功をあげた人名を書いており、「福原内」、「口羽手」の注記は、それとは同列ではないが、福原貞俊の軍役量（具足数）が一四〇両（毛利家文書六二三）と毛利「家中」において突出していることも考え合わせれば、彼らは比較的大きな軍団の単位を成していたと考えられる。
(31) 毛利家文書四〇二など。
(32) 朝尾直弘「「将軍権力」の創出(三)」（『歴史評論』二九三号、一九七四年、のち『将軍権力の創出』（岩波書店、一九九四年）に収録）。
(33) たとえば矢田俊文「戦国期毛利権力における家来の成立」（『ヒストリア』九五号、一九八二年、のち『日本中世戦国期権力構造の研究』（塙書房、一九九八年）に収録）など。
(34) 長門守護代家の内藤隆春、出雲富田城主の天野隆重、伯耆方面の軍事指揮を担った杉原盛重などに毛利氏の意を受けた文書発給が若干見られるが、地域限定的である。
(35) ただし、領主連合的であるといっても、彼らが毛利「家中」の包摂されていないという意味であって、毛利氏の支配から独立しているという意味ではない。
(36) 松浦義則氏は、毛利氏の知行宛行状成立の要因を、譜代家臣の給地が、惣領家の家産から相対的に自立したことに求めている。「国人領主毛利氏の給所宛行状の成立について」（『芸備地方史研究』一二九号、一九八一年）参照。
(37) 吉川真司『律令官僚制の研究』（塙書房、一九九八年）第一部第一章「律令官僚制の基本構造」。
(38) 吉川前掲註(37)著書、序章「律令官僚制研究の視角」。
(39) 藤井前掲註(25)著書。
(40) 先にⒶとⒷという二元論では割り切れないと述べたが、何か概念化する際、具体的な現象に割り切れない部分が存在するのは当然である。階層秩序的二項対立の図式を無効化する脱構築の方法は、二項の一方が純粋現前しないことを示す（その点では、近代以降においてもまったく純粋な官僚制は現前しない。現代社会においても行政に人格性が影響を及ぼしていることは明らかであろう）。脱構築の方法は、こうした二項対立を一旦無効化することで、その抑圧構造を暴き出すことに特色があるが、一方単なる相対主義ではなく、決定不可能なものを決定する責任の思想であり、決定をおこなわないことこそが最悪の暴力であると説く（高橋哲哉『現代思想の冒険者たち28　デリダ　脱構築』（講談社、一九九八年）参照）。すなわち、二項に割り切れないことを承知の上で、再度決定をおこなうことが要請されるのであるが、それに際しては、何のために、何を課題としてその決定をおこなうのかが問われよう。Ⓐと Ⓑ、官僚制的と非官僚制的とには割り切れないことを一旦認識した上で、課題にとって官僚制を規定することが必要であれば、その決定がおこなわれなければならない。

（41）　石母田前掲註（26）著書。

終　章　戦国期の特質を考えるための権力試論

はじめに

本章は権力や支配の問題を考える理論的枠組みの整理をおこない、その観点から戦国期の特質についての展望を示すことを目指す試論である。それはまた同時に、本書全体の理論的位置づけを示すものでもある。

これまで日本中世史の研究において、大名権力や在地領主の支配は、実力的（暴力的）支配と、一定の正当性を帯びた公権的支配という、二つの側面から議論が重ねられてきた。

本書第五章では、戦国期における領域支配が、公共的な利害調整を目的として成立するのではなく、軍事的・政治的契機によって一定の規模の実効的支配が成立することで、結果的にそこにおいて公共的な利害調整がおこなわれる点を強調した。

しかし、これは、一方の極に暴力、他方の極に正当性を置き、その上で暴力の方がより重要であると主張するものではない。ましてや、暴力がすべてを決定するなどということを主張しているわけではない[1]。また、そのようにいうことは、単に実力的支配と公権的支配と両方の要素があるとか、それらが一定の割合で混合しているといった意味でもない。ニクラス・ルーマンは、「正当性と暴力や、合意と強制を対立させたり、一次元的な両極におく見解が広まっているが（中略）このような見解は誤りにつながるということを確認しておかなければならない」と述べている[2]。

暴力の存在は、支配の成立にとって常に重要であるが、それは、「正当性」の対極にあるものであったり、あるいは支配成立の要件を、「正当性」と同じ平面で一定の割合で二分しているようなものとして位置づけられない。

本章は、こうした二元論的な枠組みを見直し、暴力と法の関係性を模索し、その上で戦国期の特質を考えるための試みであり、それが本書（その中でも殊に第五章）の議論の意図を説明することにもなるはずである。

第一節　戦国期研究における支配の二元論

（1）大名領国制論と公権形成論

領主権力の支配における、実力的（暴力的）支配と、一定の正当性を帯びた公権的支配という、二つの側面は、もちろん日本中世史ばかりではなく、あらゆる支配体制一般について問題にされるものである。水林彪は支配関係が存立するための要件として、①物理的な強制力（暴力）、②社会にとって有意義な職務を果たしているという正当性（実質的正当性）、③所与の法秩序に適合的に支配権を獲得しているという正統性（法的正当性）、という三つをあげる[3]。ここでは、正当性はさらに実質的正当性と法的正当性に分けられている。この暴力と正当性の問題を、まず、戦国期の研究を中心として概観する。

永原慶二の大名領国制論は、戦国期の大名領国制を在地領主制の最高の発展段階と位置づける。大名領国制論は、いわゆる領主制論に基づくものであるが、永原は、領主制支配の二つの道として、私的・実力的支配と公的権力として制度的なものに依存した支配があり、両者が相互補完するとしつつも、前者の側面が一貫して中世社会の前進的かつ基本的な担い手となるとする[4]。大名領国制はこの延長線上に措定されるのであるから、その成立においては「私的・実力的支配」が重視される。

このような大名領国制論の理解に対し、一九八〇年代頃から、支配の正当性の問題を重視する議論が盛んとなる。その代表的なものとして、戦国期守護論や、地域社会論あるいは「自力の村」論があげられる（以下、こうした八〇年代以降の公権形成を重視する戦国期研究を仮に「公権形成論」と総称する）。

戦国期守護論は、戦国期における守護職の意味を重視する。川岡勉は、一五世紀半ばに室町幕府の全国支配が後退すると、地域権力が自立化し、国成敗権を掌握するが、彼らは、将軍を頂点とする身分秩序・権力秩序体系の存在を踏まえることで、支配の正統化を図ったとする。[5]また、今岡典和は、戦国期に成立する毛利氏の「家中」は他家の「家中」と並立しており、そこに領域支配を拡大する上で毛利氏が守護職を獲得せざるを得ない必然性があったとする。[6]また、矢田俊文は、通常、戦国大名が実力による支配を確立したことを示すと評価される「今川仮名目録追加」第二〇条（「自分の以力量、国の法度を申付、静謐する事なれは」）[7]では、今川氏が守護という自己認識を持っていることを指摘する。[8]三者の議論は、それぞれに違いがあり、一括りにして論じるのには慎重でなければならないが、本書序章で述べたように、室町期の秩序体系の戦国期における規定性を重視する傾向は共通しているといってよいだろう。すなわち水林のいう「法的正当性」の側面が重視されているのである。

一方、地域社会論は、地域を領主権力による支配の客体としてのみ見るのではなく、地域社会の秩序の中に領主の支配を位置づけようとするものである。そこでは、結果として、領主の支配が地域社会にいかに受容されるかが問題となり、したがって、実力的支配の側面よりも、支配の正当性の側面がクローズアップされる。湯浅治久は、「「国人領主」「戦国領主」論は、「支配」される客体としての村落や百姓は描いても、〔在地領主〕自らもその構成員である地域社会と在地領主の関わりについてほとんど論じてこなかった。彼ら〔在地領主〕の「支配」も、地域社会における一定の「受容」と「合意」なしには機能し得なかったことは自明である」（〔　〕内は引用者註）としている。[9]この支配の受容、合意という点をより徹底して強調したのが「自力の村」論である。[10]たとえば黒田基樹は「権力は、それを受容し、支える存在があってはじめて権力たりうる」とした。[11]「自力の村」論では、支配が受容される理由を、領主による平和や勧農の実現に求めている。すなわち、水林のいう「実質的正当性」が重視されているのである。

戦国期の大名権力について、室町幕府―守護体制の規定性を重視し、戦国大名という新たな権力が誕生したのではないとする戦国期守護論と、自治的な村や町を基盤とする画期的な権力として戦国大名を積極的に評価する「自力の村」論とでは、戦国期の大名権力の評価が真っ向から対立するが、[12]両者は、実質的正当性、法的正当性のどちらに重点を置くかの差はあれ、支配の正当性の問題をより重視するという点で共通し、その点で大名領国制論への批判となっている。

もとより、永原も「私的・実力的支配」と「公的権力として制度的なものに依存した支配」は相互補完するものとしていたのであるし、池享や則竹雄一が指摘するように、永原の大名領国制論は、一九七〇年代には変化が見られ、公権的支配の側面も重視されるようになる。[13]永原は「新たに服属させた国人領主たち、またつぎつぎに成長、数を増してくる村々の小領主層をどのように編成するか、また自律性を強める百姓層をいかに支配するか。それらのための現実的な軍事・権力組織、支配のための制度と法、正統性と「合意」の確保等々、荘園公領制下には見られなかった新しい事態がきびしく要求されるのである」と述べ、[14]「現実的な軍事・権力組織」と「正統性と「合意」の確保」を並列している（「合意」にカギ括弧が付けられているのは留意されるべきであるが）。

永原の大名領国制論を継承する池は「主従制を通じて構築した強制力も公権力の発動には不可欠だが、その分析だけでは、暴力一般としての意義しか明らかにできないであろう。こうした視角からすると、問題は、何が在地領主の個別支配や一揆的秩序に動揺をもたらし、主従制による縦の結合関係を基礎とする領域的公権力を生みだすのかという形で措定されよう」[15]とし、さらに、地域社会論を受けて、「〔地域社会の内部〕矛盾があるからこそ、社会集団間の利害を調整し地域社会の秩序を維持するために、公共的役割を果たす地域権力が必要とされる」（〔　〕内は引用者註）[16]としているから、大名領国制の基軸を主従制に置きつつも、公権力たるゆえんを支配の実質的正当性に求めている。

以上のように、公権形成論が主張した、支配の正当性の側面は、当然無視しえない重要な要素であることは間違いない。しかし、黒田が「権力は、それを受容し、支える存在があってはじめて権力たりうる」（傍点引用者）としたように、公権形成論が、支配の正当性を強調するあまり、支配における暴力の側面を後景に押しやってしまった点については、再検討しなければならない。以下、暴力と公権の関係を考えるために、公権形成論について検証してみたい。

（2）公権形成論の再検討

まず、戦国期守護論については、すでに本書序章で述べたので、ここでは必要な限りで簡単に再論しておく。川岡勉や矢田俊文は、応仁・文明の乱以降、守護公権（国成敗権）を守護家が独占する必要がなくなり、その帰趨が問題となったとする。[17]また、矢田は戦国期において武田氏が「戦国領主」に対して行使している権限は守護公権に由来するものであるとする。[18]しかし、守護公権の委譲と見える事態、守護公権に由来すると見える権限は、そもそもなぜそれが行使可能になるのかが問題である。外見上、守護公権と同じ権限を行使していたとしても、それを実効的なものとする、実体的な力を領主権力が有していなければ、そもそも権限が行使できない。「今川仮名目録追加」第二〇条にいう「自分の力量」の存在が重要である。[19]

家永遵嗣は、今岡典和の議論を批判して、一六世紀には室町幕府の権威（「下位者をして自発的に自己の意思を留保して上位者の意向に従うようにさせる秩序・関係性の構造」）は残っているが、権力（「殴ってでも従わせる強制力」）は失われているとする。[20] この家永の「権威」と「権力」の二分法には、後でもう一度立ち戻って考察することにしたいが、ここではひとまず、家永のいう「権力」、すなわち実力や暴力の側面が戦国期においては特に重要であるという点だけ確認しておきたい。

続いて、「自力の村」論について検討する。

藤木久志は統一政権の成立について、次のようにとらえる。すなわち、戦国期は、災害や飢饉、戦乱の多発により、人々の生存が脅かされる危機的状況にある。そこで人々は、戦場稼ぎなど、自力の行使によって生存の維持を図るため、自力の惨禍が引き起こされる。[21] 豊臣平和令は、「人を殺す権利」を権力の下に独占することで、こうした「自力の惨禍（自力救済の恐怖）」から民衆を解放した。そして、「百姓のあいだに広く認められた武器使用の自己規制は、自力の惨禍からの自己解放という大きな歴史的な課題に、民衆が同意を与えた結果であった」とする。[22] 黒田基樹は、この構図をさらに戦国大名にも当てはめて、「大名は、領国のすべての村々からも等距離に位置した「第三項」であった。それは言葉を換えれば、村々は互いの成り立ちを遂げるために、大名という権力を形成し、維持したのである。村々は、本来、成り立ちを自力で果たすために生み出された組織であり、そのために村人の私権を規制する、公権力として存在していた。その村々の成り立ちを、大名が一定の部分において担い、そのために村々の実力行使が抑止されたということは、大名は、村々の公権力をその部分において代替していたことになる。それこそが、大名の存在を正当化し、またそれを公権力として存在させた本質的な要因であった」としている。[23]

こうした「自力の村」論の論理展開はトマス・ホッブズの「設立によるコモンｰウェルス（国家）」の議論と近似的である。ホッブズは、「設立によるコモンｰウェルス」は次のようにして成立すると考える。すなわち、自然状態においては、人々は「各人の各人に対する戦争」という状況に置かれる。人々は「自分自身のつよさと自分自身の工夫とが与えるもののほかには、なんの保証もなしに生きている」のであり、「継続的な恐怖と暴力による死の危険」にさらされる[24]。このような中で、「人びとを平和にむかわせる諸情念は、死への恐怖であり、快適な生活に必要なものごとに対する意欲であり、それらをかれらの勤労によって獲得する希望である[25]」。そして、「かれらを外国人の侵入や相互の侵害から防衛し、それによってかれらの安全を保証して、かれらが自己の勤労と土地の産物によって自己をやしない、満足して生活できるようにするという、このような能力のある共通の権力を樹立するための、ただひとつの道は、かれらのすべての権力と強さとを、ひとりの人間に与え、または、多数意見によってすべての意志をひとつの意志とすることができるような、人びとのひとつの合議体（アセンブリ）に与えること」であり、このような人格の統一は「各人対各人の信約によってつくられる[26]」。こうして一人格に統一された群衆をコモン-ウェルスと呼ぶ。

藤木のいう「自力の惨禍からの自己解放」と、ホッブズのいう「あの悲惨な戦争状態から、かれら自身を解放すること[27]」とを重ね合わせることは容易であろう。「安全を保証して、かれらが自己の勤労と土地の産物によって自己をやしない、満足して生活できるようにする」とは、まさに平和と勧農の実現であり、それを実現するため人々の付託を受けた統一政権（あるいは戦国大名）が、設立によるコモン-ウェルスにあたる。

しかし、ホッブズの「設立によるコモン-ウェルス」の議論については、その論理展開上の矛盾が上野修や萱野稔人によって指摘されている[28]。萱野によれば、共通権力は信約によって樹立されるが、ホッブズは、信約が有効なものとなるためには、かれらを超えた力が、かれらにその信約の履行を強制するのでなくてはならないとしている。すなわち、ホッブズの「設立によるコモン-ウェルス」は、そもそも共通権力を樹立するためになされる信約が、その共通権力を背景としてしか有効なものとはならないという循環論法に陥っている、という[29]。

では、このような論理矛盾があるにも関わらず、なぜコモン-ウェルスは成立しうるのであろうか（少なくとも、ホッブズは成立しうると考えるのであろうか）。

ホッブズには「設立によるコモン-ウェルス」に対置される「獲得によるコモン-ウェルス」という概念がある。ホッブズによれば、主権者権力の獲得には二つの道がある。その一つは「自然的な力（ナチュラル・フォース）によるものであって、子供たちが服従を拒否すればかれらを破滅させうることにより、人が、自分の子供たちとさらにその子供たちとを、かれの統治に服従させる、というばあいがそれであり、また、戦争によって、かれの敵を、かれの意志への屈従を条件として生命をたすけることによって、そうさせるばあい」であり、これは「獲得によるコモン-ウェルス」と呼ばれる。もう一つの道が前述したような「設立によるコモン-ウェルス」である。(30)

上野は、この「設立によるコモン-ウェルス」と「獲得によるコモン-ウェルス」の関係を次のように述べる。(31)

> 「契約による国家」の話だと、そもそも自然状態の中で、皆自分の約束は守るべきだというのは確かに知っている。しかし囚人のパラドクスと同じで、先に自分の方が履行してしまったら、いつだってひどい目に遭うかもしれない。先に自分が履行することは敵に身を売り渡すようなものだとホッブズは言います。このままだと、たとえ社会契約といえども本当は自然権を放棄することはできない、という話に実はなっているはずなのです。そういう意味で、もちろん自分は履行するつもりがあるんだけれども、まず君の方が履行してくれといってみんなお互いがにらみ合っている。これが自然状態です。そうやって他者からの先なる履行が、到達できない空白としてずっと残っているというのが「設立による国家」のおかしなところです。
>
> それに対して「獲得による国家」というのは、他者からの先なる履行が、いわば過剰な形で出てきています。たとえば『市民論』の中でこういう例を出しています。「例えば盗賊から命をあがなうために、〈後日一千枚の金貨を引き渡します、あなたが捕らえられて法廷に突き出されるようになることは一切しません〉と

いう〈信約〉を結んだとしよう」。つまり身代金を脅されて、今持っていないので後から渡すという約束をさせられる。「さて私は約束を守るべきだろうか」。ホッブズの答えはイエスです。

その理由は、彼が言うには「なぜなら善がすでに受領されており、かつ約束とその対象とが許されているならば、信約は責務を課すということ、これは普遍的に真実なのだ」。普遍的にということは、どんなときも、ということです。それゆえ「死への恐れによって強いられた信約は自然状態において有効である」という言い方をしています。

つまり、本来相手側の先なる履行というのは不可能に見えている、というのはさっきの話ですが、「獲得による国家」の話では、強者が弱者に対して死を猶予してやる、そしてそれがとりもなおさず先なる履行になってしまっている、というのです。もし命がほしいならば、約束したことにしろと。そのときに、これは非常に変な話ですが、「死の一撃の猶予」というのが約束を強いる脅迫でもあるわけですが、同時にそれが、殺せるんだけれども殺さないでいるという先なる履行だと、ホッブズは明らかに考えている。

約束というのは、相手が先に履行したら必ず自分はそれに対して後から履行すべきである。自然状態の中でもそれは普遍的に真である、と。問題は、どうやってそういう状況が起こるかという話です。

圧倒的な強者が弱者に対しておまえを殺せるんだけれども、しかし猶予してやるといって相手の命を一方的に贈与する。これをホッブズは「命の贈与」（vitae condonatio）と呼んでいます。この命の贈与をあなたはすでにしてもらっている。だから、それに見合った履行をしなければならなくなっているのだという議論です。

上野と同様、萱野も暴力の格差が信約を有効なものとする、すなわち「住民のあいだの合意によってではなく、暴力的に優位にあるエージェントが住民たちを制圧することによって」国家が成立するとし、「暴力的に優位にあるものが他の人びとに対して、暴力を行使しないこととひきかえに富や役務を提供させる。こうした事態のなかにこそ国家を成立させる信約は見いだされなくてはならない」としている。[32]

このような、ホッブズの議論の批判的読解を踏まえて、「自力の村」論を再検討してみよう。藤木は「豊臣政権の天下一統の政策は、中世をつらぬく自力原則とそれに根ざす戦国大名の交戦権を否定し、戦争の原因たる領土紛争は豊臣の裁判権によって平和的に解決することを基調（惣無事令）として進められた」とし、豊臣政権のおこなった大名領土の確定と紛争の裁定は国分と呼ばれたとしている。[33]すなわち、国分は平和領域の創出を目的としておこなわれたものとされるのであるが、これに対してはすでに藤田達生が、その独善的・好戦的性格を指摘している。たとえば四国国分については「秀吉による四国国分のプランは（中略）きわめて流動的であり、長宗我部氏への土佐安堵は、あくまでも戦争の結果にすぎなかった」[34]とする。そして、秀吉による一連の国分に関して再検討した結果、「〔惣無事令において――引用者註〕もち出される論理はあくまでも戦争介入のための名分にすぎないのであって、その本質は当該地域の戦国大名を対象とする臣従令であったのであり、それからは独善的ともいえる政権の本質がうかがわれる」としている。[35]

「国分」とは領土の境界線を画定することである。杉田敦は境界線についての合意に関して次のように指摘する。[36]

しかしながら、境界線についての合意なるものはいかにして成立するのか、いや、そもそも成立しうるものなのかが問題である。合意ということが言えるためには、合意を確認すべき範囲が明確でなければならない。ところが、いかなる境界線も自然的な基礎を持つものでないとすれば、境界線についての当事者・関係者を、境界線の成立に先立って措定することはできない。何らかの線を引くまでは、線はどこにでも、どうにでも引けるのであり、したがって、あらゆる空間やあらゆる人々が当事者たりうるのである。例えば国境について考えてみよう。地面の上にある線を引く時に、一体どの範囲の人々にまで意見を求めれば、それは正統な線引きと言えるだろうか。これは、決して解けることのない問題である。これまでどうして境界線を引くことができたのかといえば、それは単に事実上引かれたのである。こうした事情は、ヨーロッパ諸国による植民地獲得競争の経過に最も明らかであるが、その場合にかぎられない。まるで自然に存在する単位であるかのような観念が広く流布している所（例えば日本国）でも、境界線は征服や戦争などによって形成されたものである。

征服や戦争によって境界線が引かれるという事態は、「獲得によるコモン-ウェルス」の成立と同じ問題であると考えられる。すなわち、秀吉による国分は、暴力の格差を前提としておこなわれ、合意は事後的に形成されるのである。

ところで、杉田が問題にする境界線は空間的なものに限られない。たとえばそれは、公私間の境界線、経済と政治、オイコスとポリスといったあらゆる境界線をも含む。長谷部恭男は「公と私の区分が、決して人間の本性にもとづいた自然なもの」ではなく、「人間の本性からすれば、自分が心から大切だと思う価値観は、それを社会全体に押し及ぼしたいと思うもの」であり、「そうした人間の本性を放置すれば、究極の価値観をめぐって「敵」と「友」に分かれる血みどろの争いが発生する」。これを防ぐためには、人為的に公と私とを区分する必要があり、「立憲主義的な憲法典で保障されている「人権」のかなりの部分は、比較不能な価値観を奉ずる人々が公平に社会生活を送る枠組みを構築するために、公と私の人為的な区分を線引きし、警備するためのものである」と述べる[37]。この人為的な公私の線引きは、杉田に従えば、恣意的に事実上引かれるしかないのである。憲法を正統なものとするためには、有権者の合意が必要だが、有権者は憲法に先立っては決定されない[38]。これは杉田のいう境界線をめぐる議論とちょうど重なり合う。有権者の存在に先立って（いわば恣意的に）憲法を制定する権力は構成的権力（pouvoir constituant）と呼ばれる。ジョルジュ・アガンベンは、この構成的権力を、ヴァルター・ベンヤミンの「法措定的暴力」に対応させている。(39) ジャック・デリダはこのような、「権威の起源、掟を基礎づける作用または掟の基礎になるもの、掟を定立する作用」は「基礎をもたない暴力である」(40) とする。法の創設は無根拠な「力の一撃（coup de force）」(41) なのである。現実的な武力行使以前に、「豊臣平和令」という法(42)による惣無事体制の定立は、それ自体暴力なのである。

「自力の村」論は、支配の実質的正当性を重視する議論だと述べたが、このように、合意・受容と暴力という問題から、法と暴力の問題に変奏されうる点に注意しておきたい。

法的支配と暴力的支配の関係について藤木は次のように述べている。(43)

> また、近世史の側から深谷克己「幕藩制国家の成立」（『講座日本近世史』1、一九八一）は、安良城盛昭氏の「恣意」論を継承しつつ、家康期における百姓直目安制の成立に注目し、これを農民闘争ないしは農民の全体的な力量に対応した恣意的暴力的支配（中世）から法的機構的支配（近世）への推転つまり法度支配の成立と評価することで、土一揆敗北論や歴史の暗転観の克服を目ざそうとしている。ただ中世を恣意的暴力的支配と単純化するのでは、中世的な課題解決の自力の体系を暴力野蛮視して「明るい中世」観を裏返したに過ぎないことになり、かえって中世農民の全体的な力量を正当に評価する道を閉ざすことになろう。

深谷の書き方は実際には「法的機構的支配に近世的統一をみる幕藩体制論の見地は、それが中世以来の在地領主の恣意的暴力的支配の克服の結果であるという見方とつながって」(44)いるというものであるので、中世が全面的に法の支配が存在しない社会と単純化しているわけではないと思われるが、ここで重要なのは、深谷・藤木ともに法的機構的支配の対極に恣意的暴力的支配があると考えていること、また近世が法的機構的支配になったという点に中世との一定の変化を見ていることである。(45)

しかし、先に見た法措定的暴力の問題は、惣無事体制の創出（すなわち法の措定）の瞬間のみが暴力的なのであって、以後は恣意的暴力的支配とは画された法的機構的支配に転じるということではない[46]。ベンヤミンは「法措定的暴力」と「法維持的暴力」と二種類の暴力を提示している。措定された法が維持されるためには、違反を取り締まり、法を守らせる強制力が必要である。「法維持的暴力」とは法に実効性を持たせる暴力である。統一政権が独占した暴力は「法維持的暴力」となる。ベンヤミンは、この「法維持的暴力」について、「法は、法維持の暴力を派手に持ち出すのを避けることを、目標としはじめている」[47]とする。現に、近世社会は戦争がなくなるという意味で、「法維持的暴力」が「派手に」持ち出されることはなくなる。

では、なぜ「法維持的暴力」は「派手に」持ち出されなくなるのだろうか。萱野は、ニクラス・ルーマンを引きながら「暴力の行使それ自体によっては服従を獲得できない」[48]としている。暴力の行使可能性は相手の行為を引き出すことができるが、暴力それ自体は、身体の状態（痛みやケガや死）を引き起こすだけで、行為を生み出せないからである。萱野は、こうして「富の我有化」を実現しようとする国家が、「むきだしの暴力」を「支配の関係へと構造化」することで、「暴力行使の契機が社会から「排除」されていく」のであり、つまり「社会の治安をまもるために国家が設立されるのではなく、反対に、国家はみずからの利益を追求することで結果的に治安の管理へとむかうことになる」[49]のである。萱野は「住民の安全をまもることに国家の存在根拠をみいだそうとする発想は転倒している」[50]と述べている。

ルーマンは、権力を、複合性（Komplexität）を縮減して[51]、相手方に伝達するコミュニケーション・メディアとしてとらえる。すなわち、権力は権力服従者の行為の選択可能性に制限を加えることで、複合性を縮減するとする[52]。そして、「権力は、選択肢にそれぞれ選好順位を割り振っていくことを通して構成される」[53]が、このなかで物理的暴力は「権力を構成する回避選択肢の極限のケース」[54]（傍点原文、以下特に断りのない場合は同じ）であるとしている。なぜなら、暴力は、相手の行為を引き出せないという意味で、権力保持者にとっても避けたいものであるし、権力服従者にとっても当然望ましくないものであるからである。[55] したがって、支配においては、暴力は行使可能性にとどまっていることが望ましい。だから、「法維持的暴力」は「派手に」持ち出されなくなるのである。

しかし、これは暴力が不在であることを意味しない。暴力は回避選択肢として存在しているのである。しかも、「暴力には、相対的な諸選好を非対称的に秩序づけるという属性、権力形成にあたって必要な属性がそなわっている」[56] から、それは単なる一選択肢ではなく「可能的行為の領域を構造化する」[57] という重大な役割を果たす。ルーマンは「権力のコミュニケーションには、できることなら自分の回避選択肢を実現したくはないが、しかしもちろん実行のための準備はしているという権力保持者のメッセージが含まれている。意図が一応は否定されていながら、同時にそれは、実際には十分ありうることでなければならないのである」[58] とする。

この点で、高木昭作のいう「「喧嘩両成敗」のジレムマ」は示唆的である。高木は、武士の支配者としての地位は「惣無事」を実現、維持する戦闘者であることによっており、その能力に疑いをもたれれば惣無事体制（高木のいう「パイプ」）そのものが崩壊してしまう。したがって、武士は、惣無事体制下で、喧嘩両成敗法によって自力の行使を禁じられながら、同時に「身に降りかかる火の粉を実力で払うことによって戦闘者としての能力を証明してみせなければならな」いというジレンマを抱えるのである[59]。

デリダは「ベンヤミンの意図を越えて私が提出しようとする解釈とは、次のようなものである」とする。すなわち「法／権利の基礎づけをなすもしくは法／権利の定立をなす暴力（rechtsetzende Gewalt）それ自体が、法／権利を維持する暴力（rechtserhaltende Gewalt）を包み込まねばならず、またそれとたもとを分かつことができないのだ。法／権利を基礎づける暴力は自己の繰り返しを要求するということ、それが基礎づけるものとはそもそも、維持すべきもの、維持することのできるはずのもの、遺産や伝統になることを約束され、分割されることを約束されるべきものであるということ、これらは、法／権利を基礎づける暴力の構造からでてくるものだ」[60]として、「法措定的暴力」と「法維持的暴力」の間にあるのは「差延による汚染」であるとしている[61]。つまり、惣無事体制の創出の瞬間（天下統一戦争）にのみ暴力が現れるのではなく、その後維持される惣無事体制自体が暴力と不可分なのである。

以上から、再び暴力の問題を前景化して考えることは必須と思われるが、「はじめに」で述べたように、それは暴力がすべてを決定するとか、暴力と正当性を両極に置いて、暴力の方が重要だとかいう意味ではない。ここでは、さらに実力的支配と公権的支配という二要素の組み合わせ（必ずしも二項対立でないとしても）で支配を論じる枠組み自体の見直しに踏み込んで考えていく必要がある。

第二節　中世史研究における支配の二元論

前節では、戦国期研究において、実力的・暴力的支配と、公権的・法的支配という二元論的理解があることを示したが、この二元論は多様な形に変奏されている。殊に公権的・法的支配は、統治権的支配、官僚制的支配、非人格的支配などと対応させられている。したがって、その対極には主従制的支配、私的・恣意的支配、人格的支配などが置かれる。さらにそれは、領主の家支配と、それの及ばない平和領域としての無縁の世界という二元論を通じて、城下町空間の二元論にまで拡張され[62]、また、人格的支配から非人格的支配への変化という形で、中世から近世へ移行を理解する議論にも影響を及ぼしている[63]。しかし、これらそれぞれの対同士の対応には齟齬やずれが存在する。その一端はすでに本書補論二で示したが、ここでは戦国期のみならず、中世全体に視野を広げて、こうした枠組みの見直しを試みたい。

（1）新領主制論の再検討

石井進は、地頭級武士団の支配について、①中核にある家・館・屋敷、②周囲にひろがる直営田、③さらに周辺部の地域単位（庄・郷・保・村などで、地頭の職権を行使して支配）という三重の同心円でとらえ、その内部により小規模なイエをふくみつつも①の拡大発展により、③の外円部全体の吸収を目ざすものとした。[64]

大山喬平は、この③の部分について、百姓のイエの自立性を主張し、在地領主の家父長制的な私的支配の外部にあると批判した。[65]そして、佐藤進一が、主従制的支配権と統治権的支配権の二つの支配権を析出し、前者は人格的・私的支配とし、後者は領域的・公的支配としたことを踏まえ、[66]石井のいう①と②を、「《中核にある》主従制的支配権」、③を《それをとりまく》公的・領域的支配権（統治権的支配権）とした。大山は、在地領主の統治権的支配権は、「構成的支配」の階級的転化形態であるとしている。[67]

この構成的支配は、「私的な人格的支配を意味する主従制的支配に対置される支配」であり、「村落上層たる名主層の灌漑水利・山野用益における排他的特権、耕地保有権における両者の格差〔名主層と散田作人層の格差——引用者註〕などによって、中世村落の再生産の諸条件から散田作人層を集団的・階層的に排除することによって成立せしめられている」[68]（傍点引用者）とした。

よく知られているように、いわゆる新領主制論においては、本来は家父長制的支配の外側にある③を、在地領主がどのように支配したかについて、大山のように統治権的・領域的支配で理解する考え方と、戸田芳実・河音能平のように「私宅」の拡大という論理、すなわち家父長制的・人格的支配として理解する、二つの立場があった。[69]

戸田の議論を引き継いだ入間田宣夫は、農奴主的大経営の経営規模が大きくなると、灌漑用水・山野の利用の必要度も大きくなるため、領主経営は、「村落全体の生産条件にたいする関与を強めて、それを自己の経営に適合的なものに改変していく」とし、その実現のために、「一般の農民の抵抗をおさえて、一般農民にたいする政治的な支配を確立し、一般農民の小経営を、改変された自己中心の生産条件のもとに包摂していく」とする。そして村落に対する政治的支配の中身として、勧農、山野用水の掌握、高利貸、徴税請負、それを可能とする領主的な暴力機構、勧農実現のための農業資本、年貢徴収に必要な事務能力、家政機構などをあげる。また、こうした支配実現の基本的条件を、百姓経営の不安定性、村落全体の生産条件を再編成しうる領主の物質的・人的能力であるとする[70]。

この入間田の見解と、大山の構成的支配についての説明は、必ずしも矛盾しないように思われる。すなわち、物質的・人的能力の格差を背景に、灌漑水利・山野用益を特権的に支配することによって、一般農民（散田作人層）への支配を実現しているという点では、両者は整合的に理解できるからである。現に大山自身、前述のような石井説を批判する中で「もっとも、石井氏は③の外円部における領主支配を「地頭の職権」行使による支配だともいっている。永原氏が先行国家の枠組利用のなかにふくめている中世の職の秩序＝体系と共通する理解である。両氏の指摘はその通りにはちがいないが、究明されねばならぬ課題はこの職権による領域支配成立の歴史具体的な根拠そのものである」として、入間田の前述のような議論を、「私見とはことなる立場ながら、この問題に関する有力な解釈の一例を与えたもの」[71]としているのである。ここでは、統治権的支配が「職の秩序＝体系」と対応させられていることも注意しておきたい。入間田も「職は、大山さんもいわれたように所領の固定化であると結論的にいえばいえると思います」[72]と述べ、職の体系の成立によって領主的土地所有が安定すると見ている。すなわち、石井のいう③に対する支配を家父長制的支配とするか構成的支配とするかという点を除けば、両者の隔たりは小さいのである。

問題の焦点は、入間田によってその具体的内容が示されているとするところの構成的支配の性質である。大山は構成的支配と統治権的支配の関係を次のように述べる[73]。

一般に封建領主制における統治権的支配権の成立は国家権力の分割による公権の転化形態としての側面を強調されやすいが、かかる形式的側面を、現実政治の上でうらづけるのは、封建領主制による村落支配の確立、すなわち構成的支配をふくめて、村落を真に支配の基盤に転化することにあるのであって、われわれは統治権的支配権成立の村落的基盤にも正当に目をむけなければならないのである。

ここで注意しなければならないのは、大山の議論が二元論として整理され、また大山自身も、佐藤の主従制的支配と統治権的支配という対を持ち出して説明するのであるが、構成的支配は、統治権的支配権の基盤、換言するなら受け皿になるものであって、統治権的支配そのものではないということである。構成的支配が統治権的支配に転化するというとき、それは前者が後者に置き換わるという意味ではない。構成的支配は、それが「職」として表現されることで安定するが、その意味では、「職」は構成的支配にとって後付けされるものであって、論理上、構成的支配は、さしあたり「職」とは（したがって統治権とは）無関係に成立しうる。主従制的支配ではないからといって即、統治権的支配であるということにはならない。

ここで、③に対する支配を家父長制的支配の拡大で説明する戸田の議論において「職」の問題がどのように扱われているか見ておこう。

戸田は「公権を「職」として在地領主に「下降分有」せしめた領主制の内部構造の特徴を明らかにする必要がある」[74]としているが、それは以下のように示される[75]。

したがって当面、領主経営の内容を次のように想定することができよう。すなわち、領主は開発・直営・勧農によって見作田の維持・増大に直接に関与し、それを通じて農民を規制し把握する。そのもとで農民は下人・従者などの非自由身分に組織され人格的に隷属する。領主はそれを通じて所領を確立し、あるいは獲得した所領の領主的土地所有権を経済的に実現する。同時にそれは本来の家父長制支配から権力組織を自立化させ、家産制的支配のかたちによる家政権力機構という独自の強制組織をもつ。これが家父長制的農奴主経営の階級関係の展開としてとらえられる領主経営の構造である。したがって、領主経営のもとに緊縛された農民としての下人・従者は農奴であり、領主経営内部の基本的階級関係は農奴制と規定されるのである。

もちろん領主経営は基礎構造にすぎず、領主制における領主権の問題は以上でつきるわけではない。その上に立って、さらに「所職」獲得の問題、すなわち国衙在庁職・郡郷司職・別符保司職・別名名主職・庄官職などの世襲化・所領化の過程と意義が追究されなければならない。国家公権の一部である所職の所領化によって、勧農は国家権力に由来する勧農権として公法化され、また徴税権・検田権・検断権などの公権が領主権の構成要素に転化されるのであるが、しかしそれらは、領主経営を前提とし基礎として分割所有され、領主権としての機能をもつことができたのである。領主制という概念は、そのような所有・経営・権力の総体をあらわすものとして扱われるべきであろう。

戸田も、家父長制的支配に基づく領主経営の形成がまずあって、それが受け皿となり、公権が「職」として分有されると見るのである。戸田は、「職」による国家公権の分割所有が領主制形成にとって本質的な意義を有することを強調する諸研究の一つとして、まさに大山の研究をあげる（同時に河音能平の研究もあげられている）のであるが[76]、公権分有に先行して、何らかの支配——それが家父長制的支配であるか否かはともかく——が成立していると考えている点では、大山と基本的に変わりはない。

では、河音は「職」の問題をどのように位置づけているだろうか。河音は、家父長的農奴主階級（在地領主）が、一一世紀以降、軍事的支配身分を構成して、一般勤労人民大衆を権力的に直接支配することになったとして、次のように述べる[77]。

> 彼ら在地領主は人民大衆を一定領域ごとに管轄し、その管轄領域内の徴税・勧農・検断の執行を実現する地方行政官（「郡司」「郷司」）を世襲化し、かかる国家官職そのものをも自らの封建的土地所有体系の中に包摂したのである。その結果として、中世封建時代の封建的土地所有者の土地所有権は、原則として、国家官職の封建的所領化の表現である「職」でもって表現されることとなった。（中略）彼らは自己直属の農奴に対する家父長的支配秩序を、軍事的支配身分として獲得した世襲的地方権力執行者としての地位（「郡司職」「郷司職」「下司職」「地頭職」）を通じて、直属農奴以外の全人民に拡大し、管轄領域内の全人民を直接権力的に自己の農奴的農民として包摂しようとするに至った。

河音はさらに、一二世紀初頭には郡郷司が、農民の「私宅」への検畠の権利を主張していることから、農奴主階級が一般農民大衆の農業生産の基地そのものをも権力的・暴力的に収奪しようとするにいたったとする。そしてこの事態を「一一世紀以来、封建的所領（中略）を法的に保障するための世襲的官職であった郡司職・郷司職（＝在庁官人）は、それ自身として領内在家支配の権限をその具体的内容とするところの独自な封建領主的所領そのものに転化した」と評価する[78]。

すなわち、河音は「職」を通じて家父長制的支配が、暴力的に直属農奴以外の全人民（石井のいう③）へと拡大されると考えている。しかし河音は、こうした「職」の獲得を、拡大された「私宅」所有を国家権力の掌握者たる貴族階級から守るために、私的閥族的同盟の力によって、所与の王朝国家権力機構の中央・地方の下級官職を確保したものと評価している[79]。また、家父長制的支配の直属農奴以外の全人民への拡大という「敵対的支配」に必要な政治的支配階級としての独自の力量として、「武力組織・支配イデオロギー・勧農技術・新しい形式の文書作製能力・非農業民に対する独自の態度等々」をあげるのである[80]。すなわち、河音は、大山や戸田と比較すれば、「職」の獲得を領主制にとってより本質的なものと考えているといえるが、その前提には「農奴主階級としての現実的な力量」[81]や、政治的支配階級としての独自の力量があるのである。ただし、「職」を領主制にとってより本質的なものとする考え方については、のちにもう一度立ち戻りたい。なお、すでに入間田によって、院政期における国衙が、在地領主の共同の権力機構に転化したとする見方は否定されているから[82]、この点は修正が必要であるが、入間田も、先に述べたように「職」が在地領主の支配を固定・安定化させる（その意味では大山・戸田同様、論理的には在地領主の何らかの支配成立が「職」に先行する）と見ており、「職」の重要性自体が否定されているわけではない[83]。

以上のように、大山、戸田、入間田の議論はいずれも、何らかの支配の存在を前提として、そこに「職」という形で国家公権が分有されるということになるから、その「何らかの支配」自体は統治権的支配ではない（河音については後述する。ここでは河音が、「職」自体、実力によって獲得されたものであり、それを梃子にして支配が暴力的に拡大される点を重視していることだけ確認しておく）。かといって、ではそれは家父長制的支配、あるいは主従制的支配なのかといえば、入間田が具体的内容を示したような、物質的・人的能力の格差に基づいて生じる力関係は、確かに家父長制的支配、あるいは主従制的支配を拡大していく促進要因にはなるだろうが、やはりそれ自体としては主従制的支配ではない。

河音は、一一世紀の安芸国高田郡司藤原氏が、三田郷を「住郷」として世襲化したことに注目し、三田郷全体に「私宅」が拡大されていると論じた。これは、農奴主階級が国衙機構を掌握し、実力を背景に、「自らの階級的利益を所与の国衙機構を媒介として追究」した結果、「別名」的所領として確保したものであるとする[84]。こうして農奴主階級から転化した在地領主階級による経済的・社会的圧迫に対して、一般農民層は、権門勢家の「寄人」「神人」となるか、農奴主階級と家父長制的な主従関係を結び、農民の「私宅」所有を領主的土地所有の中に包摂せしめてしまうかという選択を迫られた[85]。そして、「このようにして、一二・一三世紀の日本の封建国家は、基本的には、農奴主階級が農民大衆を「下人所従」「家人」「在家」として農奴主的支配原理にもとづいて支配するところの国家権力機構であったが、しかし一方その貫徹に抵抗するところの一般農民層を、旧権力者上級身分である貴族層＝荘園領主が一種の自由農民的身分＝「名主」として組織し支配するところの権力機構でもあったのである」(86)としている。

ここで注意しておかなければならないのは、まず第一に、「私宅」の拡大の例として、河音や戸田があげる三田郷(87)や、「往古屋敷」として阿蘇氏に安堵された阿蘇郡南郷(88)は、いずれも広域的な領域であり、これらが実際に藤原氏や阿蘇氏の私宅のようなものと化していたというよりは、支配の法的正当性を主張するために「私宅」の論理が持ち出されているということである。支配を法的に正当化する論理という点では、これは統治権的支配と同じである。

第二に、在地領主層が、実態的にも家父長制的支配を拡大しつつあるとしても、一般農民層が主従関係を結ぶか、権門の「寄人」等になることでその貫徹に抵抗するかを迫られる状況に置かれるというのは、少なくとも、論理的には、主従制的支配の形成に先行して、非対称な力関係が存在しているということである。この非対称な力関係こそ、入間田が具体的内容を描き出したところの物質的・人的能力の格差である。

このように考えれば、大山のいう構成的支配は、主従制的支配にも統治権的支配にも、論理的に先行する支配であると位置づけ直してみることができるだろう。

大山は、「名主層の散田作人層に対する支配が直接的な人格的強制ではなく、それ以外の関係によって成立する支配」(89)であることから、これを「構成的支配」と名付けた。大山の念頭にあるのは農村における共同体的規制であるが(90)、ここでは「それ以外の関係」の意味を、大山の意図を越えて最大限に引き延ばしてみたい。工藤敬一は「鎌倉中期以後の領主制は、「流通機能を不可避的にその基礎の一部とする領主制」であった(91)」と述べたのであるが、であるとすれば、非対称な力関係を形作る「それ以外の関係」は村落共同体内部に限定されるものではない。高橋修は次のように述べる。[92]

戦後の領主制研究は、領主のイエを中核にした農奴制的な住民支配のメカニズムを解き明かした後、それが、どのような論理で、職であらわされる所領全体に拡大されるのかをめぐって議論を重ね、多くの成果を生み出してきた。（中略）しかしながら、日本の中世社会が領主制的な構造的特質をもっているとすれば、個々の所領を越えた半国、一国といった地域の秩序が、在地領主制とのかかわりで、いかなる形態をとって成り立っているのかをこそ問題にすべきではなかろうか。たとえ個々の庄や村の内部で領主制が伸展しえなくても、地域社会全体の中でみれば、その庄や村が在地領主による支配をうけているというような状況も、十分想定できるのである。そして中世民衆の生活が、庄・村単位では完結せず、郡や国規模の広がりをもっていたことも、多くの論者によってすでに指摘されている。それは分業・流通の中世的展開に規定された現象であり、領主支配がそれに対応する広がりを求められたのは当然であった。それは、在地領主層が単に地域的に結集することのみによってではなく、個々の所領を越える地域社会全体の中での支配原理をもつことによってしか解決しえない課題であったはずである。

矢田俊文も、先の工藤の文章を引いた上で、「経済外的強制の発生理由を、村落にのみ求める必要はない。領主制が再編されるごとに、再編された領主制が発生する論理をみつける必要がある」としている。[93] このような流通の問題に典型的に表れるように、「構成的支配」を生み出す「それ以外の関係」とは、まさに社会全体に張り巡らされた無数の関係であることになる（したがって主従関係もこの中に回収される）。暴力的支配と公権的支配、あるいは主従制的支配と統治権的支配という二元論的枠組みを見直す上で、この拡張された意味での「構成的支配」は重要であると思われる。[94] 次項でこれについてさらに追究したい。

（2）権力観の問題

「戦国期守護論」において、国成敗権（守護公権）の帰趨というような授権論的な見方がされている点を先に述べたが、「自力の村」論においても、黒田基樹が、大名が村々の公権力を代替することで、大名は公権力として存在したとしているように、権力の委譲が述べられている。[95]これは「自力の村」論と、トマス・ホッブズの社会契約説との近似性からいって当然である。こうした権力のとらえ方は、オーソドックスな権力観に基づくものであり、何も公権形成論に限ったことではない。たとえば、川合康は、鎌倉幕府の成立を授権論的に説明する旧来の諸説を批判しているが[96]、このような授権論的説明は、ごく一般的なものといえる。前項で見た新領主制論でも、国家公権の下降分有という見方に言及されていた。ここでいうオーソドックスな権力観とは、すなわち権力の源泉がどこかにあり、それが委譲され、あるいは下降分有され、あるいは奪取されることによって支配が生じるという見方である。

奇しくも同じ二〇〇〇年にそれぞれ刊行された、杉田敦、盛山和夫、星野智による、権力論の研究整理をおこなった各著作[97]では、政治学、社会学という各著者の専門分野の違いを越えて、大筋で同じ図式で権力論の変遷が整理されている。それは、杉田の用語に従えば、オーソドックスな二者間関係（主体間関係）論的な権力観から、近年の「権力（諸）関係」という権力観への展開である。

二者間関係論的な権力観というのは「権力者である誰かが他の誰かに対して権力をふるっているという考え方」[98]で、この考え方では、権力の所在が特定され、したがって特定の権原（主権）が想定される。何者かが権力を有している以上、それを譲ったり、奪われたりということが生じる。

これに対して、「権力関係」という見方は、ミシェル・フーコーの議論に基づく。次に掲げるのはフーコーの権力論を示すものとしてよく引用される文章の一部（五項目中の一番目と三番目）である。[99]

> ――権力とは手に入れることができるような、奪って得られるような、分割されるような何物か、人が保有したり手放したりするような何物かではない。権力は、無数の点を出発点として、不平等かつ可動的な勝負(ゲーム)の中で行使されるのだということ。
>
> ――権力は下から来るということ。すなわち、権力の関係の原理には、一般的な母型として、支配する者と支配される者という二項的かつ総体的な対立はない。その二項対立が上から下へ、ますます局限された集団へと及んで、ついに社会体〔社会構成員〕の深部にまで至るといった運動もないのである。むしろ次のように想定すべきなのだ、すなわち生産の機関、家族、局限された集団、諸制度の中で形成され作動する多様な力関係は、社会体の総体を貫く断層の広大な効果に対して支えとなっているのだと。このような効果が、そこで、局地的対決を貫き、それを結びつける全般的な力線を形作る。もちろん、その代わりに、これらの断層の効果は、局地的対決に働きかけて、再分配し、列に整え、均質化し、系の調整をし、収斂させる。大規模な支配とは、これらすべての対決の強度が、継続して支える支配権の作用＝結果なのである。

まずここでは、「権力とは手に入れることができるような、奪って得られるような、分割されるような何物か、人が保有したり手放したりするような何物かではない」とし、また「支配する者と支配される者という二項的かつ総体的な対立はない」として、二者間関係論的な権力観を否定している。そして権力は「無数の点を出発点として、不平等かつ可動的な勝負(ゲーム)の中で行使される」ものとされる。すなわち「権力の関係の網の目」[100]「力関係の場」[101]として権力という現象がとらえられる。

フーコーにおいて、こうした「権力関係」のモチーフの一つになっているのが一望監視施設（パノプティコン）である。一望監視施設とは、ジェレミー・ベンサムが考案した、中央の監視塔の周囲に円周状に独房を配置し、また窓の配置などを調整することで、監視者から、独房に閉じ込められた被拘留者は見えるが、被拘留者の側からは監視者が不可視であるような施設である。このような施設では、たとえ監視塔に監視者が不在でも、被拘留者たちは監視を受けているものとして行動せねばならなくなる。[102]フーコーがここで重要視しているのは、権力を自動的なものにし没個人化する効果、権力が被拘留者に内面化される点であるが、「その権力の本源は、或る人格のなかには存せず、身体・表面・光・視線などの慎重な配置のなかに」存しているとしている。[103]これはむろんモチーフであるが、このような諸要素の配置、すなわち構成から生じる支配、権力関係の網の目から生じる支配こそ、まさに前項でみた拡張された意味での「構成的支配」である。

盛山は、フーコーが「権力の関係の原理には、一般的な母型として、支配する者と支配される者という二項的かつ総体的な対立はない」とした直後に「大規模な支配」の存在を述べているのは、議論の混乱であると批判している。[104]しかし、これは決して議論の混乱などではない。まず、フーコーがこうした「権力関係」の議論を持ち出すことで、単に権力の遍在ないし支配者の不在を言い、権力を相対化したものとのみ考えるのは不十分である。フーコーは次のように述べる。[105]

次の二つを区別しなければならないと思います。第一に、諸自由の間の戦略的ゲームとしての権力の諸関係——これは一方が他方の振る舞いを決定しようとし、他方は相手に振る舞いを決定されないようにしたり、反対に相手の振る舞いを決定し返そうとすることによって応答するような戦略的なゲームのことです。そして他方には支配状態があります。これが普通に権力と呼ばれているものです。そしてこの二つの間、権力のゲームと支配状態の間に、統治（gouvernement）のテクノロジーがあります。ただしこの「統治」という言葉にきわめて広い意味を与えなくてはならない。それは妻や子を操る方法でもあれば、ひとつの制度を統治する方法でもあります。こうした技術の分析が必要なのは、まさにこの種の技術によってこそ、支配状態が成立したり維持されたりすることが非常に多いからです。私の権力の分析にはこれら三つの水準がありま す。つまり戦略的な諸関係、統治の諸技術、支配状態の三つです。

フーコーは、「現在、支配状態が実際にあるのはたしかです。多くの場合、権力の諸関係は固定されてしまっていて、恒常的に非対称なものになっており、自由が介入する余地はきわめて限られています」[106]と述べている。すなわち、権力関係の原理としてもともと支配があるのではなく、本来可動的なものであるが、「多くの場合」──換言すれば歴史具体的には──その関係は固定されて恒常的に非対称になっている、つまり「大規模な支配」が生じるのであり、また、その結果として「支配する者と支配される者」という二項的様相を帯びるのである。フーコーは「権力関係」から「支配」が生じる過程を次のように述べる[107]。

ある場合には、権力関係は支配の事実ないしは支配状態と呼びうるものに遭遇します。そのとき権力関係は、さまざまな当事者がそれを変更するための戦略をわきまえているような流動的なものではなくなり、せき止められて固定されてしまいます。ある個人なり社会集団なりが、ある権力関係の場をせき止め、動けないように固定し、運動の可逆性をすべて停止させてしまうのに成功すると──そのための道具は、経済であったり政治であったり軍隊であったりするわけですが──、いわゆる支配状態が展開することになるのです。

フーコーによれば、本来可動的であるはずの権力関係から、こうした恒常的な非対称性、大規模な支配が生み出されるのは、「局地的対決に働きかけて、再分配し、列に整え、均質化し、系の調整をし、収斂させる」という「断層の効果」によってである。「統治の諸技術」が介在するのはこの過程であろう。「再分配し、列に整え、均質化し……」という部分でフーコーが念頭に置いているのは、規律権力、あるいは生政治といったものである。フーコーは、これらを王権（主権権力）と対比して、近代の権力の特質であるとする。しかし、ジョルジュ・アガンベン[108]や佐々木中[109]が、生政治が主権権力（法的‐制度的範型）と切り離せないものであり、したがって近代に固有のものではないことを指摘している点に注意しておきたい。フーコー自身、「規律メカニズムは単に十八世紀から登場したのではなく、法典の内部にすでに姿を現している」[110]としている[111]。

ニクラス・ルーマンが「権力は、選択肢にそれぞれ選好順位を割り振っていくことを通して構成される」として、権力は複合性を縮減すると述べているが、これが、フーコーの、権力行使が「ある行為が他者の可能的行為の領域を構造化する手段・方法になる」という規定と通底するということはすでに述べた。ルーマンのフーコーとの違いは、ルーマンがあらかじめ権力保持者・権力服従者を措定している点であるが、権力保持者・権力服従者は、相互に相手の行為を規定しようとする戦略ゲームの結果として、事後的に見いだされるものと考えれば、両者を整合的に理解するのは難しくない。ルーマンが暴力を回避選択肢としている点についてはすでに見たが、ルーマンはこうした物理的暴力のような権力手段の行使が「意図は一応は否定されていながら、同時にそれは、実際には十分ありうることでなければならない」ということ、すなわち信憑性が問題になるとする。なぜなら、「信憑性が欠けていたり、信憑性に関する情報が欠けているならば、その権力についてのテスト、つまり準備態勢に探りを入れてみるということが起きる」からである[112]。そして、この信憑性と法の関係を次のように述べる[113]。

比較的単純なシステム条件のもとでは、権力コードは、信憑性をたんに強さということだけでシンボル化することができる。それは、事情によっては、時たま見せしめ的に力を誇示することによって支えられる。しかしながら、高度に複合的で高度に分化したシステムでは、画一的な強さのシンボル的な表示というこの手段は、役に立たない。

信憑性は、別のやり方で確保されなければならない。ここで現れてくるのが、権力の法的な図式化と技術化である。権力保持者がおこなう諸選択肢の条件的な結合が、法そのものによってもういちど条件的にプログラム化される。結合の偶発性は規制され、そのことを通じて計算可能なものにかえられる。

こうしたプログラム化によって、「公然たる権力闘争を引き起こす傾向が無くなり、それゆえ、平和との両立性がより高くなる〈適用回避の規則〉がとられがち」になるとされる[114]。この法によるプログラム化を、フーコーのいう「断層の効果」（再分配し、列に整え、均質化し……）の一つと考えてみることができるだろう[115]。

盛山は、「自分たちを取り巻く自然的および社会的世界に関する人々の推測、知識、あるいは信念」を「一次理論」と呼び、制度的なものや法は、人々の間においてその共同性の高いものだとする[116]。

すなわち、非対称な力関係のせめぎ合いは、多くの場合、構成的支配へと帰着する。その時点で、誰が権力保持者であるかの「一次理論の共同性」がある程度形成されるが、共同性をさらに高めるのが法や制度である（これは「一次理論の共同性」がある水準で生じるのは、成文法などの明示的な法規範や確立された制度に限らないということでもある。たとえば虚偽意識としてのイデオロギー、慣習や通俗道徳なども含まれる）。法や制度は「断層の効果」の一部を担い、可動的な権力関係を非対称に固定化し、「公然たる権力闘争」を潜勢化させる。

前項で見た、構成的支配が職の秩序――すなわち法的秩序――の受け皿になり、また職の獲得によって支配が安定するというのは、こうした過程である。可動的な権力関係に規定されて、その外縁が曖昧な構成的支配が、職によって整序され、明確化され、複合性が縮減される。構成的支配が、統治権的支配に論理的に先行するというのは、このことを指す。

統治権的支配と対置される主従制的支配も、それが主従制という制度である以上、事態は同じである。主従関係を法によって規定したり、主従関係が法的に争われることがあることからいっても、主従関係についての「一次理論の共同性」（AはBの主人であるという人々の認識）は、法や制度によって強化されうる。戸田芳実や河音能平のあげる阿蘇氏や安芸高田郡司藤原氏の「私宅の拡大」の事例が、安堵や譲与する権利内容を正当化する（したがって他の人々に主張して、共有されることが期待される）論理――すなわち家父長制的支配の擬制――であったことに注意すべきである（現に河音は「領主一族―家人郎党―下人所従といった家父長的家族共同体意識」を虚偽意識としている）[117]。

また、構成的支配は、法や制度的なものといった法的規範によって規定される以前の、事実上の支配であるという点で当知行に近似的である。藤木久志が述べるように戦国大名や豊臣政権の国分は当知行を前提にしている[118]。以上のような、権力関係から構成的支配が生じ、さらにそれが法的秩序によって固定化されていくという過程において、当然暴力は重要な役割を果たす。しかし、一旦、法的秩序が確立されてしまえば、暴力は無用になるわけではない。当知行から、国分による惣無事体制へという流れになぞらえれば明らかなように、これは、前節で見た法措定的暴力と法維持的暴力の関係という問題である。したがって、暴力の存在は常に重要である。

大山喬平は、中世の封建領主制を支えるものとして、佐藤進一の主従制的支配・統治権的支配という考え方を引いた上で、次のように述べる[119]。

領主と従者との人格的結合を軸にして成立し、私的かつ個別的なものとしてあらわれる主従制的支配権がいかなる場合においても封建領主制成立の内部の主軸であったことはいうまでもない。しかしながら、封建領主制は必然的に、公的かつ領域的な支配権としてもあらわれるのであって、ここにこそ、権力の欺瞞的な性格が集約されている。この公的かつ領域的な支配権、あるいはまた統治権的支配権は裁判もさることながら、同時に領主が支配領域内の人民のすべての生活の保護者としてたちあらわれ、生産過程の調整（勧農）・秩序の維持・犯罪者の追捕等々にあたるところに成立の根拠をもつとともに、さらにつきつめていえば、その成立の村落的基盤に注目する必要があるだろう。中世の封建領主制は人民にたいするむきだしの暴力支配としてしばしば現出するのであるが、その真の強靭さは権力支配の暴力的な本質が、つねに公的・領域的な支配権とわかちがたく結合して自己を貫徹しようとしているところに存するのであって、この両者の関係を正しく把握する必要がある。

大山は、家父長制的支配・主従制的支配・人格的支配と対置されるものとしての統治権的支配（公的・領域的支配）が暴力支配と「わかちがたく結合」しているとしているのである。河音も「職」を通じて家父長制的支配が、暴力的に直属農奴以外の全人民へと拡大されると考えていた。大山と河音には、石井進のいう③（外円部）に対する在地領主の支配を、家父長制的支配と考えるか否かの重大な違いがあるのであるが、先に述べたように、主従制的支配も統治権的支配も、ともに制度的なものとして、ひとまずその違いをさしおくならば、「職」は暴力と不可分であるという点は共通する。問題はその結びつきの様態である。[120] 暴力的に成立した当知行を、寄進によって「職」として安定させるというような単純な見通しでは解決できないのは、近年の立荘論による「職の体系」論への批判を引くまでもなく明らかである。以下、ここで考察した「権力関係」の議論を踏まえて、暴力と法の位置づけを考えたい。

（3）　暴力と法

［1］

大山喬平は地頭領主制について、「彼等の領主制の基礎には幕府によって保証された地頭職が存し、形成されつつある中世国家の内部で地頭という共通の法的諸関係を体現し、それによって行動が規制されていた」[121] とする。佐藤進一は、源頼朝が種々性質の違う御家人に対し、「原則的にはすべての武士を等しく己が家人として把握え」たとして御家人制の成立を評価し、その上で、「頼朝に与えられた日本国総守護権（六十六ヵ国総守護総地頭職）を、頼朝のもつ御家人制を手段として執行する、ということであり、頼朝のもつ主従制的支配権（主人権）

と日本国総守護権なる限定された統治権とを、守護地頭制によって媒介連結させた[122]」とする。つまり、統治権的支配の側面でも、主従制的支配の側面でも、在地領主層の制度上における一種の平準化が起こっているのである（無論、すべての在地領主が御家人ないしは地頭になったわけではないが）。ここで大山は地頭領主制の成立にとって、幕府が「国家恩賞授与権」を掌握したことを重視するのであるが、すでにみたように、大山にあっては、その公権分有の受け皿には構成的支配がある。ここでは、さらに、戦争過程における敵方所領没収から荘郷地頭制の成立を見通し、授権論的説明を批判する川合康の議論から、構成的支配、暴力、法的秩序の関係を追究したい。

川合は、頼朝が、奥州合戦への動員によって御家人制を再編した点について、「実際には多様な在地武士の蜂起によって深化・拡大した内乱を、鎌倉殿の戦争として、つまり「源平合戦」として総括するイデオロギーであった[123]」と述べる。

こうしたイデオロギーによる御家人制の再編（制度上における平準化）が必要であったのは、内乱期に形成された御家人制が「軍事動員を契機として設定された主従制」であるために、たとえば、自発的に鎌倉方に参向した者であっても「在地における領主間競合に基礎づけられた現実的利害が反映されている場合が多く、こうした利害から離れて平時においても御家人として恒常的に組織されるかどうかは必ずしも明確ではなかった[124]」といった特質を有していたからである。これは「断層の効果は、局地的対決に働きかけて、再分配し、列に整え、均質化し、系の調整をし、収斂させる」という前項でみたミシェル・フーコーの議論と合致する。すなわち、治承・寿永の「戦争」の進行過程で形成された構成的支配。これを規定している権力関係の局地的対決。イデオロギーによって局地的対決に働きかけ、これを再編成して体制化する過程が示されている。これは、権力関係から法的秩序が生み出されるが、その法的秩序自体が今度は権力関係の「戦略的ゲーム」に規定性を与えるということである。

ここで、上部構造と土台というアナロジーを想起しておくことも無駄ではないだろう。いわゆる俗流マルクス主義の土台が上部構造を規定するという基底還元論に対して、アントニオ・グラムシ[125]やルイ・アルチュセールは、イデオロギーや法など、上部構造の「相対的自立性とその独自の有効性」[126]を主張した。ここでいう権力関係は、生産関係や生産力のみをその要素とするものではないから土台とイコールではないが、暴力や経済的な実力といった実体的な力関係が、一方的に法的秩序やイデオロギーを規定するのではないのである。

また川合は、荘郷地頭制が、戦争過程での敵方所領没収に起点を持つことを明らかにし、荘郷地頭制の成立を公家王権から幕府への授権で説明する見方を批判して、次のように述べる[127]。

鎌倉幕府権力の成立を朝廷の授権からとらえようとする認識は、実は鎌倉前期の段階で歴史的に形成されてきたものだったのである。そして、こうしたイデオロギーを成立させた幕府体制確立以後における公武関係の在り方こそ、「戦争」から形成された幕府権力を平時に定着させていった右のような「政治」の一つの帰結であり、それはさらに承久の乱を準備する大きな前提の一つにもなっていくわけである。

これも、フーコーが一九七五〜七六年度のコレージュ・ド・フランスの講義で、カール・フォン・クラウゼヴィッツの定式（「戦争は政治的手段とは異なる手段をもって継続される政治にほかならない」[128]）を逆転して、「政治とは他の手段によって継続された戦争である」[129]と述べるのとよく合致する。

これについては、高木昭作が、「近世の軍隊は、武装・非武装を問わずすべての集団をその構成要素とし、将軍の統制下に置くもの」であるという意味で、「国土それ自体がひとつの巨大な兵営であった」[130]としている点も想起されよう。

ただし、すでにフーコーがこの講義の中で「抑圧」と「戦争」の概念についての自身のそれまでの考えを見直す必要を予告しているように[131]、これはのちに次のように言い直されている[132]。

それでは言い方を逆にして、政治とは、他の手段によって遂行される戦争なのだと言うべきか。おそらく、戦争と政治の間の隔たりを相変わらず保有しようとするならば、むしろこの多種多様な力関係は――部分的にであって決して全体としてではないが――あるいは「戦争」の形で、あるいは「政治」の形でコード化され得るのだと主張しなければなるまい。これこそ、これら不均衡で異質の、不安定で緊張した力関係を統合するための、相異なるが、しかし一方から他方へとたちまち雪崩込むような二つの戦略のはずである。

そうであるとすれば、「戦争」と「政治」、あるいは暴力と法的秩序は、前者が後者を規定するだけの一方通行の関係としてはとらえられないことになる。

反乱軍である頼朝方が、軍事行動の一環としておこなった敵方所領没収を起点として、荘郷地頭制が成立したというのは、まさに法措定的暴力である。しかし、川合は同時に次のように指摘している。すなわち、敵方所領没収という軍事的占領行為は超歴史的な戦争様式ではなく、「地方社会においても広汎に武士身分が成立し、主要な戦闘力が彼らによって専門的に担われ、しかも自律的な村落共同体を基礎に職の体系というネットワークのなかで領主の首のすげ替えが可能となる段階、つまり十一世紀後半以降に至ってはじめて、全面的な焦土戦術から敵方所領の占領へと転換していった(133)」とするのである。つまり、法措定的暴力は、職の体系という法的秩序から完全に自由ではない。

前節で見たように、上野修は、トマス・ホッブズの「獲得によるコモン-ウェルス」成立の原理を、征服者による「命の贈与」の先なる履行にあると指摘した。暴力的に優位なエージェントが住民を制圧することで国家を打ち立てる「獲得によるコモン-ウェルス」は、まさに法措定的暴力の現前であるが、しかし、「命の贈与」がなされるということは、暴力が行使可能性にとどまっていなくてはならないということである。その意味で、法措定的暴力は、回避選択肢としてある法維持的暴力と同じく、権力関係の「戦略的ゲーム」の中に取り込まれている。ジャック・デリダは法措定的暴力と法維持的暴力の間には「差延による汚染」があるとしているが、これは法維持的暴力が常に法措定的暴力の反復という形で汚染されるというのと同時に、法措定的暴力も法維持的暴力に汚染されることを示している。すなわち法的秩序以前の法措定的暴力が出現する位相と、それによる法的秩序成立以後における位相とは完全に分離したものではなく、地続きであることを示す。

先のアナロジーになぞらえれば、これは、果たして上部構造と土台というような、分離した二つの位相があると考えるべきか否かという問題と通底する（あるいは「社会からでてきながらも、社会の上に立ち、社会からますます疎外してゆくこの権力が、国家なのである[134]」というべきか否か）。グラムシは、生産関係を土台とする点は堅持したが、「国家＝政治社会（狭義の国家――引用者註）＋市民社会[135]」とした。さらに、エルネスト・ラクラウとシャンタル・ムフは、アルチュセールの重層的決定の概念を引きながら、「本質と現象というふたつの平面があるわけではない[136]」として経済主義・還元主義を批判している。そもそもエンゲルス自身、「一方（氏族首長――引用者註）はまさに社会のただなかにおり、他方（文明期の王公や政治家――引用者註）は、社会の外に、また社会の上にいるように、よそおうことを強いられている」（傍点引用者[137]）としている。すなわち、国家は「社会の外」にいるようによそおっているにすぎないのであり、真に社会の外にいるわけではない。

この点は、永原慶二の権門体制論批判に対する、黒田俊雄の応答から考えてみることもできる。永原は、権門体制論が権力機構論として展開されている点に問題があるとして、「機構＝制度的観点からすれば、公家・社寺・武家はたしかに支配階級内部で職能分担関係を形成し、「相互補完」的に一つの国家体制をつくりあげている。しかし、「権門体制」の本質は、そのような分業関係の形式にあらわれる側面にあるのではなく、多面的な階級的矛盾、相互の力関係の実体の表現形式に他ならない[138]」と批判した。黒田はこれに答え、「私が権力機構というのは、もちろん単なる制度などでなく、正に氏の指摘のその関係のなかでの生きた階級闘争の組織として、問題にしているのである。だからこそ、また権門体制は、「中世」についていわれうるのであり、形式的に近世まで含めるのでないのである。権力機構をこのようにとらえるならば、国家を（したがって権門体制も）、永原氏のように下部の「基礎」から機械的・図式的な力関係の結晶としてみるだけでは、不充分であることが、あきらかとなろう[139]」と述べる。

このように黒田は「単純な反映論[140]」を批判するが、「たとえば、「職能分担」ということ一つのなかにも、土台の複雑な構成をふまえた深刻な多面的な相剋・闘争をみてゆくのでなければ、国家史の固有の任務は果たせない[141]」としているように、土台と上部構造という関係は堅持している。しかし、もともと黒田は権門勢家を「国政上に権威・勢力をもついくつかの門閥家があって、それらが、権威・勢力のゆえに、国政上なんらかの力をもちえた」ものと規定し、その「権威・勢力」を「制度外的側面」としてとらえている[142]。とすれば、権門体制国家は、制度外的な力関係に巻き込まれたものであり、国家体制そのものが生きた階級闘争の組織だとするならば、もはや、国家と社会（権力関係）は別の平面にあるわけではない。蛇足ながら、軍事権門たる幕府が、制度外的な勢力を戦争によって（暴力によって）確立したのはいうまでもない[143]。

再び、権力関係と法的秩序との連関に戻れば、「一次理論の共同性」とは知の体系のことであるから[144]、萱野稔人がフーコーを引きつつ「知と権力はそれぞれ独立した領域で作動するのではなく、人間の活動をめぐるひとつの編成システムをなす[145]」と論じているように、権力関係と相互に内在的である。

つまり、多様な力関係のせめぎ合いという権力関係は、決して「各人の各人に対する戦争」というカオティックな自然状態ではない。法の真空である自然状態から法措定的暴力によって法治状態へ移行するのではないのである。ジョルジュ・アガンベンは「自然状態は、ノモスに対して本当に外部にあるわけではない。自然状態はノモスの潜在性を含んでいる」「自然状態は必ずしも現実のこれこれの時代として考える必要はなく、むしろ、国家が「まるで解体されているかのような」ものと考えられる契機においてあらわになる、国家の内部にある一つの原則だと考えるべきなのである」[146]と述べる。そして「ここにおいて（社会が「まるで解体されたかのよう」なものと考えられる点において）現れるのは、実は、自然状態（人間が逆戻りしていく先行段階）ではなく、例外状態」であり、自然状態と例外状態は、メビウスの帯やクラインの壺のように、ノモスの「外部として前提されていたもの（自然状態）が内部に（例外状態として）現れる」という関係にあるとする[147]。

つまり、自然状態は現実に現れるものではなく、現実に現れるのは例外状態である。そしてその例外状態は「秩序に先行する混沌のことではなく、秩序の宙吊りから結果する状況のこと」であり、「規範は、例外に対して自らの適用を外し、例外から身を退くことによって自らを適用する」[148]という意味で、法と無関係な状態ではない。すなわち、内乱期にあっても、法的秩序の真空状態が生じるわけではないのである。

〔2〕

むろん、法的秩序が権力関係の外部にあるのではなく、それを形成する要素となるといっても、それは単なる一要素ではなく、権力関係をその秩序体系に合わせて整序する効果（断層の効果）を持つという点で重大な位置を占める。その一方で、可動的な権力関係がまったく法的秩序そのものに整序されきってしまい、完全に固定化してしまうということはあり得ない[149]。この関係は、新田一郎が「局所的な領域における私的な実力の動員・整序の過程における法の役割」、中世法の機能が「局所的に想定される準拠集団の反応形成過程の中に占める意味」—[150]という言い方で、中世法について述べていることに対応する（新田が「局所的に想定される準拠集団」を説明するにあたってニクラス・ルーマンを参照していることに注意）。

新田は、売券において「第三者の存在関与を想定した「担保文言」の類型が、想定される第三者の反応を整序する何らかのシステムの存在を前提として成立したもの」であり、「そうしたシステムがどのような構成をとったのか、という点が、日本中世の社会構造を論ずる上できわめて重要な問題点とされるべき」という観点から、周辺の第三者群の「非組織的・非定型的な関与が組織的・定型的なシステムに成形されてゆく過程」が問題とされ、「この過程は即ち「在地」の秩序が組織的・定型的なものとして形づくられてゆく過程」であるとする。そして、第三者の反応を整序するシステムとして直ちに「中央権力」を想定するのではなく、こうした過程において、笠松宏至・古澤直人のいう「鎌倉後期に生じた中央の法と田舎の法の接触」が重要な意味を持ったと位置づける[151]。「中央の法」との接触による「周辺の第三者群の反応を予期し、またその予期が整序されて局所的に安定した当為構造を形づくるというプロセス[152]」は、ここまでの議論に即していえば、ルーマンのいう「複合性の縮減」によるシステムの安定であり、盛山和夫のいう「一次理論の共同性」の強化であり、ミシェル・フーコーのいう「断層の効果」におおむね相当する。新田はこのプロセスを次のように説明する。

「中央の法」との接触以前においては、「「在地明白」によって維持される仮想的な「在地」秩序」があった。しかし、この「在地明白」や「地下」の「批判」は、「「在地」の個々の構成員を確実に捕捉してその行為を規定するとは考え難い」ものであり、「これらが示すのは、「在地」における或る行為なり状態なりに関して下される規範的評価及びそれに基づいてとられる態度の、局所的に卓越した方向性についての認識であり、個々の構成員の行為に対するその影響力は蓋然性のレベルに属し、従って不確実なものである[153]」。

鎌倉末期以降の「職」の平準化・流通傾向によって、「在地」秩序が非局所的な構造の中で機能するようになると、「「周辺の第三者」は具体性を持たない不特定の第三者群として意識されることになる。それゆえ、前者において日常的に顧慮されるべき主たる不確実性は蓋然性に依拠していることから必然的に生じる局所的な紛れや逸脱の可能性であったのに対して、後者ではそこに関与する「周辺の第三者」そのものの不確実性が加わり、従って「在地明白」に拠っては整合的な予期は安定的に成立し難いことになる」。したがって社会的な流動性の高まった状況においては、非局所的な「公家武家之法」が、「不特定の第三者の行為・反応についての予期規準としての機能を期待される」[154]ことになり、それが「「構造」としての「公方」」を成立させる。これは「主従制的支配」とは異なる「統治権的支配」の実質的な登場である。[155]

以上のような新田の議論は、法的秩序（中央の法）が権力関係（在地秩序）を規律化する仕方をよく示している。

確認しておかなければならないのは「田舎の法」ももちろん法であって、それは「「在地明白」を形成するプロセスにおいて参照されるうるであろう様々な判断規準」が「長期間にわたる集積の結果、それらは局所的な「例」として、「明白」の認識形成を或る程度規定する機能を持つこともありえた」[156]という点で、一次理論の共同性が一定度形成されているのである。しかし、それは局所的で、「抗事実的な一般規範としては成り立ち難いもの」[157]であったがゆえに、「大規模な支配」を支えるものにはならなかった。これに対して、非局所的な「中央の法」は「断層の効果」として、局地的対決を整序し、「大規模な支配」（「構造」としての「公方」を具体的な次元で具現しているところの幕府[158]による支配）を支えたのである。

ただし重要なのは、「中央の法」が在地秩序にそのまま貫徹したわけではないということである。新田は次のように述べる。[159]

> この「法」（非局所的な「公家武家之法」——引用者註）が示す規範秩序は、社会関係と予期規準とを抽象的な概念によって記述し、従って個々の事実における個別事情に基づいた妥当性とは必ずしも一致しない抗事実的な「べし」を形づくる。この抗事実性がこの法をして、局所的な領域や個別具体的な事案に限定されない非局所的・一般的な規範たらしめているわけだが、それは同時に、当事者による個別的な了解との乖離の可能性をも常に孕んでいる。典型的には「徳政令」に根拠づけを求めた違乱の可能性がそれであり、当事者の

了解に基づく特約と一般性をもった法とが矛盾すると認識する者があった場合、これを具体例に即してどのように調節して人々の了解を整合的に形成し維持するか、という問題が生じることになる。そして、後に述べるような「公方」の不定型性が、局所性を前提とした「在地」社会と非局所的な法との間の不整合が容易には解消されえないことの要因となる。

すなわち、「中央の法」は在地の秩序と、常に乖離する可能性を持ち、それが調節されるということは、可動的な権力関係の「戦略的ゲーム」に巻き込まれざるをえないということである。[160] この点を「職」の問題に即して、さらに検討しよう。

［3］

新田一郎は職の体系と地頭職について次のように述べる[161]。

> 荘園領主としての「権門」による「職」補任は、局所的な経営システムである「荘園」制を形づくるもろもろの「職」相互間の諸関係の連鎖の上への位置づけである。その対象となる「職」とは結局のところ、局所的な経営システム上に位置づけられる近傍の「職」とのシステム上の役割関係の表現に他ならず、近傍の「職」保持者との局所的な相互了解の中で機能するものであり、「職」補任はそうした相互了解を媒介する手続きであるとすることができる。（中略）従って「職」は、第三者一般に対して主張される権利を構成するものではなく、同じ「タテ割り構造」に連なる「職」との役割関係において相対的な権利として機能するものなのであって、「タテ割り構造」の文脈を横断する形で相互了解を媒介しうるものでは（本来は）ない。
> これに対し、幕府により補任・安堵される地頭職は、「「荘園」の経営システムの上に位置を占めながら、しかし荘園領主の「進止」には服さないものとしての異質性」をもち、「そうした異質物としての「地頭職」を内部に抱え込むことによって、「荘園」システムは、経営システム上の役割関係を「タテ割り」で整序編成し相互了

解を媒介することによって構成されるという本来の性格を著しく後退させ[162]」、その結果として非局所的なシステムが必要となる。

この「荘園領主の「進止」には服さないもの」としての地頭職は、高橋典幸のいう「天福・寛元法」によって成立してくる「武家領」を想起させる。すでに見たように、頼朝によって「地頭領主制」「御家人制」は制度上平準化されるのだが、それはさらに、鎌倉後期以降、非局所的なシステムとして「武家領対本所一円地体制」へと展開する。[163]「天福・寛元法」は西国御家人保護立法であるから、いうまでもなく、これは在地領主の構成的支配を成形して体制化し、安定化させるものである。しかし、同時にそれは権力関係の中に巻き込まれている。高橋は次のように述べる。[164]

近年の研究は、治承・寿永内乱の根底に、それ以前から在地に存在した領主間の競合・結集状況を見出しつつあり、(中略) 御家人制の成立にあたってもこうした領主間の競合・結集状況が持ち込まれた可能性が高い。すなわち、御家人制の成立は、在地における領主間の競合・結集状況を前提とし、そのうちの特定の武士団・領主たちを御家人として組織するという偏差をともなった過程をたどったのではなかろうか。もちろん、建久年間における「御家人制の再編」では、こうした偏差を解消する努力が払われたであろうが、それはけっして解消し尽くされるものではなく、御家人制の内に、一定の変容を受けながらも脈々と流れ込んでいたと考えられる。

その上で高橋は、「御家人制は軍事的契機から強力に編成されたものでありながら、実態としては在地の複雑な競合状況を抱え込んでおり、御家人制を手段とする鎌倉幕府による国家的軍務遂行もこのような在地における領主間の競合・結集状況に依拠ないし制約されたものであった[165]」と結論づける。

新田は「「地頭」の設置を少なくとも一因とする社会的なシャッフル、即ち個別的な了解のアド・ホックな模索・設定によって動的平衡を保っていた社会構造を変容せしめる異質な要素の大規模な混入」[166]が、非局所的な法が求められる状況を作ったと見ているが、これを川合康・高橋の議論と接続すれば、一種の「動的平衡」であった構成的支配が、反乱軍の法措定的暴力によって体制化され、整序されていくが、それは常に可動的な権力関係の「戦略的ゲーム」に巻き込まれているということができよう。先に見た、領主制にとって「職」をより本質的なものとするような河音能平の議論は、「職」が単に、構成的支配を受け皿として後付け的に付与されるだけでなく、「職」秩序自体が権力関係に巻き込まれて、構成的支配を再生産していくという、以上のような過程から理解される。

［4］

では次にこの権力関係について検討したい。田村憲美は「在地明白」文言は、隣保関係としての「随近在地」における「知聞」が前提になっているとしたが[167]、この点は新田と共通する。田村によれば、「随近在地」は「在地諸階層のかたち作る関係態」[168]であり、鎌倉期の「在地」関係は、「村」を成立の場としていたという[169]。田村は、この「随近在地」が山野の共同体的占取を実現しており[170]、村落の法人格の起点であるとし、また、「随近在地」関係を求心性ではなく、各成員がそれぞれに取り結ぶ多様な近隣関係の相互性と性格づける[171]。

しかし、田村が確認しているように、共同体的山野占取は、大山喬平が中世村落の構成的支配を導き出す拠り所となったものである[172]。であるとすれば「在地諸階層のかたち作る関係態」を単なる相互性としてのみ理解するのは一面的である。

河音能平が在地領主の「狩庭」などの占取も「本来一般農民層の本源的な山野共有・用益と矛盾するものではなかった」とし、「山野用益に関して在地領主は山野用益主体たる「百姓」に逆に規制される存在でさえあった」[173]としているのは確かだが、それは「「狩庭」などを舞台としてきたえあげられた彼ら〔在地領主――引用者註〕の軍事力は、まず第一に、その周辺の一般田堵農民層にたいして直接に破壊的作用を及ぼし」、また「在地領主による私宅収奪の軍事的脅威にさらされた田堵農民たちは、その下人所従となって家父長的支配秩序に包摂されてしまうか、それとも浪人として流浪するか、あるいはこの農奴化・流浪化の危機に直面して独自な抵抗を組織して自らの定着農民としての地位を守るか、いずれかの道をえらぶことをせまられた」[174]とする文脈の中で、「しかし、山野にたいする関係においては、在地領主の立場は基本的には一般住人層と同じであった」[175]として、そこに一般農民層の抵抗の可能性を見いだそうとするものであるから、ここには明らかに暴力の格差に基づく、力関係の非対称性が存在しているのであり、それが権力関係の「戦略的ゲーム」の中から構成的支配を成立させる大きな要因となったのは間違いない。一方で、それは山野用益の局面において、上層農民によって在地領主が「逆に規制される」こともあるような可動的な「ゲーム」であるから、「職」で表現されるような体制化によって構成的支配の安定化が図られることになる。

こうした権力関係は、隣保関係としての「随近在地」の中に閉じているわけではない。「職」や「中央の法との接触」は、もちろんその外部との関係であるし、そもそも大山が下司職などの荘官あるいは地頭クラスの在地領主と、村落レベルで（したがって随近在地レベルで）構成的支配をおこなう村落領主を分け、後者を前者の支配の基盤と考えていることからして[176]、すでに在地領主制は「随近在地」に完結していない。また、高橋典幸が御家人制を規定する「在地における領主間の競合・結集状況」として想定するのは国御家人の連帯であった[177]。高橋が国御家人の連帯の事例の一つとしてあげた若狭国遠敷郡における中原氏女（およびその夫脇袋範継）と宮河乗蓮父子との相論では、若狭国御家人の支持で、中原氏女側が御家人所職を回復しているが[178]、山本隆志はこの脇袋範継をめぐる人間関係の分析から、荘官・名主クラスの通婚圏は遠敷郡の安賀、脇袋、鳥羽、太良に広がっていたとし、彼らは互いに所職をめぐって扶助・反目しあう関係にあるが、それは「縁」を結ぶ者の扶助・反目であるとしている。[179]

鈴木国弘は、中世の武士団には「一家」世界と「縁者」世界があり、前者が鎌倉幕府への奉公という「タテの行動原理」である公戦世界であるのに対し、後者は地域社会に根ざした、反体制的な「ヨコの行動原理」であり、私戦世界、自力救済世界であるとした。[180]鈴木は「縁者」世界を、独立した「舎＝本宅」の持ち主同士の関係を典型とするとし、それは「濃淡さまざまなニュアンスをもって影を落としている連鎖状世界」[181]とする。一方「一家」世界の「親類」は、血族（祖父母・父母・子孫・兄弟姉妹等）と姻族（聟・舅・小舅）という二つの類型からなり、後者は「縁者」的性格を持っている。「一家」世界は、「縁者」世界であるところの後者の親類を、前者の親類の外枠に取り込む形で拡大傾向をみせるのものである。したがって、「可変的＝流動的な性格」[182]の「縁者」世界のあり方に規定されており、「一家」世界もまた永続性のない存在である。その意味から、「一家」というのは、すぐれて政治的な性格を持つ世界であり、戸田芳実のいう「本宅」世界は、こうした「一家」世界を土地領有の角度から固定しようとしたものである。[183]また、「「一家」＝「氏」の族長が持つ「職」＝公権こそが、「縁者」世界のうちに内在していたオヤ・コ関係相互間にある対立関係の止揚を図り、それに中世国家の公民統治＝公戦体制の単位としての集団性を実現せしめる存在であった」[184]とする。

以上のような鈴木の議論は、可動的な権力関係から生じる不定型な構成的支配と、それを固定化しようとする擬制としての主従制的支配（私宅の論理）との関係という本章のここまでの議論と合致すると同時に、権力関係の広がりを考える上でも参考となる。

鈴木は、「縁者」世界の連鎖状の広がりの広域性を主張しつつ、[185]結局は「自己の故郷の安泰」[186]ということに根ざす地域社会防衛に帰するのであるが、[187]「縁者」世界は原理的には空間的限界を持たないものである。鈴木は、悪党や一揆を、縁者的結合原理を持つものであり、その行動原理は「縁者」世界と共通しているとするのであるが、市沢哲は、一揆外部との「重縁」が拡大し、在地の紛争に際して当知行を実現しようとする者が、各々に悪党的な関係によって「合力」勢力を引き込めば、在地は危機的な状況におちいるので、それを避けるために一揆が成立するという[188]。鈴木が例示する梶原一族と戦った駿河の在地武士のつながりは、駿河一国に及んだのであるし[189]、市沢が例示する播磨国大部荘に乱入した悪党は、国を越えたつながりを持つ。さらに、兵庫津を襲撃した悪党が兵庫津周辺の住人のみならず、山僧や淀周辺の者など、兵庫津から京都にかけての流通路に沿って（いわば線的に）広範に分布していたことからすれば[190]、それは面的に広がるような（同心円的な）広域性を要件としているわけではない。

むろん、市沢が、地域社会外部との関係を制御するために一揆が成立したと見ているように、こうした無数の関係の中にあって、地域社会への凝集を生み出す（地域社会を単位に関係を整序する）ようなモメントは特別の重要性を持つ。

先に引用したように、高橋修は「分業・流通の中世的展開」を念頭に「在地領主層が単に地域的に結集することのみによってではなく、個々の所領を越える地域社会全体の中での支配原理をもつこと」によって在地領主の所領支配が実現したと見た。流通あるいは経済圏の広がりは、佐々木銀弥が同心円的構造としたように、地域社会内部にとどまらない[191]。しかし、問題はその中で鈴木敦子のいうような「地域経済圏」（防府天満宮の信仰圏に対応するような、周防国宮市を中心とするほぼ半径一七キロメートルの経済圏[192]）が顕著に生じることである。

広域的、非局所的なものも含む権力関係から生じる構成的支配が、歴史具体的には領域的支配として成立し、「武家領対本所一円地体制」、さらには「寺社本所一円領・武家領体制[193]」（あるいは網野善彦のいう「職の一円化[194]」）へと展開・整序されていくことが重要である。しかし、同時にそれは、多様な権力関係を前提としているから、領域的支配に帰結しない可能性を潜在させている。小谷利明は、矢田俊文が一郡規模の「領」を持つ存在として提示した「戦国領主」は、「甲斐や紀伊など山々に囲まれた盆地や谷ごとに権力が存在するいわば閉ざされた空間」におけるモデルであるとして、[195]「沖積平野の開放された空間」であり流通が発達した河内において、「郡単位で武力で地域を支配するのではなく、荘園制の上に立ち、都市機能のなかから文化的に地域を支配する官僚型戦国領主[196]」を提示した。重要なのは、構成的支配が、このように元来可動的で、しかも広域的なものも含む権力関係に規定される以上、それが一円的領域支配に整序されていくとしても、「職」などによってその外形を明示されるような法的秩序とは、常にずれを生じざるをえない、ということである。このずれとは、先に見た新田一郎のいう「「徳政令」に根拠づけを求めた違乱の可能性」と「当事者による個別的な了解」との乖離、すなわち「「在地」社会と非局所的な法との間の不整合」にあたる。

［5］

海津一朗は神領興行法（徳政令）によって、一円領内の非器・甲乙人の当知行が停止（非合法化）され[197]、「非器の輩とされた者が、下知を無視して当知行を維持し続けたとき悪党蜂起とされた[198]」とする。しかし、「この徳政の論理による行政改革は、これだけでは十分な正当性を確保できず、職から排除された失「職」者諸階層の敵対という社会不安が醸成した[199]」とし、「国中悪党蜂起」を一四世紀の内乱の真因と評価する。[200]小林一岳は、在地領主の一族寄合や一門評定のような一揆的な関係を基礎とした、在地的な当知行保全システムが、幕府調停権力による安堵と矛盾を来した場合に、当知行保全のための実力占有という悪党行動として現れるとしている。[201]権力関係と法的秩序の乖離が大きくなると、「一次理論の共同性」が低下し、権力関係の可動性・流動性が高まることになる。可動性が高まった権力関係の「戦略的ゲーム」においては、暴力（実力）の重要性が高まる。これが一四世紀の内乱として現れるのだと考えられる。

ニクラス・ルーマンは、権力保持者の暴力行使可能性についての信憑性が欠けている場合、その準備態勢に探りを入れてみるということが起きるが、「これは、もちろん危険なテストであって、しばしば回避選択肢の実現化の方向に向って不可逆的な発展をたどることになる[202]」と述べる。権力関係と法的秩序との乖離の拡大は、同じ事態を引き起こす。すなわち、「戦略的ゲーム」の中で、所領の実力占有に賭けてみるという判断が起こってくるからである。そうすると、回避選択肢が実現することになり、法維持的暴力は「派手に」持ち出されざるをえなくなる。

鎌倉後期から現れる悪党は、いうまでもなく単なる「悪事を働く者」ではないが、これをあえてヴァルター・ベンヤミンのいう「「大」犯罪者」（《grossen》Verbrechers）[203]になぞらえてみることもできるだろう。ベンヤミンは「「大」犯罪者」の行為は「暴力の存在を証拠だて」るとするが[204]、その暴力とは法措定的暴力である[205]。ジャック・デリダは、このベンヤミンの記述の意味を「ある人が、掟に刃向かうことを通じて、法的秩序そのものの含む暴力を赤裸々に示す[206]」と説明している。萱野稔人はデリダを参照しつつ、「より強い暴力が、その優位性にもとづいて法を措定し、みずからの法的ステイタスをその法によって根拠づける」、したがって「みずからを合法的だと規定しながら、他の暴力を違法なものとして取り締まることで、はじめてその暴力の合法性は確立される[207]」と述べる。

「大」犯罪者」が「犯罪者」であるのは、国家が、暴力の優位性に基づいて、その暴力を非合法化するからであるし、同様に実力で当知行を守ろうとする人々が「悪党」と呼ばれるのは、国家がそれを非合法化するからである。国家がそれを取り締まることができるだけの暴力的優位性を失ったとき、それは非合法な「悪党」ではなくなる。このことは元弘の乱以後の過程で現実のものとなっていく。

つまり、悪党行為は、法の根源にある暴力を露出させることで、暴力による新たな法措定の可能性を顕わにし、人々が法や制度に抱いていた「一次理論の共同性」を低下させるのである。デリダは、やはりベンヤミンを参照しつつ、国家がゼネストを非合法だと宣告したにもかかわらず、ゼネストが引き続きおこなわれれば、そこには革命的状況があることになり、「法／権利と暴力とが同質のものではないかとわれわれに考えさせてくれるのは、（中略）事実上このような状況をおいてほかにはない」[208]と述べる。革命状況とは「新たな法／権利を基礎づけようとすることであり、また常にではないが、新たな国家を基礎づけようとすることである」[209]。「一次理論の共同性」の低下、権力関係の流動化とは、一種の「革命状況」であり、そこでは法措定的暴力が前面に現れようとするのである。

このように考えれば、「断層の効果」による権力関係の整序・固定化は、決して不可逆的な過程ではなく、権力関係と法的秩序のずれが不断に生じ続けるとすれば、常にそれは流動化と、法の再措定に展開する可能性を存在させている。だとすれば、鎌倉後期に中央の法と田舎の法とが接触して以降の過程を、法的秩序が不可逆的に形成されていく過程として見るのは一面的であるということになろう。一四世紀の内乱や戦国争乱は、こうした一種の「革命状況」といえるのではないだろうか。念のため繰り返しておけば、むろんこれは例外状態であったとしても、決して法の真空状態ではない。純粋な暴力の位相としての権力関係と、純粋な法の位相としての大規模な支配という、分離した二つの位相があるのではない。

［6］

笠松宏至は、永仁徳政令のインパクトを「日本の法の歴史――もちろん、それが社会全体の歴史と無関係のはずはないが――の上で一つの節目であった」[210]と評価している。ただし、笠松の見る中央の法と田舎の法の接触がもたらしたものは、「「田舎の法」の存在を意識し、それとのかかわり合いを考えた上で「中央の法」が生まれる、という時代がようやくはじまったのである」[211]というものであるから、新田一郎とは重点の置き方が逆であり、それは市沢哲が「新田氏の徳政令をめぐる議論には、在地側の自律的な再編プロセスが組み込まれておらず、在地は政策を受容する客体として位置づけられるにとどまっている」[212]と批判している点である。
新田の議論では、中央の法は、もともと局所的な法によって秩序化されていた地域社会の外部からもたらされる。だとすればそれ以前には、「在地明白」を形成できる「随近在地」内部で、動的平衡とはいえ、さしあたって問題の解決が行われており、あたかも完結的に閉じた地域社会が存在したかのような印象を受ける。工藤敬一は一九六一年に発表した論文の中で、「本来的領主制が強い在地性と孤立性・重層性（＝求心性）等を特徴としていた」のに対して鎌倉中期以後の領主制は、「流通機能を不可避的にその基礎の一部とする領主制」であるとしたが[213]、二〇〇二年にこれを著書に収めた段階でコメントを付し、「在地領主と流通機能との関わりについても、実際は本稿で述べたような単純な段階規定ではすませられるものではないことは、中世考古学の発達によって知られるようになってきた生業の多様性や広域的な交通・交易・都市の早い段階からの存在などが、網野善彦等の研究によって明らかになってきている」[214]として、鎌倉中期以前の「孤立性」という評価を修正している。また、田村憲美が一一～一二世紀の「住人等解」について、「住人等」は、荘園制的な枠組みに合わせて、「「随近在地」の意思が文書面に表出されるさいの形式」[215]であるとするのは、中央の法と田舎の法の接触の一局面ではないだろうか。

原理的には、権力関係が地域社会の内部だけに閉じられていることは、常にない。もとより、「職」が非局所的に流通し、また「公方」概念が形成されるなど、鎌倉後期に、笠松や新田が指摘するような画期があったことは間違いないところであるが、それがいかなる意味を持つ画期であるのかは、さらに検討の余地がある。

すでに見たように、大山喬平や戸田芳実の議論では、論理上、何らかの支配が受け皿となって、「職」が分有された。大山の場合、構成的支配は農村の共同体的規制に由来するから、「随近在地」で形成されている秩序の外側から「職」がもたらされることになる。一方、河音能平は「在地領主は「郷司職」を槓桿としてのみ国司＝

受領の土地所有に寄生し、更に在地に於ける私領主として成長し得たのである」[216]として、「職」をより領主制にとって本質的なものとみている。

永原慶二は「寄進地系荘園」について、「寄進主体たる在地領主の「私領」とは、中田薫氏以来の通説のように、排他的な私的所領を意味するものではない」[217]「中田薫氏が在地領主の「実質的な領主権保留」という場合の「領主権」とは、彼らの私的・排他的な土地所有権を意味するものではなく、彼らが国衙との関係で付与されていたその地域に対する公的な支配権の行使権を意味する」[218]としている。すなわち、在地領主が寄進によって下司職・預所職といった荘園所職に補任されるとしても、それは「屋敷地・堀内等と共に私的土地所有権が安定的に成立している」[219]部分（石井進のいう在地領主支配の同心円の①と②）のみを受け皿としているわけではないのである。

河音の場合、この石井のいう①②と、「職」によって表現される支配領域全体（石井のいう③）との乖離は、「職」の獲得を契機にして、暴力的に埋められていく（私宅の拡大）ことになるから、暴力的支配と法的支配は一体のものとして現れる。しかし、その場合でも、「職」秩序は、「王朝国家権力の在地に於ける現実的占取権に本来的根拠を負うもの」[220]として、在地秩序の外部にあらかじめ存在していたのだろうか。先の永原の視角を批判的に深めた高橋一樹は、立荘にあたって、寄進主体側ではなく、立荘勢力側の主導性を重視するが、「より動態的な立荘論」として「一方的な支配・被支配関係の強調ではなく、複数の中世村落からなる地域社会の生活・生産関係が荘域の画定を逆に規定する」[221]という見通しを立てている。高橋は、紀伊国神野真国荘の立荘について次のように述べる。[222]

立荘の前提には、対国衙（国使不入）や対隣村（山林争い）の政治的・経済的対立の絡み合いのなかで、隣保関係にあった現地の有力領主を中心に複数の村落が「連合」し、「一揆」的な枠組みがすでに創出されていた。そこで、課題解決の手段として志向された王家領荘園化は、院権力側の需要とうまく接合して、広大な神野真国荘が生み出された。

ここからわかるのは、まず荘域の画定自体が、在地の権力関係に巻き込まれていること。しかも、それは隣村との山林争いといった形で、すでに新田のいうような「タテ割り」的に完結した秩序に閉じられていないということである。ここには、院権力、国衙、在地領主、村落、それと対立する隣村といった「プレイヤー」が複雑に絡み合う「戦略的ゲーム」が生じている。院権力や国衙も、地域秩序の形成後に、後付け的に外部からやってくるのではない。では河音が重視した在地領主の暴力はどのように関わってくるのであろうか。

高橋は、「それぞれの利害関係を背景にした志向性が複雑に絡み合いながら、立荘後も合意のバランスを保つことによって、「本免と公領からなる荘域の枠組みが、牓示打ちの局面などでみられたように現地でも実体をもつ」[223]として、合意の側面を重視する。権力関係は合意によって動的平衡を保つと見るのである。これに対し、保立道久は牓示打ちの局面における暴力の側面を重視する。

保立によれば、荘園の立券や検注に際しては、本所使と荘司および院使・官使・国使や、荘園住人などが「地頭（地のほとり）」に集合し、行列を編成して、堺の山野河海を踏破して順次に牓示を打っていく。このとき行列は予定どおり進むわけではなく、使に威勢がなければ、たとえば「武威を怖れ」、予定の堺に到着できず、逆に威勢が強ければ予定を越えて、他領などを「踏籠」めようとする。こうした行列の編成を、在地側代表者として処置した地頭の沙汰人が、人または職としての地頭の由来であるが、彼らは軍事力を背景にこうした「踏籠」「踏取」をおこなったという[224]。

以上のような保立の議論に見える牓示打ちの様相は、まさに前述の杉田敦が論ずる境界線を引く暴力にほかならない。こうした保立の議論に対して高橋は「鎌倉幕府地頭の淵源としての「地頭人」が出現する本源的な理由を、日常的な武力発動の場としての荘境（「地頭」）にもとめる論理的要請が先行しており、院使や在地領主の暴力を強調すればするほど、それによって作り出された荘園は正当性をもち得ず、荘園制形成の論理に組み込まれてはいない[225]」と批判する。ここでも、暴力と正当性が対置されていることに注意したい。高橋が、保立への反証としてあげるのは、隣荘との相論により院使が牓示を打てなかった上総国橘木社の例、あるいは院使の帰京後に隣郷の領主が牓示を抜き捨てた但馬国温泉荘の例であるが[226]、こうした牓示打ちの妨害や、牓示の抜き捨てを可能にしたものは、果たしてこうした牓示打ちの不当性（したがって隣荘や隣郷の領主の正当性）であろうか。牓示の抜き捨てを可能にするのは、隣郷の領主の一定の実力が背景とはなっていないだろうか。現に温泉荘の事例は、牓示を抜き捨てた礒生真近が禁固され、改めて牓示を打つように命じたものであり、牓示の抜き捨てという行為が実力的に取り締まられている事例である[227]。

むろん暴力がすべてを決定するわけではない。保立は「堺の人気（ひとけ）のない山野河海は、本質的に裸の暴力が可能になる空間であり、それ故に逆に地頭自身が海賊・山賊になり、あるいは警固役や路次の管理を口実として新たな津料・関手を取ることが必然的に発生した[228]」とするが、「警固役や路次の管理を口実として新たな津料・関手を取る」とは、つまり「命の贈与」の「先なる履行」によって結ばれる信約のことであるから、無縁の地である山野河海といえど、常に裸の暴力のみに彩られた、法の真空ではない。すでにここまで再三述べてきたように合意や法による正当性と、暴力とを対極に置くことはできない。複雑に絡み合った権力関係は、したがって当然暴力のみに規定されているわけではないが、このような新たに境界線を引くような局面（「一次理論の共同性」が強固でない局面）においては、暴力（法措定的暴力）の役割が高まると考えるべきである[229]。

［7］

ここで、山野河海や境界領域の問題が出たのに関わって、網野善彦の「無縁」論について触れ、二元論的枠組みの見直しをより明確にしておきたい。

網野が想定する「無縁」とは、主従制などの世俗の人間関係が断ち切られた状態であり、空間としてはアジールとしての性格を持ち、それは平和領域である。また無縁のこうした性格は原始の本源的な自由に由来するとされる。山野河海や道、市場などはそうした無縁、公界、楽といった性格を持つものであり、その点で本来的には個別領主支配に属さず、究極的には天皇の統治権的支配下にある。[230]すなわち、無縁の世界と有主の世界は、統治権的支配と主従制的支配という対に対応している。

しかし、アジールあるいは平和領域に関して、網野の議論は一つのねじれを抱えているように思われる。網野が公界の例としてあげる「大内氏掟書」は、大内家中から追放された者（「被放御家人之輩」）は、「公界往来人」に準拠して、いかなる「恥辱横難」に遭っても、大内氏は加害者を処罰しないというものであるが、[231]ここでは大内家中の方がアジールであり、平和領域だということにならないだろうか。網野は「大内氏の主従制、私的な保護」と「公界」とを対比させ、公界の「悲惨な側面」を述べるのだが、その直後に「それはやはりことの一面である。たしかに、大名の支配は「公界」を浸蝕し、それをおおいつつあり、こうした悲惨な側面は次第に色濃くなっていたとはいえ、戦国時代、「公界」を往来し、そこに生活の舞台を見出す人々は、（中略）「公界」に生きることの自信と誇りとを決して失ってはいない」[232]と述べる。「大内氏壁書」の条文解釈からは大内氏の私的な保護から外れることが「悲惨な側面」であったはずなのに、後段では大名の支配が公界を浸蝕したことが、「悲惨な側面」を色濃くする原因とされており、矛盾した叙述になっている。網野自身が見いだした無縁や公界の両義性（公界と苦界）は、網野の議論にねじれを生じさせている。

網野は家をアジールととらえているのだが、[233]確かにそこでは外部との関係が断ち切られる一方、網野自身も「家はそこに身をよせた人が主の下人・所従とならざるをえないような場でもあった」[234]と述べているように、主人権が最も強く貫徹する空間である。網野は家の無縁性が「原始社会にまでつながる本源的な「無縁」性を潜在させている[235]」とするが、その内部は主従制の最も強固な空間であり、網野はこれを「無所有の原理」と「私的所有の原理」の矛盾と位置づけている。しかし、無縁とは空間の性格ではなく、関係の状態であると考えれば、別段矛盾をことさらに強調する必要はない。ある特定の関係と断ち切られることは、それによって別の関係に参入することと何ら矛盾しないどころか、人々は常に何らかの関係性の中にあるのであって、関係性の真空など存在しない（この点は安良城盛昭も一揆に関して同様の指摘をしている[236]）。

網野がいうように「無縁」の空間の性質が、仮に原始・太古の本源的な自由に由来するのだとしても[237]、それがそのまま規定性を持ち続けたとは考えられない。すなわち無縁の空間とは関係が断ち切られているわけではなく、権力関係の「戦略的ゲーム」の中で、人々にアジールとして認められている（すなわち「一次理論の共同性」）空間である[238]。勝俣鎮夫は、楽市場が本来権力と無縁の場であったとした上で、織田信長の楽市令はこれに決定的な変化をもたらしたとする。それは「権力によって楽市場であることを保証されるという、いわば楽市場の基本的性格を放棄してしまったことを意味するから」であり、「現実に大名権力により楽市場の機能を保証されたとしても、もはやこの市場は、本来の意味での楽市場ではなくなった[239]」とする。これは楽市場の機能に変化がないという点に注目すれば、楽市場の機能を支えていた権力関係の構成が変化した（その大きな部分が織田権力の力に置き換わった）と言い換えることができる。無縁・公界・楽といった人々の観念（「一次理論の共同性」）は、「断層の効果」として権力関係を整序する作用を持つ（だからこそ信長も「楽市」を称する）が、それは権力関係に巻き込まれているから、可動的であり、原始の自由が持つ規定性の単なる継続ではない。網野が示す無縁所の事例は、ほとんどが領主から無縁所として認定・安堵されている事例である[240]。保護を必要とすること自体、「無縁」が権力関係に巻き込まれていることを示しているし、領主の保護を受ける前提としての「無縁」もまた権力関係に文えられていたからこそ、それを領主の保護が代替することが可能なのである。

家のアジール性も権力関係によって支えられているということは、主従制的支配、家父長制的支配も権力関係によって支えられているということであり、その本源性ばかりを強調すべきではない。網野は、日本中世成立期の百姓の家が、社会的・法的に広く認められた「無縁」の場として確立していたか否かという点について、アジールとして認められていたのは、一般農民の家ではなく、実態としては名主クラス以上の有力者の家であったとし、「一般平民の家のアジール性は、少なくとも中世前期には、なお鮮明さを欠いているように思われる」[241]としているが、社会的・法的認知という「一次理論の共同性」は、「有力者の家」と「一般平民の家」というような力関係の非対称性に規定されているのである（家とはすべからくアジールであるべきであるという抗事実的な認知が存在した可能性は否定しないが）。

以上からいえることは、主従制的支配と無縁が（したがって統治権的支配も）、権力関係を整序する規範であると同時に権力関係に巻き込まれている、という点において同じであるということであり、関係性の及ばないような超越的領域はないということである。

［8］

勝俣鎮夫は、一揆の持つ絶対性が、大名権力の絶対性に転換され、それが絶対性・超越性を持つ「国家」へと帰結すると見通した[242]。黒田基樹は、「大名は、領国のすべての村々からも等距離に位置した「第三項」であった」とし、こうした関係が「御国」の論理で表現されるようになるとする[243]。「御国」の論理は、勝俣のいう「国家」という支配理念と同じものである。黒田のいう「第三項」とは、今村仁司の「第三項排除」の議論に基づくものであろう（新書という性格上、註が付されていないが、巻末の参考文献に今村の『排除の構造』があがっている）。今村は、勝俣の一揆の規定[244]について、「勝俣氏の説明は正しいと思うが、私はその説明を第三項排除効果という社会形成の論理をもって補完したいと考える」として、次のように述べる[245]。

私が前に価値形態を論じ、第三項排除効果が発動する瞬間には二重単数化が生ずることを指摘した。すなわち、共同体から排除される第三項がユニックであり、同時にそのユニックな第三項と対決する共同体もユニックになる事態である。第三項排除効果の根本的で普遍的な作動様式は、「全員心をひとつにして第三項を排除する」という様式である。「全員が心をひとつにする」とは、一揆、一味同心と全く同一の構造である。何らかの形で日常生活が立ちゆかなくなる事態は、一般にカオス的状況とよぶことができるが、このカオス的状況をのり超えるべく発動するのが第三項排除効果であるのだとすれば、社会的危機のなかから発生する一揆の瞬間はまさにこの第三項排除効果の瞬間であると言わなければならない。

ただし、一揆では排除される具体的な犠牲者が存在しないという点で、これは「スケープゴートなきスケープゴート・メカニズム」[246]であるとされる。今村や浅田彰は、文化人類学などの成果を参照しながら、第三項排除を「全員が一致して一人を殺害する」という供犠のメカニズムとして描いているのであるが、そうして最も汚れたものとして社会の下方に排除された第三項は、次に一転して、「全能の神のごとき光り輝く」[247]聖なるものへと転化する。浅田の言い方を借りれば「スケープゴートは全員一致で犯され殺されることで言わば相互関係の平面の下方に投げ出されるのだが、しかし、そのようにして絶対的に距離をおかれ、平面内の全員に対してメタ・レベルから一般的な第三者の資格で臨みうるようになったこの死者は、一転して、平面を上方から見おろす《絶対他者》の座につくのである[248]」。浅田はこの「絶対他者」を神・王・父になぞらえる。

今村は、一揆には具体的な犠牲は存在しないが、起請文という形式に表れるような「神」の観念がスケープゴートの痕跡であると述べる[249]。また、今村は「君主の「聖性」と奴隷的存在の「穢性」は対極的でありながら、共通の特性をもつ。両者は「排除された存在」として、聖なるものであり、かつ同時に汚れたものである[250]」とその両義性を指摘する。

黒田が「危機の克服のために、権力は存在している[251]」とすることも合わせれば、勝俣、黒田、今村の論理連関は明らかであろう。危機に際して、一揆の中から、超越的な第三項としての「国家」（それを体現する大名権力）が誕生するのである。ここにもう一つ、網野善彦の議論を付け加えることができる。網野は鶴見俊輔を引きながら、「エンガチョ」が「汚さ」の魔力であるとともに、その対極の「きれいさ」の魔力でもあると述べている[252]。そして、「きれいさ」の魔力は、「聖なる力」と言い換えられている。いうまでもなくこれは『無縁・公界・楽』の冒頭に述べられ、「無縁」のモチーフとなるものである。網野は無縁の場が聖性を持ち、同時に穢と関わっていることを再三指摘している。そして、一揆が持つ無縁の性格にも言及している[253]。

さらに、網野が「「無縁」の場・人は、統治権的支配の下におかれる[254]」とし、それを天皇と結びつけているのは先に見たとおりである。網野は、「無縁」は原始の本源的自由の人民による自覚的・意識的表現であり、そこには天皇の影もないとしているが[255]、今村が、第三項排除によって生じた君主の位置は空白の場所であり、人間の社会においては必ず人間の肉体によって充填されると考えているように[256]、結果的には、無主（無である主、「公界衆」と向き合う「うへなし」の「上」の場所[257]）が、天皇によって充填される図式となっている[258]。

第三項排除の議論では、共同体（社会）から第三項が排除されることで、第三項と社会が別の位相に分離することになる。ここで再びトマス・ホッブズの議論が想起される。危機に際して全員一致で第三項を排除するというのは、自然状態の中から全員が信約を結んで超越者としてのリヴァイアサン（国家）を創り出すことである。国家は社会から第三項として疎外し、社会の上に立つ。第三項と共同体は、互いにユニックな統一体として対峙する。すなわち、国家と社会、あるいは大名権力と村落の二者間関係となる。

池上裕子は「近年の村落論〔「自力の村」論、あるいは移行期村落論——引用者註〕は村の自律性・主体性を重視して、村対村、村対領主という、村の対外関係論が中心となっていた。そのため、村落内の階層差を重視せず、沙汰人ら村落上層はひたすら村の共同利害のために働き、村は一枚岩の団結をもった組織体であったかのごとき印象を与えている」とする。[259] 一方、領主も公儀権力へと結集させられていくから、則竹雄一がいうように「公儀としての大名権力と中世村落が直接的に対峙する」[260] ことになる（さらにいえば、「自力の村」論では、村落は無媒介的に民衆に置き換えられているから、民衆と権力が対峙するという構図を描く）。黒田は「民衆にとって権力は、まったく外在的に存在するものではなく、むしろそれを生み出すもの[261]」としながら、結局、権力対民衆という二者間関係論に帰着しているのである。[262]

しかし、こうした第三項排除の議論には、本章のここまでの議論に照らして、問題点が存在している。まず、すでに見たホッブズの「設立によるコモン‐ウェルス」が抱える矛盾から明らかなように、「全員一致」なるものがいかにして形づくられるのかという問題がある。ホッブズは次のように述べる。[263]

多数派（the major part）が同意票によって一個の主権者を宣言してしまったのだから、同意しなかった者も今となっては自分以外の残りの者（the rest）に同意しなければならない。すなわちその主権者のなすであろう一切の行為を承認するのに甘んじなければならないのである。さもなくば自分以外の残りの者によって正当にも殲滅されねばならない。なぜならもし集まってきた人々の集会の中に彼が意志的に入ってきたのなら、彼はそのことによって、多数派の定めることは支持するという自分の意志を十分に宣言した（したがってそうするよう暗黙のうちに信約をむすんだ）ことになるからである。

上野修は、このホッブズの記述について次のように述べる。[264]

とりわけ注意を要するのは、選ばれた主権者を認めない信約違反者に襲いかかり殲滅しに来るのは、「多数派」ではなく彼以外の「残りの者」だとされていることである。たんなる多人数が相手ならそれは自然状態と同じであって、こちらも別なだれかとのその場かぎりの共謀（confederacy）（L. XIII, 60）によって対抗すれば済む。しかしいまや事態は一変している。履行せよ、さもなくば自分以外の「残りの者」全員をひとまとめに敵に回すほかないという脅威に何ゆえか全員が曝されているのだ。

（中略）

ここにホッブズの国家契約の秘密がある。国家契約の場合、各人は同一の信約をほとんど無数といってよい相手と相互にとり結ぶわけだが、無数に反復されるその同一の信約はしかし、いかに反復されようと対称的で双数的な二者的相互性であることに変わりはない。各人にとっての契約相手はあくまで個々の他人たちであって、決して全体としての「残りの者」ではないはずだからである。ところがしかしこの契約行為が集会内部への参入と同一視されるとき、それは相互的な信約だといいながら、実のところすでに対称的な二者的相互性以上の何かにすりかわっているのだ。設立集会内部に参入するやいなや、各人はそれぞれに「残りの者」という全体に直面してしまう。そこではめいめいがめいめいにとって圧倒的な「残りの者」に対峙し、その前にひとり立つ自分をそれぞれに見出すのである。集会というタブローがいきなり呈示するのは、まさにそのような光景にほかならない。すなわち、相手方との関係が双数的で対称的な相互関係にならず、それがめいめいにとって自分以外の「残りの者」との非対称的な関係になってしまうといった場面なのである。

上野は「めいめいにとって自分以外の「残りの者」との非対称な関係」を〈非対称性の相互性〉と名付ける。そして、「群集に統一性をもたらし一者となすのは「代表するものの〈単一性〉であって、代表されるものの〈統一性〉ではない」（L. XVI, 82）というホッブズの立場からすれば、論理的にいって〈第三項排除〉に先立つほかないこの「集会」の統一性を第三項の代表によって説明することはもとより出来るはずがない。「残りの者」

の遍在する集会の内部性を〈第三項排除〉によって理解することはついに不可能なのである」「契約説の〈第三項排除〉はそれが理解しえない〈非対称性の相互性〉を前提しかつ隠蔽していたわけである[265]」と述べる。

一旦国家が設立されてしまえば、各人が「残りの者」と向き合う関係になるというのは、一見、第三項排除の議論に近い[266]が、すでに上野や萱野稔人の議論で見たように、国家は獲得によって、すなわち暴力的に優位なエージェントが住民を制圧することによって成立するほかない。つまり代表するものの単一性が、第三項排除をおこなう「全員一致」に先立つほかはなく、「全員一致」は事後的にしか出現しない。

第三項排除の議論に則るならば、本来各人相互に結ばれるべき契約が、「自力の村」論が主張するように、現実には公権力と村請制村落との間の契約として現れる（すなわち、各人と「残りの者」との契約として現れる）のは、上野の議論からすればいわば当然であり、暴力的に優位なエージェントが「命の贈与」の「先なる履行」をおこなうことによって信約が結ばれるのである。しかし、この暴力的に優位なエージェントなるものは、単に暴力的に優位なだけであるから、それは超越的存在ではない。

二者間関係論的権力観の問題点はすでに杉田敦らが指摘するところであり、前引のミシェル・フーコーが「権力の関係の原理には、一般的な母型として、支配する者と支配される者という二項的かつ総体的な対立はない」と述べるとおりである。権力関係の「戦略的ゲーム」の結果として「大規模な支配」が生じるが、それは決して超越的なものではなく、権力関係に巻き込まれている。

すでに述べたように、無縁は権力関係に巻き込まれているから、関係から断ち切られた超越的な場所ではない。一揆は無縁の性格を持つといっても、市沢哲が指摘するように、一揆外部との重縁を制御するものとして権力関係の中にある[267]。

伊藤俊一は、石田晴男の議論と榎原雅治の議論とをそれぞれ「上からの公権形成」、「下からの公権形成」と整理した上で、両者の相互作用を重視する[268]。池上は「村の自力（救済）論を中核とした村落論が隆盛となったのをうけて、地域とは村々連合であると規定し、地域を徹底的に下から形成されるものとみ、守護ら支配者による上からの規定性を排除する地域論が一九九〇年代前半に盛んになった[269]」とした上で、「九〇年代の地域論で徹底的に排除されてきた支配者としての領主と国郡制が中世後期の社会の中で民衆にとってどのような意味をもっていたかについて考える[270]」という形で、やはり、「上から」と「下から」を単純に対立させる見方を斥ける。これらの提言は重要である。しかし、もし仮に「上」と「下」があらかじめあることを前提としているならば、それは結局、二者間関係論を脱却できない。論理的には、権力関係の「戦略的ゲーム」の結果、事後的に「上」と「下」（「支配する者と支配されるもの」）という関係が近似的に生じるのであるから、まず「上」と「下」があって、その後に両者の相互性が生じるのではない。ただし、歴史的には支配関係は、常にすでに存在しているから（ノモスのないカオスとしての自然状態は歴史的現実としては存在しないから）、伊藤や池上の提言は重要なのである。

今村は、勝俣が一揆の非日常性を強調することから、「非日常性という点では、一揆運動は、国家創設運動、宗教運動、革命運動などと共通する。いずれにせよ、一揆のごとき非日常的運動が発生するのは日常的生活様式がそのままでは成り立たないで、危機的状況に直面したときにおこる運動である[271]」と述べている。国家創設運動があげられているのが目を引くが、すでに見たように今村は、日常的生活が立ちゆかなくなる事態をカオス的状況と見ているから、カオスである自然状態から第三項が排除されて国家が設立されるという図式と結びつく。しかし、「日常的生活が立ちゆかなくなる事態」とは、その前提に「日常的生活様式」がすでに存在しているのであるから、それはアガンベンのいう国家がまるで解体されているかのような例外状態のことである。したがってそれはカオスではない。今村は革命運動もあげているが、「革命状況」はカオス的状況ではないのである。

ここまでの検討を踏まえて、次節では議論の中心を再び戦国期に戻したい。

第三節　戦国期の構成的支配と権力関係

（1）戦国期における主従制的支配と統治権的支配

［1］

池享は移行期村落論（「自力の村」論）について、「村の内部秩序は自律的に再生産されており、領主は外から領域的支配を行っているという、村と領主制とを二元論的にとらえる発想があると思われる」「こうした議論が生まれる原因の一つとして、いわゆる統治権的支配と主従制的支配という領主支配の二元論的理解がある。ここでは、領主は百姓上層を被官に編成して主従制の拡大を図るが、百姓は侍への人格的隷属を拒否しており、領主は統治権に基づく自治的村落との契約（「平和」的生活の保障と年貢・諸役の負担）を通じて支配せざるをえなかった」とされるとした上で、「領主制論は、ある特定の歴史段階において、領主的所有権を媒介として主従制的に結集した支配身分集団が、地域社会統合のヘゲモニーを握っていたことを主張するものである。領主的所有は、地域社会の上からの領域的統治とともに、内部秩序の掌握によって安定的に実現されるのであり、両者を一体的に把握する必要がある。また、当該期の領主支配においては、「統治権」と「主従制」を分離してとらえることはできない」と批判している[272]。

村の内部秩序の外に領主の支配が置かれる点、また、村落と大名権力が対峙しているという二者間関係論的理解については、権力関係から生じる構成的支配という観点から、すでに前節で問題にした構図である。

池がここで「統治権的支配と主従制的支配という領主支配の二元論的理解」として念頭に置いているのは朝尾直弘の議論である。朝尾は、大名権力が主従制的に編成しえない「百姓」に対して、「公儀」権力として、「国法」を制定して支配せざるをえなかったとしている[273]。このような二元論は、すでに見たように、中世成立期において、百姓のイエの自立性から在地領主支配の二元性を説いた大山喬平の議論と同じ図式である。

ただし、大山は百姓の家の自立性を主張しているが、一方で在地領主が主従制的支配を拡大していくという方向性自体は否定していない。大山が批判した石井進も、在地領主支配の同心円の外円部③（三二八頁参照）へのイエ支配の拡大について、中世前期には、③に対する支配は未成熟であるとしているのである。そして中世後期には、個々のイエ支配の自立性を否定することで、在地領主の③に対する支配が確立するとした[274]。大山は、これを肯定的に取りあげ、「イエ支配＝主従制的支配権を基軸として成立した日本の領主制が、中世を通じて公的・領域的支配を一貫して強化していく順当な過程」としている[275]。現に大山は播磨国鵤荘の分析から、一六世紀初頭には荘園村落内部において被官化現象＝家父長制関係の急速な拡大があったと見ている[276]。すなわち、大山も石井も、中世後期には主従制的支配と統治権的支配が一体的に成立すると考えているのである。

このような朝尾と大山との相違は百姓の被官化の理解から生じている。大山は、鵤荘において大名給人である名主層が百姓を被官化している動向から、主従制の拡大を見て取り、傍証として「当郷諸百性、右ノ衆与力・被官ニはつれたる物、無御座候[277]」とした近江国得珍保の著名な事例をあげている[278]。朝尾はこの同じ得珍保の史料を、守護六角氏からの人足役の賦課を拒否するための口実であり、与力・被官は臨時の関係であって「主従制とは異質な、「百姓」の自治体である惣村と守護家臣団との間にとり結ばれた関係[279]」と評価した。

しかし、朝尾のいうように、与力・被官になっていない百姓はないという主張が、賦課を拒否するための口実であったとしても、それは実際に村落内に主従制が浸透していないということを証明しない（実際に主従関係が浸透していたならば、なおのことこのような佗言がなされたであろう）。しかも朝尾は、与力・被官は主従制とは異質とするが、被官については朝尾自身「「被官」の実態は多様であり、人格的隷従度の強いものを含んでいる[280]」としている。朝尾は続けて「元来、「被官」は「国」や「公」に対応する表現であって、特定の主君の私的な従者とは反対の内容を意味する言葉である」としているが、たとえ原義がそうであっても、現に「人格的隷従度の強いもの」が存在している以上、この得珍保の被官がそうであることの証明にはならない[281]。もちろんこれは同じことが大山の議論にもいえ、逆に鵤荘で見られた百姓の被官化も主従制の浸透とは確証できないと主張することも可能である。このような論じ方では水掛け論にならざるをえない。問題は主従制（あるいはイエ支配）というときの、その内容であり、また被官化の拡大の村落支配における意味（「主従制的支配権を基軸」とするということの意味）であろう。

藤木久志は、領主人返法を分析し、こうした人返は下人に関するものであり、百姓の土地緊縛は体制的には実現しないとした[282]。そして、「領主人返法に現われた「百姓」と「下人」の峻別とは、いうまでもなく中世社会の在地領主・農民間における支配と隷属の質の問題にかかわり、すでに佐藤進一氏が将軍権力の二元性（統治権的支配権と主従制的支配権）として定式化し、大山喬平氏がさらにその原基的位置づけともいうべき中世村落の二重構成論（散田作人と名主・下人）を展開して、ともに中世国家論への理論構成に重要なよりどころを与えている」[283]とする。ここで、主従制的支配／統治権的支配は、下人／百姓に対応させられている。その上で藤木は、前述の得珍保の史料を引き、朝尾と同様、百姓の領主への抵抗を見る[284]。

しかし、佐藤進一が明らかにしているように、武士の主従関係には、主人から強く拘束される「家人」型と、相対的に独立的な「家礼」型が存在した[285]。さらに石井進は、この「家礼」型の中にも給人と「無給人」があることを述べた[286]。つまりこれらによれば、主従関係は主人と下人というような関係に限定されず、中には給地を媒介とした関係でないものさえ含まれている[287]。結局、主従制概念の内容について、佐藤・石井と藤木では、そもそも相違があることになる。

また、得珍保の被官状況をめぐる議論は、「与力・被官ニはつれたる物、無御座候、勿論しゅう（主）なしの百姓ハ無御座候」という文言が議論の焦点となったためか、あたかも、村落の百姓全員が主従関係に編成されているか、さもなくばまったく編成されていない（賦課を拒否するための単なる方便）かというような極端な議論になってはいないだろうか。たとえ、賦課を拒否するための口実であったことに重きを置いたとしても、主従制的実態が皆無であったとは考えがたいし、そもそも佐藤や石井の考え方にしたがうならば、主従関係は一律ではなく、多様であった可能性が高いのである。

　大山が明らかにしている遠江国蒲御厨の例では、代官応嶋五郎衛門に被官化している百姓と、そうでない百姓とが分裂している[288]。大山が「主従制的支配権を基軸」にするというとき、それは「与力・被官ニはつれたる物、無御座候」を額面どおり受け取って、全員が主従関係に編成されているというのではなく、村落の中に拡大した主従関係が、村落支配に規定性を与えているということであり、問題となるのはその規定性の強さであるのではないだろうか。先に見たように、池が「領主制論は、ある特定の歴史段階において、領主的所有権を媒介として主従制的に結集した支配身分集団が、地域社会統合のヘゲモニーを握っていたことを主張するものである」（傍点引用者）としている点に注意したい。つまり、領主の村落支配は、主従関係やその他の関係からなる権力関係から生じる構成的支配（前節で見た拡張した意味での構成的支配）であり、それを安定化させるためにたとえば統治権の論理による整序（つまり「断層の効果」）がおこなわれるのである。すなわち主従制的支配か、さもなくば統治権的支配かという二元論ではないということである。

　河音能平や戸田芳実がいう「私宅の拡大」も家父長制的支配の擬制としての拡大であるということはすでに述べた。安芸高田郡司藤原氏が三田郷を住郷として表現したというのは、三田郷の住人全員が藤原氏の下人になったなどということは意味しないだろうし、河音が一般農民層が「寄人」として積極的に荘園領主に直接隷属することを通して、在地領主の農奴主的支配原理の新しい拡大に対抗[289]」したとしていることを考えれば（これは朝尾や藤木のあげる「本福寺跡書」の思想に通じるだろう）、いかに私宅が拡大したとしても、それにすべてが覆い尽されたのではないことも明らかである。このように考えれば、河音・戸田説と大山説との距離はそれほど隔たってはいないのではないだろうか。

さて、主従制的支配と統治権的支配とを一体のものとして考えるべきとする池は、大名領国制を「地域封建権力による一国人領を越えた独自の公的領域支配制度」と規定する。その意図は次のように説明される。①「封建」的というのは農奴制的支配を基礎とする領主層を主従制的に編成していることを指す。②「一国人領を越えた」というのは「家中」支配権では編成しきれない範囲をおおったことをいう。③「独自の」というのは、その支配権が他の権力によって付与・認定されたものではないことをいう。④「公的」というのは支配領域全体に対し、普遍的に行使しうる権限を有する公権力であることを指す[290]。

この池の説明を本章の議論に沿って読み替えれば次のようになる。主従制的支配を中核としながら（①）、それのみではない範囲を覆った支配が成立するが（②）、その支配は授権によるものではない（③）——したがって実力で獲得されたものである——ということである。ここまででは、一国人領を越えた支配の部分は主従制的支配でも統治権的支配でもない。つまり構成的支配である。これが公権力化する（④）のは、授権でない以上、水林彪のいう実質的正当性によるものであるが、実質的正当性は結果として（実績として）調達されるほかないから、論理上、構成的支配が先行する。さらに、①の主従制的支配にも、以上に述べたように構成的支配が、論理上先行する。したがって、池や大山が、主従制的支配と統治権的支配を一体的に考えるというのは、結論的には首肯できるものであるが、それは領主支配を素因数分解すると主従制的支配と統治権的支配になるという意味ではない[291]。

［2］

松浦義則は、毛利氏における、惣領―親類・（臣従した）近隣国人という主従制的関係は、惣領―譜代家臣という主従制的関係とは区別されるものであり、後者は私的な家父長的家産制秩序であるが、前者は公的な「一家中」の論理であるとした。その上で、戦国期の毛利「家中」の成立について、一方ではたとえば近隣国人の井上元兼が近習並の奉公を誓って毛利氏の家産制秩序に身を投じ、他方で譜代家臣の給所が毛利氏の家産から相対的に自立してくることで、先の両秩序に変動が生じ、それが「家中」に帰結すると論じた(292)。矢田俊文は、「十六世紀後半には、国人領主の家権力を前提にして公役負担で結びつく家中という家来関係の二重性はなくなり、それぞれの国人領主は小領主化し、私権力である毛利氏の家来となった」(293)とする。こうした戦国期「家中」の成立は「家人」型と「家礼」型の平準化と言い換えることができるだろう(294)。

「近習並」(295)という表現は、毛利氏の「家中」拡大が、イエ支配の論理の拡大、すなわち擬制的な拡大であったことをうかがわせる。現に井上元兼はその後も井上一族の惣領として、半ば自立的に振る舞い、それが結果として井上一族粛清事件へとつながるのである(296)。現実には多様な関係があるであろう毛利氏と家臣の関係、すなわち構成的支配は、秩序の側面では「家中」支配に整序される。しかし、可動的な権力関係に規定されて、構成的支配は不安定であり、完全には整序されてしまわない。ある程度の安定化・固定化を図るためには井上一族の粛清を実現するような、毛利氏の暴力的優位の確立が必要であった。井上一族の粛清を受けて、毛利「家中」が毛利氏に対し連署起請文(297)を提出していることは、法維持的暴力が「派手に」持ち出されることで、再度、法の措定がなされたということもできよう。

こうした秩序（規範）を生み出す権力関係が、閉鎖的なものではないことにも注意しておきたい。毛利氏は、弘治三年（一五五七）一二月二日付で、主として安芸国の「戦国領主」との間で、それぞれの「家中」の軍規違反を取り締まる契約を取り交わしているが、[298] 同日付で毛利「家中」は、毛利氏に対して軍規の遵守を誓う起請文を提出している。[299] 毛利氏以外の「戦国領主」がみずからの「家中」に対し、どのような措置を取ったかはわからないが、少なくとも、お互いが「家中」を持つ存在であると認識され（それぞれの「戦国領主」が「家中」を持っているという「一次理論の共同性」）、「家中」間関係として秩序が成立している。言い方を変えれば、「戦国領主」の家臣に対する構成的支配は、対外的な関係を通じて、「家中」内部という局所的にだけ通用する秩序としてではなく、非局所的な秩序としても成立し、それによって整序されるのである。

これは「家中」の流動性と、大名権力下における安定化の問題として本書第三章で論じたこととつながっている。権力関係に規定された構成的支配は可動的であるから、規範的秩序と常にずれが生じる。この可動性が高い状態の場合、それによって生じる乖離を抑えるのには、すなわちこの場合でいえば、「家中」秩序の安定の維持には、毛利氏の実力が必要であったのである。であるとするならば、毛利氏の「戦国領主」に対する支配もまた構成的支配である。これは、毛利氏による守護職の獲得や副将軍への就任、官途の獲得などによって、秩序の安定化・固定化が図られる。

ただし、それによってもたらされた安定化の度合いについては評価が分かれる。たとえば、藤田達生は、毛利輝元の副将軍就任にともなう効果を高く評価するが、[300] 一方で、秋山伸隆はこれらの効果を限定的なものと見ているし、[301] 長谷川博史も、尼子氏に関してではあるが、守護職は「あるに越したことはない」ものと位置づけている。[302]

本章では、これを法的支配か実力的支配かという二元論ではとらえない。前節で述べたように、規範や法的秩序も権力関係に巻き込まれ、その上で権力関係は構成的支配を（再）形成する。

ただし、これは権力関係についての一般論である。本章では、大山喬平の構成的支配概念を最大限に拡張することを試みたが、それは結果として構成的支配を超歴史的な概念に転化させてしまったことになる。このことに関わって、矢田の次の議論を参考にしよう[303]。

高橋〔幸八郎――引用者註〕氏の論理を日本中世史に適用したのが大山喬平氏である。大山氏は、高橋氏のフーフェ→ゲマインデ→グルンドヘルシャフトという範疇展開に倣って、名主→中世村落→領主制・荘園制という範疇展開で日本中世を説明しようとした。

しかし、高橋氏の領主的私有発生についての説明において使用した事例は、中世成立期の事例である。高橋氏の論理は、領主的私有発生の説明が重要なのであって、その説明のために使用した事例が重要なのではない。たとえその事例を使った説明がすばらしいものであっても、その事例の説明に意味はない。

農民の経営を経済的に実現するために依存せざるを得ない共同体を、村落に限定してしまうと中世全般に適用できる論理ではなくなってしまう。日本史研究において、高橋氏に学ばねばならないことは、領主的私有発生の説明の論理であって、その説明のために利用した事例の説明そのものではない。領主制が再編されるごとに、再編された領主が発生する論理があるはずである。それは常に村落にあるのではない。たとえば、水利の範囲が広範囲になれば、農民の経営を実現する経済単位は村落を越えた広い範囲の地域となる。再編される時期ごとに、再編された領主が発生する論理を解く必要がある。

奇しくも大山の名が出ているが、ここでも重要なのは、権力関係や構成的支配の一般論から、その時代ごとの歴史具体的な権力関係の態様、構成的支配のあり方へと議論を進めることである。「領主制が再編されるごとに、再編された領主が発生する論理」を追究するとは、権力関係の可動性の高まりが、構成的支配を再編成したとき、いかなる関係の規定性が、どのようなメカニズムで、構成的支配を発生させたのかを、歴史具体的に解明するということである。単に権力関係の「戦略的ゲーム」の中では、法も暴力も、上からの公権形成も、下からの公権形成も重要である、というのみでは歴史研究にはならない。その意味で戦国期における権力関係の特質が追究されなければならない。

（2）戦国期における権力関係の特質

戦国期における権力関係の特質を追究するといっても、それは容易なことではないし、本章で到底完遂しうるところではない。したがって、ここでは現時点の見通しを述べるにとどまらざるをえない。

［1］

先に見たように、家永遵嗣は、権力と権威を分け、権力を「殴ってでも従わせる強制力」、権威を「下位者をして自発的に自己の意思を留保して上位者の意向に従うようにさせる秩序・関係性の構造」とし、一六世紀には将軍の権威は残っているが、権力は失われていると論じた。

家永はこの議論を、今岡典和に対する批判として展開しているが、本書序章で述べたように、戦国期守護論は、家永のいうところの「権威」をより重視する議論であるといえる。しかし、問題は「権力」か「権威」か、暴力的支配か法的支配かという二者択一ではない。

この「秩序・関係性の構造」というときの「関係性の構造」とはまさにここでいう権力関係のことである。したがって、権力関係から生じた上位者と下位者の関係が、断層の効果によって、「一次理論の共同性」としての秩序・規範となり、その効果が権威であると言い直すことができよう。一方、「殴ってでも従わせる強制力」は暴力のことであるが、相手を従わせる（すなわち行為を産出する）強制力であるためには、それは行使可能性にとどまっていることが望ましい。その点で法措定的暴力と法維持的暴力は差延の関係にあり、暴力は常に重要である一方で、法の真空状態はない、というのがここまでの議論であった。これを踏まえて戦国期には法や暴力が権力関係にいかなる規定性を持っているかが問題である。

戦国期守護論は、家永のいうところの「権威」をより重視する議論であると述べたが、以上のような見方からすれば、その構図はもう少し複雑な様相を帯びる。

川岡勉は、本書序章のもととなった拙稿などの批判に答え、次のように述べている。(304)

> このような議論〔戦国期守護論を批判する議論――引用者註〕においては、軍事的・政治的・経済的な実力と守護公権とがしばしば対立的に捉えられ、守護公権は実力と切り離された名目的な「権威」であるように理解されている。しかも、守護公権を専ら上から委譲された固定的な内容をもつものと把握する傾向が強い。しかし、そもそも守護公権の最も中核にあるのは軍事動員権であったはずであり、軍事力の重要性が高まる戦国期にあって、地域支配の実質と無関係に守護公権が存在していたわけではない。そして、中世後期の守護権力は地域社会の中で形成された諸要素を吸収しながら公権の内容を拡大させていった。（中略）中世後期の守護公権は、決して出来合いのものではなく、軍事的・政治的・経済的な地域支配の実質に規定されていたとみられる。

「地域支配の実質」とは、ここでいう構成的支配のことである。したがって守護公権は権力関係の中に巻き込まれているのだが、「中世後期の守護権力は地域社会の中で形成された諸要素を吸収しながら公権の内容を拡大させていった」ということは、権力関係の可動性に合わせて絶えざる法措定（法的秩序の更新）が進行していたということである。しかも、それは「軍事的・政治的・経済的な地域支配の実質に規定されて」のことである。戦国期は明らかに、権力関係の可動性・流動性が大きくなり、権力関係を整序しようとする法的秩序との乖離が大きくなる。川岡は守護公権がそれを「吸収」するとしているから、関係の変化に守護公権が追いつくと考えているようだが、果たして本当に追いついているのか、あるいは追いついたとしてそれはもはや守護公権なのかということが問題になる。

今岡は、「戦国領主」の「家中」が並立していたことから、「領域支配を拡大する上で毛利氏が守護職を獲得せざるを得ない必然性があった」とするが、同時に「毛利氏の場合も守護職により領域支配の大枠のみが決定されたものの、その内部の編成原理は不統一なままであり、その事による多様な地域的実態と毛利氏の志向性を統一的に把握する事は毛利氏研究の大きな課題」[305]としている。前段だけ見れば、守護職の役割は高く評価されているようだが、後段を見れば、それは結局「大枠」を決定したにとどまる。不統一な編成原理や多様な地域的実態は、結局、可動的な権力関係に規定されて、曖昧な外形しか持ちえない構成的支配を、統一的な編成原理で整序しきれなかったことを示す。しかも、毛利氏が守護職に補任された国以外にも分国を拡大していることを考えれば、大枠が決定されたというのも、決定的だったとはいえない。

長谷川博史は「戦国期大名権力は、敵対する戦国期大名権力と対抗するため、それまで守護に任じられた由緒などない国へも、主体的判断で勢力を拡大」していると述べている[306]。山本浩樹は、毛利元就が領土拡大を目指した侵略戦争を「「不思儀之弓箭」などと、あたかも自らの意志にもとづくものではない、偶然の産物であるかのように表現している」[307]ことに着目しているが、「「境目」というと、強大な戦国大名に挟まれ、その領土的欲求の餌食となり、翻弄されるといったイメージが強い。しかし「境目」そのものに視点を据えれば、逆に自立化を求める「境目」の勢力が、周囲の大名をまきこむかたちでその欲求を実現していこうとする動きが、「境目」における戦争の裏面にたしかに存在した」[308]として、毛利氏が境目の勢力争いに巻き込まれていく側面もあったことを指摘する。これはまさに権力関係における「戦略的ゲーム」であるが、それが最終的に「国郡境目相論」のような形に帰着するとしても、最初から大枠が決まっていたわけではない。これは、本書第五章において「領」が、軍事的・政治的な契機によって成立すると論じた点である。すなわち、「戦国領主」の「領」とは、諸関係に規定され、本来不定形かつ流動的で、外縁がはっきりしないものであり、それが境界紛争などによって対外的に、境界が明確化されていくのである。これは大名分国も同様であり、たとえば国分けによって、境界線は対外的に意識化される。

山田康弘は、戦国期においても将軍が果たした一定の役割を積極的に評価する立場に立つが、戦国大名が将軍の下知を受諾するかどうかは、時々の状況判断によったと述べている[309]。これは戦国期には、将軍が外交カードとなっているということであり、権力関係の「戦略的ゲーム」の中で一定の意味は持つが、権力関係を整序する規範力としては相対化されていることを示している[310]。

将軍を頂点とする秩序体系の相対化は、「家中」や「領」の形成、すなわち「戦国領主」という戦国期に固有の存在の出現を促した側面もあるだろう。たとえば、「領」成立に関わっては、本書第五章で論じたように、将軍から受けていた所領安堵を、戦国大名から受けるようになるとともに、「職」で表現されなくなる。

また、石田晴男が論じた、室町期における国人・守護被官・幕府奉公衆というような身分の違い[311]は、本書第三章で述べたように、戦国期ではその意味を失い、あるいは「家中」に包摂され、あるいは「戦国領主」になった。

むろん、川岡が論じたように、将軍を頂点とする秩序体系がまったく消失したわけではないし（特に畿内近国においては[312]）、また市村高男のいうような「礼の秩序」は、むしろ、大名分国が拡大して、非局所的な「戦略的ゲーム」がおこなわれるようになって、意味を持ったであろう[313]。したがって、戦国期はまったくの法の真空になったわけではない。

しかし、以上から明らかなのは、戦国期には、権力関係の可動性が大きくなり、権力関係を整序していた室町幕府―守護体制的秩序との乖離が生じ、その相対化が進行した結果、権力関係の「戦略的ゲーム」の中で構成的支配を形成するにあたって暴力の有効性が高まる。すなわち暴力による法措定の可能性が高まった、一種の「革命状況」「例外状態」が現出したということである。そこでは、暴力が「派手に」持ち出される頻度が高まり、「戦国」の時代となる。そして、強い可動性に規定される構成的支配を安定させるために、「国法」「国家」などが持ち出されることになる。こうした戦国期の過程は、川岡の次の文章によく示されている[314]。

戦国期には無原則なアナーキー状況が生まれていたわけではない。動乱状況の中で自立していった地域権力は、相互に流動的な関係を保ちながら新たな構造化へとすすみ、最終的に近世的な権力秩序へといきつくことになる。このような過程において、幕府・守護といった存在はそれ自体性格を変質させながらそれぞれの時点においてなお一定の秩序づけの機能を果たしていたことも事実である。中世的なものと近世的なものの芽生えとが交差する点にこそ、戦国期の戦国期たる所以があるであろう。

戦国期研究は、（中略）しかし以上のような戦国期権力の歴史的位置をふまえるならば、静態的な権力構造論としてではなく、むしろ構造の解体と新たな構造化の過程として描き出す必要がある。そのような方法によってこそ、中世から近世への権力的転換を正しく捉えることができるのではあるまいか。

川岡の力点は、幕府・守護の果たした機能という部分であろうから、以下のような読み方は、我田引水の誤読に近いのかもしれないが、権力関係の流動化とそれによる構造の解体（しかし、それは無原則なアナーキー状況ではない）。可動的な権力関係の動的平衡として生じる構成的支配（すなわち静態的な権力構造ではない）。そして、その新たな構造化と近世的な権力秩序への帰結。ここに暴力の重要性の高まりを付け加えれば、それは本章が示そうとしている戦国期の展開過程にきわめて近いものである。

構成的支配から、権力関係を再構造化しようとする動向は、「今川仮名目録追加」第二〇条がよく示している。有光友學は、通説的には、この条文は守護使不入権を否定したものとされているが、現実には不入権の付与がおこなわれており、そこに通説との齟齬があることを指摘している[315]。しかし、この条文は、目的としては不入権の否定による棟別段銭の確保に主眼があるとはいえ、実際に定められているのは、今川氏が認めたものではない不入権は認めない――つまり不入権の認定権を今川氏が一元的に掌握するということであり、そのように読んだ方が「只今ハをしなへて、自分の以力量、国の法度を申付、静謐する事なれは、しゅご（守護）の手入間敷事、かつてあるへからす」の意味が生きてくるように思われる。

すでに見たように、萱野稔人は、暴力的に優位なエージェントが、他のエージェントの暴力を非合法なものとして取り締まることで、みずからの暴力を合法化するとしたが、この条文では、今川氏は、間接的にではあるが、「自分の力量」によって「国の法度」を制定し、合法／非合法を決定する権利自体を独占しているのである。「自分の以力量、国の法度を申付、静謐する」とは、まさに法措定的暴力（と法維持的暴力への移行）である。もちろん、矢田俊文が指摘するように、今川氏は守護という自己認識を持っているから[316]、法措定以前が、法の真空としてのカオスだったわけではない。しかし、ここでは今川氏の力量（暴力）が権力関係の中で大きな役割を果たし、法を生み出すことで、権力関係の再構造化を図るという過程が現れている。

ただ、こうした再構造化は、戦国期においては権力関係の可動性・流動性を抑え切れたとは思われない[317]。可動性が高く、暴力の役割が大きく、したがって当知行の論理が根強く否定されない。ニクラス・ルーマンの言葉を借りれば、複合性があまり縮減されていないのが戦国期の特質であったのではないだろうか。

［2］

このような権力関係の可動性が大きく、前代の秩序が相対化された中から、構成的支配が発生し、再構造化されるという戦国期の特質からすれば、最初から「上から」か「下から」か（あるいはその両方か）という図式を持ち込むべきではない。

「自力の村」論に典型的に見られるような、村落と大名権力を直接対峙させるような図式については、池は中間層の問題[318]を、則竹雄一は大名給人層の問題[319]をあげて、見直しの必要性を論じている。さらにいえば本書で主として扱ってきた「戦国領主」も加えられるだろう。これらは領主層も一枚岩ではないし、村落も一枚岩ではないことを示す。

また、領主層のヘゲモニーにばかり記述が集中したが、村の武力も重要である。「自力の村」論の大きな功績の一つは、暴力が遍在性を顕わにしたことであろう。さらに、もちろん「戦略的ゲーム」は暴力だけに支配されているわけではないから、村落（一枚岩ではないことを慎重に見ていく必要があるが）の政治力や信仰、流通の規定性も考慮に入れなければならない。こうした諸要素の構成から構成的支配は生み出されるのであるから、領主層のヘゲモニーだけを一方的に強調することはできない。蔵持重裕は「「自立の村」は「他律的に形成」されてきた[320]」と述べる。これは対外的に、すなわち行為の領野を規定したり、しかえしたりする権力関係の「戦略的ゲーム」の中で、村落は確固とした地歩を占めていくのだと読み替えてもよいだろう。村落の自立性も、村落だけを見ていては解けないし、領主の支配も所領内部の権力構造だけ見ていても解けない。こうした諸関係のせめぎ合いによる秩序形成という点は、本書序章および第四章で地域秩序形成に関わって述べたことと関連する[321]。

ただ、それでもやはり戦乱の多発という現象面から考えても、戦国期は暴力に特徴づけられており、その意味で暴力を広範に編成しえた戦国大名のヘゲモニーは特に重要であると考える。山口啓二は、戦国期においては大名の軍隊は、在地領主の武装力の「集積」であったものが、近世においては、大名の下に「集中」されたとして、その画期性を重視する[322]。しかし、それが「集積」であったにせよ、いくつかの戦国大名は、むしろ近世大名よりも広範囲に大規模な軍事力を編成した。別にそれは優劣の問題ではない。戦国大名の軍事的ヘゲモニーが作り出す構成的支配のあり方は、近世とは異なるということである。

このように暴力が「派手に」持ち出され、権力関係を動かした度合いが大きい戦国期に比べれば、室町期や近世は、暴力が回避選択肢となって「派手に」持ち出されることが相対的に少なく、「断層の効果」が強く働いて、権力関係の可動性も小さい。したがって、ルーマンのいう「権力についての危険なテスト」があえて試みられる可能性が相対的に低く、一片の文書で改易することも可能になる。

仁政イデオロギーは、支配のためのイデオロギーを逆手にとって、逆に相手の行為領野を規定しようとするような、まさに「戦略的ゲーム」が戦われていることをよく示すものであるが、当然、相手の行為についての予期の信憑性に左右される。権力関係の可動性が大きければ信憑性は低下するし、小さければ増大する。暴力を回避選択肢にとどめようとするモメントが強い場合は、有効な手段となる。

暴力は常に重要だといっても、それは暴力がすべてを決定するわけではないし、作用の様態が常に一定なのでもない。

問題は、このような変動、すなわち権力関係の可動性が大きくなったり、小さくなったりするという変化はなぜ起こるのか、戦国期に可動性が大きくなるのはなぜかということである。その解明なくしては、中近世移行の展望も開けないということになろう。

かつてのマルクス主義歴史学に見られた経済決定論、経済基底還元論は近年では批判にさらされている。しかし、元来、カール・マルクスもフリードリヒ・エンゲルスも、このような素朴な経済決定論は主張していない。ルイ・アルチュセールは、経済決定論を批判して、「重層的決定」概念を主張する際[323]、次のフリードリヒ・エンゲルスの文章を引く[324]。

すなわち唯物論的歴史観によれば歴史において最終的に規定的な要因は現実生活の生産と再生産である。それ以上のことをマルクスも私も今までに主張したことはありません。さて、もしだれかがこれを歪曲して、経済的要因が唯一の規定的なものであるとするならば、さきの命題を中味のない、抽象的な、ばかげた空文句にかえることになります。経済状態は土台です、しかし上部構造のさまざまな諸要因——階級闘争の政治的諸形態と、闘争の諸結果——たたかいを勝ちとったのちに勝利した階級により確定される等の諸制度——法形態、はたまたこれら現実の諸闘争すべての、これに関与した者たちの頭脳への反映、すなわち政治的、法律的、哲学的諸理論、宗教的見解とその教義体系への発展が、歴史的な諸闘争の経過に作用をおよぼし、多くの場合に著しくその形態を規定するのです。それはこれらすべての要因の相互作用であり、そのなかで結局はすべての無数の偶然事（すなわちその相互の内的な関連があまりにもへだたっているか、またはあまりにも証明不可能であるために、われわれとしてはそのような内的関連が存在しないとみなし、無視することができるようなものごとや事件のことです）をつうじて、必然的なものとして経済的運動が貫徹するのです。

　われわれは自身でわれわれの歴史をつくります、しかし第一にそれはきわめて限定された前提と条件のもとでです。それらの前提と条件のうちで結局のところ決定的なものは、経済的なそれです。しかし政治的等の前提や条件も、いや人々の頭にとりついている伝統でさえも、決定的ではないにせよ、ある役割をはたすのです。

　ここでいう「さまざまな諸要因」「これら現実の諸闘争すべて」「これらすべての要因の相互作用」とは権力関係における諸要因のせめぎ合いであるし、「勝利した階級により確定される等の諸制度」が権力関係を再構造化することも示されている。その上で、エンゲルスもアルチュセールも経済的要因を最終審級による決定と考えている。「最終審級による決定」とは、今村仁司によれば「下部構造による変動幅の設定という効果」である。[325]

　ここで、周知のものであるが、あえて次のマルクスの文章を引いておこう。[326]

社会の物質的生産諸力は、その発展がある段階にたっすると、いままでそれがそのなかで動いてきた既存の生産諸関係、あるいはその法的表現にすぎない所有諸関係と矛盾するようになる。これらの諸関係は、生産諸力の発展諸形態からその桎梏へと一変する。このとき社会革命の時期がはじまるのである。

「社会の物質的生産諸力」を権力関係（あるいはそこから生じる構成的支配）に置き換えれば、本章で論じてきた内容と近似している。しかし、先に見たように「社会の物質的生産諸力」は最終審級であって、これが直接、社会革命の引き鉄となるわけではない。エルネスト・ラクラウとシャンタル・ムフは、ローザ・ルクセンブルクを参照しながら、労働者階級の階級的統一は経済的土台に単純に規定されず、革命状況の中で、革命過程を通じて、個々の孤立した闘争の統一が起こるとしている。[327]

権力関係の可動性の高まった状態が「革命状況」だとするならば、結局それは、個々の孤立した闘争によって権力関係が累進的に流動していった結果だということになり、したがって、「革命状況」の生じる要因は重層的に決定されているというのが、ラクラウとムフの主張ということになろう。ラクラウとムフは、さらにアルチュセールの重層的決定の概念を徹底することで、経済的要因を最終審級とすることをも批判するが、[328]その是非についてはここでは立ち入って考察する用意がない。しかし、経済的要因に最終審級という特権的審級の地位を与えるか否かにかかわらず、変動の要因を何か単一のものに帰することはできない。その一方で、それは単なる相対主義であってはならず、そのなかの主要な因果（諸）関係が追究されるべきである。[329]その点で、生産諸力の問題を、経済決定論を批判するのにともなって安易に斥けてしまうことは問題である。

つまるところ、何が権力関係の可動性を変動させるのかについて、容易に答えることはできないし、また性急に答えを与えるべきでもなく、一般農民、中間層、大名給人層、「戦国領主」、戦国大名等々の権力関係から構成的支配が生み出され、大規模な支配へと転化しようとする、非対称な力関係のメカニズムを解明し、重層的決定のより重要な諸審級——戦国期においては暴力がその一つであると考えるが——を明らかにしていくほか、近道はないように思う。

おわりに

以上、戦国期には権力関係の可動性が大きくなり、暴力が「派手」に持ち出される余地が増える。近世は、権力の可動性が法や制度の「断層の効果」によって整序され、暴力が回避選択肢にとどまる可能性が高まるということを述べてきた。

いうまでもなく、これは中世は恣意的暴力的支配で、近世は法的機構的支配に変わったというような二元論ではない。繰り返し述べたように、暴力は常に重要である。

また、権力関係や重層的決定という考え方の導入は、序章で述べたような、近世を到達点として予定せず、戦国期の独自の特質を追究するということにつながる。本書第三章や第五章、あるいは本章でも述べてきたように、平和を目的として領主階級の結集がおこなわれるのではない。戦争の中世から平和の近世へという矛盾の止揚が予定調和的に生じるわけではないのである。補論二で述べたように、さまざまな二元論の枠組みを見直すことは、単線的、予定調和的な中近世の移行を見直すことにつながる。

とはいえ、暴力が回避選択肢にとどまる可能性の高い社会は、そうでない社会に比べより良いということもできる。それを「戦略的ゲーム」における民衆の勝利、民衆の達成と高く評価することも、決して誤りとはいえないだろう。むしろその点は正当に評価されなければならない[330]。

しかし、次の点には留意すべきである。冨山一郎は、圧倒的弱勢の位置にいる人々の切迫した暴力への知覚を「暴力の予感」と呼ぶ[331]。であるとすれば、暴力が回避選択肢となっているという事態はそれほど楽観できないはずである。ニクラス・ルーマンは「複合性の縮減」によりシステムが安定化することを肯定的にとらえている

（あるいは必然的なものと考えている）が、ミシェル・フーコーは権力関係の可動性に自由や抵抗の可能性を見ている[332]。あるいは、フーコーは、ジル・ドゥルーズとの対談において次のように述べる。「権力が存在する場所なら、いたるところで権力は行使される。厳密にいえば、誰ひとりとしてその名義人ではありません。それでいて、権力はつねに一定の方向に従って、ある人々と他の人々とを対立的な関係に置いて行使されている。誰が、正確にみてその所有者かはわからない。だが、誰が権力の所有者でないかはわかっているのです[333]」。

村田修三が「近世を準備した戦国大名の矛盾がいかなる独自性をもち、それゆえ近世への転換で一応解決したその矛盾の解決の仕方がいかなる特殊なされ方をし、さらにそれゆえに近世がいかなる特殊な矛盾を新たに内包しなければならなかったか」を追究すべきであると主張したのは[334]、単に戦国期の独自の特徴を明らかにせよという漠然とした意味ではなく、「矛盾」という言葉には優れて史的唯物論を背景とした意味が込められているはずである。むろん矛盾は、ルイ・アルチュセールがいうように重層的に決定されているが、それでも重要なのは漠然とした戦国期の特質ではなく、そこにある非対称な力関係である。この「権力の所有者でない」人々、圧倒的弱勢の位置にいる人々が、いかなる権力関係に置かれているのか。そこに潜在しているはずの暴力はどのようにあるのか。これを問い続けるのはやはり歴史研究の責務であるように思う。

（本章は行論の都合上、敬称を省略した）

（1）フリードリヒ・エンゲルス「オイゲン・デューリング氏の科学の変革」（大内兵衛・細川嘉六監訳『マルクス＝エンゲルス全集』第二〇巻、大月書店、一九六八年、原書（第三版）：一八九四年）、一六四～一九〇頁。ただし、一方でエンゲルスは暴力が革命において果たす役割を評価している（同論文、一九〇頁）。

（2）ニクラス・ルーマン『権力』（長岡克行訳、勁草書房、一九八六年、原書：一九七五年）、一〇四頁。

（3）水林彪『天皇制史論――本質・起源・展開』（岩波書店、二〇〇六年）、一二一～一二三頁。

(4) 永原慶二「領主制支配における二つの道――好島荘の預所と地頭をめぐって――」(『日本中世社会構造の研究』、岩波書店、一九七三年)、二二四〜二二七頁。
(5) 川岡勉「室町幕府―守護体制の変質と地域権力」(『室町幕府と守護権力』、吉川弘文館、二〇〇二年、初出:『日本史研究』四六四号、二〇〇一年)。
(6) 今岡典和・川岡勉・矢田俊文「戦国期研究の課題と展望」(『日本史研究』二七八号、一九八五年)、五八頁。
(7) 『中世法制史料集　第三巻　武家家法Ⅰ』所収「今川仮名目録追加」第二〇条。
(8) 矢田俊文「戦国期前半の権力の特質」(『日本中世戦国期権力構造の研究』、塙書房、一九九八年、初出:「戦国期の社会諸階層と領主権力」、『日本史研究』二四七号、一九八三年)、九八〜一〇〇頁。
(9) 湯浅治久「本書の課題と構成」(『中世後期の地域と在地領主』、吉川弘文館、二〇〇二年)、一〜二頁。
(10) 「移行期村落論」という呼称の方が多く使われているように思われるが、近年では扱われる内容が中近世移行期に限定されていないように思われるので、本章では「自力の村」論という名称を用いた。
(11) 黒田基樹『戦国大名の危機管理』(吉川弘文館、二〇〇五年)、九頁。
(12) なお、「自力の村」論は勝俣鎮夫の議論にその多くを負っているが、則竹雄一が指摘しているように、戦国大名の画期性を高く評価する勝俣と、豊臣政権の画期性をより高く評価する藤木久志の間には若干のずれが存在している(「戦国大名権力研究の成果と課題」、『戦国大名領国の権力構造』、吉川弘文館、二〇〇五年、二一頁)。「自力の村」論は、平和の維持と勧農は領主の責務であるという論理を、超歴史的に領主一般に拡大する傾向がある(たとえば長谷川裕子「戦国期在地領主論の成果と課題」、『歴史評論』六七四号、二〇〇六年、七一〜七三頁)。そうすると豊臣政権の画期性はかえって相対化されてしまう面もある。
(13) 池享「大名領国制試論」(『大名領国制の研究』、校倉書房、一九九五年、初出:永原慶二・佐々木潤之介編『日本中世史研究の軌跡』、東京大学出版会、一九八八年)、四〇頁。則竹前掲註(12)論文、二一〜二三頁。
(14) 永原慶二「視点と構成」(『戦国期の政治経済構造』、岩波書店、一九九七年)、二頁。
(15) 池前掲註(13)論文、四二頁。
(16) 池享「戦国期の地域権力」(『戦国期の地域社会と権力』、吉川弘文館、二〇一〇年、初出:歴史学研究会・日本史研究会編『日本史講座　第5巻　近世の形成』、東京大学出版会、二〇〇四年）、一七七頁。
(17) 川岡前掲註(5)論文、一一五頁。矢田俊文「権力論の研究史」（前掲註8著書）、一六頁。
(18) 矢田俊文「戦国期の権力構造」（前掲註8著書、初出：「戦国期甲斐国の権力構造」、『日本史研究』二〇一号、一九七九年）。
(19) これに関連しては、南北朝期に所領処分権を行使している領主を分郡守護とする見解に対する山田徹の批判（「南北朝期の守護論をめぐって」、中世後期研究会編『室町・戦国期研究を読みなおす』、思文閣出版、二〇〇七年）なども参照。
(20) 家永遵嗣「将軍権力と大名との関係を見る視点」（『歴史評論』五七二号、一九九七年）、一七頁。
(21) 藤木久志『雑兵たちの戦場　中世の傭兵と奴隷狩り』（朝日新聞社、一九九五年）など。
(22) 藤木久志「はしがき」（『村と領主の戦国世界』、東京大学出版会、一九九七年）、ii頁。
(23) 黒田基樹『百姓から見た戦国大名』（筑摩書房、二〇〇六年）、一九六頁。
(24) トマス・ホッブズ『リヴァイアサン(一)』（水田洋訳、岩波書店、一九五四年、原書：一六五一年）、二一一頁。
(25) ホッブズ前掲註(24)著書、二一四頁。
(26) トマス・ホッブズ『リヴァイアサン(二)』（水田洋訳、岩波書店、一九六四年、原書：一六五一年）、三二一～三二三頁。
(27) ホッブズ前掲註(26)著書、二七頁。
(28) 上野修「残りの者――あるいはホッブズ契約説のパラドックスとスピノザ」（『精神の眼は論証そのもの――デカルト、ホッブズ、スピノザ』、学樹書院、一九九九年、初出：『カルテシアーナ』八号、一九八八年）。上野修・岩崎稔「討議　ホッブズを超えて　力と恐怖の論理」（『現代思想』三一巻一五号、二〇〇三年）。萱野稔人『国家とはなにか』（以文社、二〇〇五年）。
(29) 萱野前掲註(28)著書、一〇九～一一〇頁。
(30) ホッブズ前掲註(26)著書、三四頁。
(31) 上野・岩崎前掲註(28)論文、二六～二七頁。
(32) 萱野前掲註(28)著書、一一〇～一一二頁。
(33) 藤木久志「豊臣九州停戦令と国分」（『豊臣平和令と戦国社会』、東京大学出版会、一九八五年、初出：「豊臣政権の九

州国分令について」、豊田武先生古稀記念会編『日本中世の政治と文化』、吉川弘文館、一九八〇年）、一二頁。
（34）藤田達生「豊臣国分論（一）――四国国分――」（『日本近世国家成立史の研究』、校倉書房、二〇〇一年、初出：「豊臣期国分に関する一考察――四国国分を中心に――」、『日本史研究』三四二号、一九九一年）、五三頁。
（35）藤田達生「豊臣国分論（三）――九州国分――」（前掲註34著書、初出：「豊臣政権と天皇制――九州国分から聚楽行幸へ――」、『歴史学研究』六六七号、一九九五年）、一二五頁。
（36）杉田敦「政治と境界線――さまざまな位相」（『境界線の政治学』、岩波書店、二〇〇五年、初出：「政治」、福田有広・谷口将紀編『デモクラシーの政治学』、東京大学出版会、二〇〇二年）、一七～一八頁。
（37）長谷部恭男『憲法と平和を問いなおす』（筑摩書房、二〇〇四年）、六五～六六頁。長谷部の国境線に関する見解については、「国境はなぜ、そして、いかに引かれるべきか?」（『憲法の境界』、羽鳥書店、二〇〇九年、初出：塩川伸明・中谷和弘編『法の再構築Ⅱ――国際化と法』、東京大学出版会、二〇〇七年）も参照。長谷部も、境界線の恣意性を指摘する点では杉田と同じであるが、長谷部の場合、「適切な国境の引き方に関する原理的な回答が存在しない以上、現在の国境から後退を始めれば、踏みとどまることのできる線は、原理的にはどこにも存在しない」ため、国家は現在の国境にこだわらざるを得ないとして（同書三九頁）、現状の境界線の維持を肯定的にとらえる（したがって憲法問題では、硬性憲法を肯定する観点から護憲の立場に立つ）。
（38）ハンス・ケルゼンは「人民は、憲法を通して初めて法的に存在するに至る。だから、人民が憲法の源泉であるというのは政治的な意味においてだけで、法学的意味においてではありえない」とする（『法と国家の一般理論』、尾吹善人訳、木鐸社、一九九一年、原書：一九四五年、三九六頁）。
（39）ジョルジュ・アガンベン『ホモ・サケル――主権権力と剝き出しの生』（高桑和巳訳、以文社、二〇〇三年、原書：一九九五年）、六二頁。ヴァルター・ベンヤミン「暴力批判論」（野村修編訳『暴力批判論　他十篇　ベンヤミンの仕事1』、岩波書店、一九九四年、原論文：一九二〇～二一年）。
（40）ジャック・デリダ『法の力』（堅田研一訳、法政大学出版局、一九九九年、原書：一九九四年）、三三頁。
（41）デリダ前掲註（40）著書、三一頁。ただし訳は高橋哲哉『現代思想の冒険者たち28　デリダ――脱構築』（講談社、一九九八年）、一九二頁によった。

(42)　ただし近年、「惣無事令」という具体的な法令の存在自体を否定する見解が出されている。竹井英文「戦国・織豊期東国の政治情勢と「惣無事」」(『歴史学研究』八五六号、二〇〇九年)、藤井讓治「「惣無事」はあれど「惣無事令」はなし」(『史林』九三巻三号、二〇一〇年)参照。
(43)　藤木久志「序」(前掲註33著書、初出：「惣無事令のこと」、『戦国史研究』二号、一九八一年)、iii～iv頁。
(44)　深谷克己『百姓成立』(塙書房、一九九三年)、二二八頁。藤木は典拠を深谷の「幕藩制国家の成立」(深谷克己・加藤栄一編『幕藩国家の成立　講座日本近世史1』、有斐閣、一九八一年)としているが、引用に合致する内容が述べられているのはどちらかといえば前者である。
(45)　なお、深谷は「これまでの研究では、矛盾しあう要素をもつものについては、古いものと新しいものの関係に分けて説明するか、それとも、基本的にはとか本質的にはという言葉を用いて説明するのが普通であった。そのような態度は、事物を明晰に認識するという点では大きな功績だったが、全体を過不足なく認識する方法としては弱点をもっている。今日必要になってきていることは、そういう二分法的な割りきりでない歴史把握であるように思われる」(深谷前掲註44著書、二五四頁)としており、理念型としては恣意的暴力的支配と法的機構的支配を対置するが、むしろ現実の歴史過程に対する分析としては、二元論的理解には批判的立場であることは注意すべきである。
(46)　たとえば、ベンヤミン前掲註(39)論文、五六頁。
(47)　ベンヤミン前掲註(39)論文、四八頁。
(48)　萱野前掲註(28)著書、五四頁。
(49)　萱野前掲註(28)著書、一二四～一二六頁。
(50)　萱野前掲註(28)著書、一二六頁。
(51)　一般的には「複雑性の縮減」という訳語が当てられる場合が多いが、ルーマン前掲註(2)著書の訳者長岡克行は「複合性の縮減」とすべきだとしている。ここでは、長岡の訳に従っておく。
(52)　ルーマン前掲註(2)著書、一六～一七頁。
(53)　ルーマン前掲註(2)著書、九一頁。
(54)　ルーマン前掲註(2)著書、九八頁。

(55) これら一連の説明は、ミシェル・フーコーの次の議論と通底することを確認しておきたい。すなわち、フーコーは「権力は他者に作用する代わりに、行動に対して、現実の行動に対して、現在あるいは未来に起こりうる行動に作用を及ぼす。暴力の関係性は身体やものに及ぶ――暴力は強制し、屈服させ、拷問にかけ、破壊し、すべての可能性へ通じる扉を閉ざす」(ミシェル・フーコー「主体と権力」、渥海和久訳/蓮實重彦・渡辺守章監修/小林康夫・石田英敬・松浦寿輝編『ミシェル・フーコー思考集成Ⅸ 自己/統治性/快楽』、筑摩書房、二〇〇一年、二四~二五頁、原論文:一九八二年)とする。この「行動に作用を及ぼす」というのは、権力行使が「ある行為が他者の可能的行為の領域を構造化する手段・方法になる」(同論文、二七頁)ということである。

(56) ルーマン前掲註(2)著書、九八頁。

(57) フーコー前掲註(55)論文、二七頁。

(58) ルーマン前掲註(2)著書、七六頁。

(59) 高木昭作「「秀吉の平和」と武士の変質――中世的自律性の解体過程――」(『日本近世国家史の研究』、岩波書店、一九九〇年、初出:『思想』七二一号、一九八四年)、二七頁。

(60) デリダ前掲註(40)著書、一一九頁。

(61) デリダ前掲註(40)著書、一二〇頁。

(62) 小島道裕「戦国期城下町の構造」(『戦国・織豊期の都市と地域』、青史出版、二〇〇五年、初出:『日本史研究』二五七号、一九八四年)。

(63) 石母田正「解説」(『日本思想大系 中世政治社会思想 上』、岩波書店、一九七二年)。山室恭子『中世のなかに生まれた近世』(吉川弘文館、一九九一年)。

(64) 石井進『日本の歴史12 中世武士団』(小学館、一九七四年)、一一〇~一一二頁。同「中世社会論」(『岩波講座日本歴史 第8巻 中世4』、岩波書院、一九七六年)、三四九頁。

(65) 大山喬平「中世社会のイエと百姓」(『日本中世農村史の研究』、岩波書店、一九七八年、初出:『日本史研究』一七六号、一九七七年)、四六三頁。

(66) 佐藤進一「室町幕府開創期の官制体系」(『日本中世史論集』、岩波書店、一九九〇年、初出:石母田正・佐藤進一編

『中世の法と国家――日本封建制研究1――』、東京大学出版会、一九六〇年）。
(67) 大山前掲註(65)論文、四六三～四六四頁。
(68) 大山喬平「荘園制と領主制」（前掲註65著書、初出：歴史学研究会・日本史研究会編『講座日本史2　封建社会の成立』、東京大学出版会、一九七〇年）、五六～五七頁。
(69) 戸田芳実「中世成立期の所有と経営について」（『日本領主制成立史の研究』、岩波書店、一九六七年、初出：『日本史研究』四七号、一九六〇年）。河音能平「日本封建国家の成立をめぐる二つの階級――特に所有と政治組織について――」（『中世封建制成立史論』、東京大学出版会、一九七一年、初出：『日本史研究』六〇・六二号、一九六二年）。
(70) 入間田宣夫「領主制――土地所有論――」（『百姓申状と起請文の世界――中世民衆の自立と連帯――』、東京大学出版会、一九八六年、初出：『シンポジウム日本歴史6　荘園制』、学生社、一九七三年）、一九九～二〇一頁。
(71) 大山前掲註(65)論文、四七七頁。
(72) 入間田前掲註(70)論文、二〇一頁。
(73) 大山前掲註(68)論文、五八頁。
(74) 戸田前掲註(69)論文、四八頁。
(75) 戸田前掲註(69)論文、六六頁。
(76) 戸田前掲註(69)論文、六五頁。
(77) 河音能平「中世封建時代の土地制度と階級構成」（前掲註67著書、初出：「日本封建時代の土地制度と階級構成」第一章～第三章、『一九六四年北京科学シンポジウム歴史部門参加論文集』、一九六四年）、一一頁。
(78) 河音前掲註(69)論文、八一頁。
(79) 河音前掲註(69)論文、五六頁。
(80) 河音前掲註(69)論文、六一頁。この点は入間田のいう政治的支配の内容と通底する点がある。
(81) 河音前掲註(69)論文、五六頁。
(82) 入間田宣夫「鎌倉前期における領主的土地所有と「百姓」支配の特質」（前掲註70著書、初出：『歴史学研究別冊　一九七二年度大会報告』、一九七二年）、一七三～一七四頁。

(83) なお、入間田の複数領主制論では、複数の領主が全体として「百姓」に対する領域支配を実現しており、「職」は「ある領主が領域支配の総体のうちどの部分に関与することができるかを決定する機能を有するもの」(入間田前掲註82論文、一六九頁)という位置づけが与えられている。
(84) 河音前掲註(69)論文、六六～七六頁。
(85) 河音前掲註(69)論文、七八～七九頁。
(86) 河音前掲註(69)論文、八八頁。
(87) 戸田前掲註(69)論文、六六～六七頁。河音能平前掲註(69)論文、六六～七六頁。
(88) 戸田芳実「中世の封建領主制」(『日本中世の民衆と領主』、校倉書房、一九九四年、初出:『岩波講座日本歴史 第6巻 中世2』、岩波書店、一九六三年)、一七八頁。
(89) 大山喬平「中世史研究の一視角」(前掲註65著書、初出:『新しい歴史学のために』一〇九号、一九六五年)、一八四頁。
(90) 大山喬平「問題の展望」(前掲註65著書)、四五頁。
(91) 工藤敬一「鎌倉時代の領主制」(『荘園制社会の基本構造』、校倉書房、二〇〇二年、初出:『日本史研究』五三号、一九六一年)、一八八頁。
(92) 高橋修「中世前期の地域社会における領主と住民」(『中世武士団と地域社会』、清文堂、二〇〇〇年)、二〇五頁。
(93) 矢田俊文「日本の封建領主制研究について」(矢田前掲註8著書)、二二頁。
(94) 大山自身、近年、地域をめぐって次のように述べている(「地域史物寄合への一つの提案——地域史の方法にふれて——」、地域史物寄合呼びかけ人編『第一回地域史物寄合報告集 地域史の現在(飯田市歴史研究所年報別冊)』、飯田市歴史研究所、二〇一〇年、九～一〇頁)。
列島社会の中世について考えてみると、そこには郷と村(ムラ)とがあって社会の基底を形づくっていた。いまこれをさらに単純化して、中世社会の基底部分には広くムラが存在していたのだと考えてみよう。こうしたムラには例外なく内と外とがあったにちがいない。そしてそこには多様な集団が存在していたと考えなければならない。そこにはイエがあり、座があり、講があり、垣内があり、そしてまた領主(制)もあった。ここで一口に座といっても、そこには職人の座、商人の座、信仰の座、職能の座があり、そして非人集団もあった。ムラの内外にわたってこうした多様な諸集団があったと見ていい。垣内などは多くムラの内部にあったに違いないが、イエをふくめてその他の諸集団は必ずしもムラの内部で完結していたとは限らない。村びとの一員としてムラに居住する職人が、ムラの外部にある職人の座とつながりを持ち、そのメンバーであったことは珍しいことではないだろう。（中略）そこに存在したのは一義的には分類できない混沌とした多様性にほかならない。

こうした多様な集団とムラとはどのような関係にあったのだろうか。ここで中世のムラには、その他もろもろの諸集団とはおのずからに異なる特別な位置が備わっていたと思う。こうした諸関係を具体的に明らかにしていくことが必要である。中世のムラを閉ざされた存在だと見てはならない。

議論はあるにしても、とにかく中世のムラを痩せた存在として捉えてはならない。中世のムラには実際に、多様な人びとが住んで生活しており、またムラを出入りする多様な人びとがいたと認識すべきである。そこには萌芽としての領主制（＝大山のいう村落領主）さえもが包摂されていた。このような萌芽としての領主制の現われ方は、地域の自然的・歴史的、あるいは政治的諸関係に規定されて千差万別であったに違いないが、そうした現象形態の多様性を貫いて、普遍的で原理的・法則的な関係として、そこに内在する関係としてあったと見なければならない。そしてこうした混沌とした多様性がもつ関係のあり方こそが、当該地域における中世という特定の時代の歴史的個性を規定する要因としてあっただろう。

重要なことは、ここでは事態がただ混沌としていたというだけではない。そこには住人たちの生活の場としてのムラが成立しており、イエも座も、そして人びとのさまざまな講や垣内も、さらには萌芽としての領主（制）、広域的な組織を持つ職人や商人の座の構成員、はては信仰の座、そして非人身分にいたるまでの諸組織がムラとの間にそれぞれに特定の関係を保ちつつ、生きて存在していたという事実であり、このことを素直に認めることが必要である。

ここに述べられている、村の内部にとどまらない多様な諸関係は、本章でいう拡張した意味での構成的支配を生じさせる無数の諸関係に近いものであり、またそれが「ただ混沌としていたというだけではない」とされている点も重要である。

(95) 黒田前掲註(23)著書、一九六頁。
(96) 川合康「鎌倉幕府荘郷地頭制の成立とその歴史的性格」(『鎌倉幕府成立史の研究』、校倉書房、二〇〇四年、初出:『日本史研究』二八六号、一九八六年)。
(97) 杉田敦『思考のフロンティア 権力』(岩波書店、二〇〇〇年)。盛山和夫『社会科学の理論とモデル3 権力』(東京大学出版会、二〇〇〇年)。星野智『現代権力論の構図』(情況出版、二〇〇〇年)。
(98) 杉田前掲註(97)著書、一頁。
(99) ミシェル・フーコー『性の歴史I 知への意志』(渡辺守章訳、新潮社、一九八六年、原書:一九七六年)、一二一～一二二頁。
(100) フーコー前掲註(99)著書、一二四頁。
(101) フーコー前掲註(99)著書、一二五頁。
(102) ミシェル・フーコー『監獄の誕生――監視と処罰』(田村俶訳、新潮社、一九七七年、原書:一九七五年)、二〇二～二〇三頁。
(103) フーコー前掲註(102)著書、二〇四頁。
(104) 盛山前掲註(97)著書、一四〇～一四一頁。
(105) ミシェル・フーコー「自由の実践としての自己への配慮」(廣瀬浩司訳、蓮實重彥・渡辺守章監修、小林康夫・石田英敬・松浦寿輝編集『ミシェル・フーコー思考集成X 倫理/道徳/啓蒙』、筑摩書房、二〇〇二年、原論文:一九八四年)、二四四頁。
(106) フーコー前掲註(105)論文、二三四頁。
(107) フーコー前掲註(105)論文、二二一頁。
(108) アガンベン前掲註(39)著書、一四頁。
(109) 佐々木中『夜戦と永遠 フーコー・ラカン・ルジャンドル』(以文社、二〇〇八年)。
(110) ミシェル・フーコー『ミシェル・フーコー講義集成7 コレージュ・ド・フランス講義一九七七―一九七八年度 安全・領土・人口』(高桑和巳訳、筑摩書房、二〇〇七年、原書:二〇〇四年)、一〇頁。

（111）フーコーは「死なせるか生きるままにしておくという古い権利に代わって、生きさせるか死の中へ廃棄するという権力が現われた」（フーコー前掲註99著書、一七五頁）という言い方で生‐権力の出現を表現した。藤木久志が「「生かさぬように殺さぬように」というのも、殺さぬようにのほうに重点を置いてみたらどうなるか」（「領主の危機管理――領主の存在理由を問う――」、『戦国史をみる目』、校倉書房、一九九五年、一七六頁、初出：『駒澤大学史学論集』二二号、一九九二年）と言い、あるいは蔵持重裕が支配体制は「被支配身分を〝生きさせる〟ことが、〝生きてもらう〟ことが前提」（「紛争の解決と階級関係」、蔵持重裕編『中世の紛争と地域社会』、岩田書院、二〇〇九年、三八頁）と述べる点と通底するように思われる。すなわち、フーコーが統治性の源流と見なす司牧権力と、勧農・撫民を重ね合わせてみることもできるのではないか（たとえばフーコー前掲註110著書、一五六～一五八頁）。

（112）ルーマン前掲註(2)著書、七六頁。

（113）ルーマン前掲註(2)著書、七七頁。

（114）ルーマン前掲註(2)著書、七七頁。

（115）フーコーは、権力の「禁忌の法への還元」を批判し、「権力関係は禁止と懲罰という単一の形式に従わない」として（「権力と戦略」、久保田淳訳、蓮實重彦・渡辺守章監修、小林康夫・石田英敬・松浦寿輝編集『ミシェル・フーコー思考集成Ⅵ　セクシュアリテ／真理』、筑摩書房、二〇〇〇年、五九〇～五九三頁、原論文：一九七七年）、法＝権利の用語で語られる主権権力に、規律権力を対置している。この規律権力は「ブルジョワ社会の大発明」であったとされる（『ミシェル・フーコー講義集成6　コレージュ・ド・フランス講義一九七五―一九七六年度　社会は防衛しなければならない』、石田英敬・小野正嗣訳、筑摩書房、二〇〇七年、三九頁、原書：一九九七年）。したがって、ここでは法とは禁止の言葉であって、近代の権力はこうした禁止の法からのみ理解できない――裏を返せば前近代の権力はそのようなものとして理解できるということになる。フーコーの権力論は一般的にこのように受け止められていると思われるが、本文中で述べた佐々木中らの指摘のように、規律権力は近代に限られるものではなく、フーコー自身もそのように述べていることがある。

　また、法を「禁止と懲罰」としてのみとらえるのも問題がある。ハーバード・ライオネル・アドルファス・ハートは法を「主権者、あるいは主権者に服従する従属者によって発せられた威嚇を背景とする一般的命令」とする諸説を批判している（『法の概念』、矢崎光圀監訳、みすず書房、一九七六年、二八頁、原書：一九六一年）。フーコーは「法という形式や、法がもたらす禁止という諸効果は、法律的ではない他の多くのメカニズムのあいだに置き直して考えられねばならない」（前掲「権力と戦略」、五九一頁）と述べているが、権力を関係性としてとらえるということが前近代にも適用されるならば、当然、法もこのようなものとして位置づけられなければならない。本章ではフーコーの権力論は、前近代にも妥当するものと考え、論を進める。

（116）盛山前掲註（97）著書、一八一～一八二頁。

（117）河音能平「中世社会成立期の農民問題」（河音前掲註69著書、初出：『日本史研究』七一号、一九六四年）、一五七頁。なお、この点についてはマックス・ウェーバーの家産国家的構成体の議論を参照（世良晃志郎訳、『支配の社会学Ⅰ』、一九六〇年、創文社、原書（第四版）：一九五六年）。ウェーバーは「君主がその政治的力を、換言すれば被支配者に対して物理的強制を加える非領主的な nicht dominial 支配権を、家産制外的な地域や人、すなわち政治的臣民に対しても、彼の家権力の行使と同様な仕方で組織するとき、われわれはこれを家産国家的構成体 patrimonialstaatliche Gebilde と呼ぶ」「「政治的」支配権の獲得、すなわち一人の家長が彼の家権力に服属していない他の家長に対して支配権を獲得するということは、種々さまざまの支配関係を家権力に統合することを意味する」とする。その上で、「政治権力の内容がいかなるものであるかは、極めてさまざまの諸条件によって決定される。われわれの観念にとってすぐれて政治的な二つの権力、すなわち軍事高権と裁判権力とは、ヘルはこれを、彼に家産制的に従属しているひとびとに対しては、彼の家権力の一部分として、完全に無制約的に行使する。これに反して、家に従属していない者に対する首長の「裁判権力」は、農民的村落経済のあらゆる時代を通じて、本質的には単に仲裁裁判官的地位にすぎない」とし、「この点に、「単なる」政治的支配権と家支配権との最も明確な区別がある」とする（同書、一六二～一六三頁）。
しかし、こうした政治的なヘルは、「「罰令」権力 Bann-Gewalt を簒奪することによって、ますます明確な支配者的地位を得ようと努め、遂には、原理的に無制約的な家裁判権力をもつのと実際上はほとんど完全に同様の地位を獲得する」、あるいは「政治的なヘル権力が永続性を強め合理化を進めるにつれて、扶養の範囲はますます拡げられ、家産制的義務にますます同質化してゆく」（同書一六三～一六四頁）として、家支配権が擬制的に拡大すること、またそれが制度化することを示唆している。

さらにウェーバーは、「権威（命令権力と服従義務）による支配」（狭義の支配）と、「利害状況による（とりわけ独占的地位による）支配」あるいは習律的な社交関係による支配などの広義の支配とを明確に区別する必要を説くが、同時に両者は「相互移行的であり、流動的」であり、利害状況によって成立した勢力形態が、「正式に規制された権威的関係に容易に転化する。あるいは、もっと正確に云えば、命令権力と強制装置との他首制（ヘテロケファリー）に、容易に組織化（フェアゲゼルシャフテット）されうる」とも述べる（同書、五～一〇頁）。ウェーバーのいう広義の支配は、ここでいう構成的支配に近似し、それが権威的関係に転化するとは、「断層の効果」による秩序化・制度化になぞらえることができる。

(118) 藤木久志「戦国大名の和平と国分」（前掲註33著書、初出：「戦国大名の和与と国分」、『月刊百科』二四八号、一九八三年）、一〇頁。

(119) 大山前掲註(68)論文、五四～五五頁。

(120) 永原慶二は、佐藤や大山の議論について、「主従制的支配と統治権的支配とが「支配」の二要素として、いわば併列的な次元でとらえられているのだとすれば、それは二元論に陥る危険をもつものといわねばならない。本来、主従制は領主階級内部における階級結集の問題であり、統治権的支配こそが農民支配の問題であるから、前者は後者のための権力構成原理の問題に他ならず、両者を「支配」の二要素として同列にとらえるべきではないだろう」と批判している（「日本封建国家論の二、三の論点」、永原前掲註4著書、六三二頁、初出：『歴史評論』二六二号、一九七二年）。同様に古澤直人も、「「統治権」を遂行する幕府権力の根幹は、それ自体主従制的に編成された個々の御家人の軍事力であり、さらにはこれを一つの権力体系に編成・統合するところの、将軍の御家人に対する「主従制的支配権」であって、「統治権的支配権」なるものではあるまい。それは支配の機能ではあっても、本来「支配権」として「主従制的支配権」に対立する概念ではないのである」と佐藤説を批判する（「鎌倉幕府と中世国家」、『鎌倉幕府と中世国家』、校倉書房、一九九一年、四五九頁）。永原の批判については、主従制を領主階級の問題、統治権的支配を農民支配の問題とすることで、むしろ二元論に陥っているように思われる。永原は大山の構成的支配を統治権的支配と等置しているが、ここまで述べてきたように、構成的支配は統治権的支配に（主従制的支配にも）先行するものである。また永原も古澤も、主従制的支配を、統治権的支配に実効性を持たせる強制力ととらえている。それ自体はそのとおりである——またそれは佐藤が鎌倉幕府の支配について述べたところと異なるものではない（これについては本文で後述）——が、将軍による御家人の編成や、御家人の軍事力編成自体、構成的支配を整序し、正当化する一つの制度（すなわち主従制）であり、その点では統治権的支配と同様である。

(121) 大山喬平「没官領・謀叛人所帯跡地頭の成立——国家恩賞授与権との関連をめぐって——」（『史林』五八巻六号、一九七五年）、三頁。

(122) 佐藤進一『日本の中世国家』（岩波書店、二〇〇七年、初版：一九八三年）、一〇〇〜一〇一頁。

(123) 川合康「治承・寿永の「戦争」と鎌倉幕府」（前掲註96著書、初出：『日本史研究』三四四号、一九九一年）、一六八頁。

(124) 川合前掲註(123)論文、一五八〜一五九頁。

(125) アントニオ・グラムシ『グラムシ獄中ノート』（石堂清倫訳、三一書房、一九七八年、執筆：一九二九年〜三五年）。

(126) ルイ・アルチュセール「矛盾と重層的決定——探究のためのノート」（河野健二・田村俶・西川長夫訳、『マルクスのために』、平凡社、一九九四年、原論文：一九六二年）、一八二頁。

(127) 川合前掲註(123)論文、一七一頁。

(128) カール・フォン・クラウゼヴィッツ『戦争論　上』（篠田英雄訳、岩波書店、一九六八年、原書：一八三二〜三四年）、一四頁。

(129) フーコー前掲註(115)講義集成、一九頁。

(130) 高木前掲註(59)論文、一頁。

(131) フーコー前掲註(115)講義集成、二〇〜二一頁。

(132) フーコー前掲註(99)著書、一二一頁。

(133) 川合前掲註(96)論文、一一七頁。

(134) フリードリヒ・エンゲルス『家族・私有財産・国家の起源　ルイス・H・モーガンの研究に関連して』（戸原四郎訳、岩波書店、一九六五年、原書（第四版）：一八九一年）、二二五頁。

(135) グラムシ前掲註(125)著書、二三五頁。

(136) エルネスト・ラクラウ／シャンタル・ムフ『ポスト・マルクス主義と政治——根源的民主主義のために』（山崎カヲ

ル・石澤武訳、大村書店、一九九二年、原書：一九八五年）、一五九頁。
（137）エンゲルス前掲註（134）書、二二七頁。
（138）永原慶二「中世国家史の一問題」（前掲註4著書、初出：「日本国家史の一問題」、『思想』四七五号、一九六四年）、六一四頁。
（139）黒田俊雄「中世国家論の課題――永原慶二氏の批判にこたえて――」（『黒田俊雄著作集　第一巻　権門体制論』、法藏館、一九九四年、初出：『新しい歴史学のために』九七号、一九六四年、のち『現実のなかの歴史学』、東京大学出版会、一九七七年に収録）、二二二頁。
（140）黒田前掲註（139）論文、二二四頁。
（141）黒田前掲註（139）論文、二二四頁。
（142）黒田俊雄「中世の国家と天皇」（前掲註139著書、初出：『岩波講座日本歴史　第6巻　中世2』、岩波書店、一九六三年、のち『日本中世の国家と宗教』、岩波書店、一九七五年に収録）、九頁。
（143）後述するように、アルチュセールは、経済決定論を批判して、重層的決定という考え方を主張する際、一八九〇年九月二一日付のエンゲルスからヨーゼフ・ブロッホへの手紙（後掲）を引用しているが、黒田も同じエンゲルスの手紙を引いて、「生産様式は歴史の「土台」であり、社会発展の「最終的」な要因ではあっても決して「唯一の」要因ではなくそれがすべてではなおさらなかった」としている（「中世史研究と生産様式論」、前掲註139『現実のなかの歴史学』、二二四頁）。黒田は、アルチュセールの重層的決定の議論には直接言及していないが、俗流マルクス主義の硬直化を批判するなかで、アルチュセールに注目している（「歴史科学運動における進歩の立場」、『歴史学の再生――中世史を組み直す――』、校倉書房、一九八三年、一七六頁、初出：『歴史評論』三三四号、一九七八年・「転換期の歴史学――現代歴史科学の方向――」、同書、一九七頁、初出：『阪大歴研』創刊号、一九七八年）。
　なお、階級闘争が、土台の単純な反映ではなく、複雑で多面的な闘争として現出するという点は、石母田正の鈴木良一対する反批判（「封建制成立の特質について」、『石母田正著作集　第六巻』、岩波書店、一九八九年、初出：『思想』一九四九年八月号、のち『増補　中世的世界の形成』、伊藤書店、一九五〇年に収録）にも通底する。
（144）盛山前掲註（97）著書、一三三～一三四頁。

(145) 萱野稔人「フーコーの方法――権力・知・言説」(『権力の読みかた　状況と理論』、青土社、二〇〇七年、初出：『現代思想』二〇〇三年一二月臨時増刊号)、一七一～一七二頁。
(146) アガンベン前掲註(39)著書、五六頁。
(147) アガンベン前掲註(39)著書、五八頁。
(148) アガンベン前掲註(39)著書、二九頁。
(149) 河野勝は、それぞれ制度の自明性、均衡を重視する社会学や経済学の制度論に対し、政治学の立場から、「一見自明のように見える制度にも、あるいは一見均衡として安定しているように見える制度にも、その背景には、選択、適応、淘汰、自己複製というような動学的なプロセスがつねに働いているはずである」としている(『社会科学の理論とモデル12　制度』、東京大学出版会、二〇〇二年、二八頁)。
(150) 新田一郎『日本中世の社会と法　国制史的変容』(東京大学出版会、一九九五年)、六頁。
(151) 新田前掲註(150)著書、八七～八八頁。
(152) 新田前掲註(150)著書、八九頁。
(153) 新田前掲註(150)著書、一〇〇～一〇一頁。
(154) 新田前掲註(150)著書、一四六～一四七頁。
(155) 新田前掲註(150)著書、一六四頁。
(156) 新田前掲註(150)著書、一一六頁。
(157) 新田前掲註(150)著書、一一六頁。
(158) 新田前掲註(150)著書、一六七頁。
(159) 新田前掲註(150)著書、一四七頁。
(160) スティーヴン・D・ホワイトとゲルト・アルトホーフはそれぞれ、一一世紀の西フランスと、一二世紀のドイツの紛争解決について分析し、「合意は法に勝り、和解は判決に勝る」という諺を引いて、その特徴を述べている(スティーヴン・D・ホワイト「「合意は法に勝り、和解は判決に勝る」――一一世紀西フランスにおける和解による紛争解決――」、轟木広太郎訳、服部良久編訳『紛争のなかのヨーロッパ中世』、京都大学学術出版会、二〇〇六年、原論文：一九七八年。ゲルト・アルトホーフ「紛争行為と法意識――一二世紀におけるヴェルフェン家――」、服部良久訳、同書、原論文：一九九二年）。すなわち、王や伯の裁判による判決よりも、在地での調停が重視されたのであり、あるいはフレドリック・L・チェイエットが「証書で一方の側に物件が引き渡されるよう書かれているときでも、もう一方はほとんど必ず何らかの補償を得た」（「「各人にその取り分を」――一一―一三世紀南フランスにおける法と紛争解決――」、図師宣忠訳、同書、一二頁、原論文：一九九八年）と述べているように、判決が出された後でも、在地での調整がおこなわれたのである。ただし、下された判決（あるいは予想される判決）が、在地での調整を開始させる（あるいは再開させる）契機とはなりうるから、王や伯の裁判が何の意味も持たなかったわけではない。つまり、王の判決も含めた「戦略的ゲーム」が行われるのである。

(161) 新田前掲註(150)著書、一三〇頁。なお、ここで新田のいう近傍の「職」保持者との局所的な相互了解という議論は、入間田宣夫の複数領主制論に接続することができる（註83参照）。したがって、これは構成的支配が、「職」という形での相互了解（すなわち一次理論の共同性）により安定化するということに関わる。

(162) 新田前掲註(150)著書、一三一頁。

(163) 高橋典幸「鎌倉幕府軍制の構造と展開」（『鎌倉幕府軍制と御家人制』、吉川弘文館、二〇〇八年、初出：『史学雑誌』一〇五編一号、一九九六年）、一三九～一四二頁。

(164) 高橋典幸「武家政権と戦争・軍役」（前掲註163著書、初出：『歴史学研究』七五五号、二〇〇一年）、一一二頁。

(165) 高橋前掲註(164)論文、一二三頁。

(166) 新田前掲註(150)著書、一四七～一四八頁。

(167) 田村憲美「中世村落の形成と「随近在地」「在地」」（『日本中世村落形成史の研究』、校倉書房、一九九四年）、二三九～二四〇頁。

(168) 田村前掲註(167)論文、二三七頁。

(169) 田村前掲註(167)論文、二四四頁。

(170) 田村前掲註(167)論文、二五五頁、など。

(171) 田村前掲註(167)論文、二三〇頁。

(172) 田村憲美「初期中世村落における山林の所有・開発」(前掲註167著書、初出:「村落と開発」、日本村落史講座編集委員会編『日本村落史講座二　景観一』、雄山閣出版、一九九〇年)、二八五頁。
(173) 河音前掲註(117)論文、一五九頁。
(174) 河音前掲註(117)論文、一五七～一五八頁。
(175) 河音前掲註(117)論文、一五九頁。
(176) 大山前掲註(68)論文、五三頁。
(177) 高橋典幸前掲註(164)論文、一二〇頁。
(178) 高橋典幸前掲註(164)論文、一二一頁。
(179) 山本隆志「太良荘の名主と村落」(『荘園制の展開と地域社会』、刀水書房、一九九四年)、二二八～二二九頁。
(180) 鈴木国弘『日本中世の私戦世界と親族』(吉川弘文館、二〇〇三年)。
(181) 鈴木国弘「東国武士団の「社会」と鎌倉幕府――「もののふの道」「つはものの道」展開史論――」(前掲註180著書、初出:日本大学文理学部人文科学研究所『研究紀要』四三号、一九九二年)、八一頁。
(182) 鈴木前掲註(181)論文、八四頁。
(183) 鈴木前掲註(181)論文、八四頁。
(184) 鈴木国弘「オヤ・コ研究の現状と「縁のネットワーク」論の関係――最広義の自力救済世界=私戦世界の展開形態との関連において――」(前掲註180著書、初出:「日本中世のオヤ・コ研究の現状と若干の論点」、『比較家族史研究』一二号、一九九七年)、三三二頁。
(185) 鈴木国弘「鎌倉前期・中央政変の動向と地域社会の展開――自力救済世界から見た「建保の乱」の意義について――」(前掲註180著書、初出:『武蔵村山市史　通史編』、二〇〇二年)、一三三頁。
(186) 鈴木前掲註(181)論文、一〇二頁。
(187) この点について、鈴木が、最広義の自力救済世界=私戦世界=地域社会に生きる中世武士を「田園地主としての朴訥な性格」、「自己の故郷の安泰を祈って作法に生きる」ような「精神の純朴性」を持つものと評価しているのは(鈴木前掲註181論文、一〇二～一〇三頁)、いささか問題があるように思われる。石母田正は悪党の「倫理的な頽廃と庄民全体から切離された行動の孤立性」を指摘している（『中世的世界の形成』、岩波書店、一九八五年、三八五頁、初版：伊藤書店、一九四六年）。石母田にあっても、「健全な地侍」（同書、三八五頁）があるべき姿であり、このような「頽廃」は非本質的なものと見なされていると思われるが、「殺生を業とする特殊な武装集団」（入間田宣夫「守護・地頭と領主制」、歴史学研究会・日本史研究会編『講座日本歴史3　中世1』、東京大学出版会、一九八四年、一一七頁）に帰してしまうのは一面的であるにしても、構成的支配が暴力の格差を重要な支えとしている以上、在地領主の暴力的側面を、非本質的としてしまうことはできない。鈴木があげる、八田右衛門尉知家と多気太郎義幹の抗争の事例（前掲註181論文、九六〜九七頁）は、決して地域社会の外部から持ち込まれた公戦世界の「毒（パルマコン）」が、武士の純朴性を蝕んだものとのみはいえないだろう（逆に藤木久志の議論にあっては、公権力による自力の否定こそが、むしろ地域社会に平和をもたらす「薬（パルマコン）」となる）。

私戦や自力救済に、一種の作法があり、際限のない自力行使が抑制されている面があることは確かだが、一面でそうした作法はたびたび破られ、自力の応酬がエスカレートして破壊的な結果をもたらすことも中世ではしばしばであった（清水克行『喧嘩両成敗の誕生』、講談社、二〇〇六年）。

これに関連して、鈴木が「一定の階級支配を正当化するため支配階級によって作り上げられた法的・軍事的機構である国家」と「人々の生命のふるさとであり、生命を賭してもその安全を守るべきクニ＝共同体世界」とを対置している点（前掲註181論文、一〇〇頁）も注意を要する。ベネディクト・アンダーソンは国民国家を「想像の共同体」とする一方で、アーネスト・ゲルナーが「ナショナリズムとは偽りの仮装であると言いたいあまり」「国民と並べてそれよりもっと「真実」の共同体が存在するのだと言おうとする」ことを批判し、「実際には、しかし、日々顔付き合わせる原初的な村落より大きいすべての共同体は（そして本当はおそらく、そうした原初的村落ですら）想像されたものである」（『想像の共同体――ナショナリズムの起源と流行――』、白石隆・白石さや訳、リブロポート、一九八七年、一七頁、原書：一九八三年）と述べている。地域社会を本源的なものとして特権的に肯定することは、実は国家を縮小再生産しただけであり、その暴力性をかえって隠蔽してしまいかねない。ここでも、地域社会と社会から疎外した国家（地域社会の内部と外部）という二元論が出現している。

蛇足ながら、他方の武士の本質を殺生を業とする者と見る入間田の議論は、在地領主の性質を理解するとき、本質主義的な発生論に傾きすぎているように思われる。髙橋昌明が述べるように、武士の起源は殺生を業とする者であり、元来武士と在地領主は別のものである。しかし、髙橋は一二世紀には結局両者は一致すると見ている(「武士の発生とその性格」、『歴史公論』八号、一九七六年、六二頁)。武士と在地領主が合致したとき、武士の殺生を業とする側面のみが規定性を持つかのように考えるのは、発生時の性質が本質的なものであり続けるという意味で、あまりにも発生時点を特権的に扱いすぎている。むろん発生時の性質が何の規定性も有しないとは考えないが、武士の行動は権力関係の中で、ある程度他律的に規定されざるをえないから、当然、彼らが在地領主になる過程で、その性質は一定の変化を蒙っているはずである。

(188) 市沢哲「一四世紀政治史の成果と課題——社会構造の転換期としての一四世紀をどうとらえるか——」(『日本史研究』五四〇号、二〇〇七年)、二〇〜二二頁。
(189) 鈴木前掲註(181)論文、八八〜八九頁。
(190) 『兵庫県史　史料編　中世五』「東大寺文書」(摂津国兵庫関)」三四（内閣文庫所蔵摂津国古文書)。
(191) 佐々木銀弥「中世後期地域経済の形成と流通」(『日本中世の流通と対外関係』、吉川弘文館、一九九四年、初出：永原慶二・佐々木潤之介編『日本中世史研究の軌跡』、東京大学出版会、一九八八年)、一〇六頁。
(192) 鈴木敦子「中世後期における地域経済圏の構造」(『日本中世社会の流通構造』、校倉書房、二〇〇〇年、初出：『歴史学研究別冊特集　世界史における地域と民衆(続)』、一九八〇年)、三二〜三四頁。
(193) 工藤敬一「荘園制の展開」(前掲註91著書、初出：『岩波講座日本歴史　第5巻　中世1』、岩波書店、一九七五年)、五五頁。
(194) 網野善彦「「職」の特質をめぐって」(『日本中世土地制度史の研究』、塙書房、一九九一年、初出：『史学雑誌』七八編二号、一九六七年)、五六四頁。
(195) 小谷利明「序章」(『畿内戦国期守護と地域社会』、清文堂、二〇〇三年)、一〇頁。
(196) 小谷利明「戦国期の河内国守護と一向一揆勢力」(前掲註195著書、初出：『佛教大学総合研究所紀要別冊　宗教と政治』、一九九八年)、二三四頁。
(197) 海津一朗『中世の変革と徳政——神領興行法の研究——』(吉川弘文館、一九九四年)、二一五頁。

(198) 海津前掲註(197)著書、二四八頁。
(199) 海津前掲註(197)著書、二五四～二五五頁。
(200) 海津前掲註(197)著書、二一五頁。
(201) 小林一岳「鎌倉～南北朝期の領主一揆と当知行」(『日本中世の一揆と戦争』、校倉書房、二〇〇一年、初出：「鎌倉～南北朝期の領主「一揆」と当知行」、『歴史学研究』六三八号、一九九二年)、一七八～一八六頁。
(202) ルーマン前掲註(2)著書、七六～七七頁。
(203) ベンヤミン前掲註(39)論文、三五頁。
(204) ベンヤミン前掲註(39)論文、三五頁。
(205) ベンヤミン前掲註(39)論文、三九頁。
(206) デリダ前掲註(40)著書、一〇五頁。
(207) 萱野前掲註(28)著書、二九頁。
(208) デリダ前掲註(40)著書、一〇七頁。
(209) デリダ前掲註(40)著書、一〇九頁。
(210) 笠松宏至『徳政令――中世の法と慣習――』(岩波書店、一九八三年)、二〇八頁。
(211) 笠松前掲註(210)著書、二〇八頁。
(212) 市沢前掲註(188)論文、一七頁。
(213) 工藤前掲註(91)論文、一八八頁。
(214) 工藤前掲註(91)論文、一九五頁。
(215) 田村前掲註(167)論文、二三六頁。
(216) 河音能平「古代末期の在地領主制について――備後国太田庄下司の所領を中心として――」(日本史研究会史料研究部会編『中世社会の基本構造』、御茶の水書房、一九五八年)、一〇四頁。
(217) 永原慶二「荘園制の歴史的位置」(『日本封建制成立過程の研究』、岩波書店、一九六一年、初出：一橋大学研究年報『経済学研究』四号、一九六〇年)、五七頁。

(218) 永原前掲註(217)論文、六〇頁。
(219) 永原前掲註(217)論文、四六頁。
(220) 河音前掲註(216)論文、一〇四頁。
(221) 高橋一樹「中世荘園制論の視角」(『中世荘園制と鎌倉幕府』、塙書房、二〇〇四年)、二二頁。
(222) 高橋一樹「王家領荘園の立荘」(前掲註221著書)、九八頁。
(223) 高橋前掲註(222)論文、一〇二頁。
(224) 保立道久「中世における山野河海の領有と支配」(『日本の社会史　第2巻　境界領域と交通』、岩波書店、一九八七年)、一五〇～一五二頁。
(225) 高橋前掲註(222)論文、七九頁。
(226) 高橋前掲註(222)論文、七九～八一頁。
(227) 『平安遺文　古文書編』三三八六(吉田默氏所蔵文書)。
(228) 保立前掲註(224)論文、一五九頁。
(229) 鎌倉佐保は、高橋一樹の立荘論について、①「立荘のなかに在地社会との「合意」「利害の一致」をみているが、それはいわば一旦の「合意のバランス」であって、それがいかにして継続的な体制として成立するかの説明はない」、②「立荘という荘園領主側からの「上からの編成」の動きを「下からの」寄進の運動と対置し、結局「上からの」動きを主軸として捉えたことである。(中略)いずれか一方のベクトルを主軸とするのでは、かつてのような在地領主制か荘園領主制かという議論の陥穽にもおちいりかねない。この点、高橋一樹氏は、在地的基盤も考慮しながら論じているが、結局のところ中世荘園形成をめぐる諸勢力の動向が、立荘にすべて収斂されてしまっている。中世荘園は、そこにいたるまでの歴史過程の蓄積と政治的対抗のひとつの決着のかたちなのであって、荘園領主側を主体とする立荘の動きが最も規定的であったと捉えるとしても、立荘の前提となる寄進の運動、在地社会の動向、荘園整理政策をめぐる動きなど、必ずしも荘園領主側の立荘の動きとは一致しないさまざまな多方向の運動を含めて論じる必要があろう」と指摘する(「荘園制研究の現状と課題」、『日本中世荘園制成立史論』、塙書房、二〇〇九年、五頁および一六頁)。①については、本章の議論に即していえば、構成的支配の動的平衡がその都度いかに再生産されるか、いかにして複合性が縮減され、秩序化されるかという問題である。②は、こうした構成的支配は多様な諸関係によって形づくられるということであり、「上から」か「下から」かという二元論には問題があるということで、これも本章の議論と重なる。ただし、本文で引用したように、多様な諸関係を考慮すべきであるというのは、もともと高橋も有していた問題意識である。問題となるのは、後述するように、多様な諸関係があるというだけでは一般論に終わってしまうということである。その中で主要な規定性を持つ要素（の組み合わせ）は何かということ、またそれらのメカニズムが問題である。

(230) 網野善彦『増補　無縁・公界・楽――日本中世の自由と平和――』（平凡社、一九八七年、初版一九七八年）。
(231) 『中世法制史料集　第三巻　武家家法Ⅰ』所収「大内氏掟書」一四三条。
(232) 網野前掲註(230)著書、七二～七三頁。
(233) 網野前掲註(230)著書、二二五～二三六頁。
(234) 網野前掲註(230)著書、二三三頁。
(235) 網野前掲註(230)著書、二三〇頁。
(236) 安良城盛昭「網野善彦氏の近業についての批判的検討(再論)――網野氏の反論に反論する――」（『年報中世史研究』一一号、一九八六年）、一一一頁。
(237) 網野前掲註(230)著書、二二一頁。
(238) ジョルジュ・アガンベンは「何かを参照するには、規範は関係の外にあるもの（無関係なもの）を前提にしなければならないが、にもかかわらず、そうすることでその無関係なものとの関係を定めなければならない」（アガンベン前掲註39著書、三一頁）としている。無縁は関係が断ち切られて「無関係」になるのではなく、そこを無縁の場であるとする規範を作り出す関係性の中にある。
(239) 勝俣鎮夫「楽市場と楽市令」（『戦国法成立史論』、東京大学出版会、一九七九年、初出：『論集中世の窓』、吉川弘文館、一九七七年）、七四頁。
(240) 網野前掲註(230)著書、三二一～六七頁。
(241) 網野前掲註(230)著書、二三一頁。
(242) 勝俣鎮夫「戦国法」（前掲註239著書、初出：『岩波講座日本歴史　第8巻　中世4』、岩波書店、一九七六年）。

(243) 黒田前掲註(23)著書、一九六頁。
(244) 勝俣鎮夫『一揆』(岩波書店、一九八二年)。
(245) 今村仁司『排除の構造　力の一般経済序説』(筑摩書房、一九九二年、初版：青土社、一九八九年)、一八四〜一八五頁。
(246) 今村前掲註(245)著書、一八五頁。
(247) 今村仁司「貨幣と暴力」(『暴力のオントロギー』、勁草書房、一九八二年、初出：『現代思想』一九八一年三・四月号)、七五頁。
(248) 浅田彰「クラインの壺　あるいはフロンティアの消滅」(『構造と力　記号論を超えて』、勁草書房、一九八三年、初出：『現代思想』一九八二年七月号)、一八八〜一八九頁。
(249) 今村前掲註(245)著書、一八六頁。
(250) 今村仁司『抗争する人間(ホモ・ポレミクス)』(講談社、二〇〇五年)、六五頁。
(251) 黒田前掲註(11)著書、八〜九頁。
(252) 網野前掲註(230)著書、一三頁。
(253) 網野前掲註(230)著書、九九頁。
(254) 網野前掲註(230)著書、二四三頁。
(255) 網野前掲註(230)著書、二二一頁。
(256) 今村前掲註(250)著書、六七頁。
(257) 網野前掲註(230)著書、七四〜七八頁、一一〇頁。
(258) なお、今村も浅田もともに網野の議論を参照しているが、ここではそれについては直接追究しない(今村前掲註245著書、一三〇頁。浅田前掲註248論文、二〇〇頁)。
(259) 池上裕子「戦国の村落」(『岩波講座日本通史　第10巻　中世4』、岩波書店、一九九四年)、九三頁。
(260) 則竹前掲註(12)論文、二四頁。
(261) 黒田前掲註(11)著書、一〇頁。

(262)　成田龍一は「誰をわれわれとして歴史を語るのか」という視点から戦後の歴史学を三つのウェーブとして整理する（「歴史の「語り方」がなぜ問題となるのか」、『歴史学のスタイル――史学史とその周辺』、校倉書房、二〇〇一年、一七九～一八四頁、初出：『論座』三八号、一九九八年）。第一のウェーブは一九五〇年代を中心とするいわゆる「戦後歴史学」で、われわれ＝国民という立場から歴史が語られている。第二のウェーブは一九六〇年代からの民衆思想史で、そこではわれわれ＝民衆という立場から語られる。そして一九九〇年代からの第三のウェーブは、アナール学派の社会史などの影響を受けたもので、成田は明示的には述べていないが、「物語る」という行為が「われわれ」をつくり出しているので、「物語る」という行為そのものを検討しなければならないとしているから（同論文、一九五頁）、誰を「われわれ」として歴史を語るのかということ自体が問題にされる段階と考えていると思われる。ひろたまさきも民衆の位置づけについて整理し（「パンドラの箱――民衆思想史研究の課題」、酒井直樹編『歴史の描き方1　ナショナル・ヒストリーを学び捨てる』、東京大学出版会、二〇〇六年）、戦後に関してはほぼ成田と同様の段階で理解している（成田のいう第三のウェーブにあたる段階が、ひろた論文では一九八〇年代から始まるものとされている）。

成田もひろたも、戦後の第三段階（成田のいう第三のウェーブ）では民衆を自明のものとして（したがって一枚岩的なものとして）語ることができなくなったと認識しており、ひろたは「そして「民衆」はいなくなった」と表現している（同論文、二二頁）。「民衆」という自明性の消失は、その外部に権力があるという構図が崩れたことを意味する。

なお、ひろたは網野を第三段階に位置づけるが、周縁や被差別民、女性など民衆の多様性への注目というその特徴からしても、また無縁を、民衆が権力に抵抗するための拠点と考えている――すなわち民衆対権力という構図を堅持している――点からしても、網野は、成田のいう第二のウェーブに位置づけられるべきであると思われる。同様に、「自力の村」論も民衆対権力の構図自体は変わっていない。むしろ村落を即民衆と等置する点で、民衆の多様性をとらえようとしていた、成田のいう第二のウェーブよりも後退している側面さえあるとも思われる。その意味で「パラダイム転換」（黒田基樹「本書の視角と課題」、『中近世移行期の大名権力と村落』、校倉書房、二〇〇三年、二〇頁）は実現していないのではないだろうか。

(263)　ホッブズ前掲註(26)著書、四〇頁。ただし訳は上野前掲註(28)論文、二七頁によった。

(264)　上野前掲註(28)論文、二七～二九頁。なお引用文中のLとそれに続くローマ数字は『リヴァイアサン』の章を、算用数字は英語版オリジナルヴァージョンの頁を示している。

(265) 上野前掲註(28)論文、三一頁。

(266) たとえば浅田の「〔下向きに排除された――引用者註〕0は全員の《奴》、一般的な客体となり、身をもって全員を映し出す鏡となることによって、中心的媒介としての役割りを果たす」(「構造とその外部 あるいはEXCÈSの行方――構造主義の復習とポスト構造主義の予習のためのノート」、前掲註248著書、五八頁、初出:『現代思想』一九八一年一二月号、一九八二年一・三・四月号)といった記述を参照。ただし、浅田は「カオスは歴史の始源に措定されるべきものではなく、そのつど、象徴秩序から遡行して見出されるべきものなのである。我々はつねに-すでに《象徴秩序-カオス》複合体の中にいるのであって、これまでの発生論的記述はすべてこの観点からとらえ返す必要がある」(同論文、四六頁)としているから、浅田自身は、はじめに第三項排除があるのではなく、第三項排除は事後的に見出されると考えている。

(267) 浅田は排除された第三項は「相互性の平面を超越した所」から「禁止の言葉を発する」(浅田前掲註266論文、五九頁)としているが、「禁止の言葉」とは「法」を含意している。ベンヤミンにとって超越的な神的暴力は法を破壊するのであって、法措定的暴力は、神的暴力とは対立する神話的暴力である(ベンヤミン前掲註39論文、五九頁)。

(268) 伊藤俊一「中世後期における「地域」の形成と「守護領国」」(『歴史学研究』六七四号、一九九五年、のち『室町期荘園制の研究』(塙書房、二〇一〇年)に収録)、二四頁。

(269) 池上裕子「中世後期の国郡と地域」(『歴史評論』五九九号、二〇〇〇年)、五九頁。

(270) 池上前掲註(269)論文、六〇頁。

(271) 今村前掲註(245)著書、一八三頁。

(272) 池享「中近世移行期における地域社会と中間層」(前掲註16著書、初出:『歴史科学』一五八号、一九九九年)、四〇〜四一頁。

(273) 朝尾直弘「「公儀」と幕藩領主制」(『将軍権力の創出』、岩波書店、一九九四年、初出:歴史学研究会・日本史研究会編『講座日本歴史5 近世1』、東京大学出版会、一九八五年)、三二一〜三二七頁。

(274) 石井前掲註(64)論文、三五三頁。

(275) 大山前掲註(65)論文、四六九頁。
(276) 大山喬平「室町末・戦国初期の権力と農民」(永原慶二編『戦国大名論集1　戦国大名の研究』、吉川弘文館、一九八三年、初出:『日本史研究』七九号、一九六五年)。
(277) 『今堀日吉神社文書集成』一一五。
(278) 大山前掲註(276)論文、一六一頁。
(279) 朝尾前掲註(273)論文、三二二頁。
(280) 朝尾前掲註(273)論文、三二五頁。
(281) なお、与力についても「為給人立置与力」と「非給人与力」とが存在している(『中世法制史料集　第三巻　武家家法Ⅰ』所収「六角氏式目」第五九条)。
(282) 藤木久志「「百姓」の法的地位と「御百姓」意識」(『戦国社会史論——日本中世国家の解体——』、東京大学出版会、一九七四年、初出:「戦国期の権力と諸階層の動向——「百姓」の地位をめぐって——」、『歴史学研究』三五一号、一九六九年)、一〇〇~一〇四頁。なお、これについては菊地浩幸が、毛利分国では百姓人返規定が統一政権期まで出現しないことを明らかにしている(「戦国期人返法の一性格——安芸国を中心として——」、『歴史評論』五二三号、一九九三年、四八~四九頁)。
(283) 藤木前掲註(282)論文、一〇五頁。
(284) 藤木前掲註(282)論文、一〇九~一一〇頁。
(285) 佐藤進一・大隅和雄「時代と人物・中世」(佐藤進一編『日本人物史大系　第二巻』、朝倉書店、一九五九年)、六~一一頁。
(286) 石井進「主従の関係」(『石井進著作集　第六巻』、岩波書店、二〇〇五年、初出:相良亨・尾藤正英・秋山虔編『講座日本思想　第三巻　秩序』、東京大学出版会、一九八三年)、二八八~二九一頁。
(287) 三田武繁は、佐藤の「家人」「家礼」の区分を批判している(「武士社会における主従関係の特質」、『鎌倉幕府体制成立史の研究』、吉川弘文館、二〇〇七年)。三田は、「家礼」とは家格上位の人物に対し、「特別に礼をつくす必要を感じ、実際にそのように行動している家格下位の人々」を指すとし、佐藤が家礼の例としてあげた平知盛と加々美長清はこのような関係であって、主従関係ではないとする（同書、五八〜五九頁）。しかし、「家礼」が、三田のいうような意味で用いられることがあったとしても、それが加々美長清のケースに適用できるかどうかは実証されておらず、佐藤説も根拠が不確かであることを指摘したにとどまる。

より本質的な問題は、強い人身的な支配を受ける従者と、主人と双務的な関係を取り結ぶような自律的な従者という二類型があるかどうか――あくまで類型であるから、現実にはさまざまな中間形態があるとしても――で、前者が「家人」、後者が「家礼」という史料用語に当てはまるかどうかは、むろん重要ではあるが、さしあたって副次的な問題であるから、ここではこれ以上踏み込まない。

佐藤のいう「去就・向背の自由」は、それが現実的に可能か、法的に認められているか、社会的に容認されているかなどのレベルを区分した上で、それらの連関を考えなければならない問題である。

佐藤は、畠山重忠が謀叛の疑いをかけられた際、「謀叛の噂を立てられるのは武士の名誉だ」と述べたという、『吾妻鏡』文治三年一一月二一日条の記事を取りあげ、「家礼」型の武士は「主人を裏切るというような道徳感情の抵抗なしに、向背を決することができた」とし、「このような去就・向背の自由は、単に彼らが栄枯常なき世に処するための、やむをえざる現実的態度であったというだけでは、説明しきれないものであって、それは、彼らが本来的にもっている権利の行使と見るべきではないだろうか」とした（佐藤前掲註285論文、八頁）。一方、三田は同じ記事に「以源家当世、仰武将主之後更無弐、而今逢此殃也、運之所縮也」とあることから、重忠は頼朝と主従関係を結んだ以上、もはや去就・向背の権利を失っていると見て、佐藤説を批判する（三田前掲書、六一〜六二頁）。

しかしながら、まず佐藤の解釈についていえば、重忠は、同じ悪い噂を立てられるにしても、「募武威奪取人庶財宝等」というような汚名に比べれば、謀叛を企てていると噂されることはむしろ名誉であるという文脈で述べているにすぎないのであって、謀叛自体に道徳感情の抵抗がないとまではいえない。むしろ、これは丸山眞男のいう「戦闘者としての武士」（「忠誠と反逆」、『忠誠と反逆　転形期日本の精神史的位相』、筑摩書房、一九九二年、初出：『近代日本思想史講座　第六巻　自我と環境』、筑摩書房、一九六〇年）に相当するような自立した武士の心性を表すものであって、「去就・向背の権利」の有無を判断できるものではない。一方、三田の引用する箇所についても、単に重忠は、この具体的状況において、謀叛の意志がなく、そのような疑いをかけられるという災難に遭って、運が縮む思いであるといっているだけで、これも「去就・向背の権利」の有無を判断できるものではない。

　そもそも「去就・向背の権利」とはどのようなものと想定されるのであろうか。三田は、去就・向背の権利を有する従者とは、「主人が課す軍役を拋棄したり、主人を裏切ったりすることを社会的に容認された武士のことと思われるが、果たしてそのような武士が主従関係の一方の当事者として実際に存在していたのであろうか」（三田前掲書、四九頁）と疑問を投げかけている。佐藤は「家礼」型の主従関係は双務契約関係としているが、そうである以上、「去就・向背の権利」といっても、契約履行の義務が課されるのは当然であって、もしも三田のいうような一方的な不履行まで自由であるとすると、もはやそれは契約の体をなさず、権利云々の問題ではなくなってしまう。それが「やむをえざる現実的態度」として社会的に容認されているというだけでなく、法的な権利としてあったと考えている以上、佐藤のいう「去就・向背の権利」は、契約の締結・破棄を主体的に決定できる権利と解さなければ、意味をなさなくなる。佐藤は、謀叛の噂を立てられたことを名誉と感じるのは、主人を裏切ることに道徳感情の抵抗がないという心性を示しており、そのような心性は「去就・向背の権利」を有していることから生じると述べているのであって、ただちに謀叛の権利があると述べているわけではない（もちろん佐藤の説明には論理の飛躍があることは前述のとおりである）。

　しかし、そのように考えても問題は残る。では、どのようなときに正当な権利の行使として契約が解消されうるのか、という問題である。それが双務契約であるとすれば、与えられた御恩に見合った奉公をしないうちに、あるいは逆に奉公に見合った御恩が与えられないうちに、契約が破棄されたとすれば、それは契約の不履行となる。しかし、近世のように軍役が定量化されていない中世において、どの程度の御恩にどの程度の奉公が見合うのかは、主観的ないしは慣習的な判断とならざるをえない。したがって、正当な契約の解消なのか、不履行なのかは、当事者間の関係、社会的通念などによって左右され、絶対的基準のないものとなる。

　このように考えれば、「去就・向背の権利」の有無は、これだけの材料で論じても答えが出ない問題である。したがって、本章は、去就・向背の権利を有する「家礼」型と、それを有さない「家人」型という佐藤説の区分それ自体に固執するものではなく、現実には自律性に強弱のある多様な存在が、御家人や「家中」という擬制の下に包摂されているという点を重視するものである。

(288)　大山前掲註(276)論文、一六九～一七一頁。

(289) 河音前掲註(69)論文、八五頁。
(290) 池前掲註(13)論文、四〇～四一頁。
(291) 勝俣鎮夫の「国家」概念は、「大名の家（大名の主従制的支配下にある家臣団全体をも含む家）と、その政治的支配領域としての国を合体したもの」であり、これを室町幕府の将軍が主従制的支配と統治権的支配を併せ持っていたことに類比させる（「戦国法の展開」、永原慶二／ジョン・W・ホール／コーゾー・ヤマムラ編『戦国時代』、吉川弘文館、一九七八年、一一五頁）。したがって、これも主従制的支配と統治権的支配が一体化したものであるといってよいが、大名が「国家」を法的規範として主張しようとすれば、「国家」の安全を保障してきたという実績が必要となり（実質的正当性）、実績を作るには実力が必要である。すなわち法措定的暴力がなければならない。

こうした主従制的支配／統治権的支配の二元論という問題は、たとえば吉川真司が、律令官僚制を官人秩序（人的秩序）と官司秩序（機能的秩序）の相互依存と評価して、佐藤進一の将軍権力の二元論に接続していることと関わり（「律令官僚制の基本構造」、『律令官僚制の研究』、塙書房、一九九八年、初出：「律令官人制の再編」、『日本史研究』三二〇号、一九八九年）、また水林彪の『天皇制史論』（前掲註3）全体を貫いている人的身分制的統合秩序／制度的領域国家体制という二元論も、この主従制的支配／統治権的支配と密接に関わる。すなわち、単に武士の支配の問題にとどまらない。さらにいえばオイコスとポリスという図式に遡ることもできる。つまり、この二元論のモチーフは、かなり汎用性を持ち、いろいろなものに適用されている。こうした二元論的図式の有効性をまったく否定するわけではないが、やはり、モチーフを適用する際には慎重な検証が必要になるのではないか。
(292) 松浦義則「戦国期毛利「家中」の成立」（広島史学研究会編『史学研究五十周年記念論叢　日本編』、福武書店、一九八〇年）。
(293) 矢田前掲註(8)論文、一〇八頁。
(294) 高木昭作は、武士を二類型に分類した。その存在を主君に依存しており、下人（奴隷）であるところの「太郎冠者型」（出頭人型）武士と、独立した自前の軍団の長という点で大名と対等であり、城とそれを中心にした所領を持つ「家老型」の武士である（前掲註59論文、二二一～二二三頁）。そして近世では、一人の武士の内面に、この二側面が共存していたとする（同論文、二二六頁）。この高木の議論は類型論であり、在地領主の成立期はともかく、その後の展開の中では、実態として多様な両者の中間形態が存在することに注意しなければならない。戦国期では、高木が規定したような「家老型」武士は「戦国領主」にほかならないから、二類型をそのまま適用すれば、「戦国領主」と下人とだけに二分されてしまう。戦国期的「家中」が「家礼」型と「家人」型が平準化されたものだとすれば、少なくとも戦国期には、この二側面が一人の武士の内面に共存していたことになる。本書補論二で、側近の登用を官僚制の整備と見るか、老臣こそが官僚と見るかといった議論のねじれがあることを指摘したが、毛利氏の場合、奉行人はこの二側面を内面に共存させた存在であるのではないか。

(295) 毛利家文書一六五。
(296) 毛利氏が井上一族の粛清によって「家中」支配を確立させたという点については池享「戦国大名権力構造論の問題点」(前掲註13著書、初出：『大月短大論集』一四号、一九八三年)参照。
(297) 毛利家文書四〇一。
(298) 毛利家文書二二六。
(299) 毛利家文書四〇二。
(300) 藤田達生『謎とき本能寺の変』(講談社、二〇〇三年)、九七頁。
(301) 秋山伸隆「戦国大名毛利氏領国の支配構造」(『戦国大名毛利氏の研究』、吉川弘文館、一九九八年、初出：『史学研究』一六七号、一九八五年)、二六七～二七一頁。
(302) 長谷川博史「結語」(『戦国大名尼子氏の研究』、吉川弘文館、二〇〇〇年)、二七一頁。
(303) 矢田前掲註(93)論文、二一一～二一二頁。
(304) 川岡勉「結語」(前掲註5著書)、三五四～三五五頁。
(305) 今岡・川岡・矢田前掲註(6)論文、五八頁。
(306) 長谷川博史「戦国期西国の大名権力と東アジア」(『日本史研究』五一九号、二〇〇五年)、二六頁。
(307) 山本浩樹「戦国大名毛利氏とその戦争」(『織豊期研究』二号、二〇〇〇年)、二八頁。
(308) 山本浩樹「戦国期戦争試論」(『歴史評論』五七二号、一九九七年)、三四頁。
(309) 山田康弘「戦国期における将軍と大名」(『歴史学研究』七七二号、二〇〇三年)、一五～一六頁。

(310) 上意の相対化については、川岡勉前掲註(5)論文参照。

(311) 石田晴男「室町幕府・守護・国人体制と「一揆」」（『歴史学研究』五八六号、一九八八年）。

(312) 川岡勉前掲註(5)論文。

(313) 市村高男「戦国期の地域権力と「国家」・「日本国」」（『日本史研究』五一九号、二〇〇五年）。

(314) 今岡・川岡・矢田前掲註(6)論文、五二〜五三頁。

(315) 有光友學「今川氏と不入権」（『戦国大名今川氏の研究』、吉川弘文館、一九九四年）。

(316) 矢田俊文前掲註(8)論文、九七〜一〇〇頁。

(317) 後北条分国などは、この再構造化、権力関係の整序が相対的に進んでいたといえるだろう。それは現実には多様であろう家臣団をともかくも一つの役帳に書き載せた『小田原衆所領役帳』の存在に象徴されよう（池上裕子「戦国大名領国における所領および家臣団編成の展開」、『戦国時代社会構造の研究』、校倉書房、一九九九年、初出：戦国大名領国における所領および家臣団編成の展開――後北条領国の場合――」、永原慶二編『戦国期の権力と社会』、東京大学出版会、一九七六年）。しかしなお、池上裕子が明らかにするように、武蔵有力国人層の掌握が進んでいなかったり、三浦衆などへの政策の貫徹が不十分であったりと、まだその秩序は動的なものであった。

(318) 池享「西村幸信著『中世・近世の村と地域社会』をめぐって」（前掲註16著書、初出：『市大日本史』一一号、二〇〇八年）、六一頁。

(319) 則竹前掲註(12)論文、二四頁。

(320) 蔵持前掲註(111)論文、二〇頁。

(321) こうした権力関係が作り出す構成的支配は、吉田伸之が近世江戸の藩邸社会や寺院社会について述べた「磁極」と「磁界」という比喩と近似的である（「巨大城下町――江戸」、『岩波講座日本通史　第15巻　近世5』、岩波書店、一九九五年）。ただし吉田は浅草寺の寺院社会では副極の存在を指摘しているが（同論文、一六八頁）、基本的に磁極は一つか少数である。しかし、それは多数の磁極（すなわち無数の点を出発点とする権力関係）の整序された姿であるはずである。

(322) 山口啓二「豊臣政権の成立と領主経済の構造」（『幕藩制成立史の研究』、校倉書房、一九七四年、初出：『日本経済史

大系　三』、東京大学出版会、一九六五年）、八三頁。

（323）アルチュセール前掲註（126）論文。

（324）「エンゲルスからヨーゼフ・ブロッホ（在ケーニヒスベルク）へ」一八九〇年九月二一日付書簡（大内兵衛・細川嘉六監訳『マルクス＝エンゲルス全集　三七巻』、大月書店、一九七五年）、四〇一～四〇二頁。

（325）今村仁司『現代思想の冒険者たち22　アルチュセール――認識論的切断』（講談社、一九九七年）、一五七～一五八頁。なお、下部構造によって変動幅が設定されるというのは、いわばその外枠に抵触しない範囲内では経済的要因が意味を持たない（影響を与えない）ということではない。経済的関係も当然ながら重層的決定の重要な要因の一つである。

（326）カール・マルクス『経済学批判』（武田隆夫・遠藤湘吉・大内力・加藤俊彦訳、岩波書店、一九五六年、原書：一八五九年）、一三頁。

（327）ラクラウ／ムフ前掲註（136）著書、一六～一九頁。

（328）ラクラウ／ムフ前掲註（136）著書、一五九～一六一頁。

（329）貫成人は、フェルナン・ブローデルが論じた全体史、あるいはイマニュエル・ウォーラーステインの論じた世界システムを参照し、「各時期地域における、さまざまな規模と位置にわたる諸システム」を総称して「歴史システム」と名付けた。そして、この「歴史システム」は「複雑系」として把握しうるものであり、歴史の物語論を克服する概念であるとしている（『歴史の哲学　物語を超えて』、勁草書房、二〇一〇年）。「歴史システム」が「複雑系」であるというのは、そのとおりであるし、本章が、構成的支配を生じさせるのは、可動的な無数の多様な諸関係としてきた点にも合致する。しかし、この考え方は本当に歴史の物語論を克服し得ているだろうか。たとえば、貫が例示しているブローデルの歴史叙述は「十六世紀末、ヴェネツィアで加工されるスペイン産羊毛は、海路の関税が免除されていたにもかかわらず、フィレンツェ経由で陸送されたが、それはこの経路にすでに支払いの回線ができあがっていたからである」（同書、一三七頁）といったものであるが、これ自体は、一つの筋の通った因果関係を示すものであり、同書の前半で示されている物語的構造を持つ文章である。むろん、これについては、「ブローデルの意味における構造は、物質生活から文明に到るさまざまな諸変動の複合であり、これをただひとつの「リズムに単純化」することはできず、その諸位相のどこかに因果関係を設定したとしても、それはいくつもの系列にわたらざるをえ」ず、「歴史システムに見られるのは、因果関係が連鎖をなすツリー状構造ではなく、すべてが重層的に決定された相互嵌入的構造としての「リゾーム」なのである。それゆえ、一連の過程について、ヘーゲル的「理性」やマルクス的下部構造のような「歴史の必然」を語ることはできない」（同書、一七六頁）と説明されている。しかし、これはいわゆる「大きな物語」を否定したものであって、いずれにせよ因果関係を設定しなければ歴史叙述はできないことに変わりはない（因果関係がまったく記述されなければ、それは「理想的年代記」と同じである）。したがって、ブローデルのいう全体史も物語群として叙述されざるを得ない。

因果関係は単一ではなく、重層決定されているというのはそのとおりである。しかし、石母田正がエンゲルスを引いて、ある現象を生じさせた因果関係は無数にあるが、それをすべて追究するのは無意味なことであって、その中の本質的なものを見出すことの重要性を指摘しているように（「歴史叙述と歴史科学」、『石母田正著作集　第十三巻』、岩波書店、一九八九年、一四〜一七頁、初出：『理論』二六・二七号、一九五四年）、無数の因果関係に重層決定されていて、複雑であるというだけでは歴史叙述にならない。もちろん、かつてのマルクス主義的な歴史研究の多くに、基底還元的、本質還元的な傾向を帯びる問題点があったのは確かであろうが、主要な因果関係の設定なくしては歴史は叙述しえず、したがって複雑系としての「歴史システム」を描くことをもってしても、物語的構造は克服されない、あるいは克服される必要がないのではないだろうか（物語的構造が持つ限界や問題性には十分注意する必要があるが）。

(330)　国家による暴力独占の問題の是非をめぐっては、萱野稔人『新・現代思想講義　ナショナリズムは悪なのか』（NHK出版、二〇一一年）、一九三〜二一二頁も参照。

(331)　冨山一郎『暴力の予感　伊波普猷における危機の問題』（岩波書店、二〇〇二年）、四四頁。

(332)　ミシェル・フーコー前掲註(105)論文。

(333)　ミシェル・フーコー「知識人と権力」（蓮實重彦訳、蓮實重彦・渡辺守章監修／小林康夫・石田英敬・松浦寿輝編集『ミシェル・フーコー思考集成Ⅳ　規範／社会』、筑摩書房、一九九九年、原論文：一九七二年）、二六五頁。

(334)　村田修三「戦国大名研究の問題点」（永原慶二編『戦国大名論集1　戦国大名の研究』、吉川弘文館、一九八三年、初出：『新しい歴史学のために』九四号、一九六四年）、五頁。

本書の成り立ちについて

本書は二〇〇四年度に大阪市立大学大学院文学研究科に提出した博士論文と、その後発表した論考をもとに加筆・修正し、新稿を加えたものである。既発表論文については、大筋の論旨を修正したのは第四章のみであるが、いずれも、その後の知見による加筆、発表後いただいたご指摘も踏まえた事実関係の誤りの修正、および各章の重複部分の削除、用語や註の統一などの改稿をおこなっている。詳しい変更内容については、各章の付記を参照されたい。ここでは、初出論文との関係を示しておく。

序章は、「戦国大名研究の視角――国衆「家中」の検討から――」（『新しい歴史学のために』二四一号、二〇〇一年四月）に、大幅に加筆したものである。既発表部分の論旨は変えていないが、加筆部分に合わせて再構成している。

第一章は「戦国期毛利氏の山陰支配――吉川氏発給文書の検討から――」（矢田俊文編『戦国期の権力と文書』、高志書院、二〇〇四年二月）をもとに加筆・修正したものである。「はじめに」の一部を序章に移したほか、一部内容を補筆・修正している。

第二章は「安芸国衆小早川氏「家中」の構成とその特質」（『古文書研究』五二号、二〇〇〇年一一月）の第二章に大幅に加筆したものであり、ほぼ新稿である。既発表部分は本章第三節に当たるが、これについても修正を加えている。なお、加筆部分の一部は、二〇〇四年に、大阪市立大学大学院文学研究科／都市文化研究センター・COE―Aチーム第二〇回研究会で報告した内容をもとにしている。

補論一は「安芸国衆小早川氏「家中」の構成とその特質」の第一章に若干加筆したものである。内容はほぼ変更していない。なお、これは、一九九九年の日本古文書学会大会で報告した「「小早川家座配書立」についての検討」がもとになっている。

第三章は「毛利氏の「戦国領主」編成とその「家中」」（『ヒストリア』一九三号、二〇〇五年一月）を若干変更したものである。「はじめに」の一部を序章に移したほかは、ほとんど変更していない。表1の「戦国領主」家臣一覧は追補している。なお、これは二〇〇四年の大阪歴史学会大会での報告を文章化したものである。

第四章は「中・近世移行期の備後地域の地域構造」（『歴史科学』一六八号、二〇〇二年四月）を大幅に修正したものである。論旨も一部変更している。また、「はじめに」の一部は序章に移した。これは、二〇〇一年の大阪歴史科学協議会大会での報告を文章化したものである。

ここまでがほぼ博士論文としてまとめた内容である。

第五章は「戦国期における領域的支配の展開と権力構造」（『日本史研究』五五八号、二〇〇九年二月）に補筆したものである。これは二〇〇八年の日本史研究会大会での中世史部会共同研究報告をもとにしている。大会報告のレジュメに付けた地図を、『日本史研究』掲載時には割愛せざるをえなかったが、本書に収録するにあたっては、その地図を掲載したほか、初出時には紙幅の関係で削除した引用史料なども、改めて掲載した。また、地図作成にあたっての史料の典拠を新たに示すなどの補足をしている。

補論二は「戦国織豊期上杉権力発給文書と毛利権力発給文書の共通性と差異性——片桐昭彦『戦国期発給文書の研究』を素材に——」（『新潟史学』五五号、二〇〇六年五月）を改題の上、内容はほぼそのまま収録している。これは、二〇〇五年の室町・戦国・近世初期上杉氏史料研究会で報告した内容をもとにしている。

終章は、まったくの新稿である。ただし、一部の論点については、折に触れて言及したこともある。

なお、本書は直接出版費の一部として独立行政法人日本学術振興会平成二三年度科学研究費補助金（研究成果公開促進費）の交付を得て刊行されるものである。

あとがき

本書は戦国期の大名分国を対象とした権力論である。その根底には、歴史的に、あるいは現代において、権力というものをどうとらえるかという問題関心がある。もちろん、はじめから、このような課題意識に明確に焦点が合っていたわけではない。ただ、研究をはじめた当初から、個別大名研究ではなく、なるべく普遍的な、あるいはアクチュアルなテーマをもって研究したいという思いだけはあった。

京都府立大学文学部史学科に入学した頃は、まだ日本史を専攻するかどうかさえ決めかねていた。戦国大名を研究しようと決めたのは、そろそろ卒業論文のテーマを決めようかという三回生のときに、たまたま矢田俊文氏の「戦国期甲斐国の権力構造」を読んで衝撃を受けたのが大きい。最も著名な戦国大名ともいえる武田氏を、戦国大名ではなく、戦国期の守護ととらえるべきであるという戦国期守護論の主張に、それまで自明のものと考えていた戦国大名という存在についての認識そのものを揺さぶられたからである。と同時に、戦国期、社会が大きく変化するなかで擡頭してくる戦国期の大名権力は、やはり何か室町期の守護とは違うものなのではないかという素朴な疑問も抱いた。以降、戦国期守護論を乗り越え、新たな戦国大名概念を構築することを、研究の一つの目標にしたのであるが、当初抱いた疑問はさすがに素朴にすぎた。そもそも当の戦国期守護論についての理解が浅かったので、卒業論文などは今思えば、まったく戦国期守護論への適切な批判になっていないのだが、その後も一貫して、戦国期守護論と向き合いながら研究を進めていく中で、徐々に研究史への理解が深まり、その過程で問題関心の焦点も合っていった。

本書はそうした試行錯誤から得た、自分なりの一定の到達点を示そうとしたものであるが、終章に結論ではなく、あえて試論を置いたように、それはまだまだ通過点である。あるいは、アクチュアルな問題関心を持ちながら研究を続ける限り、おそらくゴールなどないというべきであろうか。


本書を成すにあたっては、たいへん多くの方にお世話になった。

京都府立大学でご指導いただいた上田純一先生は、やりたいことはあるが、どうしたらいいかがさっぱりわかっていなかった私に、史料や論文を紹介してくださった。卒業論文がどうにか形になったのは先生からいただいた示唆に負うところが大きい。

その後、大阪市立大学大学院の前期博士課程と後期博士課程では、仁木宏先生にご指導いただいた。文書や戦国法の講読で、史料の読み方の基礎を学び、内容を徹底的に読み込むということを教わった。また、仁木先生のゼミ合宿や遠足は、綿密に下調べをし、現地をこれまた徹底的に歩くというもので、この経験も大きな糧になった。そして何より、ゼミで報告した際などは、常にいろいろな角度から質問を投げかけ、研究の視野を広げていただいた。権力を研究するのに、直接領主権力だけを見ていてはだめだということを教わった。

また、古代史の栄原永遠男先生、近世史の塚田孝先生、近現代史の広川禎秀先生のゼミにも出席させていただき、ことに塚田先生のゼミでは、戦国期を理解する上で欠かせない近世史の知識を得ただけでなく、論文を読み込むということはどういうことなのかを学んだ。

博士課程の終わり頃から、神戸大学大学院人文学研究科地域連携センターで働くことになったが、そこでは市沢哲氏にたいへんお世話になっている。日本史研究会の大会報告をしたときなどには、いろいろ相談に乗っていは幸運なことだと思う。

ただいたし、日常的な雑談の中でもいろいろ研究のヒントをいただいた。日々の職場で刺激が得られるというのは幸運なことだと思う。

大阪市立大学の諸先輩も、いつも親身になってアドバイスをくださった。大村拓生氏は、私の研究報告の問題点をいつも正確に見抜き、いちばん痛いところを突く質問をされる、ごまかしのきかない先輩で、言い方を変えれば報告を聞いていただくのにこれほど信頼できる相手はない。廣田浩治氏には、泉佐野市史の編纂でもたいへんお世話になったが、研究の面でも、私がそのとき考えていることを何か一つ聞けば、それを十にも二十にもふくらまして答えてくださった。故西村幸信氏には、移行期村落論についてご教示いただいたほか、くずし字を読む手ほどきを受けた。いまだにくずし字を読むのがあまり得意ではないのは、ひとえに私の努力不足だが、それでもまがいなりにも読めるのは西村氏のおかげである。そして何より、古野貢氏には、いちばん近しい先輩として多方面でお世話になった。修士課程と博士課程の違いはあったが、大阪市立大学の大学院に入ったのが同じ年で、最初の仁木先生の門下生でもある。一緒に勉強会などを企画することも多く、その点で、ともに学んできたという感覚もあるが、やはり、私の方が引っ張ってもらった部分が多い。このほか、専門分野の近い天野忠幸氏をはじめとして、後輩たちからも多くの刺激を受けた。

戦国期守護論批判から研究をはじめたにもかかわらず、矢田俊文氏、川岡勉氏、小谷利明氏と、なぜか戦国期守護論の立場の研究者からご教示をいただく機会も多かった。いずれも、私の疑問に真剣にお答えくださり、それが研究を進めていく上で、たいへん励みになった。

そして、私の研究者としての姿勢に最も大きな影響を与えているのが、京都府立大学の同級生の福島在行氏と山崎覚士氏の二人である。福島氏が日本近現代史、山崎氏が東洋史と、それぞれ専門分野がまったく違うので、理論的な部分に関して議論したり、勉強会を開いたりすることが多かった。そうした議論の中身だけでなく、お互いの存在も刺激になっていたと思う。私の理論に対する関心や、研究への向き合い方は、この二人の存在抜きには語れない。

このほか学会関係その他で学恩をこうむった方々をあげればきりがない。皆様にお礼申し上げたい。

本書の刊行にあたっては、思文閣出版の原宏一氏、田中峰人氏に、何かとお世話いただいた。地図や表など、ややこしい原稿が多く、いろいろご迷惑をかけたが、いつも適切な解決策を示していただいた。

最後に、何も言わず、行きたい道に進ませてくれた両親に。私がこうして研究を続けていられるのも、あらゆる面での両親の支えがあってのことである。この場を借りて感謝を申し述べたい。

二〇一二年二月五日

村井良介

か行

さ行

ら行

わ行

【研究者名】

あ行

な行

は行

ま行

や行

さ行

た行

索　　引

【人名・地名・事項】

あ行

か行

◎著者略歴◎

村井・良介（むらい・りょうすけ）

1974年，大阪府生まれ．1997年，京都府立大学文学部史学科卒業．2005年，大阪市立大学大学院文学研究科後期博士課程日本史学専攻修了．博士(文学)．2010年より神戸大学大学院人文学研究科特命助教．

〔主要業績〕

『戦国期の権力と文書』（共著，高志書院，2004年），『新修泉佐野市史　第4巻　史料編古代・中世Ⅰ』（共著，泉佐野市，2004年），『新修泉佐野市史　第1巻　通史編　自然～中世』（共著，清文堂，2008年），『新修神戸市史　歴史編Ⅱ　古代・中世』（共著，神戸市，2010年），『香寺町史　村の歴史　通史編』（共著，姫路市，2011年）

戦国大名権力構造の研究（せんごくだいみょうけんりょくこうぞうのけんきゅう）

2012(平成24)年2月20日発行

定価：本体7,000円(税別)

著　者　村井良介

発行者　田中　大

発行所　株式会社　思文閣出版

〒605-0089 京都市東山区元町355

電話 075-751-1781(代表)

印　刷
製　本　亜細亜印刷株式会社

ISBN978-4-7842-1610-9　C3021